# LA CHRONIQUE
### D'ENGUERRAN
# DE MONSTRELET

[Double de la Salle
o.409]

8° La¹⁴
7
A

PARIS. — IMPRIMERIE DE CH. LAHURE ET C$^{ie}$
Rues de Fleurus, 9, et de l'Ouest, 21

# LA CHRONIQUE

## D'ENGUERRAN

# DE MONSTRELET

EN DEUX LIVRES

AVEC PIÈCES JUSTIFICATIVES

1400 — 1444

PUBLIÉE

POUR LA SOCIÉTÉ DE L'HISTOIRE DE FRANCE

PAR L. DOUËT-D'ARCQ

TOME QUATRIÈME

A. PARIS

CHEZ M<sup>me</sup> V<sup>e</sup> JULES RENOUARD

LIBRAIRE DE LA SOCIÉTÉ DE L'HISTOIRE DE FRANCE

RUE DE TOURNON, N° 6

M DCCC LX

## EXTRAIT DU RÈGLEMENT.

Art. 14. Le Conseil désigne les ouvrages à publier, et choisit les personnes les plus capables d'en préparer et d'en suivre la publication.

Il nomme, pour chaque ouvrage à publier, un Commissaire responsable, chargé d'en surveiller l'exécution.

Le nom de l'Éditeur sera placé à la tête de chaque volume.

Aucun volume ne pourra paraître sous le nom de la Société sans l'autorisation du Conseil, et s'il n'est accompagné d'une déclaration du Commissaire responsable, portant que le travail lui a paru mériter d'être publié.

---

*Le Commissaire responsable soussigné déclare que l'Édition de la* Chronique d'Enguerran de Monstrelet, *préparée par M.* Douët-d'Arcq, *lui a paru digne d'être publiée par la* Société de l'Histoire de France.

*Fait à Paris, le 30 mars 1860.*

*Signé* L. BELLAGUET.

*Certifié,*

Le Secrétaire de la Société de l'Histoire de France,

J. DESNOYERS.

# TABLEAU CHRONOLOGIQUE

DES

# FAITS COMPRIS DANS CE VOLUME.

## ANNÉE 1420.
(Du 7 avril 1420 au 23 mars 1421.)

| | |
|---|---:|
| Le duc de Clarence, fait capitaine de Paris, met garnison dans les châteaux de la Bastille, du Louvre, de Nesle et du bois de Vincennes............................ Pages. | 2 |
| Commission donnée au comte de Saint-Pol pour prendre le serment des villes de Picardie......................... | 2 |
| Il est fait gouverneur du duché de Brabant................ | 6 |
| La garnison de Guise pille la ville de Beaurevoir.......... | 7 |
| Mort de Philippe, comte de Vertus...................... | 8 |
| Le maréchal de l'Isle-Adam envoyé à Joigny............. | 9 |
| Son retour au siége de Melun......................... | 9 |
| Fière réponse qu'il fait au roi d'Angleterre............... | 9 |
| Mortalité dans le camp anglais......................... | 10 |
| Le comte de Saint-Pol campé à Brie-Comte-Robert........ | 11 |
| Reddition de Melun................................... | 12 |
| Le roi d'Angleterre fait trancher la tête à un gentilhomme de son hôtel......................................... | 14 |
| Retour des deux rois et des deux reines à Paris........... | 15 |
| Lit de justice tenu pour entendre les plaintes du duc de Bourgogne au sujet de la mort de son père.................. | 17 |
| Défaite d'un parti d'Anglais vers Montepilloy............. | 20 |
| Mariage de René d'Anjou............................... | 20 |

Jacques d'Harcourt guerroie contre les Anglais.... Pages. 21
Arrivée des députés des États à Paris.................. 21
Différence entre le train de maison des deux rois......... 22
Voyage du roi d'Angleterre à Rouen.................... 23
Le duc de Bourgogne assiste à la fête d'intronisation de l'évêque de Beauvais, Pierre Cauchon................... 23
Séjour du duc à Gand................................ 23
Retour du duc de Bavière en Allemagne................. 23
Le duc de Clarence fait capitaine général de la Normandie.. 24
Retour et brillante entrée du roi d'Angleterre à Londres... 25
Subsides que lui vote le parlement..................... 25
Trèves avec les Gallois................................ 26
Délivrance du roi d'Écosse............................ 26
Fuite de la duchesse de Brabant en Angleterre........... 26
Arrestation du duc de Bretagne........................ 28
La duchesse arme pour sa délivrance................... 31
Prise de Lamballe.................................... 32
Traité entre le duc de Bretagne et le comte de Penthièvre, que les États refusent de ratifier..................... 33
Le comte de Penthièvre, en se retirant dans ses terres de Hainaut, est rançonné par le marquis de Bade......... 34
Son mariage et sa mort............................... 34
Prise de Villeneuve-le-Roi par les Dauphinois (février 1421). 35
La Hire est pris dans Château-Thierri................... 35
Affaiblissement des monnaies.......................... 35
Sentence de bannissement rendue contre le Dauphin...... 36
Le maréchal de l'Isle-Adam est arrêté dans Paris.— Émeute. 37
Bataille de Baugé.................................... 37
Le duc de Clarence y est tué.......................... 38

## ANNÉE 1421.

### (Du 23 mars 1421 au 12 avril 1422.)

Les Dauphinois tentent le siége d'Alençon.............. 40
Défaite d'un parti d'Anglais près l'abbaye du Bec......... 40
Mariage du duc d'Alençon avec la fille de Charles d'Orléans, célébré à Blois..................................... 41
Préparatifs de guerre du roi d'Angleterre à la nouvelle de la bataille de Baugé.................................. 41

## DES FAITS COMPRIS DANS CE VOLUME.

| | |
|---|---:|
| Jacques de Harcourt quitte le parti bourguignon... Pages. | 41 |
| Embarquement du roi d'Angleterre (10 juin). | 43 |
| Il envoie des renforts aux Parisiens. | 44 |
| Entrevue entre le roi d'Angleterre et le duc de Bourgogne, qui a lieu par procureurs. | 45 |
| Marche du roi d'Angleterre par Calais, Abbeville, Beauvais, Gisors. | 46 |
| Son arrivée à Vincennes. | 47 |
| Ordonnances sur les monnaies. | 47 |
| A l'approche des forces anglaises et bourguignones, le Dauphin quitte le siège de Chartres et se retire en Touraine. | 48 |
| Surprise de la ville de Saint-Riquier par le seigneur d'Offemont. | 48 |
| Le capitaine anglais d'Abbeville est assailli dans les rues de cette ville. | 50 |
| Prise de Pont-Remy par le duc de Bourgogne. | 51 |
| Investissement de Saint-Riquier. | 54 |
| Engagement entre les troupes du duc de Bourgogne et les Dauphinois. | 60 |
| Une partie des troupes du duc faiblit. | 60 |
| Vaillante conduite d'un chevalier bourguignon. | 62 |
| Le duc de Bourgogne se retire à Abbeville. | 63 |
| Nom donné à la bataille de Mons en Vimeu (août). | 65 |
| Énumération des troupes. | 66 |
| Le château de Douvrier se rend aux Bourguignons. | 68 |
| Le duc de Bourgogne retourne en Flandre. | 69 |
| Dreux, Beaugenci, Villeneuve-le-Roi se rendent au roi d'Angleterre. | 69 |
| Siége de Meaux (6 octobre). | 71 |
| Ordonnance publiée à Paris sur le cours des monnaies. | 71 |
| Reddition de la ville de Saint-Riquier. | 72 |
| Armements du duc de Bourgogne. | 74 |
| Son arrivée à Arras (16 décembre). — Fêtes pour la réception de la comtesse de Hainaut, tante du duc. | 75 |
| Jacques d'Harcourt battu par un parti d'Anglais, en Vimeu. | 76 |
| Ordonnances sur les monnaies. | 77 |
| Le duc de Bourgogne rejoint le roi d'Angleterre au siége de Meaux. | 78 |
| Son voyage en Savoie. | 79 |

Le comte de Saint-Pol traite avec le roi d'Angleterre de la délivrance de son frère le comte de Conversen... Pages. 79
Naissance de Henri, fils du roi d'Angleterre............... 80
Prise d'Avranches par les partisans du Dauphin........... 80
Délivrance d'Arthur, comte de Richemont................ 81
Le seigneur d'Offemont est fait prisonnier dans une tentative pour entrer dans Meaux........................ 81
Prise de cette ville........................................ 82
Succès du comte de Saint-Pol en Picardie................ 83
Prise de la forteresse de Mortemer près Montdidier....... 85
Le pont de Meulan pris et repris.......................... 85
Guerre des Hussites...................................... 86
Prise d'Araines par le comte de Saint-Pol................. 87

## ANNÉE 1422.

### (Du 12 avril 1422 au 4 avril 1423[1].)

Reddition de la forteresse d'Araines par les partisans du Dauphin. 88
Traité pour la reddition du marché de Meaux (10 mai)..... 93
Exécutions capitales..................................... 96
Crépi en Valois, Pierrefons, Merlo, Offemont, se rendent au roi d'Angleterre.................................. 97
Reddition de plusieurs châteaux.......................... 97
Débarquement de la reine d'Angleterre à Honfleur (21 mai). 98
Son entrée à Paris (30 mai).............................. 99
Taille du marc d'argent.................................. 100
Départ des deux rois de Paris (22 juin).................. 101
Le comte de Warwick prend possession de la ville de Gamaches (17 juin)....................................... 101
Siége de Saint-Valery-en-Caux par les Anglais........... 101
Reddition de Compiègne (18 juin)........................ 103
Jacques de Harcourt sommé de rendre le Crotoy......... 104
Tentative pour livrer Paris au Dauphin................... 104
Prise de Saint-Dizier par les Bourguignons............... 105
Cette ville est reprise par La Hire....................... 105

1. A la page 88 on a mis par erreur cette année au millésime de 1423. Toute la fin du premier livre, et le commencement du second jusqu'à la page 146, appartiennent à l'année 1422. Lire en haut des pages 81 à 87 le millésime de 1421 au lieu de 1422.

# DES FAITS COMPRIS DANS CE VOLUME. v

| | |
|---|---|
| Le Dauphin à la tête d'une armée de 20 000 hommes. Pages. | 106 |
| Siége de Cosne. | 106 |
| Maladie du roi d'Angleterre. | 107 |
| Les forces anglaises et bourguignones se concentrent sur Cosne. | 107 |
| Le Dauphin se retire sur Bourges. | 108 |
| Paroles du roi d'Angleterre à son lit de mort. | 110 |
| Ses derniers moments. | 111 |
| Nature de la maladie dont il mourut. | 112 |
| Honneurs qu'on lui rendit après sa mort. | 113 |
| Mot piquant d'un Français au sujet de cette mort. | 117 |
| Mort de la duchesse de Bourgogne. | 118 |
| Soupçons au sujet de cette mort. | 118 |
| Le duc de Bethfort fait régent de France. | 119 |
| Démantellement de plusieurs châteaux. | 120 |
| Mort du roi Charles VI (22 octobre). | 120 |
| Service à Notre-Dame (10 novembre). | 121 |
| Le Dauphin apprend la mort de son père au château d'Espally en Auvergne. | 129 |
| Préparatifs de guerre du duc de Bourgogne. | 130 |
| Mise en liberté du maréchal de l'Isle-Adam. | 130 |
| Reddition de Saint-Valery-en-Caux. | 130 |
| Prise de la ville de Rue par Jacques de Harcourt. | 131 |
| Le seigneur de Bosqueaux est décapité à Paris. | 131 |
| Couronnement du Dauphin à Poitiers. | 131 |
| La Hire s'empare de la personne de Mansart d'Esne. | 132 |
| Le comte de Saint-Pol prend plusieurs places en Picardie. | 133 |
| Les Parisiens envoient une ambassade en Angleterre pour demander des secours. | 133 |
| Prise du pont de Meulan par les Français (14 janvier). | 134 |
| Défi envoyé à la comtesse de Hainaut par un de ses sujets. | 134 |
| Conspiration dans Paris en faveur de Charles VII (vers Noël). | 135 |
| Prise de La Ferté-Milon par les Français. | 135 |
| Siége de Meulan par le duc de Bethfort. | 136 |
| Succès du comte de Saint-Pol en Picardie. | 136 |
| Traité de la reddition de Meulan (1er mars). | 138 |
| Reddition de Marcoussis et de Montlhéri. | 142 |
| Prise de la forteresse de Dommart en Ponthieu par les Français (20 mars). | 142 |
| Mariage du duc de Glocester. | 143 |

Le roi d'Aragon passe en Italie.................. Pages. 143
Nouvelles en France de la guerre des Hussites............ 144
Jacques de Harcourt pille les terres de l'abbaye du Mont-
　　Saint-Éloi-lez-Arras................................. 144
Émeute à Tournay....................................... 145
Défaite d'un parti d'Anglais près de la Gravelle............ 145

## ANNÉE 1423.

(Du 4 avril 1423 au 23 avril 1424.)

Assemblée d'Amiens, tenue par les ducs de Bethfort, de Bour-
　　gogne et de Bretagne................................ 147
Teneur du traité (17 avril)............................. 147
Mariage d'Arthur, comte de Richemont, avec Marguerite de
　　Bourgogne......................................... 150
Le duc de Bethfort épouse à Troyes Anne de Bourgogne... 151
Il prend d'assaut la ville de Pont-sur-Seine............... 151
Il fait réparer l'hôtel des Tournelles..................... 151
Combat singulier de Pothon de Saintrailles et de Lyonel
　　de Waudonne à Arras............................... 151
Prise de Montaguillon par le comte de Salisbury.......... 154
Arrestation de Mauroi de Saint-Léger à Arras............ 155
Prise de la forteresse d'Orsay par les Anglais............. 155
Prise de Noyelle-sur-Mer................................ 156
Défaite du roi d'Aragon près de Naples.................. 156
Siége du Crotoy par les Anglais......................... 157
Bataille de Cravant (juillet)............................. 157
Les Aragonnais entrent dans Naples..................... 164
Le comte de Saint-Pol prend d'assaut la forteresse de Darsie
　　(août).............................................. 164
Saisie des terres que le comte de Penthièvre tenait en Hai-
　　naut................................................ 165
Traité de la reddition du Crotoy......................... 166
Guerre en Hainaut entre les ducs de Glocester et de Brabant. 171
Défaite d'un parti d'Anglais devant Ivry.................. 172
Prise de Ham par Saintrailles (13 octobre).............. 172
Naissance de Louis XI.................................. 173
Prise et reprise du château de Beaumont-sur-Oise........ 173
Émeute à Tournay...................................... 174

## DES FAITS COMPRIS DANS CE VOLUME.

Compiègne pris d'assaut par les Français............ Pages. 174
Prise de La Charité-sur-Loire par les mêmes............. 174
Le comte de Richemont fait connétable de France........ 175
Assemblée de Rouen. — Sans résultat (janvier).......... 175
Les Anglais reprennent Compiègne...................... 176
Le Crotoy se rend aux Anglais......................... 177
Mort du pape Benoît XIII.............................. 178
Émissaires du roi de France envoyés à Tournay.......... 178
Le comte de Saint-Pol s'empare d'Oisy en Thiérarche..... 179
Incendie de l'abbaye de Saint-Amand................... 180
Prise de Limisso en Chypre............................ 180
Prise de la forteresse de Wiége par le comte de Saint-Pol. 181
Saintrailles tombe dans une embuscade................. 181

### ANNÉE 1424.
#### (Du 23 avril 1424 au 8 avril 1425.)

Siége de Guise par le comte de Saint-Pol.............. 184
Prise et pillage de Sedune au comté de Vertus par le comte de Salisbury............................................ 185
Prise de Gaillon par les Anglais....................... 186
Siége d'Ivry.......................................... 186
Infériorité des Français en Normandie.................. 186
Des seigneurs Picards se rattachent au roi de France.... 187
Reddition d'Ivry...................................... 189
Bataille de Verneuil (17 août)........................ 192
Émeute à Tournay..................................... 198
Traité de la reddition de Guise....................... 199
Suite des différends entre les ducs de Glocester et de Brabant................................................. 207
Noces de La Trémouille à l'hôtel d'Artois.............. 209
Mariage du duc de Bourgogne........................... 209
Mort de l'évêque de Liége, Jean de Bavière............. 210
Suite des affaires du Brabant......................... 210
Lettre du duc de Glocester au duc de Bourgogne (Mons, 12 janvier)........................................... 213
Réponse du duc de Bourgogne (13 mars)................. 217
Seconde lettre du duc de Glocester (Soignies, 16 mars).. 220
Nouvelle réponse du duc de Bourgogne.................. 223

Destruction de la ville de Brainne en Hainaut, par les communes du Brabant............................ Pages. 225
Reddition de Guise (26 février)........................ 229
Ambassade de France à Rome ......................... 231

## ANNÉE 1425.

(Du 8 avril 1425 au 31 mars 1426.)

Bulle de Martin V à Jean, duc de Brabant................ 232
Lettre de la duchesse Jaqueline de Bavière au duc de Glocester (6 juin)...................................... 235
Entrevue des ducs de Bourgogne et de Bethfort à Doullens......................................... 240
Le duc de Glocester mal reçu à la cour de Londres...... 242
Préparatifs du Soudan contre le roi de Chypre........... 243
Prise de Rambouillet par le comte de Salisbury........... 245
Émeute à Tournay..................................... 245
Alliance du Soudan avec le roi de Tunis ................. 245
Traité pour la reddition de la ville du Mans............. 247
La duchesse Jaqueline de Bavière se réfugie en Hollande... 248
Le duc de Bourgogne s'oppose au champ clos entre les ducs de Bourgogne et de Glocester..................... 249
Célébration des noces du comte de Clermont à Autun (17 septembre)........................................ 250
Ambassade française à Rome.......................... 250
Rupture entre le duc de Glocester et le cardinal de Winchester........................................ 251
Tentative d'un partisan pour enlever le duc de Bethfort (décembre)....................................... 251
Siége de Harlem par la duchesse Jaqueline de Bavière..... 254
Prise de la forteresse de Moiniers en Champagne, par le comte de Salisbury................................ 255
La guerre se ranime en Hollande....................... 256

## ANNÉE 1426.

(Du 31 mars 1426 au 20 avril 1427.)

Prise de Zenenberghe en Hollande par le duc de Bourgogne. 257
Bataille de Nicosie.— Captivité du roi de Chypre......... 259

Reprise de la forteresse de Moiniers par les Français. Pages. 270
Sentence rendue contre le duc de Brabant.................. 270
Prise de la forteresse d'Oripette en Provence............. 271
Les Français font lever le siége de Montargis............. 271
Mort de Jean, duc de Brabant............................. 275
Rencontre entre les Anglais et les Français, près du mont Saint-Michel............................................. 275

## ANNÉE 1427.

(Du 20 avril 1427 au 4 avril 1428.)

Prise de la forteresse de la Malemaison appartenant à l'évêque de Cambrai.............................................. 276
Assemblée de Valenciennes pour les affaires du Hainaut... 277
Prise de Pont-Orson par les Anglais...................... 278
La forteresse de la Malemaison rendue à l'évêque de Cambrai................................................... 279
Le duc de Bourgogne assiége Hemenfort en Hollande........ 280
Secours envoyé par le duc de Bourgogne au comte de Savoie. 281
Tremblements de terre en Catalogne et en Languedoc....... 282
Lettre du Soudan de Babylone aux princes chrétiens....... 283
Courses des Anglais en Bretagne.......................... 284

## ANNÉE 1428.

(Du 4 avril 1428 au 27 mars 1429.)

Siége de Beaumont en Hainaut par le comte de Saint-Pol... 290
Traité entre le duc de Bourgogne et la duchesse Jaqueline de Bavière.................................................. 292
Secours amenés au duc de Bethfort par le comte de Salisbury (mai)............................................... 293
Le duc de Bourgogne ramène la duchesse Jaqueline de Bavière en Hainaut........................................ 294
Émeute à Tournay........................................ 295
Prise de Gergeaux par le comte de Salisbury.............. 296
Le duc de Bethfort demande une levée sur les biens du clergé................................................... 297
Expédition du roi de Portugal contre les Maures.......... 297

Siége d'Orléans (octobre)........................ Pages. 298
Prédications d'un cordelier en Flandre et en Artois........ 302
Tournoi à Bruxelles............................... 306
Mort du comte de Namur. — Il fait le duc de Bourgogne son
    héritier..................................... 308
Mauvais état des affaires de Charles VII................ 309
Bataille des Harengs (21 février)..................... 310
Arrivée de Jeanne d'Arc à Chinon..................... 314

## ANNÉE 1429.

### (Du 27 mars 1429 au 16 avril 1430.)

Ambassade envoyée par Charles VII au duc de Bethfort.... 317
Jeanne d'Arc rafraîchit Orléans....................... 319
Secours que lui envoie Charles VII.................... 323
Jeanne d'Arc reprend Gergeaux....................... 325
Bataille de Patay.................................. 328
Arrivée du duc de Bourgogne à Paris. — Renouvellement
    de l'alliance anglaise.......................... 332
Le bâtard de Saint-Pol fait capitaine de Meaux........... 334
Concentration des troupes de Charles VII à Bourges. — Le
    connétable envoyé en Normandie, et le cadet d'Armagnac
    en Aquitaine................................. 335
Saint-Florentin et Jargeau se rendent au roi............. 336
Troyes ouvre ses portes au roi........................ 336
Succès de l'armée royale............................ 337
Entrée de Charles VII à Reims (16 juillet).............. 338
Lettre du duc de Bethfort à Charles VII (7 août).......... 340
Combat de Montepilloy............................. 344
Acharnement des partis............................. 347
Ambassade française envoyée au duc de Bourgogne à Arras. 348
Heureux commencements des négociations.............. 349
Prise d'Aumale sur les Anglais....................... 350
Prise d'Estrépagni, de Château-Gaillard et de Torcy....... 351
Reddition de Compiègne............................ 352
Retour des ambassadeurs français d'Arras............... 352
Reddition de Senlis et de plusieurs autres villes.......... 353
Charles VII se loge à Saint-Denis..................... 354

Attaque de Jeanne d'Arc sur la porte Saint-Honoré. Pages. 355
Elle est repoussée.................................. 356
Le duc de Bourgogne envoie s'assurer de la fidélité de la ville d'Amiens..................................... 356
Ses armements........................... 357
Charles VII retourne en Touraine et en Berri............ 358
Malheureux état des campagnes...................... 359
Départ du duc de Bourgogne de Hesdin................ 359
Son arrivée à Paris................................. 359
Les Parisiens lui demandent de prendre le gouvernement de leur ville...................................... 361
Son départ........................................ 362
Courses mutuelles des partis nonobstant les trèves......... 363
Prise du seigneur de Saveuses et du bâtard de Saint-Pol.... 365
Escalade de la ville de Saint-Denis..................... 366
Succès des Anglais................................. 368
Le duc de Bourgogne épouse à Bruges Isabelle de Portugal (10 janvier)..................................... 370
La Hire prend la ville de Louviers..................... 372
Création de l'Ordre de la Toison d'Or.................. 373
Rencontre d'Anglais et de Français à Saint-Remy-en-l'Eau.. 375
Joûtes à Arras (20 février)........................... 376

## ANNÉE 1430.

(Du 16 avril 1430 au 1er avril 1431.)

La ville de Gournay-sur-Aronde compose avec le duc de de Bourgogne................................... 377
Séjour du duc à Péronne et à Montdidier............... 378
Melun se rend au roi............................... 378
Prise de Choisy-au-Bac par le duc de Bourgogne......... 381
La Pucelle fait trancher la tête à Franquet d'Arras........ 384
Siége de Chappes près Troyes par le duc de Bar.......... 385
Prise de la Pucelle................................. 386
Descente d'Henri VI à Calais......................... 389
Le duc de Bourgogne investit Compiègne (26 mai)........ 390
Lettre de défi envoyée par l'évêque de Liége au duc de Bourgogne (10 juillet)................................ 393

Le seigneur de Croy envoyé dans le comté de Namur contre les Liégeois................................... Pages. 394
Un corps de troupes anglaises rejoint le duc de Bourgogne devant Compiègne............................... 396
Séjour de la duchesse de Bourgogne à Noyon........... 398
Reddition de Gournay-sur-Aronde..................... 398
Siége de Champigneul................................ 398
Mort du duc de Brabant.............................. 399
A cette nouvelle le duc de Bourgogne quitte le siége de Compiègne et y commet le comte de Saint-Pol............. 400
Prise de possession du Brabant par le duc de Bourgogne... 401
Partage de seigneuries entre les membres de la maison de Luxembourg........................................ 401
Continuation du siége de Compiègne sous le comte de Saint-Pol................................................ 402
Prise de Précy-sur-Oise par les Français............... 404
Prise de plusieurs places par les Anglais.............. 405
Le prince d'Orange battu entre Colombier et Anthon (Isère). 406
Défaite du prince d'Orange par les troupes du roi........ 406
Levée du siége de Compiègne......................... 409
Siége du château de Clermont en Beauvoisis par le maréchal de Boussac..................................... 420
Bataille de Bouchoire................................ 421
Refus du duc de Bourgogne à une offre de bataille de la part des Français....................................... 425
Prise de Coulommiers................................ 428
Partage de biens entre la maison de Luxembourg........ 429
Naissance d'un fils du duc de Bourgogne (30 septembre)... 429
Prise du château d'Autheuil en Thiérache.............. 431

## ANNÉE 1431.

(Du 1er avril 1431 au 20 avril 1432.)

Prise de l'abbaye de Saint-Vincent de Laon............. 431
Reprise du château de Rambures...................... 433
Saintrailles fait prisonnier........................... 433
Combat singulier à Arras (20 juin).................... 434

| | |
|---|---|
| Siége de Corbie | 439 |
| Siége du château d'Anglure | 440 |
| Supplice de la Pucelle d'Orléans | 442 |
| Concile de Bâle | 448 |
| Expédition du duc de Bar contre le comte de Vaudémont | 453 |
| Sa défaite | 459 |

# CHRONIQUE
## D'ENGUERRAN
# DE MONSTRELET.

## LIVRE PREMIER.
### 1400-1422.

**DE L'AN MCCCCXX.**

[Du 7 avril 1420 au 23 mars 1421.]

### CHAPITRE CCXXIX.

*Comment plusieurs fortresses séans à Paris et ès environs furent mises en la main du roy d'Angleterre, et les mandements royaulx qui furent envoiez à la requeste en plusieurs bonnes villes.*

Item, durant le siège de Meleun furent mises en la main du roy d'Angleterre par le commandement du roy de France et par le consentement du duc de Bourgongne et des Parisiens, les fortresses cy-après déclairées. C'estassavoir la Bastille Saint Anthoine, le Louvre, la maison de Neelle et le bois de Vincennes. Pour lesquelles places fut envoyé, dudit roy d'Angleterre, son frère le duc de Clarence, lequel duc fut constitué capitaine de Paris, et avecques ce mist ès fortresses dessusdictes garnisons d'Anglois, en déboutant tous les François qui par avant les avoient eues en garde. Fut osté aussi de la dicte capitainerie de Paris le conte de Saint-Pol, qui tantost de par le roy de France fut envoyé comme ambassadeur d'icellui roy ès marches de Picardie, acompaigné de maistre Pierre de Margny et aucuns autres, pour recevoir les seremens des trois Estats et bonnes villes d'icellui pays, afin que la paix naguères faicte entre les deux roys voulsissent du tout entretenir et observer et que doresenavant obéissent libèralement au roy d'Angleterre comme régent et héritier de France, et que des diz seremens lesdiz ambassadeurs preinsent lectres signées et séellées des dessudiz trois estats et bonnes villes. Desquelles lectres et pouvoirs d'iceulx ambassadeurs à eulx données de par le roy, la copie s'ensuit :

« Charles, par la grace de Dieu roy de France. A nos très chers et amez cousins le conte de Saint Pol, l'évesque de Thérouenne et Jehan de Luxembourg, et à noz chers et bien amez l'évesque d'Arras, le vidame d'Amiens, le seigneur de la Viefville, les gouverneurs d'Arras et de Lisle, maistre Pierre de Margny, nostre advocat en parlement, et maistre George d'Ostende, nostre secretaire, salut et dilection.

« Comme naguères avons fait paix finale et perpétuelle pour le très grant bien et évident prouffit de nous et de toute la chose publique de nostre royaume et par l'advis et délibéracion de nostre chère compaigne la royne et de nostre très cher et amé fils le duc de Bourgogne, des prélas et autres gens d'église, des nobles et communaultez dudit royaume, entre nostre très cher fils le roy Henry d'Angleterre, régent et héritier de France, pour nous et pour lui et pour les royaumes de France et d'Angleterre, et icelle paix nous, nostre dicte compaigne, nostre fils de Bourgogne, les nobles, barons et communaultez dessusdictes avons juré solemnellement, et en oultre avons concluld et ordonné que tous les prélas, gens d'église, nobles, barons et les communaultez de nostredit royaume qui ne l'ont juré le jureront semblablement, et pour tant, nous confians de vostre loyaulté, grant prudence et bonne diligence et de chascun de vous; vous mandons et commandons en commectant par ces présentes, que vous vous transportez en toutes les citez, bonnes villes, fortresses et lieux notables des bailliages d'Amiens, de Tournay, de Lisle, de Douay en la conté de Ponthieu, ressor et enclavemens d'iceulx pays et environ, et là mandez desdiz lieux ceulx que bon vous semblera et les faictes venir devant vous et en vostre nom, c'est assavoir prélas, capitaines, doiens et autres nobles et gens d'église, bourgeois et communaultez, et en leur présence faictes lire les lectres de ladicte paix et publier solemnellement, en leur faisant de par nous exprès et espécial commandement sur peine d'estre réputez rebelles et désobéissans à nous, qu'en vostre présence ils jurent sur les sainctes évangiles de Dieu tenir fermement et inviolablement garder ladicte paix selon la forme contenue sur ce.

« Premièrement vous jurerez qu'à très hault et très puissant prince Henry roy d'Angleterre comme à gouverneur et régent du royaume de France et de la chose publique dudit royaume, vous obéirez loyaument et diligemment à ses mandemens et commandemens en toutes choses concernans et regardans le régime et gouvernement dudit royaume et de la chose publique maintenant subjecte à très hault et très puissant prince, Charles roy de France, nostre souverain seigneur.

« *Item*. Et que incontinent après le décès de nostre sire le roy Charles vous serez loyaulx, hommes liges et vrais subgetz, au dessusdit très hault et puissant prince Henry roy d'Angleterre et à ses hoirs, le honnorerez, le recevrés sans opposicion, contredit ou difficulté aucune, comme vostre droicturier seigneur et vray roy de France, et comme tel obéirés à lui et promectrez que desmaintenant jusques à jamais n'obéirez à nul autre comme roy de France, sinon à nostre derrenier et souverain seigneur le roy Charles.

« *Item*. Que vous ne serez en aide, conseil ou accord par quoy le dit roy d'Angleterre perde vie ou membre, ou soit prins de male prinse, ou souffre dommage ou diminucion en sa personne, estat ou bien quelconques. Mais si vous sçavez ou cognoissez aucune telle chose estre pensée ou machinée contre lui, vous le destourberés tant que vous pourrez et lui ferez savoir par messages ou lectres.

« Et généralement vous jurerez que vous garderez et observerez sans fraulde, décepcion ou malengin tous les poins dessusdiz et articles contenus ès lectres et appoinctemens de ladicte paix finale faicte et jurée entre le roy Charles nostre sire et ledit roy Henry, et ne yrés à l'encontre, en jugement ou hors jugement, publiquement ou secrètement, par quelque couleur que ce soit ou puist advenir; mais par toutes voies et manières quelconques possibles, tant de fait comme de droit, résister à tous ceulx qui venront, actempteront ou se efforceront de venir ou actempter au contraire des articles dessusdiz.

« Lesquels seremens nous voulons, mandons et enjoignons à tous nos vassaulx, de quelque estat, dignité ou auctorité qu'ils soient, jurent ladicte paix, la tiengnent et gardent sans enfraindre, et à vous et à vos commis et députez baillent leurs lectres patentes dessusdictes des seremens qu'ilz auront faiz, lesquelles nous voulons par vous estre apportées vers nous, et aussi voulons que vous baillez vos lectres de certificacion d'avoir receu lesdiz seremens à ceulx qui ainsi les auront faiz, se mestier est et vous en estes requis; de ce faire vous donnons povoir, auctorité et mandement espécial à vous dessusdiz[1], à neuf, à huit, à sept, à six, à cinq, à quatre et à trois de vous. Mandons et commandons à tous nos justiciers, officiers et subgetz, que à vous et à vosdiz commis et députez en ceste partie obéissent et entendent diligemment, vous prestent confort et aide, se mestier est et se requis en sont. Et pour ce qu'il sera nécessité de bailler et publier ces présentes en plusieurs lieux, nous voulons que pleine foy soit adjoustée au vidimus d'icelles fait soubz scel royal, comme à l'original.

---

[1]. Ce passage est rétabli d'après le *Suppl. fr.*, 93. Notre texte porte : « De ce faire vous donrons pour auctorité et mandement espécial à vous des dix, etc. » Ce qui n'a pas de sens.

« Donné en nostre siège devant Meleun, le XXII° jour de juillet, l'an de grace mil quatre cens et vingt, et de nostre règne le XLV°. »

A tout lequel mandement, Phelippe, conte de Saint-Pol, et les autres ambassadeurs et commissaires, pour icellui mectre à exécucion se partirent de Paris et alèrent par aucuns jours à Amiens, eschevans les aguetz des Daulphinois. Auquel lieu d'Amiens furent receuz bénignement. Et après qu'ils eurent monstré leur povoir au gouverneur d'icelle et aux habitans, prindrent d'eulx lesseremens. Et après, de là alèrent à Abbeville, à Saint-Riquier, Monstereuil, Boulongne et autres lieux, où ils furent par tout obéys, et mirent à deue exécucion la charge qu'ils avoient.

## CHAPITRE CCXXX.

Comment Phelippe, conte de Saint-Pol, fist prendre à Bruxelles les gens de son frère le duc de Brabant. — Et autres besongnes.

Item, durant le temps dessusdit, Phelippe, conte de Saint-Pol dessus nommé, fut hastivement mandé par une grant partie des nobles et des bonnes villes du pays de Brabant, et aussi par sa tante, contesse de Haynnau et la fille de ladicte contesse, femme dudit duc. Auquel mandement, toutes autres choses mises arrière, il ala sans délay. Et lui venu ou pays, fut tantost fait gouverneur de la duchié de Brabant par le consentement des dessusdiz, ou lieu de son frère le duc, duquel bonnement plus ne pouvoient souffrir le gouvernement, pour ce qu'il se mésusoit par diverses manières. Si se tint icellui conte, à tout son estat, en la ville de Bruxelles, et commença à faire plusieurs nouvelles ordonnances qui grandement despleurent à ceulx qui gouvernoient le duc de Brabant, lequel pour lors estoit absent d'icelle ville de Bruxelles. Et pour tant, iceulx gouverneurs l'amenèrent à grant puissance de gens d'armes pour venir en ladicte ville de Bruxelles, laquelle de prime face ne lui fut point ouverte, jusques à ce qu'il eut promis à son frère le conte de Saint-Pol, qu'il tendroit ses gens et tous les habitans de la ville paisibles. Et sur ce y entra. Mais quant il fut dedans, ceulx qui le gouvernoient laissoient à grant peine, en enuis, approucher de lui sondit frère ne les autres nobles et notables gens de la ville. Dont ilz ne furent point bien contens, et en fin se conclurent avecques ledit conte de Saint-Pol de y pourveoir, et de fait se mirent ensemble en très grant nombre. Si prindrent et mirent prisonniers tous les gouverneurs dudit duc, entre lesquelz estoit le principal, le damoisel de Hainseberge. Desquelz prisonniers, grant partie furent décapitez. C'est assavoir messire Jehan Caudevert, Jehan Scochart, Édouard le Duc, Henry le Duc, messire Henry Clavain, maistre Guillaume Clavain et messire Jehan Clavain, messire Guillaume Pipempoix, Guillaume Moeux, le damoisel Guillaume Asche, Jehan Duvert, messire Yvert Sorclaux, Jehan Clavain, geolier, et plusieurs autres. Si fut mis ledit duc au gouvernement des nobles du pays par le consentement de son frère le conte de Saint-Pol et des trois estas dudit pays, et après furent tous deux ensemble assez unis et en bonne amour.

Item, en ces jours, les Daulphinois qui se tenoient à Guise en Thérasche et en la marche d'environ, s'assemblèrent environ cinq cens combatans, à tout lesquelz alèrent soudainement à la ville de Beaurevoir appartenant à messire Jehan de Luxembourg, où il faisoit sa demeure, et aussi en autres villages à l'environ, et là prindrent et ravirent plusieurs paysans et autres proyes, à tous lesquelles retournèrent hastivement dont ilz estoient venus. Pour laquelle envaye ledit de Luxembourg, grandement de ce troublé, assembla et manda à venir devers lui grant quantité de gens d'armes et de traict de plusieurs pays, lesquelz il conduisi et mena en la conté de Guise pour soy venger du desplaisir que les dessusdiz lui avoient fait, et là, envayssant ladite conté de Guise, prindrent et ravirent tout ce qu'ilz trouvèrent dehors les fortresses, c'est assavoir paysans, chevaulx, jumeus, vaches, brebis, moutons, pourceaulx, avecques plusieurs autres biens, lesquelz ilz amenèrent et départirent à leur plaisir, et après se retrahirent chascun en leurs propres lieux.

En après, durans les tribulacions dessus dictes, trespassa en la ville de Blois, Phelippe, conte de Vertus, second frère de Charles duc d'Orléans prisonnier en Angleterre, et frère aussi au conte d'Angoulesme. Lequel de Vertus gouvernoit en France toutes les seigneuries de sesditz frères. Pour le trespas duquel ledit de Touraine Daulphin fut moult affebli d'aide et de conseil, et ses deux frères[1] aussi, qui estoient prisonniers en Angleterre, en eurent au cuer grant tristesse, et le pleurèrent et lamentèrent tendrement par ung temps, tant pour l'amour fraternelle qu'ilz avoient

---

1. Les deux frères du comte de Vertus, c'est-à-dire le duc d'Orléans et le comte d'Angoulême.

à lui, comme pour ce qu'en leur absence il gouvernoit loyaument et sagement leurs dominacions, terres et seigneuries.

## CHAPITRE CCXXXI.

Comment le seigneur de l'Isle-Adam, mareschal de France, fut envoié à Joigny Et la reddicion de la ville et chastel de Meleun par les aségez. Et quels termes on leur tint.

Or convient retourner à l'estat du siége de Meleun où estoient, comme vous avez oy, les roys de France et d'Angleterre et le duc de Bourgongne. Durant lequel siège le seigneur de l'Isle-Adam, qui encore estoit mareschal de France, fut de par le roy envoyé en garnison à Joingny, à tout foison de gens d'armes, pour tenir frontière contre les Daulphinois qui trèsfort dégastoient le pays. Et après quant il eut séjourné et assis ses gens audit lieu de Joingny, peu de temps après retourna audit siège de Meleun. Et avoit fait faire une cote de blanc gris, à tout laquelle il ala devers le roy d'Angleterre pour aucuns affaires touchans son office, et lui venu devant lui, après qu'il eut faict la révérence comme il appartenoit et dit aucunes paroles touchans iceulx afaires, le roy d'Angleterre lui demanda par manière de jeu : « Comment l'Isle-Adam, est-ce cy la robe d'un mareschal de France ? » Auquel il fist response, regardant ledit roy en la face : « Sire, je l'ai fait faire telle pour venir par eaue dedans les basteaulx parmy Seine. » Et adonc le roy lui dist de rechef : « Comment osez vous ainsi regarder un prince au visaige quant vous parlez à lui ? » Et le seigneur de l'Isle-Adam respondi : « Sire la coustume des François est telle, que se ung homme parle à ung autre, de quelque estat ou auctorité qu'il soit, la veue baissee, on dit qu'il est mauvais et qu'il n'est point preudomme, puisqu'il n'ose regarder cellui à qui il parle en la chère[1]. » Et le roi lui dist : « Ce n'est point nostre guise. »

Après lesquelles paroles et aucunes autres, le sire de l'Isle-Adam print congié dudit roy et sortit de sa présence. Si perceut assez bien à ceste foiz qu'il n'estoit pas bien en sa grace, et aussi assez tost après lui fut ostee l'office de mareschal de France, et encores depuis lui advint une autre aventure. Car le roy dessusdit le fist tenir prisonnier, comme vous orrez cy après.

En oultre durant icellui siége se féry en l'ost du roy d'Angleterre grande mortalité de épidémie; par quoy il perdi grant nombre de ses gens. Et d'autre costé se départy de l'ost le duc de Bourgongne, le prince d'Orenge et plusieurs autres grans seigneurs. Pour lequel partement le duc de Bourgongne, voiant aussi son ost affeblir, manda hastivement messire Jehan de Luxembourg, pour lors capitaine de Picardie et par le roy de France, lui mandant que sans délay assemblast le plus grant nombre de gens d'armes et de traict qu'il povoit, et qu'il les conduisist et menast audit siège de Meleun. Lequel de Luxembourg, comme lui avoit mandé ledit duc, se prépara de toutes pars, et incontinent assembla gens d'armes et de trait à venir autour de Péronne, et tantost après, avec iceulx, par le Pont Saincte Maixence ala devers Meleun. Mais quant il vint au dessus de Meleun aiant ses gens en bataille,

---

1. *En la chère*, au visage, en face.

les asségez ce voians cuidèrent avoir leur secours et commencèrent à faire sonner leurs cloches et monter sur la muraille, crians haultement à ceulx de l'ost qu'ilz meissent leurs selles et qu'ilz seroient deslogez. Mais tantost après perçeurent assez que c'estoient leurs ennemis. Pour quoy, les testes baissées, faisans cesser toute joye, descendirent de leurs murs, non aians espérance de ce jour en avant d'avoir secours du Daulphin, leur seigneur. Et tantost après, ledit messire Jehan de Luxembourg, à tout ses gens, fut envoié loger en la ville de Brisconterobert[1] et là se tint jusques à la reddicion de ladicte ville de Meleun. Et, ce pendant, le roy de France envoia ses lectres en plusieurs bonnes villes du royaume de France, par lesquelles il mandoit expressément à chascune d'icelles qu'elles envoiassent certains commis de par eulx à Paris devers lui, pour y estre le quatriesme jour de janvier, afin d'avoir conseil et délibéracion avec les nobles et gens d'église, sur la réparacion et autres afaires du royaume.

En après, les asségez de Meleun, voyans le grant danger où ilz estoient, non aians espérance, comme dit est, d'avoir quelque secours, car desjà par plusieurs foiz avoient envoyé devers le Daulphin lui noncier la pestilence où ilz estoient et comment passé long temps ilz estoient contrains par force de famine menger chevaulx et autres vivres non appartenans à créature humaine, en lui requérant qu'il les voulsist secourir et oster de ce danger où ilz estoient pour soustenir sa querelle, comme promis leur avoit. A quoy finablement

---

1. Brie-Comte-Robert.

fut respondu par les gouverneurs dudit Daulphin, que de présent n'avoient point si grant puissance que pour les délivrer de la puissance du roy d'Angleterre et du duc de Bourgongne, et qu'ilz feissent avec eulx du mieulx qu'ilz pourroient. Sur laquelle response se commencèrent à parlementer et traicter avecques les gens dudit roy d'Angleterre qui à ce furent commis; entre lesquelz estoient le conte de Varvich, le seigneur de Cornouaille et aucuns autres. Lesquelz en la fin furent d'accord, après ce que ledit siége par grans labeurs eut esté continué le temps et espace de dix sept sepmaines, par les condicions cy après déclairiées.

Premièrement, fut ordonné que lesditz asségez rendroient loyaument et de fait aux roys de France et d'Angleterre la ville et chastel de Meleun et se mectroient tous génerallement, tant hommes d'armes, bourgois et habitans, comme toutes autres personnes estans en icelle ville et chastel, en la grace desditz roys.

*Item*, que les deux roys dessusdiz les recevroient tous en telle manière, que s'il y en a aucuns qui soient trouvez coulpables et consentans de la mort du duc Jehan de Bourgongne, on leur fera justice et raison.

*Item*, que tous les autres qui point ne seront trouvez de ce coulpables, de quelque estat qu'ilz soient, n'auront garde de mort, mais ilz demoureront prisonniers jusques à ce qu'ilz auront baillé bonne caucion de jamais eulx armer avecques les ennemis des dessusdiz roys.

*Item*, que se les soupeçonnez de la mort dudit duc Jehan ne sont trouvez coulpables ou consentans, ilz demoureront soubz les condicions des dessusdiz. Et ceulx qui seront nez et subjectz de ce royaume[1], seront remis en la possession de leurs terres qu'ilz tenoient quant le siége fut mis devant Meleun, après qu'ilz auront baillé seureté ydoine, comme dit est.

*Item,* tous les bourgois et habitans demoureront en la disposicion des deux roys.

*Item,* que tousjours les dessusdiz, tant bourgois comme gens d'armes, mectront ou feront mectre toutes leurs armeures et habillemens de guerre dedans le chastel de Meleun en tel lieu qu'ilz puissent venir à cougnoissance, sans ce qu'ilz les despièrent ou dégastent, et pareillement ils y feront mectre tous leurs biens meubles.

*Item,* rendront ou feront rendre toutes personnes qu'ilz ont prisonniers à cause de la guerre et leur quicteront leurs fois, et aussi quicteront tous ceulx qu'ilz ont receu sur leurs foiz et autrement, devant le siége mis.

*Item,* pour la seureté des choses dessusdictes, bailleront en hostages douze nobles hommes des plus notables après les capitaines, et six bourgois de la ville.

*Item,* que messire Fortin, chevalier anglois ou escossois, et tous les Anglois et Escossois, demoureront en la voulenté du roy d'Angleterre. »

Ce traictié lors accordé et parfurny, comme dit est, entre les parties, furent tantost ouvertes les portes de ladicte ville et dudit chastel, et mise en la puissance desditz roys. Et là furent commis pour recevoir et

---

1. Notre texte porte fautivement : « Et ceulx qui seront netz et subgectz seront remis, etc. » Nous rétablissons le sens d'après le *Suppl. fr.*, 93.

avoir l'administracion des choses dessusdictes les gens du roy d'Angleterre et ung nommé Pierre le Véroult, lequel par les deux roys y fut commis capitaine. Et après l'accomplissement de ces besongnes, tous les gens d'armes daulphinois, desquelz estoient les principaulx messire Pierre de Bourbon, seigneur de Préaulx, et le seigneur de Barbasan, avec de cinq à six cens nobles hommes et aucunes gentilz femmes et grant partie des plus notables et plus puissans bourgois de la ville, furent menez par le commandement du roy d'Angleterre à force de gens d'armes à Paris et là emprisonnez en Chastellet, en la maison du Temple, en la bastille Saint-Anthoine et ailleurs. Item, fut défendu de par les deux roys que nul n'entrast dedans ladicte ville et chastel, sur peine d'estre décapitez, sinon ceulx qui estoient à ce commis. Item, entre les autres qui furent décapitez en ladicte ville le furent deux moynes de Joy en Brye, c'est assavoir le celerier dudit lieu et damp Simon, jadis moyne du Jard, avec aucuns autres.

Pendant que les traictiez dessusdiz se faisoient, y eut ung gentil homme de l'ostel du roy d'Angleterre, nommé Bertran de Caumont, qui en la bataille d'Azincourt, le propre jour, estant françois se rendit anglois, pour tant que en Guienne il tenoit sa terre dudit roy d'Angleterre, et pour sa vaillance estoit de lui moult amé. Mais, comme dit est, durant le traictié de Meleun, icellui mal conseillé, par convoitise de pécune qu'il en eut, aida à saulver Amenon de Lau et à soustraire hors deladicte ville, lequel Amenon, comme on disoit, avoit esté coulpable de la mort du duc Jehan de Bourgougne. Laquelle chose vint à la congnoissance dudit roy d'Angleterre, dont grandement il fut troublé, et pour ce mesme fait fist audit Bertran coper la teste, non obstant que son frère le duc de Clarence et le duc de Bourgongne lui priassent assez de avoir pardon pour le dessusdit. Auxquelz il fist response que plus n'en parlassent, et que de son sceu ne vouloit avoir nul traistre en son ost. Et néantmoins, jà soit ce qu'il fist ceste justice pour monstrer exemple aux autres, si voulsist il qu'il lui eust cousté cinquante mille nobles et ledit Bertran n'eust onques fait ceste desloyaulté contre lui.

## CHAPITRE CCXXXII.

Comment les deux roys de France et d'Angleterre et les deux roynes, après la reddicion de Meleun, retournèrent à Paris, et la proposicion faicte contre le Daulphin et les coulpables de la mort du duc Jehan de Bourgongne.

Item, après les besongnes dessusdictes, le roy d'Angleterre et le duc de Bourgongne donnèrent congié à aucuns de leurs gens, et se partirent à tout leur ost de devant Meleun, prenans leur chemin à Corbueil où estoit le roy de France et les deux roynes de France et d'Angleterre, qui tous ensemble alèrent de Corbueil à Paris. C'est assavoir les deux roys et avec eulx les ducs de Clarence, de Bourgongne et de Bethfort et d'Excestre, les contes de Varvich, de Hontiton, de Salebery et plusieurs autres grans seigneurs. Au devant desquels roys et princes alèrent à l'encontre les bourgois de Paris, en grant nombre et en moult belle ordonnance. Et lors estoient les rues couvertes et parées parmy Paris en plusieurs lieux de tapis et draps de parement moult riches. A l'entrée desquelz fut crié Noë! par le peuple de carrefour en quarrefour, par tout où ilz passoient. Et chevaulchoient les deux roys de front l'un emprès l'autre, vestus moult richement, le roy de France au dextre costé, et après eulx estoient les ducs de Clarence et de Bethfort, frères au roy d'Angleterre. Et à l'autre costé de la rue en main senestre chevauchoit le duc de Bourgongne vestu de noir, et après lui estoient les chevaliers et escuiers de son ostel. Et les autres princes et chevaliers suivoient les deux rois assez près. Et ainsi chevauchant parmi les rues encontrèrent les gens d'église qui venoient en procession, lesquelz s'arrestèrent par les quarrefours où ilz devoient passer. Et adonc fut présenté aux deux roys à baiser les sainctes reliques que portoient iceulx gens d'église, et premièrement au roy de France, lequel se tourna vers le roy d'Angleterre en lui faisant signe qu'il voulsist premier baiser, et le roy d'Angleterre en mectant main à son chaperon, faisant révérence au roy de France, lui fist signe qu'il baisast. Et en ce faisant, baisa ledit roy de France, et après lui le roy d'Angleterre. Et fut celle manière par eulx tout du long de la ville jusques à l'église Nostre-Dame, en laquelle les deux roys et les princes dessusdiz entrèrent et firent leur oroison devant le grant autel, et après remontèrent à cheval et s'en alèrent chascun en son logis, c'est assavoir le roy de France et avecques lui le duc de Bourgongne, en son hostel de Saint-Pol, et de là ledit duc de Bourgongne après qu'il eust convoyé le roy de France, ala loger en son hostel d'Artois. Et le roy d'Angleterre et ses deux frères se logèrent au chastel du Louvre, et leurs gens en plusieurs lieux par la ville, si non des gens d'armes qui se logèrent ès villages d'entour Paris.

Et lendemain vindrent dedens Paris les deux roynes de France et d'Angleterre, à l'encontre desquelles vindrent le duc de Bourgongne et plusieurs grans seigneurs d'Angleterre et aussi les bourgois de Paris, en pareille ordonnance qu'ilz avoient esté le jour devant. Et fut de rechef faicte toute joye dedens Paris à la venue desdictes roynes. Quant est à parler des dons et présens qui furent fais dedens Paris aux dessusdis roys et par espécial au roy d'Angleterre et à sa femme la royne, il seroit trop long à réciter chascun à par soy. Et par espécial, tout le jour et toute la nuit découroit vin en aucuns carrefours habondamment par robinetz d'arain et autres conduis faiz ingénieusement, afin que chascun en prist pleinement à sa voulenté. En oultre par toute la ville de Paris généralement fut faicte grant liesse pour la paix finale des deux roys, plus que langue ne pourroit raconter.

En après, lesdiz roys de France et d'Angleterre et leurs princes venus audit lieu de Paris, aucuns peu de jours ensuivans, fut faicte grant clameur et grant pleinte par le duc Phelippe de Bourgongne et le procureur de la duchesse sa mère, de la piteuse mort de feu Jehan duc de Bourgongne. Et pour ycelles complaintes oyr se sey le roy de France comme juge en son hostel de Saint-Pol, en la salle basse, et là estoit assis sur le mesme banc où séoit le roy de France, le roy Henry d'Angleterre, et aux piez du roy de France se séoit maistre Jehan Leclerc, chancelier de France, et assez près de lui estoit maistre Phelippe de Morviller, premier président en parlement, et plusieurs autres notables hommes du conseil du roy de France. Et d'autre costé, vers le milieu de la sale, séoit sur ung banc le duc de Bourgongne, et avecques lui pour l'accompaigner, les ducs de Clarence et de Bethfort, les évesques de Thérouenne, de Tournay, de Beauvais et d'Amiens, messire Jehan de Lucembourg et plusieurs autres chevaliers et escuiers de son conseil.

Et adonc maistre Nicole Raolin, advocat en parlement, là estant pour le duc de Bourgongne et la duchesse sa mère, demanda aux deux roys audience de parler pour iceulx, comme il est de coustume, et après la licence obtenue proposa icellui advocat le félon homicide fait en la personne de Jehan duc de Bourgongne naguères occis, contre Charles soy disant Daulphin de Vienne, le viconte de Narbonne, le seigneur de Barbasan, Tanegui Duchastel, Guillaume Batiller, Jehan Louvet président de Prouvence, messire Robert de Loire, Olivier Laiet et tous les coulpables dudit homicide, contre lesquelz et chascun d'eulx ledit advocat concluoit à fin qu'ilz feussent mis en tumbereaulx et menez par tous les quarrefours de Paris, nues testes, par trois jours de samedi ou de festes, et tenist chascun ung cierge ardant en sa main, en disant à haulte voix qu'ilz avoient occis mauvaisement, faulsement, dampnablement et par envie le duc de Bourgongne, sans quelconque cause raisonnable; et ce fait, feussent admenez où ilz perpétrèrent ledit homicide, c'est assavoir à Monstereau ou fault Yonne, et là deissent et représentassent lesdictes paroles; en oultre, ou lieu où ilz l'occirent, feust faicte et édifiée une église, et là feussent ordonnez douze chanoines, six chappellains et six clers, pour y faire perdurablement le divin service, et feussent pourveuz de tous vestemens sacrez, de tables, de livres, de calices, de chappes et de toutes autres choses nécessaires et afférens. Et feussent les douze chanoines fondez chascun de deux cens livres parisis, lesdiz chappellains de cent, et les clers de cinquante, monnoye devant dicte, aux despens dudit Daulphin et de ses complices. Et aussi que la cause pour quoy seroit faicte ladicte église feust escrite de grosse lectre et entaillée en pierre ou portail d'icelle. Et pareillement en chascune des villes qui s'ensuivent, feust faicte une pareille église et ainsi pourveue, c'estassavoir à Paris, à Romme, à Gand, à Digon, à Saint-Jaques de Compostelle et en Jhérusalem où Nostre Seigneur Jhésu Crist souffry mort et passion.

Après laquelle proposicion fut de rechef proposé par maistre Pierre de Marigny, advocat du roy en parlement, en prenant conclusions criminelles contre les dessusdiz homicides.

En oultre, maistre Jehan Larcher, docteur en théologie, nommé par le recteur de l'Université de Paris, proposa aussi moult bien et auctentiquement devant les deux roys, en les exhortant qu'ilz feissent justice et puneissent les coulpables des crimes, et là déclaira moult de loanges, auctoritez et dignitez de justice, en exortant, comme dit est, par moult de manières lesdiz roys qu'ilz escoustassent bénignement et entendissent aux requestes et prières dudit duc, et que icelles requestes voulsissent mectre à effect.

Après lesquelles proposicions, fut respondu de par le roy de France par la bouche de son chancelier, que de la mort dudit Jehan de Bourgongne, de ceulx qui si criminellement l'avoient occis et des requestes contre eulx à lui présentement faictes de par le duc de Bourgongne son fils, il leur feroit, par la grace de Dieu et le bon advis et aide de son fils, Henry, roy d'Angleterre, régent de France et héritier, là estant, bon acomplissement de justice de toutes les choses dictes et proposées, sans faillir. Et ce fait, les deux rois et tous les autres retournèrent chascun à leur logis.

## CHAPITRE CCXXXIII.

#### Comment les Anglois furent destroussez vers Montepiloy. Et le mariage du marquis du Pont. Et autres matières.

En après, durans les besongnes dessusdictes, les Anglois de Gournay en Normandie, de Neufchastel d'Encourt[1] et autres de la frontière, avec messire Maulroy de Saint-Léger, qui se tenoient à Creille, s'assemblèrent environ cinq cens combatans et alèrent courir en la Brye et en Valois, où ils prindrent plusieurs hommes prisonniers et ramenèrent grans proies. Mais à leur retour furent rencontrez du seigneur de Gamaches qui se tenoit à Compiègne, et aultres Daulphinois des garnisons du pays, lesquelz leur rescouyrent, vers Montepiloy, ce qu'ils avoient chargé, et bien en mirent à mort soixante, sans ceulx qui y furent prins, et les autres se saulvèrent par fuite. Ouquel rencontre se conduist très vaillamment ledit seigneur de Gamaches.

Item, en ces propres jours fut fait le mariage de René d'Angou, frère du roy de Cécile, et marquis du

---

1. Neufchâtel en Bray.

Pont par le don du cardinal de Bar son oncle, et de la fille et héritière du duc de Lorraine, et les nopces faictes réalment ou chastel de Nansi le Duc[1]. Par le moien de laquelle aliance fut appaisée la grande discorde qui par long temps avoit esté entre les deux duchez de Bar et de Lorraine. Car dès lors et par avant, ledit cardinal de Bar avoit déclairé ledit René d'Angou son vray hoir et héritier de la duchié de Bar, laquelle chose estoit moult desplaisant au duc des Mons, qui pareillement estoit nepveu audit cardinal, fils de sa sœur. Mais autre chose n'en povoit avoir.

Et d'autre part, messire Jaques de Harecourt, qui encore feignoit de tenir la partie du duc de Bourgongne, tenoit grosse garnison au Crotoy et faisoit guerre par mer et par terre, dont le roy d'Angleterre, qui en estoit adverti, ne fut pas bien content. Et estoient complices avec ledict messire Jaques, le seigneur de Rambures, messire Loys de Chambronne et son frère Guichart, messire Colart de Chambronne, les deux frères de Herselaines, les enfans de Chaumont et plusieurs autres gentilz hommes et gens de guerre du pays.

## CHAPITRE CCXXXIV.

*Comment plusieurs ambaxadeurs des trois estats du royaume de France vindrent à Paris. Et des estats des deux roys.*

En ces mesmes jours vindrent à Paris plusieurs ambaxadeurs et commis de par les trois estats du royaume de France, paravant mandez, comme dit est

1. Nancy.

dessus. Avecques lesquelz, et en leur absence, furent tenus plusieurs consaulx touchans le gouvernement et bien publique dudit royaume. En la fin desquelz consaulx furent les gabelles, imposicions, quatriesmes et autres subsides remises sus, réservé les grains.

En après, la feste de Noël venue, les deux roys et les roynes leurs femmes tindrent leurs estas[1] dedans Paris. C'estassavoir le roy de France, à son hostel à Saint-Pol, et le roy d'Angleterre au Louvre. Lesquelz estas furent bien differens l'un à l'autre. Car le roy de France estoit povrement et petitement servy et accompaigné au regard du noble estat qu'il souloit avoir, et ce jour ne fut comme point visité ne accompaigné, si non d'aucuns de ses vielz serviteurs et de gens de petit estat. Laquelle chose devoit moult desplaire à tous les cuers des vrais et loyaulx François là estans, voians ce noble royaume par fortune et tribulacion de eulx mesmes estre mis et gouverné en et par la main de leurs anciens ennemis, soubz laquelle dominacion et gouvernement il leur falloit vivre de présent. Et quant est à parler de l'estat du roy Henry d'Angleterre et de sa femme la royne, quel il fut ce jour, nul ne sçaroit racompter les grans estas, pompes et bobans qui furent fais en son hostel, tant de lui comme de ses princes. Et de toutes pars venoient en grant humilité les sujetz de ce noble royaume de France devers lui pour le honnorer et exaulcer. Et dès lors commença il ledit royaume à gouverner, et administrer les besongnes dudit royaume et faire officiers à son plaisir, en desmectant ceulx qui par le Roy et le duc de Bour-

---

1. *Leurs estas*, leur train de maison.

gongne derrenier trespassé et le duc Phelippe lors vivant, y avoient esté mis de long temps. Et d'autre part constitua le conte de Kent, nommé Effreville, capitaine général de Meleun, à toute suffisante garnison de gens d'armes et de gens de traict. Et le conte de Hontiton son cousin germain, fut fait capitaine du Bois de Vincennes, et le duc d'Excestre fut ordonné à demeurer à Paris avecques le roy Charles, à tout cinq cens combatans.

Après lesquelles ordonnances et que la feste de la nativité Jhésucrist fut passée, se parti de Paris ledit roy Henry, la royne sa femme, les ducs de Clarence et de Bethfort et autres de ses princes et grans seigneurs. Et s'en ala à Rouen, où il tint de rechef plusieurs grans consaulx sur le régime du royaume, et y séjourna certain espace devant qu'il retournast en Angleterre. Et pareillement le duc Phelippe de Bourgongne, partant dudit lieu de Paris s'en ala à Beauvais, à la feste et entrée de maistre Pierre Cauchon, docteur en théologie, nouvel évesque d'icelle ville de Beauvais, moult enclin et affecté audit duc. Laquelle feste passée se parti le duc, et par Amiens et Dourlens s'en ala à Lisle et puis à Gand, où estoit la duchesse sa femme, et là séjourna environ trois sepmaines. Et le Rouge duc en Bavière, qui estoit venu servir son beau frère le roy Henry, comme vous avez oy, à tout cinq cens combatans ou environ, s'en retourna hastivement par Cambray en son pays d'Alemaigne, pour ce qu'il avoit oy nouvelles que les Bohémiens, induis et enseignez par ung clerc de leur pays qui estoit hérétique, s'estoient dréciez et confusément estoient entechez du venin de hérésie, non point seulement contre nostre foy catholique, mais avecques ce contre les roys d'Alemaigne, de Hongrye et de Boesme; et en grant multitude leur faisoient guerre mortelle[1].

## CHAPITRE CCXXXV.

### Comment le roy Henry d'Angleterre s'en ala de Rouen à Calais et de là en Angleterre, et de la chère que on lui fist.

Item, après ce que le roy Henry eut ordonné ses besongnes à Rouen et commis en son lieu capitaine général de toute Normandie son frère le duc de Clarence, qui moult estoit prudent et renommé en armes, il se party de là et passa parmy le pays de Caulx, avecques lui la royne sa femme, son frère le duc de Bethfort, et bien six mille combatans, et vint par Poix à Amiens, la vigile Saint Vincent[2], et fut logié en l'ostel de maistre Robert le Jeune, qui naguères avoit esté constitué nouvel bailli d'Amiens ou lieu du seigneur de Humbercourt. Si fut moult honnorablement receu, et lui fist-on et à la royne sa femme, plusieurs présens. Et de là, par Dourlens, Saint-Pol et Thérouanne, ala à Calais, où il séjourna par aucuns jours, et après passa mer et ala en Angleterre, où il fut receu comme l'ange de Dieu. Et lui venu en sondit royaume s'employa hastivement par toutes manières à couronner sadicte femme, la royne. Laquelle coronacion fut faicte en sa cité royale de Londres, chef et maistresse ville de toute Angleterre, et là furent faictes si grans pom-

---

1. Ceci se rapporte encore à la guerre des Hussites.
2. Le 21 janvier 1422 (N. S.).

pes, bobans et jolivétez que depuis le temps du très noble combatant Artus, roy d'Angleterre, qui alors estoit appellée la Grant Bretaigne, ne fut veue en ladicte ville de Londres la pareille feste de nuls des roys anglois. Après laquelle feste ledit roy ala en propre personne par les citez et bonnes villes de son royaume et leur exposa et déclaira, comme homme discret et de bon parler, toutes les bonnes advenues qui par son grand labeur et peine, par long temps et en moult de places, lui estoient advenues en France, et les besongnes qui lui restoient et demouroient encores à faire oudit royaume, c'estassavoir de subjuguer son adversaire le Daulphin de Vienne, seul fils du roy Charles et frère de sa femme et royne d'Angleterre, qui, à lui contredisant, se disoit régent et héritier de France et tenoit et occupoit et possédoit au double la plus grant partie dudit royaume, disant que pour ce faire et par conquerre, deux choses lui estoient neccessaires, c'estassavoir finances et gens d'armes. Lesquelles demandes par lui faictes lui furent accordées et octroiées libéralement de tout son povoir [1] et peuple des citez et bonnes villes de son royaume. Et pour vray il eut et assembla tantost si grant pécune en or, en argent et joyaulx, qu'à peine les povoit-on nombrer. Et ce fait, il eslut en sondit royaume une grant compaignie de toute la jeunesse du pays, les plus fors et plus habiles à traire et à combattre, et en brief on cueilla et fist ung ost, qu'il joingnit avecques ses princes et chevaliers et escuiers, tant qu'en tout il assembla bien

---

1. Il faut entendre de toute sa seigneurie, de tout son domaine.

trente mille combatans, pour de rechef les ramener en France à combatre et subjuguer ses adversaires les Daulphinois. Mais lui estant en sondit royaume d'Angleterre et pour icellui tenir seur, print et donna trêves à ses ennemis de Gales et d'Escoce, et avecques ce, consenti la délivrance du roy d'Escoce, qui par très long temps avoit esté prisonnier, comme dit est ailleurs, moiennant qu'il print à femme sa cousine germaine, seur du comte de Sombreset et niepce du cardinal de Vincestre. Lequel fut le principal envers le roy dessusdit de traicter icellui mariage et délivrance.

## CHAPITRE CCXXXVI.

*Comment grant dissencion se meut entre le duc de Brabant et la duchesse sa femme, laquelle se départit de lui et s'en ala par Calais en Angleterre pour avoir mary nouvel.*

En ce mesme temps se meut grant discencion entre le duc Jehan de Brabant d'une part, et la duchesse Jaqueline sa femme d'autre part, et tant que la dicte duchesse se parti de l'ostel de sondit mary, pour ce principalement, comme il fut commune renommée, qu'elle veoit le petit gouvernement de lui, et aussi qu'il se laissoit gouverner et conduire par gens de trop petit estat selon sa puissance et seigneurie. Pour lequel discord appaiser et les remectre ensemble se entremist et travailla par plusieurs fois le duc Phelippe de Bourgongne, auquel les deux dessusdiz estoient germains, et pareillement y traveilla par moult de fois la contesse de Haynnau, mère de la dicte duchesse. Mais finablement oncques ne porent tant faire, ne travailler, qu'elle y voulsist retourner. Aincois se concluda et délibéra du tout en soy mesmes, que la départie seroit faicte de elle et de sondit mary, et qu'elle en peust avoir ung autre qui gouvernast sa personne et sa seigneurie ainsi qu'il appartenoit à elle. Et pour lors estoit en la fleur de son age, belle et bien fourmée, aournée de bon entendement autant que nulle dame povoit estre, et si veoit son temps et sa jeunesse passer en trop grant desplaisance sans recouvrer. Et sur ce propos retourna en l'ostel, et avecques ladicte contesse de Haynnau, sa mère, qui en partie l'avoit mariée audit duc de Brabant contre sa voulenté. Ouquel hostel elle fut certain espace de temps, et après vindrent ensemble en la ville de Valenciennes, auquel lieu icelle duchesse print congié à sadicte mère d'aler en la ville de Bouchain. Mais quant elle y fut, elle se parti lendemain assez matin, et trouva sur les champs le seigneur d'Escaillon, natif de Haynau, anglois en cuer de toute ancienneté, avec lequel elle avoit eu grant conseil paravant audit lieu de Valenciennes, et là, lui avoit promis d'aler avec elle en Angleterre devers le roy Henry de Lancastre, afin que de lui elle eust aide pour faire la départie dessusdicte, c'estassavoir de son mary et d'elle. Et pourtant après qu'elle eut trouvé ledit seigneur d'Escaillon, comme dit est, qui avoit environ soixante combatans avecques lui, se mist au chemin en sa compaignie pour tirer droit vers Calais. Et chevauchèrent ceste première journée jusques à Houdain assez près de Saint-Pol, et puis tira jusques à Calais, où elle fut par certain espace, et puis passa en Angleterre et ala devers le roy, lequel sans faille la receut et traicta honorablement, et avecques ce lui promist de lui aider et secourir à tous ses affaires généralement.

## CHAPITRE CCXXXVII.

### Comment le duc de Bretaigne fut prins du comte de Penthièvre, et la guerre qui s'eusuit à ceste cause.

Or convient parler d'une grant adventure et merveilleuse qui advint en cest an en Bretaigne. Il est assez sceu et déclairé en aucunes histoires et par espécial en celle de maistre Jehan Froissart, comment les devanciers de Jehan de Monfort, à présent duc de Bretaigne[1], et ceulx de Olivier de Bretaigne, conte de Penthièvre, eurent ou temps passé de grandes guerres et destructions l'un contre l'autre pour avoir le duché et seigneurie d'icellui pays, à laquelle ung chascun d'eulx se disoit avoir le plus grant droit. Pour lesquelz discors apaiser furent fais plusieurs traictiez entre lesdictes parties, en la fin desquelz icelle duchié demeura franchement à ceulx de Montfort, moiennant que la partie de Penthièvre eut plusieurs récompensacions, desquelles réciter à présent je me passe, pour tant que ce n'a point esté du temps de mon livre. Et en possidèrent les dessusdiz par long temps paisiblement. Néantmoins, jà soit ce que ledit conte de Penthièvre moustrast audit duc Jehan chascun jour semblant de grant amour à la veue du monde, si n'estoit point l'ancienne guerre dont dessus est faicte mencion encores bien appaisée, comme vous orrez

1. Jean VI, dit le Bon et le Sage, duc de Bretagne en 1399.

cy-après. Vérité est, que sur l'espérance de revenir en partie à la seigneurie de la duchié de Bretaigne, et par l'exortacion de la dame de Cliçon sa mère, fille de feu messire Olivier de Cliçon, jadis connestable de France, le dessusdit conte de Penthièvre, par certains moiens traicta tant devant le duc de Touraine, Daulphin, qu'il obtint de lui ung mandement scéllé de son scel, pour prendre et emprisonner ledit duc de Bretaigne. Car, non obstant que icellui duc eust espousée la sœur dudit Daulphin, si n'estoit point ledit Daulphin content dudit duc, pour ce que ne lui, ne son pays ne se vouloit du tout pleinement déclairer de sa partie, ne lui aider à faire guerre contre les Anglois et Bourguignons. Après lequel mandement obtenu par ledit conte, comme dit est, il pensa et ymagina comment et par quelle manière il pourroit mener son entreprinse à chef, et en fin ne sceut trouver meilleur moien pour parfournir son fait, que de prier ledit duc de venir prendre son disner à Champtourneau[1]. Et comme il le pensa, ainsi le fist. C'estassavoir qu'il ala à ung certain jour devers lui en la ville de Nantes, et après qu'ils eurent fait plusieurs devises de diverses besongnes, l'un avecques l'autre, ledit conte requist bien instamment au duc qu'il lui pleust venir audit lieu de Champtourteau esbatre et prendre son disner, disant oultre que madame sa mère, laquelle y estoit, en seroit moult joieuse et le recevroit à son povoir moult honnorablement. Laquelle requeste par ledit duc lui fut accordée. Car riens ne se doubtoit que on lui voulsist faire, ne traicter autre chose que bien.

---

1. Champtoceaux (Maine-et-Loire).

Et fut le jour accepté le xiii° de février. Lequel jour venu se partit ledit duc du chastel où il avoit jeu, nommé le Lerens Botereau, et print son chemin pour aler à ceste ville de Champtourteau. Si alèrent, son maistre d'ostel et ses fourriers, devant, pour appoincter les besongnes comme il est de coustume. Et quant ils furent là venus, le conte de Penthièvre monta à cheval et ala, à tout les gens de son hostel, au devant dudit duc, jusques assez près du pont nommé le Pont à la Tiberge, qui siet sur une petite rivière. Par lequel pont passa ledit duc, en sa compaignie Richard son frère, et aucuns autres chevaliers et escuiers de son hostel; et ses autres gens le suivoient de loing, et n'estoient en doubte de nul mal engin. Et quant il eut passé ledit pont, il y eut ung des gens dudit conte qui contrefaisoit le fol, lequel descendi à pié et bouta les planches d'icellui pont en l'eaue, en faisant semblant de se jouer et faire sa folie, par quoy les gens du duc qui suivoient derrière, comme dit est, ne porent passer; et encores ne se doubtoit ledit duc, de nul mal, et se rioit de la folie dessusdicte. Mais Charles, seigneur de Lavaugour, frère du conte, qui estoit embuschié, à tout quarante hommes armez ou environ, vint à courant devers le duc. Lequel les voiant venir demanda audit conte de Penthièvre : « Beau cousin, quels gens sont cecy? » et il respondit : « Monseigneur, ce sont mes gens; je vous fais prisonnier de monseigneur le Daulphin. » Et mist la main à lui. Auxquelles parolles le duc tout esbahi, respondi : « Ha! beau cousin, vous faictes mal. Je suis cy venu sur vostre parole et à vostre requeste, et ne me défioie en riens de vous, ne des vostres. » Toutesfoiz y eut aucuns de ses gens qui tirèrent leurs espées pour les cuider défendre, mais ils virent assez tost qu'ils estoient trop febles au regard de leur adverse partie. Et ce pendant, vindrent sur eulx ceulx de la dessusdicte embusche, les espées traictes, et y eut deux des gentilz hommes du duc, dont l'un, nommé Jehan de Beaumanoir, eut le poing coupé, et l'autre fut navré en la main, lequel se nommoit Thibault Buisson. En après, ung gentil homme de l'ostel du conte, nommé Henry Lalemant, volt férir le duc de son espée, mais le conte le défendi contre lui et commanda à ses gens qu'ilz se cessassent, et qu'il menroit le duc vers le Daulphin. Et lors les gens du duc, qui estoient delà le pont, voiant leur prince en tel danger, estoient en grant tristesse de ce qu'ilz ne le povoient aider ne secourir, et ne sçavoient quel conseil prendre. Et tout après, ledit conte de Penthièvre, son frère et ses gens, emmenèrent ledit duc, et Richard son frère, hastivement, à Bressices [1] en Poictou, et de là fut mené par plusieurs foiz en divers lieux, comme à Lozenan, à Bournommeau, à Castrammer [2] et ailleurs. Et fut prisonnier de six à sept mois, sans estre mis en prison fermée, ne que aucune violence lui feust faicte à sa personne. Mais bien s'en tenoit-on seur. Et avoit pour le servir, tant seulement ung de ses varlès de chambre. Et si fut, son frère Richard, prisonnier comme lui.

Quant vint à la congnoissance de la duchesse de Bretaigne et des seigneurs du pays, comment le duc avoit esté prins, il ne fault point demander se ilz furent

1. Bressuire.
2. Chasteaumur (Var. du *Suppl. fr.*, 93).

troublez, et par espécial ladicte duchesse en fist si grant deuil qu'à grant peine le pouvoit-on rapaiser. Toutesfoiz, incontinent et tost après s'assemblèrent les barons et grans seigneurs du pays de Bretaigne, avec la duchesse, en la ville de Nantes, et là tous ensemble conclurent et jurèrent solemnellement de poursuivir la délivrance du duc, et de faire guerre audit conte de Penthièvre et à tous ses aliez et bien vueillans. Et d'un commun accord esleurent pour faire l'armée de ceste poursuite, le seigneur de Chasteaubriant et le seigneur de Rieux, qui de fait, à tout grosse puissance de gens d'armes, alèrent mectre le siège devant Lambale[1], appartenant audit conte. Lequel se tint environ quinze jours, et après se rendirent ceulx de dedens, et furent la ville, et chastel qui estoient moult fors, abatus et désolez. Et de là alèrent au chastel Audrien[2] lequel fut abatu; et pareillement furent à la Mote de Bron. En après, en alèrent à Champtourneau, où estoit la vieille contesse de Penthièvre, et en estoit capitaine le seigneur de Bersières, qui moult bien le défendi. Si y fut le siège environ trois mois, mais peu y firent, car la ville estoit moult forte et bien garnie de de vivres et habillements de guerre, et aussi de bonnes gens d'armes. Et cependant, traictié se fist entre le duc et le conte, et lui promist le duc de lui restituer tous ses dommages, tant de ses fortresses abatues, comme d'autres choses, et que jamais de ceste besongne ne lui seroit fait, par lui ne par les siens, aucune chose qui lui portast préjudice. Après lesquels traictiez et les

---

1. Lamballe (Côtes-du-Nord).
2. Châtelaudren (Côtes-du-Nord).

seuretez prinses, le conte dessusdit renvoia le duc par
le seigneur de Laigle, son frère. Lequel duc de prime
face fist lever le siège de Champtourneau. Mais en fin
quant les prélas et les barons de son pays eurent devers eulx ledit duc, ils ne vouldrent point entretenir
le traictié dessusdit, et convint que ladicte contesse
et ses gens se partissent de là, et que la ville de Champtourneau feust mise en la main dudit duc. Si fut de
rechief prins jour de parlement entre eulx pour veoir
se ilz pourroient estre d'accord. Auquel jour ledit
conte promist de y comparoir en personne, et pour
seureté de ce bailla son frère Guillaume en hostage.
Mais il n'y comparu, pour tant qu'il fut certainement
adverti que s'il y aloit, il n'en retourneroit jamais. Et
pour vray, s'il y feust alé, il eust esté exécuté par justice; et avoit esté ainsi conclud par les trois estas de
la duchié de Bretaigne. Et qui plus est, dirent au duc
que s'il vouloit entretenir le traictié qu'il avoit fait
avec icellui conte, ilz le débouteroient de sa seigneurie
et ne obéiroient plus à lui, et feroient leur seigneur
de son fils ainsné. Et par ainsi convint qu'il se accordast à leur voulenté. Lesquelles besongnes venues à la
congnoissance dudit conte, il fut en très grant soussi;
et non point sans cause. Car il savoit toutes ses besongnes et ses seigneuries estre arrestées et mises en la
main du duc, son seigneur, comme confisquées, et son
frère dessusdit demouré en ostaige, lequel il ne povoit
ravoir, et d'autre part estoit mal du Daulphin, pour
ce qu'il ne lui avoit livré ledit duc, et avec tout ce
ne sçavoit bonnement où estre asseur de sa personne,
car peu trouvoit qui le voulsist soustenir. Pour lesquelz inconvéniens eslongner et fouyr, se retrahy en

la viconté de Limoges, et après aucunes conclusions prinses avec ses frères, se party de là et par Auvergne s'en ala à Lyon sur le Rosne, et puis à Genève et à Basle, pour venir en sa terre de Avesnes en Haynnau. Mais ainsi qu'il faisoit son chemin sur le Rin, fut prins du marquis de Bade, pour marque [1], pour tant que icellui marquis avoit autrefois eu de ses gens destroussez ou pays de Haynnau. Si fut grant espace prisonnier, et enfin lui cousta bien trente mille escuz, et après s'en retourna en sa terre d'Avesnes. Et depuis qu'il y fut, le duc de Bretaigne mist ses gens sus pour le cuider faire prendre et lui mectre ung carquant ou col. Et pour ce faire, furent envoyez aucuns gentilz hommes du pays de Bretaigne, c'estassavoir messire Roland de Saint Pol, messire Jehan de Louvion, Jacob du Faulermine et aucuns autres, lesquelz se conduirent si mal secrètement que leur emprise fut accusée, et en y eut, les aucuns détenus prisonniers, et les autres se saulvèrent, mais il convint que ledit conte les rendist à la justice de Mons; et n'en peut nulz exécuter [2]. Lequel conte de Penthièvre ne retourna onques puis en Bretaigne, mais demeura toute sa vie oudit pays de Haynnau, et print en mariage la fille et héritière du seigneur de Quiévrain, de laquelle il délaissa après son trespas des enfans, qui point ne vesquirent jusques à aage compétent, pour quoy ses terres et seigneuries retournèrent à son frère, le seigneur de Laigle.

1. Ce terme est ici synonyme de représailles.
2. « Et n'en y eut nulx exécutez. » (*Suppl. fr.*, 93.)

## CHAPITRE CCXXXVIII.

Comment la ville et fortresse de Chasteauthierry fut rendue aux gens du duc de Bourgougne.

Ou moys de février l'an dessusdit, les Daulphinois reprindrent Villeneufve le Roy, mais assez tost après, se logèrent ès villages d'environ par manière de siège, le seigneur de Lisle-Adam et autres capitaines tenans la partie de Bourgougne. Si y furent certain espace ; en fin se deslogèrent sans mectre ladicte ville en leur obéissance. Pour quoy, par le moien d'iceulx, le pays fut en grant tribulacion. Et depuis fut traictié avec le capitaine dudit lieu, qu'il lairroit passer vivres pour aler à Paris, moiennant certain tribut qu'il en devoit avoir pour sa part.

Item, en ce temps fut livrée la ville et fortresse de Chasteauthierri au seigneur d'Escaillon, que tenoient les Daulphinois, et y entra par le moien d'aucuns bourgois et habitans de la ville à lui favorables. Si y fut prins La Hire et plusieurs de ses gens, qui depuis furent délivrés par finances. Et cependant, lesdiz Daulphinois, qui se tenaient à Meaulx en Brie, à Compiengne, à Pierrefons et en la conté de Valois, dégastoient moult fort par leurs courses les pays à l'environ de eulx, et par espécial Beauvoisis, Vermendois et Santers. Et pareillement faisoient ceulx de la conté de Guise en Térasche, et gastoient le pays de Haynau et de Cambrésis, et autres lieux près de leurs marches.

Durans lesquelles besongnes, depuis l'an mil quatre cens et vingt, les monnoies de France estoient grandement affebliées et tant, qu'en conclusion, devant le restablissement d'icelles, ung escu d'or de la forge du roy de France valoit la somme de xix. s. monnoie courant, jà soit ce qu'il n'eust esté forgé que pour xviii s. p. Par le moien duquel affeblissement de monnoies, plusieurs seigneurs et autres gens à qui rentes d'argent estoient deues, furent fort intéressez, et à ceste cause s'en esmeurent plusieurs procès entre les parties. Et lors, de la monnoie dessusdicte, valoit une chevalée de blé[1] vii ou viii frans.

## CHAPITRE CCXXXIX.

#### Comment le seul fils du roy de France, Charles, Daulphin de Vienne, fut appellé à la table de marbre. Et la prinse du seigneur de Lisle-Adam en la ville de Paris par le duc d'Excestre, Anglois.

Item, en cest an, le roy Henry d'Angleterre, avant qu'il se partist de Paris pour repasser la mer, fist convoquer et appeller le duc de Touraine à la table de marbre, et après que furent faictes toutes les solempnitez acoustumées en ce cas contre lui et ses complices, pour le crime fait en la personne du duc Jehan de Bourgongne, pour tant que ausdictes appellacions ne ala, ne envoia, fut par le conseil royal et par la court de parlement, banny du royaume et jugé indigne de succéder à toutes les seigneuries venues et à venir, et mesmement de la succession et actente qu'il avoit à la couronne de France, non obstant que d'icelle feust vray héritier après le trespas du roy Charles son père,

---

1. La charge d'un cheval.

selon les coustumes anciennes de ce noble royaume. Duquel déboutement et bannissement plusieurs Parisiens furent très-joieux, car moult le doubtoient.

En après, le duc d'Excestre, qui estoit capitaine de Paris, pour certaines causes qui à ce le meurent, fist prendre en icelle ville le seigneur de L'Isle-Adam par aucuns de ses Anglois. Pour laquelle prinse s'assemblèrent jusques à mil hommes ou plus du commun de Paris pour le rescourre de ceulx qui l'emmenoient en la bastille Saint-Anthoine. Mais tantost ledit duc d'Excestre, à tout cent vingt combatans ou environ, dont la plus grant partie estoient archers, ala férir en eulx et fist tirer les dessusdiz archers au travers desdictes communes. Pour quoy, tant par la crainte dudit traict, comme par commandement qu'il leur fit de par le Roy, se retrahirent assez tost en leurs maisons, et ledit seigneur de L'isle-Adam fut, comme dit est, mis en prison et y demoura durant la vie du roy Henry d'Angleterre. Lequel l'eust fait mourir, se n'eust esté la requeste du duc de Bourgongne.

## CHAPITRE CCXL.

Comment le duc Thomas de Clarence fut desconfit et occis par les Daulphinois emprès Baugy, où il y eut perte et dommage des deux parties.

Item, en la fin de ceste année, droictement la nuit de Pasques, Thomas, duc de Clarence, qui estoit capitaine général de toute Normendie, après le département du roy son frère avoit mené son ost vers le pays d'Anjou, où estoient assemblez en très grant nombre les

Daulphinois, c'est assavoir le conte de Bosqueaulx, connestable du Daulphin, et le seigneur de La Faiète, avecques plusieurs autres, pour iceulx combatre et subjuguer. Advint que, cedit jour, ledit duc de Clarence oy certaines nouvelles que ses ennemis estoient assez près de lui, en une ville nommée Baugé ou Baugi en Anjou[1] et pour tant, incontinent ledit duc, qui moult estoit renommé en armes, print sans délay une grant partie de tous ses meilleurs hommes, et par espécial à peu près tous ses capitaines, à tout lesquelz, moult asprement il ala envayr ses ennemis et commencer bataille merveilleuse et dure et moult ensanglantée. Et toute la grant tourbe de son ost le suivait de loing, à très grant peine et danger, pour le mauvais pas d'une rivière qu'il leur convenoit passer. Et d'autre part les gens du Daulphin dessusdit, qui bien estoient pourveuz et advisez de ce qu'ilz devoient faire, sachans la venue de leurs adversaires, commencèrent à combatre très hardiement contre les dessusdiz Anglois, et tant que des deux parties y eut merveilleuse et cruelle assemblée. Mais, en la conclusion, les Daulphinois conquirent la place et eurent la victoire contre les Anglois. Et furent occis et mis à l'espée, sur le champ, ledit duc de Clarence, le conte de Kent, le seigneur de Ros, mareschal d'Angleterre, et généralement toute la fleur de la chevalerie et gentillesse dudit duc, avec de deux à trois mille combatans anglois. Et avec ce furent prins le conte de Sombresel, le conte de Hontiton, le conte du Perche en Normandie, avecques deux cens autres de leurs gens ou environ. Et de la partie du

---

1. Baugé (Maine-et-Loire).

Daulphin y furent mors de mil à douze cens hommes. Entre lesquelz y mourut ung vaillant chevalier, nommé Charles le Boutiller, et avecques lui messire Jehan de Fontaines, Yvorin et Guérin de Fontaines, messire Jehan de Passavant, messire Jehan de Bresle, messire Jehan Tost-Avant et plusieurs notables et vaillans hommes d'armes jusques, au nombre dessusdit. Et fut de ce jour en avant celle assemblée nommée la bataille de Baugy[1]. Pour la mort et desconfiture desquelz Anglois, tous les autres eurent très grant tristesse, et par espécial pour le duc de Clarence, car moult estoit aymé pour sa prudence. Néantmoins, entre eulx Anglois, qui estoient soubz la conduite du conte de Salisbery, reconquirent le corps dudit duc, lequel depuis fut porté en Angleterre, où il fut enterré à très grant solennité.

1. La bataille de Baugé.

## DE L'AN MCCCCXXI.

[Du 23 mars 1421 au 12 avril 1422.]

## CHAPITRE CCXLI.

Comment les Daulphinois alèrent devant Alençon. Et du mariage du duc d'Alençon à la fille du duc Charles d'Orléans prisonnier.

Au commencement de cest an, après la mort du duc de Clarence, les Daulphinois qui avoient eu victoire contre ledit duc, comme dit est dessus, s'assemblèrent en grant nombre et alèrent pour assiéger Alençon. Et ce fait se logèrent assez près, combatans ladicte ville à leur pouvoir. Mais les Anglois, qui en grant tristesse portoient le grant dommage qu'ilz avoient reçeu, se mirent ensemble et assemblèrent de rechef toutes leurs garnisons de Normandie, et soubz la conduite du conte de Salebery alèrent vers Alençon pour combatre les Daulphinois et lever le siège. Et adonc les dessusdiz Daulphinois, pourveuz et advisez comme devant de la venue de leurs ennemis, se mirent en ordonnance dehors leur logis et monstrèrent semblant de grant hardiesse. Et lors lesdiz Anglois voians leurs ennemis en plus grant nombre qu'ilz n'estoient, se retrahirent en l'abbaye du Becq. Toutesfoiz, avant qu'ilz y peussent estre, perdirent de deux à trois cens de leurs hommes, tant prins que occis par lesdiz Daulphinois, et furent poursuys jusques en ladicte abbaye. Mais pour ce qu'ilz virent[1] que dedens

---

1. Les Daulphinois.

icelle ne les pourroient avoir sans trop grant perte de leurs gens, se partirent du siége et retournèrent vers Dreux et vers Anjou.

Item, en ces propres jours fut traictié et parfait le mariage du duc d'Alençon et de la seule fille de Charles, duc d'Orléans, prisonnier en Angleterre; et se firent les nopces en la ville de Blois. Duquel mariage faire et traicter furent les principaulx, Charles, duc de Touraine, Daulphin, à qui elle estoit nièpce, et le duc de Bretaigne, oncle dudit duc d'Alençon.

Esquelz jours aussi, le roy Henry, qui encores estoit en Angleterre, oy les nouvelles de la mort de son frère le duc de Clarence, et de la prinse de ses autres princes, dont grandement fut courroucé, et pour ce, plus que paravant se hasta et prépara son armée pour retourner en France, afin de prendre vengence des Daulphinois, qui ce dueil et ceste desplaisance lui avoient mis ou cuer.

## CHAPITRE CCXLII.

Comment messire Jacques de Harecourt commença à faire guerre aux gens et pays du duc de Bourgongne, et des grans inconvéniens qui à ceste cause en sourdirent.

En ce temps messire Jaques de Harecourt qui se tenoit au Crotoy et faisoit guerre aux Anglois, comme dit est dessus, se abstint fort de plus hanter ne plus avoir communicacion avecques le duc Phelippe de Bourgongne, ne avecques ses favorables. Et de fait print ou havre d'Estaples ung vaissel chargié de bled, à messire Edmond de Bomber, lequel tenoit la partie dudit duc, et pour ce qu'il ne voult point rendre quant il en fut semons ou requis, s'esmeut soudainement grant guerre entre eulx, laquelle en conclusion fu moult préjudiciable à tout le pays de Pontieu et à l'environ. Car ledit messire Emond, pour vanger son courroux, s'en ala plaindre au lieutenant de Calais, c'est assavoir à messire Jehan Balade. Lequel soudainement print ses souldoiers Anglois de la conté de Guines et de Calais, et par navire les mena et conduist près du Crotoy, et là ardi et brouy toutes les nefz et les vaisseaulx de mer qu'il y trouva, et après se retrahy audit lieu de Calais. Pour laquelle entreprise venger, ledit messire Jaques de Harecourt, à main armée, entra en aucunes des villes dudit messire Emond et les pilla toutes au net, en menant les proies et tous autres biens en ses garnisons de Noyele[1] et du Crotoy. Et tost après ledit messire Emond de Bomber, en rendant le pareil, courut les villes dudit messire Jaques. Et fut du tout entre eulx la guerre esmeue, non pas tant seulement à leur préjudice, mais aussi ou préjudice de tout le pays. Car ledit messire Jaques, pour soy fortifier, actrahit à lui plusieurs hommes d'armes et gens de guerre de Compiengne et d'ailleurs, et aussi se alièrent avecques lui plusieurs gentilz hommes du pays de Vimeu et Ponthieu, avec le seigneur de Rambures et autres, dont dessus est faicte mencion, c'est assavoir Loys de Vaucourt, le Bon de Saveuses, Phelippe de Neufville, Parceval de Houdenc, Pierre Quieret, capitaine d'Araines, et moult d'autres. Si furent tost après mises en sa main la ville de Saint Riquier, et auprès d'icelle les

---

1. Noyelle-sur-Mer.

fortresses de Drougy¹, l'isle et chastel du Pont de Remi, les fortresses d'Araines, Drocourt² et de Mareul, et à l'autre costé, de Saint Walery, Rambures, Gamaches et aucunes autres, dedens lesquelles, à la poursuite dudit messire Jaques, se boutèrent plusieurs Daulphinois, qui commencèrent à faire guerre ouverte aux pays du duc de Bourgongne et ceulx tenans son parti. Et par ainsi les pays d'environ furent moult fort traveillez. Toutesfoiz, la ville de Saint-Riquier ne se mist pas en l'obéissance dudit messire Jaques jusques à ce que le roy d'Angleterre fut rapassé à revenir en France, comme vous orrez cy-après.

## CHAPITRE CCXLIII.

#### Comment le roy Henry d'Angleterre retourna en France à grant puissance pour aler contre le Daulphin.

Item, après que ledit roy d'Angleterre eut ordonné ses besongnes en son royaume et que toute son armée fut preste autour de Cantorbie, et iceulx payez de leurs souldées pour huit mois, s'en vint à Douvres, et là, en autres pays voisins, lui et toutes ses gens entrèrent en mer dedens leurs vaisseaulx, au point du jour la veille de saint Barnabé³, et, en ce mesmes jour, entrèrent ou havre de Calais, environ deux heures après midi. Et adonc le roy yssi de sa barge et se loga en son chastel, oudit lieu de Calais. Et semblablement

---

1. « Les fortresses de Drougy et la Ferté. » (*Suppl. fr.*, 93.)
2. « Diaucourt. » (*Ibid.*)
3. Le 10 juin.

tous les autres, yssans de leurs vaisseaulx, furent logez, tant en la ville comme ès lieux voisins, selon l'ordonnance du roy et de ses fourriers. Et tantost après que lesdiz vaisseaulx furent deschargez, le roy les envoya en Angleterre. Et, comme il fut extimé par plusieurs notables hommes en ce congnoissans, il y descendi pour ce jour de trois à quatre mille hommes d'armes et bien vingt quatre mille archers. Et lendemain, qui fut le jour de saint Barnabé, ledit roy fist partir le conte Durset et le baron de Clifort pour aler à Paris conforter et aider le duc d'Excestre, son oncle, et les Parisiens, qui pour lors estoient moult court tenus de vivres, pour les garnisons des Daulphinois qui estoient entour eulxt. Et menèrent les dessusdiz, douze cens combatans, à tout lesquelz chevauchèrent hastivement, eschevans les agais de leurs ennemis, jusques audit lieu de Paris, où ilz furent moult joieusement reçeus, tant pour leur venue comme pour les nouvelles qu'ils povoient prendre de la descendue de leur roy, d'Angleterre, auquel lesdiz Parisiens avoient par plusieurs foiz transmis leurs messages en Angleterre pour le haster. Car le duc de Touraine, Daulphin, avoit pour ce temps assemblé de plusieurs pays très grant puissance de gens d'armes, à tout lesquelz se tira pour aler vers Chartres. Et se rendirent à lui les villes de Bonneval, de Galardon, avec autres fortresses, lesquelles il garny de ses gens, et puis s'en ala loger au plus près de la cité de Chartres, l'asséga tout autour très puissamment, mais elle fut fort défendue par le bastard de Thien et autres capitaines, lesquelz hastivement y avoient esté envoiez de Paris pour secourir à ladicte cité. Et, comme il fut extimé par gens en ce congnoissans, ledit Daulphin povoit avoir en sa compaignie de six à sept mille harnois de jambes[1], quatre mille arbalestriers et six mille archers; et ainsi fut mandé au roy d'Angleterre par ceulx qui les avoient veuz. Si commencèrent iceulx Daulphinois à drécer plusieurs engins contre les portes et murailles d'icelle ville, dont elle fut aucunement traveillée. Mais pour tant que ceulx de dedens estoient assez acertenez qu'ilz auroient brief secours par le roy d'Angleterre, n'estoient point en si grant soussy pour les besongnes et approches dessusdictes.

## CHAPITRE CCXLIV.

### Comment le roy d'Angleterre se tira de Calais par Abbeville à Beauvais, et depuis à Mantes, où ala devers luy le duc de Bourgongne[2].

Et en ces jours, après ce que le roy d'Angleterre eut par aucuns jours ordonnées ses besongnes à Calais, il se parti, assez en haste, pour ce que les Parisiens et son oncle Excestre le hastoient, afin de secourir ladicte cité de Chartres. Si print son chemin vers la mer et ala à Mousteruel loger en l'ostel de la Couronne, et ses gens pour la pluspart se logèrent sur le plat pays, à l'entour de ladicte ville. En laquelle, ung jour devant, estoit venu le duc Phelippe de Bourgongne, pour estre à l'encontre du roy. Et pour tant qu'il estoit ocupé de maladie de fièvres, ne monta point à cheval pour aler à l'encontre d'icellui roy,

---

1. Troupes d'infanterie.
2. Ce titre de chapitre est pris sur l'édition de 1572. Dans notre texte le récit continue sans interruption.

mais y envoya messire Jehan de Luxembourg, et sa chevalerie, pour soy humblement excuser de non y estre alé. Et après la venue du roy séjournèrent trois jours en icelle ville pour parler ensemble et avoir conseil sur leurs afaires. Et eulx, de là partans ensemble, c'est assavoir le roy d'Angleterre et le duc de Bourgongne, alèrent loger au Vast en Pontieu. Et au passer parmy Montenay, ledit roy d'Angleterre fist ardoir la tour et molin de messire Jaques de Harecourt. Et pour ce que ledit roy vouloit passer la Somme par Abbeville, se parti de lui le duc de Bourgongne et ala audit lieu d'Abbeville traicter et tant faire que ledit roy y peust passer, laquelle chose lui fut octroiée assez envis. Mais le duc leur promist que tous leurs despens leur seroient entièrement paiez. Et, ce pendant, le roy se occupa à chaçer avecques ses princes en la forest de Crespy. Et le jour ensuivant ala loger à Saint-Riquier; près de laquelle ville estoit ung fort chastel nommé La Ferté, où il y avoit environ soixante combatans des gens de messire Jaques de Harecourt, dont estoit capitaine le bastard de Belloy, qui par sommation suffisamment à lui faicte, rendi ladicte fortresse. Et y fut mis de par le roy et le duc de Bourgongne ung gentil homme du pays, nommé Nicaise de Boufflers, lequel tost après la remist en la main des Daulphinois, comme dessus. En oultre, dudit lieu de Saint-Riquier, s'en ala le roy anglois à Abbeville, et là fut receu honorablement par le pourchas et diligence dudit duc de Bourgongne, et lui furent faiz en icelle ville mains beaux présens. Et passèrent paisiblement toutes ses gens avecques ses chariotz, charrètes et autres bagues. Et lendemain, après que les despens furent paiez, ledit roy se mist à chemin, à tout son ost; et se partit de lui le duc de Bourgongne, par condicion qu'il lui promist de retourner vers lui assez briefment, à tout son armée. Et chevaucha par Beauvais à Gisors et de là s'en alla au Bois de Vincennes, où estoient le roy de France et la royne, sa femme; lesquelz il salua honnorablement, et pareillement fut d'eulx reçeu à moult grant joye. Et là vindrent devers lui son oncle le duc d'Excestre et plusieurs autres des gouverneurs et conseillers du roy de France, avec lesquelz furent tenus plusieurs grans consaulx sur les afaires du royaume. Entre lesquelles fut ordonné que les fleurectes, c'estassavoir les monnoies du roy qui avoient cours pour xvi. d., seroient mises et rabaissées à iiii. d. Si fut tantost ce publié par tout le royaume ès bailliages et seneschaulcies. Pour lequel rabaissement, le commun de Paris et d'autres villes commencèrent fort à murmurer contre lesdiz gouverneurs. Mais autre chose n'en porent avoir. Et encores, qui leur tourna à plus grant desplaisance et dommage, elles furent tantost remises, de iiii. d. à ii.

En après, icellui roy d'Angleterre assembla grant puissance de gens d'armes ou pays de France, à tout lesquelz, avecques ceulx qu'il avoit amenez d'Angleterre, se tira à Mante pour aler combatre le Daulphin, qui jà avoit esté trois sepmaines devant Chartres; et manda le duc de Bourgongne qu'il venist devers lui, à tout ce qu'il pourroit avoir de gens, pour estre à la journée. Lequel duc se prépara hastivement pour y aler, et se tira, bien à trois mille combatans, en la ville d'Amiens et ou pays là environ, et de là par Beauvais et Gisors se tira vers ladicte ville de Mante. Si laissa ses gens en ung gros village et ala, à privée mesgnée[1], audit lieu de Mante devers le roy d'Angleterre, qui de sa venue et bonne diligence fut très content. Mais, ce pendant, ledit Daulphin et ceulx qui estoient avecques lui, advertis de la puissance et assemblée devant dicte, se départirent de devant Chartres et se retrahirent vers Tours en Touraine. Et pour tant, après ce que le duc de Bourgongne eut eu aucun parlement avecques le roy dessusdit, lui fut ordonné de retourner en Picardie subjuguer les Daulphinois, qui chascun jour s'esforçoient de faire plusieurs maulx oudit pays, par le moien de messire Jaques de Harecourt.

## CHAPITRE CCXLV.

Comment le seigneur d'Offemont entra dedans Saint-Riquier. L'aventure du seigneur de Cohem, capitaine d'Abbeville; et autres besongnes qui furent faictes en cellui temps.

En après, durant le voiage que fist le duc de Bourgongne devers le roy d'Angleterre comme vous avez oy, assemblèrent le seigneur d'Offemont et Pothon de Saincte-Treille, environ douze cens chevaulx, à tout lesquelz par Vimeu alèrent passer la rivière de Somme à la Blanquetaque, et delà, avecques messire Jaques de Harecourt qui vint audevant d'eulx, alèrent à Saint-Riquier. Ouquel lieu, par le moien dudit messire Jaques de Harecourt, leur fut faicte ouverture, et se logèrent tous dedens ladicte ville. Et avecques ce, traictèrent avecques Nicaise de Bouflers, qui estoit dedens la for-

---

1. Avec une petite suite de ses gens.

tresse de la Ferté, par condicion qu'elle leur fut rendue et délivrée. Et pareillement obtindrent le chastel de Durgi[1] appartenant à l'abbé de Saint-Riquier. Et après qu'ilz furent logez, comme dit est, commencèrent à courre et à envayr tout le pays à l'environ, et mesmes alèrent sur l'eaue de Canche à ung gros village nommé Conchi[2], ouquel lieu ils ardirent et abatirent de fons en comble une très belle église, dedens laquelle s'estoient retrais avecques aucuns de leurs biens les habitans d'icelle ville, lesquelz furent tous ou en la plus grant partie emmenez prisonniers comme chétifz[3] audit lieu de Saint-Riquier. Et d'autre costé fut rendue et délivré à Pothon de Saincte-Treille la fortresse de Douvrier assise et située sur la rivière d'Authie[4]. Pour laquelle prinse la ville de Monstereul et les marches à l'environ furent moult troublées.

En oultre, le duc de Bourgongne retourné jusques à une ville nommée Croissy[5], à tout son armée, lui vindrent certaines nouvelles comment le seigneur d'Offemont et Pothon de Saincte-Treille estoient dedens Saint-Riquier, et ce qu'ilz avoient fait. Sur quoy il assembla son conseil et délibéra avec icellui, que sans délay manderoit gens d'armes de toutes pars, en ses pays, et aussi arbalestriers ès bonnes villes du Roy et ès siennes, afin d'aler asséger la ville de Saint-Riquier et autres fortresses voisines tenans la partie du Daulphin. Et sur

1. Drugy (*Suppl. fr.*, 93).
2. Conchy-sur-Canche.
3. Comme des captifs.
4. « La forteresse de Dourier, assize et sciuée en moult fort lieu sur la rivière d'Authie. » (Var. du ms. *Suppl. fr.*, 93.)
5. Croissy (*Oise*).

ceste entencion s'en ala à Amiens, où il fist requeste d'avoir aide de vivres et de gens, lesquelz lui furent accordez. Et d'autre part envoya plusieurs de ses gens, à tout ses lectres et mandemens, par icelles bonnes villes, faire pareille requeste. Lesquelles bonnes villes, toutes ou la plus grant partie, promirent loyaument le servir. Et après, ledit duc partant d'Amiens ala par Dourleus loger à Auxi sur la rivière d'Authie, à trois lieues de Saint-Riquier. Auquel lieu retourna devers lui messire Jehan de Luxembourg, qui paravant, à tout certain nombre de combatans, estoit alé à Dommart en Ponthieu et devers ladicte ville de Saint-Riquier, pour enquerre et savoir la puissance et estat desdiz Daulphinois. Si séjourna ledit duc en icelle ville d'Auxi par trois jours, actendant ses gens, qui là de plusieurs lieux venoient à lui.

Item, pendant que ces besongnes se faisoient, le seigneur de Coham, qui estoit capitaine d'Abbeville, ung certain jour ainsi qu'il aloit visiter son gué après souper, tout à cheval lui sixiesme de ses gens ou environ, devant lui aucuns de ses gens portans torches ou falos, fut assailli soudainement au coing d'une rue de trois ou quatre compaignons qui là de fait appensé l'actendoient, et vigoureusement, en disant aucunes paroles, férirent sur lui et le navrèrent très fort ou visaige, et aussi férirent ung advocat de ladicte ville, en la teste, qui estoit avecques lui, monté sur ung très bon cheval, qui avoit nom maistre Phelippe de Coux. Lequel fut du coup si estourdi qu'il féry son cheval des esperons, et par grant desroy ledit cheval se porta parmy une grosse cheyne de fer tendue au travers d'une rue, tenant à une atache ou milieu de ladicte rue, comme en tel cas est acoustumé, laquelle atache, de la grant puissance du cheval, fut arrachée hors de terre, et adonc ledit maistre Jehan chey terriblement et fut tout desrompu, par quoy tost après il en mouru. Et ledit seigneur de Coham, tout navré comme dit est, avec aucuns de ses gens, fut remené en son hostel. Et ne sceut pour lors dont ce lui estoit venu. Toutesfois les dessusdis facteurs estoient d'Abbeville. Et se partirent secrètement par le moien de leurs amis, et s'en alèrent au Crotoy devers messire Jaques de Harecourt lui raconter ceste adventure. Lequel, de ce fait moult joieux, les retint avecques lui. Et en fin, après aucuns ans furent prins, et pour ce mesfait et autres furent exécutez.

## CHAPITRE CCXLVI.

#### Comment le duc Phelippe de Bourgongne ala devant le Pont de Remy, lequel il conquist. Et autres matières servans.

Or est vérité que le duc Phelippe de Bourgongne partant de la ville d'Auxi, à tout son exercice, ala loger à ung gros village nommé Vivreux, à une lieue de Saint-Riquier. Et lendemain, passant devant icelle ville de Saint-Riquier, ala loger au Pont de Remy où estoient les Daulphinois. Et fut la nuit de la Magdeleine. Si se logèrent aucuns de ses gens devant le pont dedens grandes maisons qui là estoient, mais tost après les Daulphinois qui estoient dedens l'isle et chastel dudit Pont de Remy, tirèrent le feu par fusées dedens lesdictes maisons, lesquelles tantost de l'une à l'autre furent toutes embrasées. Pour quoy il convint que les gens dudit duc se retrahissent et logassent plus arrière.

Et le second jour ensuivant, les arbalestriers d'Amiens et autres gens d'armes qui les conduisoient dedens environ douze bateaulx, avalèrent par la rivière de Somme, prestes pour combatre ladicte isle et chastel. Mais les dessusdiz Daulphinois sachans la venue desdiz bateaulx, tous espoventez, troussèrent leurs bagues et s'en fouirent incontinent au chasteau d'Araines, délaissant ledit Pont de Remy sans garde. Et assez tost après, aucuns hommes et femmes qui estoient en l'isle avalèrent le pont au costé où estoit le guet du duc de Bourgongne, et adonc y entrèrent gens sans nombre, de sa partie, lesquelz prindrent et ravirent tous ce que les Daulphinois avaient laissé. Et ce mesmes jour, par le commandement du duc de Bourgongne furent ars et embrasez la dessusdicte isle et chastel, où il avoit moult belle habitacion. Et pareillement furent ars et désolez, ce jour et le lendemain, les chasteaulx de Maruiel et de Aucourt, desquelz s'estoient départiz lesdiz Daulphinois pour la doubte et paour d'icellui duc. Et entretant que icellui duc estoit logié au Pont de Remy, ala messire Jehan de Luxembourg devant ladicte ville de Saint-Riquier, à tout cent hommes d'armes gens d'eslite, soubz la seureté du seigneur d'Offemont, et mena avecques lui six hommes d'armes montez et habillez pour faire armes et rompre le bois contre les Daulphinois des gens dudit d'Offemont, lesquelles paravant avoient esté entreprinses des deux parties par leurs certains messages. Desquelz, de la partie de Bourgongne, ung nommé de Roucourt, Henry Lalemant, le bastard de Roubais, Lionnet de Bournonville et deux autres; de la partie d'Offemont y estoit le seigneur de Verduisant, Guillaume d'Aubigny et quatre autres, dont je ne sçay les noms. Lesquelles deux parties venues l'une contre l'autre soubz bonne seureté, comme dit est, commencèrent à jouster et courir l'un contre l'autre de bon het. Mais de première venue les deux Daulphinois premiers joustans tuèrent les deux chevaux de leur partie adverse. Et après, les autres ensuivans, tant d'un costé comme d'autre, rompirent aucunes lances très gentement, et en fin par trop courte heure en y eut deux de chascune partie qui ne joustèrent point l'un contre l'autre. Et finablement, sans ce qu'il y eust homme blécié de l'une desdictes parties, prindrent congié amiablement l'un à l'autre et se départirent. Et s'en ala, ledit de Luxembourg, à tout ses gens, au Pont de Remy, et le seigneur d'Offemont à tout les siens, dedens Saint-Riquier. Toutesfoiz, ledit messire Jehan de Luxembourg avoit mené avecques lui pour la seureté de sa personne cent hommes d'armes des plus expers et mieulx habillez de la compaignie du duc de Bourgongne, et avec ce avoit laissé en embusche dedens ung bois environ trois cens combatans, se besoing lui estoit. Et à son département, quant il eut tiré les cent hommes d'armes dessusdiz dehors et assis ladicte embusche, et qu'il se fut mis à chemin, il regarda aucunement derrière lui et vit que ceulx qu'il avoit laissez ou bois dessusdit se commençoient desjà à desroier, et mener leurs chevaux paistre ès blez aux pleins champs, et lors, de ce tout troublé, print une lance et courut viguereusement pour les remètre ou lieu où il les avoit laissez, et adonques les dessusdiz, sans actendre l'un l'autre, se retrahirent à force d'esperons quanque cheval les peut porter. Néanmoins il raconsuy ung homme d'armes, nommé Aloyer, auquel il perça la cuisse et le jecta sus de son cheval, et à plusieurs autres donna de durs cops. Et après qu'il les eut remis en ordonnance et dit plusieurs injures à ceulx qui les devoient conduire, s'en ala parfournir son entreprinse comme vous avez oy.

## CHAPITRE CCXLVII.

#### Comment le duc Phelippe de Bourgongne se logea devant Saint-Riquier et depuis s'en parti pour aler combatre les Daulphinois qui venoient à l'encontre de lui.

Item, après les besongnes dessusdictes et que le Pont de Remy fut conquis et du tout désolé comme dit est, le duc Phelippe de Bourgongne se party de là et ala loger dedens Abbeville, et partie de ses gens se logèrent ès faubxbourgs et autres lieux. Et de là, à la fin du mois de juillet, ala devant Saint-Riquier et se loga dedens le chastel de la Ferté, lequel paravant, avec le chastel de Drugi et les faulxbourgs, avoient esté mis en feu comme dit est. Si se logèrent ses gens ès autres lieux. Et fut messire Jehan de Luxembourg logé à la porte Saint-Jehan du costé de Auxi, et le seigneur de Croy, aucuns jours ensuivans, se loga auprès de la porte Saint-Nicolas vers Abbeville. Et à la porte du Héron, hault vers le Crotoy, n'y eut point de logis, pour quoy ceulx du dedens povoient saillir chascun jour durant le siège, tant de cheval comme de pié, tout à leur plaisir. Et cependant ceulx des bonnes villes dont dessus est faicte mencion, vindrent en grant nombre en l'aide dudit duc, et après que les logis furent prins comme dit est, les asségans commencèrent moult fort à faire leurs approches pour grever leurs adversaires. Si povoit ledit duc avoir en sa compaignie, tant de hommes d'armes comme archers et arbalestriers, à compter ceulx des bonnes villes, de cinq à six mille combatans. Et d'autre part lesdiz Daulphinois soubz la conduite du seigneur d'Offemont, Pothon de Saincte-Treille, Verduisant, et autres capitaines, povoient estre dedens icelle ville de douze à quatorze cens hommes. Car avecques ceulx qu'ils avoient amenez, messire Jaques de Harecourt leur avoit baillé de ses meilleurs gens. Si se mirent de tout leur cuer et puissance à défendre et résister aux entreprinses de leurs adversaires. Et au regard des saillies qui furent faictes par lesdiz Daulphinois, il seroit trop long et ennuieulx à les racompter chascune à par soy. Mais en vérité ils en firent plusieurs, où ils gaignèrent plus qu'ils ne perdirent. Et entre les autres, de ceulx qui furent prins à icelles de la partie dudit duc, fault nommer aucuns des plus principaulx. C'estassavoir messire Emond de Bomber, Henry Lalemant, Jehan de Crevecuer, ung nommé d'Anelet, et aucuns autres gentilz hommes. Et, ce pendant, les engins que avoit fait dresser ledit duc contre ses ennemis rompirent et effondrèrent en plusieurs lieux les portes et murailles avecques les maisons d'icelle ville. Et à l'opposite, lesdiz asségez gectoient leurs engins parmy l'ost dudit duc. Pour quoy, tant d'un costé comme d'autre, y eut plusieurs hommes occis et navrez durant ledit siège. Et aussi messire Jaques de Harecourt envoioit souvent aucuns de ses gens dedens ladicte ville devers ledit seigneur d'Offemont, pour lui et ses gens exorter qu'ils se tenissent et que brief ilz auroient secours pour lever ledit siège. Car il avoit envoié ses messages en plusieurs lieux tant en Champague, Brie, Valois, comme à Compiengne et autres lieux, à ceulx qui tenoient la partie du Daulphin, afin qu'ils se assemblassent ou plus grant nombre que faire se pourroit, pour venir vers lui à combatre le duc de Bourgongne. A laquelle requeste et mandement se assemblèrent lesdiz Daulphinois en très grant nombre vers Compiengne, pour eulx mectre à chemin.

Et ce temps durant, le duc de Bourgongne et ses capitaines, continuant son siège devers ladicte ville de Saint-Riquier, oy certaines nouvelles que ses adversaires s'estoient assemblez et venoient pour eulx joindre et assembler avecques messire Jaques de Harecourt et les autres. Et ce fut le xxix° jour du moys d'aoust. Et aussi, ledit duc fist partir de son ost, environ le jour failli, Phelippe de Saveuses et le seigneur de Crevecuer, à tout cent vingt combatans, pour aller à Abbeville passer la rivière de Somme, et de là en Vimeu, enquerre diligemment de l'estat et venue des dessusdiz Daulphinois, et leur pria et commanda bien instamment qu'ils feissent bon devoir de lui faire savoir des nouvelles véritables d'iceulx, disant en oultre que, à tout son ost, les suivroit sans délay. Lesquelz de Saveuses et de Crevecuer, en accomplissant la charge qu'ils avoient, chevauchèrent par nuit jusques à Abbeville, et repeurent leurs chevaux clertain espace, etpuis, eulx partans de là, alèrent oudit pays de Vymeu. Et, ce pendant, ledit duc de Bourgongne, le plus secrètement qu'il peut, fist descendre, cueillir et trousser les tentes de son siège avec toutes les autres bagues quelzconques, et ateler chars et charectes, et puis tirer vers Abbeville, après qu'il eut fait bouter le feu par tous les logis. Et lui, là venu, qui volt boire et menger, faire le pot, tout à cheval, car il ne voult point souffrir que ses gens se logassent, pour tant que de heure à autre actendoit nouvelles de ses gens qu'il avoit envoiez oultre. Lesquelz, chevauchans ou pays oultre le Vimeu en tirant vers Oisemont, entre le point du jour et soleil levant, approuchèrent et virent iceulx Daulphinois qui en belle ordonnance s'en venoient moult roidement en tirant vers le passage de la Blanquetaque[1]. Si en furent prins aucuns de ceulx qui chevauchoient à l'escart, par les gens desdiz Saveuses et Crevecuer, par quoy la vérité de leur entencion fut lors avérée et descouverte. Et sur ce, par iceulx fut tantost et incontinent envoyé devers ledit duc de Bourgongne, qui estoit à Abbeville comme dit est, pour le faire haster afin qu'il trouvast ses ennemis avant qu'ils feussent passez la rivière. Lequel duc oyant lesdictes nouvelles fut moult joyeux, et fist diligemment tirer ses gens aux champs, et chevauchèrent après iceulx Daulphinois moult vigoreusement; et laissa tous ses arbalestriers et ceulx des bonnes villes audit lieu d'Abbeville. Lesquels Daulphinois avoient desjà apperçeu les gens du duc de Bourgongne qui encores les aguetoient et poursuivoient, et pour ce, le plus tost qu'ils porent tirèrent au passage de Blanquetaque, pour passer et aler avecques messire Jaques de Harecourt, qui estoit, à tout ses gens, de l'autre costé

---

1. Blanquetade, village et gué fameux entre Saint-Valery et Abbeville.

de la rivière vers Saint-Riquier. Durant lequel temps les gens du duc renvoièrent de rechef messages devers lui pour le faire haster. Lequel duc, qui estoit moult désirant d'assembler avecques iceulx, chevaulcha, à tout son ost, moult fort quanque chevaulx porent troter, pour les rataindre. Et commencèrent iceulx Daulphinois à passer la rivière. Mais quant ils virent ledit duc venir après eulx, à tout sa bataille ordonnéement, ils muèrent leur propos et retournèrent aux pleins champs pour venir contre lui, chevaulchans en bonne ordonnance, monstrans semblant de venir combattre ledit duc et sa puissance, combien qu'ils feussent en petit nombre au regard de lui. Et s'estoit bouté avecques eulx, Pothon de Saincte-Treille, lui douziesme, qui toute la nuit estoit venu dudit lieu de Saint-Riquier pour estre à ceste besongne. Et lors les deux parties chevauchans comme dit est l'un contre l'autre, chascun d'eulx commencèrent à veoir pleinement la puissance de son adverse partie. Et adonc, pour ce que les gens dudit duc chevauchèrent bellement, furent envoiez plusieurs héraulx et poursuivans pour les faire haster. Et ainsi chevauchèrent les deux parties assez bonne espace, toujours approuchans l'un l'autre, et messire Jaques de Harecourt, qui estoit à l'autre costé de la rivière, à tout ses gens, voiant icelles parties ainsi chevaucher l'un contre l'autre, ne s'efforça pas de passer la rivière pour aider à ses gens que lui mesmes avoit mandez, ains s'en retourna au Crotoy dont il estoit parti le matin.

## CHAPITRE CCXLVIII.

**Comment les deux princes[1], c'est assavoir le duc de Bourgongne et les Daulphinois assemblèrent en bataille.**

Or est vérité que ce samedi derrenier jour d'aoust, environ onze heures de matin, les deux batailles dessusdictes chevaulchans l'un contre l'aultre moult fièrement, s'arrestèrent ung petit comme à trois traicz d'arc l'un près de l'autre, et adonc furent faiz de chascune partie de nouveaulx chevaliers. Entre lesquelz le fut fait ledit duc par la main de messire Jehan de Luxembourg. Lequel duc fist après chevalier Phelippe de Saveuses; et si le furent faiz de son costé, Colard de Commines, Jehan d'Estenguse[2], Jehan de Rombaix[3], Andrieu Vilain, et Jehan Vilain, Philibert Audriet et David de Poix, Gerard d'Athies, le seigneur de Mayencourt[4], le maistre de Renti[5], Colinet de Brimeu, Jaques Pot, Loys de Saint-Saulieu, Guilain de Halvyn et aucuns autres. Et de la partie des Daulphinois le furent faiz pareillement, Giles de Gamaches, Regnault de Fontaines[6], Colinet de Vilquiert[7], le marquis de Sere, Jehan Rigault[8], Jehan d'Espaigne, Corbeau du Rieu et Sarrasin de Beaufort.

1. « Comment les deux parties, etc. » (*Suppl. fr.*, 93.)
2. « Jehan de Estenu. » (*Ibid.*)
3. « Jehan de Robais. » (*Ibid.*)
4. « Le seigneur de Moyencourt. » (*Ibid.*)
5. « Le moysne de Renty. » (*Ibid.*)
6. « Rigault de Fontaines. » (*Ibid.*)
7. « Collinet de Villecquier. » (*Ibid.*)
8. « Jehan Rogan. » (*Ibid.*)

En après, de la partie du duc de Bourgongne fut envoyé l'estendart de Phelipe de Saveuses avecques cent vingt compaignons, fors hommes d'armes, que conduisoient messire Maulroy de Saint-Léger et le bastard de Coucy, loings à plains champs, sur le costé, pour férir lesdiz Daulphinois au travers. Et lors les deux parties qui estoient moult désirans d'assembler l'un contre l'autre, s'approuchèrent très fort, et par espécial, les Daulphinois en grant bruit et raideur se férirent tant que chevaulx les porent porter à plein cours, dedens la bataille du duc de Bourgongne, de laquelle ilz furent très bien receuz. Et y eust à ceste première assemblée grant frosseiz de lances, et hommes d'armes et chevaulx portez à terre moult terriblement de costé et d'autre. Et adonc de toutes pars commencèrent à férir l'un sur l'autre, et moult cruellement abatre, tuer et navrer. Mais durant ceste première assemblée se départirent de l'ost dudit duc bien les deux pars de ses gens, et moult en haste se prindrent à fuir vers Abbeville, où ilz ne furent point receuz, et pour tant alèrent de là à Piquegny. Si estoit avec eulx la bannière dudit duc, laquelle pour le grant haste n'avoit point esté baillée en autre main que du varlet qui l'avoit acoustumée de porter, lequel en fuiant avecques les autres la gecta par terre, mais elle fut relevée par ung gentil homme, nommé Jehan de Rosinbos, et à icelle se rallièrent plusieurs gentilz hommes des fuians dessusdiz. Desquelz grant partie, paravant ce jour estoient renommez d'estre vaillans en armes, toutesfoiz ilz laissèrent le duc de Bourgongne leur seigneur et leurs compaignons en ce danger, dont ilz furent depuis grandement diffamez. Mais les aucuns se vouloient excuser pour la dessusdicte bannière, disant qu'ilz pensoient que avec icelle feust le duc de Bourgongne. Et aussi de rechef leur fut certifié par le roy-d'armes que icellui duc estoit prins ou mort et qu'il le sçavoit véritablement. Pour quoy, en poursuivant de mal en pis, furent plus effréez que devant et sans retourner s'en alèrent, comme dit est, passer l'eaue de Somme à Piquegny, et de là s'en alèrent en leurs propres lieux. Et entretant, une partie des Daulphinois qui les virent partir, commencèrent à courir après, c'estassavoir Jehan Raolet et Péron de Lupe, à tout six vingts combatans, et en occirent et prindrent aucuns, et entendoient avoir gaigné la journée et que tous leurs adversaires feussent desconfis. Mais leur pensée ne leur fut pas véritable, car ledit duc et avec lui cinq cens combatans qui estoient demourez avecques lui, des plus nobles et expers en armes, se combatirent moult asprement et vaillamment contre lesdiz Daulphinois, et tant firent que en conclusion ilz obtindrent la victoire et demourèrent maistres en la place. Et comme il fut relaté de toutes les deux parties, ledit duc se y gouverna si prudentement et fut en péril d'avoir grande occupacion par ce qu'il assembla des premiers, et fut enferré de deux lances de première venue, dont l'une lui perça sa selle de guerre tout oultre l'arçon de devant et lui eschapa de costé son harnas, et avecques ce fut prins aux bras d'un puissant homme d'armes qui le cuida tirer jus. Mais il estoit monté sur fleur de bon coursier, qui à force le porta oultre. Si soustint et aussi donna plusieurs cops à ses ennemis, et print de sa main deux hommes d'armes, et chassa lesdiz Daulphinois bien longuement vers la rivière. Et au plus près de lui estoit le seigneur de Longueval, Gui d'Arli et autres en petit nombre, qui bien le compaignèrent. Si fut bonne espace que la plus grant partie de ses gens estoient en grant effroy par ce qu'ilz ne sçavoient où il estoit. Et après, Jehan Raoulet et Péron de Lupe, avecques leurs gens, retournans de la chasse dessusdicte, vindrent ou lieu où s'estoit faicte la bataille, et entendoient à trouver leurs autres compaignons victorieux. Mais quant ilz perceurent le contraire, ilz se mirent à fuir, et avecques eulx le seigneur de Moy, vers Saint Wale, et aucuns prindrent leur chemin vers Araines. Et adonc, le duc de Bourgongne qui estoit retourné sur le champ, fist rassembler ses gens, et les aucuns de son costé, qui là avoient esté mis à mort, fist lever, et par espécial le seigneur de la Viesville. Et jà soit ce que les nobles et grans seigneurs qui estoient derrière avecques ledit duc se portassent cedit jour très vaillamment, entre les autres fault parler de Jehan Vilain, qui ce jour avoit esté fait chevalier, lequel estoit du pays de Flandres, bien noble homme, de haute estature, bien puissant de corps, monté sur ung bon cheval, tenant une forte hache à ses deux mains, à tout laquelle à l'assembler se bouta en la plus grant presse desdiz Daulphinois, et avoit habandonné sa bride; si leur départoit si grans cops que ceulx qui en estoient actains estoient portez jus sans remède. Et en cet estat le racompta[1] Pothon de Saincte-Treille, lequel, comme depuis il relata, voiant les merveilles qu'il faisoit, se tira arrière le

---

1. « Le rencontra. » (*Suppl. fr.*, 93.)

plus tost qu'il peut pour doubte de la hache dessusdicte.

En oultre, après que le duc eut fait rassembler
ses gens comme dit est[1], s'en retourna à Abbeville,
où il fut joieusement receu, à tout grant partie des
Daulphinois qui avoient esté prins à ceste besongne,
c'estassavoir le seigneur de Conflans, Loys d'Aul-
phemont[2], messire Giles de Gamaches et son frère
Loys, messire Loys de Chiembronne, Pothon de
Saincte-Treille, le marquis de Sere, Phelippe de
Saint-Sauflieu[3], messire Renault de Fontaines, Sauvage de La Rivière, Jehan de Proisy gouverneur de
Guise, messire Raoul de Gaucourt, messire Jehan
de Rogon, Bernard de Saint Martin, Jehan de Joingny, le seigneur de Monmor, Jehan de Versailles,
Le Bourg de La Hire, Yvon du Puis, Jehan de
Sourmain, Heyne Dourdas[4], et autres jusques au
nombre de cent à six vingts. Et si furent mors
sur la place, tant d'une partie comme d'autre, de
quatre à cinq cens ou environ, dont de la partie
du duc de Bourgongne on estimoit tant seulement
de vingt à trente hommes, desquelz furent les principaulx ledit seigneur de la Viefville et Jehan seigneur de Mailli. Et de la partie du Daulphin furent
mors de ceulx de grant nom, messire Pierre d'Ar-
gency, baron d'Ivery, messire Charles de Saint-Sauf-

---

1. « En oultre, après que ledit duc eut, comme dit est, fait
rassambler ses gens, et que premiers les mors furent desvestus,
s'en retourna à Abbeville. » (*Suppl. fr.*, 93).
2. « Loys d'Offemont. » (*Ibid.*)
3. « Phelippe de Saint-Saulieu. » (*Ibid.*)
4. « Hervé Dourdas. » (*Ibid.*)

lieu, Galehault d'Oisy[1], Thiébault de Céricourt[2], messire Corbeau de Rieux, messire Sarrasin de Beaufort, Robinet de Verselles[3], Guillaume du Pont, le bastard de Moy et plusieurs autres gentilz hommes jusques au nombre dessusdit. Et pareillement furent emmenez prisonniers des gens du duc messire Colart de Commines, messire Guillaume Haluin[4], le seigneur de Sailli en Harevase[5], et Lanion de Lannoy. A laquelle besongne messire Jehan de Luxembourg par trop asprement assembler fut prins prisonnier d'un homme d'armes qui se nommoit Lamoure, et fut amené grant espace. Mais depuis, par aucuns de ses gens et aussi des gens du duc, fut rescoux. Néantmoins fut navré moult vilainement ou visaige de travers le nez. Et en cas pareil fut prins prisonnier et navré le seigneur de Humbercourt, et depuis rescoux avec le dessusdit de Luxembourg.

En après, ledit duc de Bourgongne venu à Abbeville, comme dit est, ala en l'église Nostre Dame faire son oroison et regracier son Créateur de sa bonne fortune. Et de là s'en ala loger à l'ostel de la Couronne, et ses gens se logèrent aval la ville où ilz porent le mieulx. Desquelz les plusieurs avoient esté navrez à ladicte journée. Et adonc sceut ledit duc comment grant partie de son ost l'avoient laissé et s'en estoit fuy à Piquegny, dont il fut grandement esmerveillé et très mal content de eulx, non point sans cause. Et tant, que

1. « Galhaut d'Arsy. » (*Supp. fr.*, 93.)
2. « Thiébault de Gérincourt. » (*Ibid.*)
3. Plus haut, Versailles. Le *Suppl. fr.*, 93 écrit Vercelles.
4. « Messire Guislain de Halwin. » (*Suppl. fr.*, 93.)
5. « En Harwaise. » (*Ibid.*)

depuis ce jour, ne voult recevoir en son hostel aucuns de ses serviteurs qui avoient esté des fuians, mais leur donna totalement congié. Toutesfoiz peu y eut de gens de nom de son hostel qui le laissassent. Et après qu'il eut séjourné dedens la ville d'Abbeville par trois jours pour rafreschir et aiser ses gens, et qu'il eut eu délibéracion avecques son conseil de non reséger la ville de Saint-Riquier, tant pour l'ocupacion de ses gens qui estoient navrez, comme pour autres causes, se parti d'icelle ville, et pardevant Saint-Riquier s'en ala loger, à tout son ost, en la ville d'Auxi[1], et portoit-on avecques lui messire Jehan de Luxembourg en une lictière, pour la douleur de sa blesseure. Et lendemain, partant de la ville d'Auxi s'en ala à Hesdin, ouquel lieu il séjourna par aucuns jours, et ordonna à mectre garnison en plusieurs lieux contre les Daulphinois de ladicte ville de Saint-Riquier; et si donna congié à la plus grant partie des gens d'armes d'entour lui. Et avec ce fist tant qu'il eut tous les capitaines daulphinois qui par ses gens avoient esté prins, moiennant qu'il les contenta de leurs raençons, et les envoya prisonniers en son chastel de Lisle[2], où ilz furent certain espace de temps. Si fut de ce jour en avant ceste besongne appellée la rencontre de Mons en Vimeu. Et ne fu déclairée à estre bataille, pour ce que les parties rencontrèrent l'un l'autre aventureusement et qu'il n'y avoit comme nulles bannières desploiées. Et au regard des principaulx qui se départirent de ceste journée pour aler à Piquegny, en fut l'un

---

1. Auxy-le-Chateau, en Artois.
2. Lille.

le seigneur de Cohem, qui estoit capitaine d'Abbeville, et n'estoit encores pas bien sané de la blesseure qu'il avoit eue en ladicte ville, dont dessus est faicte mencion, pour quoy bonnement ne se povoit armer de la teste, et lui avoit esté conseillé par ses gens au partir d'Abbeville qu'il se déportast de y aler pour la cause dessusdicte. Si fut aucunement excusé à l'occasion d'icelle blesseure. Avecques lequel s'en alèrent des gens de nom, Jehan de Rosimbos et autres, à tout la bannière du duc.

## CHAPITRE CCXLIX.

Comment le dessusdit seigneur de Bourgongne estoit accompaigné de plusieurs nobles hommes qui demourèrent avec luy, et pareillement estoient les Daulphinois [1].

S'ensuivent les noms des seigneurs et capitaines qui estoient avecques le duc de Bourgongne au rencontre dessusdit, c'estassavoir ceulx qui demouroient avecques lui. Et premièrement messire Jehan de Luxembourg, le seigneur d'Antoing, messire Jehan de La Trémoille, le seigneur de Jonvelle, le seigneur de Croy, le seigneur de La Viefville, le seigneur de Longueval, le seigneur de Genli, le seigneur de Roubaix et son filz le seigneur d'Inchy, le seigneur de Saveuses, le seigneur de Crevecuer, le seigneur de Noielle, nommé le Blanc Chevalier, le seigneur de Humbercourt et ses deux filz, messire Pierre Quieret, Jehan seigneur de Mailly, Jehan de Fosseux, Le Moyne de

---

1. Titre de l'édition de 1572. Notre texte suit sans interruption.

Renti, messire David de Brimeu, seigneur de Ligny, messire Audry de Valines, le seigneur de Saint Simon, le seigneur de Frameuse, Regnault de Longueval, Aubelet de Foleville, le bastard de Coucy, messire Loys de Saint-Saulieu, qui ce jour fut fait chevalier et lendemain se noya à Abbeville à abruver ung cheval daulphinois en la rivière de Somme, Jehan de Flavi, Andrieu de Thoulonjon, messire Philebert Audrenet, messire Gauvain de la Viefville, messire Florimont de Brimeu, messire Maulroy de Saint-Liger, messire Andrieu d'Azincourt, le seigneur de Commines et son frère messire Colart, messire Jehan d'Estienhuse, messire Jehan de Hornes, messire Colard de Vitrebroque et son filz, messire Guilain de Haluyn, messire Jehan Vilain, messire Daviot de Poix, le seigneur de Moiencourt et plusieurs autres nobles chevaliers et escuiers, tant de l'ostel du duc comme de ses pays.

Et d'autre part y estoient du costé du Daulphin le seigneur de Conflans, le baron d'Yvery, le seigneur de Moy, le seigneur de Sihin [1], Loys d'Offemont, messire Loys de Gamaches et son frère, Pothon de Saincte Treille, messire Rigault de Fontaines, messire Charles de Faulieu, Jehan de Proisy, gouverneur de Guise, le marquis de Sère et son frère, Péron de Lupe, Jehan Raoul, messire Jehan de Rogan, messire Raoul de Gaucourt, messire Loys de Tyembronne, le seigneur de Montmor, Bernard de Saint-Martin, Thibaut de Germencourt, Galehault d'Arsy, messire Sarrasin de Beaufort, Robinet de Versailles et son frère Jehan, Jehan de Joingny, Yvon du Puis, Jehan de Sommain,

---

1. « Le seigneur de Sehin. » (*Suppl. fr.*, 93.)

Jehan de Dourdas et aucuns autres, avec lesquelz estoient cinq ou six cens hommes d'armes ou environ, et de trois à quatre cens archers, gens d'eslite et bien en point, qui s'estoient tous assemblez de plusieurs garnisons comme j'ay dit cy-dessus.

## CHAPITRE CCL.

Comment les besongnes s'espandirent de ceste matière en divers lieux ; la prinse de Douvrier, et le parlement que feit le duc de Bourgongne de la ville de Hesdin [1].

Item, lendemain de la victoire du duc de Bourgongne furent les nouvelles portées en divers lieux, dont ceux qui tenoient son party eurent grant joye et par espécial à Monsterueil et ou pays à l'environ. Après lesquelles nouvelles oyes, messire Jehan Blondel, qui naguères estoit retourné de la prison des Anglois, assembla aucuns gentilz hommes du pays, entre lesquelz estoit messire Olivier de Brimeu, moult ancien chevalier, et aussi plusieurs capitaines et compaignons, tant de ladicte ville de Monsterueil comme d'ailleurs, lesquelz il mena devant le chastel de Douvrier que tenoient les gens de Pothon de Saincte-Treille. Auxquelz il parlementa et les servy de si belles et subtilles paroles qu'ilz furent contens de lui rendre ladicte fortresse, par condicion qu'il les feroit conduire saulvement jusques à Saint-Riquier, et ainsi en fut fait. Après il le regarny de ses gens pour tenir frontière contre les Daulphinois.

1. Même observation que pour le chapitre précédent.

En après, ledit duc de Bourgongne, quant il ot assises ses garnisons comme dit est contre ses adversaires, il se party de Hesdin et s'en ala à Lisle et de là en Nostre-Dame de Haulz[1], et puis retourna en Flandres, où il séjourna assez bonne espace de temps pour entendre aux besongnes d'icellui pays.

## CHAPITRE CCLI.

#### Comment le roy Henry d'Angleterre conquist Dreux et poursuivy le Daulphin, et asséga Meaulx en Brye.

Or convient parler de l'estat et gouvernement du roy Henry d'Angleterre, lequel, après ce que le duc de Bourgongne le eut laissé à Mante, comme dit est paravant, se parti de là, à tout sa puissance qui estoit moult grande, car chascun jour lui venoient nouvelles gens de Normandie et de Paris, et s'en ala devant Dreux, après ce que le Daulphin eut levé son siège de Chartres. Laquelle ville de Dreux il asséga tout à l'environ. Mais tost après, ceulx de dedens firent traictié avecques lui et lui promirent à lui rendre ladicte ville le xxe jour d'aoust, ou cas qu'il ne seroit combatu du Daulphin dedens ou au jour dessusdit, et sur ce baillèrent bons hostages. Et pour tant que le Daulphin ne comparu point à celle journée, eut icellui roy l'obéissance de ladicte ville de Dreux, laquelle il garny puissamment de ses gens anglois, après que les Daulphinois se furent partis de là à tout leurs bagues, qui estoient bien huit cens, et aussi qu'ilz eurent

---

1. Hall, en Hainaut.

fait serement de eulx point armer ung an contre lui ne ses aliez. Et ce fait et achevé, ledit roy se parti de là et s'en ala vers la rivière de Loire pour poursuivir le Daulphin, lequel il avoit grant désir de trouver avecques sa puissance pour le combatre et soy venger de la mort de son frère le duc de Clarence, et ses autres gens qui furent mors et prins à Baugy[1]. Et en son chemin mist en l'obéissance du roy de France et de lui Baugency sur Loire et aucunes autres fortresses. Et après, voiant que ledit Daulphin ne l'actendroit point en bataille, par le pays de Beausse retourna. Ouquel pays trouva en son chemin de cinquante à soixante hommes d'armes daulphinois montez sur très aspres chevaulx, et avoient plusieurs fois espié et costié son ost; mais soudainement il les fit chasser par aucuns de ses gens très bien montez, et iceulx en fuiant se retrahirent en ung chastel en Beaulse nommé Rougemont, et là les fist le roy assaillir par ses gens bien et roidement. Lesquelz en assez brief terme prindrent ledit chastel et tous ceulx qui estoient dedens, sans perte de gens, si non d'un seul homme. Pour lequel venger, le roy fit noier en la rivière d'Yonne tous les dessusdiz. Et de là s'en ala mectre siège devant Villeneufve le Roy, laquelle assez tost lui fut rendue par les Daulphinois qui estoient dedens, lesquelz s'en partirent à tout leurs biens, et le roy Henry y mist garnison de ses gens. Et puis à l'issue du mois de septembre vint loger de sa personne à Laigny sur Marne, et ses gens, pour la plus grant partie, se logèrent ès villages à l'environ. Ouquel lieu de Laigny icellui roy

---

1. Baugé, en Anjou.

fist charpenter et habiller plusieurs engins et instrumens necessaires à mectre siège, pour mener à Meaulx en Brye. Et si envoia le duc d'Excestre son oncle, à tout quatre mil combatans, très hastivement, loger ès faulxbourgs de ladicte ville de Meaulx, afin que ceulx de dedens n'y boutassent les feux. Et après que ledit roy eut apresté toutes ses besongnes en ladicte ville de Laigni, se parti de là, à tout sa puissance, où il avoit bien vingt mille combatans. Et le vi$^e$ jour d'octobre se loga tout à l'environ de ladicte ville et marchié de Meaulx, et tantost après fist fermer son ost de haies et de fossez, afin que de ses ennemis ne peust estre surpris. Et avecques ce fist dresser plusieurs engins contre les portes et murailles de la ville pour l'abatre et démolir, et à ce par grant diligence fist continuer. Laquelle ville et marchié se tenoient de la partie du Daulphin. Et alors le bastard de Vaulru, général capitaine de toute la place, Denis de Vaulru son frère, Péron de Lupe, Jehan d'Aunay, Tromagon, Bernard de Mereville, Phelippe de Gamaches et autres jusques à mil combatans gens esleuz et esprouvez en armes, sans les bourgois et communaulté, commencèrent à résister vaillamment aux assaulx et entreprises dudit roy d'Angleterre, et en ce continuèrent par très long espace de temps, comme vous orrez cy-après.

Esquelz jour fut aussi ordonné à Paris par le conseil royal que les fleurettes qui avoient cours pour iiii d. p. seroient mises à deux, et l'escu d'or qui avoit couru pour dix francs fut mis à xviii s. p. Pour lesquelles mutacions ensuivant ceulx dont dessus est faicte mencion, moult de gens furent fort troublez, voians que leurs chevances qu'ilz avoient ès monnoies dessusdictes, les huit pars estoient diminuées. Et pour avoir provision d'autre monnoie nouvelle qui feussent de valeur, furent forgez saluz d'or qui eurent cours pour xxv s. tournois la pièce, et y en avoit en iceulx deux escuz, l'un de France et l'autre d'Angleterre. Et au regard de la blanche monnoie on forga doubles qui eurent cours pour II d. t., et enfin en commun langaige furent appellez niquets, et furent en règne environ trois ans seulement.

## CHAPITRE CCLII.

### Comment le duc Phelippe de Bourgongne fist traictié avec ses prisonniers pour la reddicion de Saint-Riquier.

Item, ou mois de novembre, le duc de Bourgongne, qui estoit moult désirant de bouter les Daulphinois hors de la ville de Saint-Riquier, lesquelz destruisoient moult le pays à l'environ, ung certain jour fist appeler aucuns de ses prisonniers qui estoient ou chastel de Lisle, c'est assavoir des capitaines qui avoient esté prins à la journée de Mons en Vimeu. Lequel duc leur parla sur l'appoinctement de leur raençon, et les vouloit délivrer en lui rendant ladicte ville de Saint Riquier. Et ne leur en parla mie tant seulement une fois, mais plusieurs. Finablement la matière fut tant demenée et pourparlée que les deux parties entendirent audict traicté, lequel en conclusion fut fait entre le duc de Bourgongne d'une part, et le seigneur d'Offemont et des capitaines estans à Saint-Riquier, d'autre part. Par lequel traicté fut ordonné que ledit duc mectroit à pleine délivrance tous les prisonniers qu'il avoit du Daulphin soubz bon sauf conduit et les lerroit aler tous quictes sans paier finance, et pareillement ledit seigneur d'Offemont rendroit tous les prisonniers et les acquiteroit de leurs finances. C'est assavoir messire Emond de Bomber, messire Jehan Blondel, Ferry de Mailli, Jehan de Beauvoir, Jehan de Crevecuer et aucuns autres, et avec ce rendroient en la main dudit duc de Bourgongne ladicte ville de Saint-Riquier. Après lequel traictié ainsi fait, mourut audit lieu de Saint Riquier de maladie langoreuse messire Emond de Bomber. Pour la mort duquel ledit duc de Bourgongne fut très mal content, et eut voulenté de rompre ledit traictié ; mais il fut rapaisé par ses conseillers, et en fin envoia ses prisonniers soubz bonne garde à Hesdin, et delà par sauf conduit alèrent à Saint-Riquier devers ledit seigneur d'Offemont, qui délivra ses prisonniers qu'il tenoit, si comme promis l'avoit. Et rendi ladicte ville aux seigneurs de Roubaix et de Croy à ce commis par ledit duc de Bourgongne. Et le seigneur d'Offemont, partant de Saint-Riquier, à tout ses gens, ala passer l'eaue de Somme à la Blanquetache, et par Vimeu s'en retourna à Pierrefons, à Crespi en Valois, et autres fortresses à lui obéissans. Et lesdiz de Roubaix et de Croy, après qu'ilz eurent visité ladicte ville et receu les seremens des habitans, ils y commirent capitaines Le Borgne de Fosseux, maistre Nicole de Mailli et son frère Ferry, Nicaise de Bouflers, Jehan d'Encoure et aucuns autres, chascun pour tenir frontière contre messire Jaques de Harecourt.

## CHAPITRE CCLIII.

Comment le duc de Bourgongne fist grant assemblée de gens d'armes ;
et autres matières advenues en ce temps.

En après, durant le temps dessus dit, tant par le mandement du duc Phelippe de Bourgongne comme par l'ordonnance de la duchesse sa mère, douairière, s'assemblèrent en armes en très grant nombre les seigneurs de Bourgongne, pour venir quérir ledit duc ès pays de Picardie et le mener devers ladicte duchesse sa mère, en Bourgongne, où elle estoit, pour avoir advis et conclusion sur leurs afaires et besongnes, qui estoient moult grans. Et eulx assemblez jusques à six mille chevaulx, se mirent à chemin soubz la conduite du prince d'Orenge, des seigneurs de Saint George et de Chasteauvilain, de messire Jehan de Cotebrune, mareschal de Bourgongne, et autres seigneurs et capitaines. Et s'en vindrent en traversant pays par la Champaigne jusques emprès Lisle en Flandres, où ilz laissèrent ès villages leurs dictes gens. Et alèrent lesdiz seigneurs devers le duc, audit lieu de Lisle, qui les receut joieusement. Et pour ce qu'il n'estoit point encores prest, fut requis à aucuns des capitaines dessusdiz par messire Jehan de Luxembourg, qu'ilz alassent avecques lui pour combatre et assaillir le seigneur de Moy et de Chin, lequel tenoit la partie du Daulphin. Et traveillèrent moult le pays du duc de Luxembourg et de sa belle seur, la contesse d'Aumarle. Laquelle requeste par iceulx lui fut accordée et octroiée. Et s'en alèrent ensemble avecques lui ; qui avoit assemblé huit cens combatans ou environ. Et en fin se logèrent vers Saint-Quentin en Vermendois, et delà passèrent oultre. Mais quant ilz vindrent assez près de Moy, où ledit chevalier par coustume se tenoit, il leur fut rapporté qu'il s'estoit parti de son chastel et l'avoit très bien fourny de gens de guerre, vivres et habillemens, et avoit ars et mis en flambe sa basse-court et plusieurs maisons de sa ville. Et adonques les diz Bourguignons, doubtans que ledit chastel ne peust estre prins si non par long siège et grant dommage de leurs gens, conclurent l'un avecques l'autre, non obstant la prière de messire Jehan de Luxembourg, de eulx en retourner vers Douay et Lisle, en raprouchant ledit duc de Bourgongne. Et en retournant et séjournant firent de très grans maulx et oppressions ès pays où ilz passoient, dont plusieurs plaintes et clameurs se firent audit duc, tant par les gens d'église comme autres, et par espécial ou pays de Picardie. Auxquelz toutesfois il fist response que brief il les remenroit en leur pays de Bourgongne et les délivreroit des oppressions dessusdictes. Et messire Jehan de Luxembourg, triste et dolant du retour desdiz Bourguignons, donna congié à ses gens, et après retourna en son chastel de Beaurevoir.

En après, le xvi° jour dudit mois de décembre, ledit duc de Bourgongne et la duchesse, sa femme, vindrent en la ville d'Arras, le conte Phelippe de Saint-Pol et très grant chevalerie avecques eulx, et tost après y vint messire Jehan de Luxembourg et les capitaines desdiz Bourguignons. Et au troisiesme jour ala ledit duc à Douay pour veoir sa tante la contesse de Haynnau, laquelle, à tout son estat, il mena à Arras, où elle fut receue très honorablement par la duchesse de Bourgongne et autres dames et damoiselles, et aussi de tous les seigneurs là estans. Et y séjourna trois ou quatre jours, durans lesquelz fu faicte audit lieu d'Arras moult joieuse chère à ladicte contesse. Et après qu'elle eut eu parlement et conclud de ses affaires avec ledit duc de Bourgongne son nepveu, se parti de là et retourna en Haynnau au Quesnoy le Conte, où estoit sa principale demeure.

## CHAPITRE CCLIV.

#### Comment messire Jaques de Harecourt fut rencontré des Anglois. — Et la taille des marcs d'argent.

Environ ce temps, messire Jaques de Harecourt chevauchant en Vimeu, à tout six ou sept cens combatans, fut rencontré des Anglois, qui d'aventure s'estoient assemblez d'Arques, de Neufchastel et d'autres lieux voisins pour aler quérir leur aventure. Ouquel rencontre y eut cruelle et aspre bataille. Toutesfoiz, en conclusion les Anglois obtindrent la victoire, et y perdit ledit messire Jaques de deux à trois cens de ses hommes, tant prins comme mors. Mais lui, de sa personne se saulva par son cheval, et avecques lui grant partie de chevaliers et escuiers qui là estoient. Entre lesquelz y fut prins, desdiz Daulphinois, le seigneur de Verduisant, qui lors estoit pour le Daulphin ung des capitaines de Saint Walery. Et après ceste besongne, les Anglois, joieux de ceste bonne aventure et bonne fortune, retournèrent, à tout leurs prisonniers, en leurs propres lieux.

Item, en ce temps fut levée et cueillie en plusieurs parties du royaume de France une taille assez rigoureuse de mars d'argent, octroiée et accordée par les Trois Estas du royaume à la requeste des roys de France et d'Angleterre, pour forger bonne monnoie et faire courir oudit royaume, et à la cueillir sur gens d'église, chevaliers et escuiers, dames et damoiselles, bourgois et autres qui avoient puissance. Et fut icelle taille assise par les commis des roys dessusdiz du tout à leur voulenté et discrécion. Et par ainsi prindrent et levèrent tellement quellement, oultre le gré de ceulx à qui ce compétoit, très grans finances. Pour lesquelles lever, lesdiz commis acquirent grans haynes contre plusieurs, et entre les autres en fut fort hay le bailli d'Amiens, de ceulx de son bailliage, pour ce qu'ilz avoient suspicion contre lui que par son moien ceste taille eust esté mise ou pays dessusdit.

## CHAPITRE CCLV.

Comment le dessusdit duc de Bourgongne se partit d'Arras, le conte de Saint-Pol en sa compaignie, et ala devers les roys de France et d'Angleterre. Et autres matières[1].

Item, après que le duc de Bourgongne eut solemnellement célébré la feste de la nativité de nostre seigneur dedens Arras, et avecques lui la duchesse sa femme, ilz se partirent l'un de l'autre aucuns jours ensuivans, non mie sans douleur de cuer et sans ler-

---

1. Cet intitulé ne se trouve pas dans notre texte. Il est pris sur l'édition de 1572.

mes, et par espécial de la partie de ladicte duchesse. Et aussi onques depuis ne virent l'un l'autre, comme vous orrez cy-après. Si s'en ala ledit duc ou chastel du conte de Saint-Pol, à Lucheul, où il se reposa une nuit. Et lendemain, ledit conte en sa compaignie, s'en ala à Amiens et se loga en l'ostel du bailli, et jà paravant avoit envoié ses gens d'armes devant, entre Amiens et Beauvais. Ouquel lieu d'Amiens il fut une nuit et puis se partit à estandart desploié, à tout grant nombre de gens d'armes en noble arroy faisant avant-garde bataille et arrière garde, et ainsi s'en ala loger au Franc Chastel[1], et soy partant de là print son chemin à Beauvais et de là, par Beaumont ala à Paris. Et la duchesse sa femme, dudit lieu d'Arras par Lisle, à tout son estat, s'en retourna à Gand. Ouquel lieu de Paris s'en entra le duc de Bourgongne, le conte de Saint-Pol et toute sa chevalerie avecques lui, et fut receu des Parisiens très solemnellement. Et pour lors le roy de France et la Royne estoient ou Bois de Vincennes, lesquelz icellui duc ala veoir et visiter. Et depuis qu'il eut séjourné par aucuns jours audit lieu de Paris, s'en ala par Lagny sur Marne devers le roy d'Angleterre, qui tenoit son siège devant Meaulx en Brie. Duquel il fut honnorablement festyé, et tindrent ensemble de grans consaulx pour les besongnes et afaires du royaume. Mais paravant que ledit duc y alast, s'estoit parti de lui le prince d'Orenge avec aucuns autres seigneurs en grant nombre, de ses Bourguignons. Et fut la cause de son département, comme il fut commune renommée, qu'il ne vouloit point aler devers le roy

---

1. Francastel (Oise).

Henry avecques ledit duc, afin que par lui ne feust contraint ou requis de lui faire serement ainsi qu'il avoit demandé estre fait au seigneur de Saint-George, qui ung petit devant avoit esté devers ledit roy pour le humblement requerre de la délivrance de son nepveu le seigneur de Chasteauvilain, lequel par le commandement d'icellui roy Henry avoit esté longue espace détenu prisonnier à Paris et depuis, tantost après, délivré à la prière et requeste dudit seigneur de Saint-George. Et aucuns jours passez, ledit duc de Bourgongne retourna à Paris et de là s'en ala par Troies en son pays de Bourgongne, veoir la duchesse sa mère et ses seurs, desquelles il fut receu à très grant joye. Et tost après receut les seremens acoustumez de ceulx de sesdiz pays de Bourgongne. Et après qu'il eut achevé une partie de ses afaires, ala en Savoie veoir son bel oncle[1], qui de sa venue fut moult joieux, et y furent faictes joustes et autres esbatemens pour la révérence de sa personne. Et après retourna oudit pays de Bourgongne, où il fut longue espace de temps sans en partir.

## CHAPITRE CCLVI.

**Comment messire Jehan de Luxembourg ala devers le roy d'Angleterre pour la délivrance du conte de Conversen son frère; et autres matières.**

En ce temps messire Jehan de Luxembourg ala, à petite compaignie, devers le roy Henry d'Angleterre, à

---

1. Amédée VIII, dit le Pacifique, premier duc de Savoie. Il avait épousé, en 1393, Marie de Bourgogne, fille du duc Philippe le Hardi.

son siège de Meaulx, pour traicter de la délivrance du conte de Conversen, son frère, lequel jà par long temps avoit esté prisonnier et encores estoit, dedens icelle ville, à Péron de Lupe. Et lui là venu, fist et traicta tant par le moien et aide dudit roy d'Angleterre, que son frère fut délivré de prison moiennant grande somme de pécune qui fut promise à délivrer et paier audit de Lupe à jour assigné. Et depuis sa délivrance ledit conte de Conversen demoura ou service du roy durant ledit siège de Meaulx. Et ledit messire Jehan de Luxembourg retourna en Picardie dont il estoit capitaine général, et en sa compaignie messire Hue de Lannoy, qui nouvellement avoit esté constitué maistre des arbalestriers de France et pour les deux roys de France et d'Angleterre.

Item, en ce temps dame Katherine de France, royne d'Angleterre, s'acoucha d'un filz oudit royaume d'Angleterre[1], lequel par l'ordonnance du roy son père fut nommé Henry. Et, avec les autres qui estoient à ce commis, le leva de fons Jaqueline de Bavière, duchesse de Brabant, qui lors estoit oudit pays d'Angleterre. Pour la nativité duquel, ledit roy Henry eut moult grant joye, et par tout son royaume d'Angleterre fut aussi menée grant joye plus que par long temps n'avoit esté veu de nulz autres enfans royaux.

Item, en ce temps les Daulphinois prindrent d'emblée la ville d'Avrenches que tenoient les Anglois.

---

1. Au château de Windsor, le 6 décembre ; *Hoc etiam anno domina Katherina regina Angliæ peperit filium suum primogenitum, apud castrum suum de Windeshora, die sancti Nicholai episcopi et confessoris, et vocatum est nomen Henricus* (Walsingham, *Hist. brev.*, p. 455).

Desquelz y eut, que mors que prins, de deux à trois cens. Dont moult despleut au roy d'Angleterre quant ce fut venu à sa congnoissance, et y envoya, de son siège de Meaulx, certain nombre de gens en l'aide du conte de Salebery, qui estoit gouverneur de toute Normendie. Lequel fist si bonne diligence que icelle ville fut reconquise, et plusieurs des Daulphinois mors et prins.

Item, en ce mesme temps ou environ, Artur, conte de Richemont, frère au duc de Bretaigne, retourna de la prison du roy d'Angleterre en France, par certain traictié, et après sa délivrance vint, à tout grant nombre de gens d'armes, audit siège de Meaulx, servir ledit roy d'Angleterre. Ouquel service il demoura durant la vie d'icelluy roy.

## CHAPITRE CCLVII.

### Comment le seigneur d'Offemont cuidant entrer en la ville de Meaulx fu prins. Et de la prinse de ladicte ville de Meaulx.

En ces propres jours le seigneur d'Offemont assembla quarante combatans ou environ, des plus expers et renommez en fait de guerre qu'il peut finer, et les mena et conduist jusques assez près de la ville de Meaulx, où tenoit siège le roy d'Angleterre, comme vous avez oy. Et s'en ala ledit d'Offemont sur entencion d'entrer secrètement en icelle ville pour aider et conforter lesdiz assègez, qui par plusieurs [fois] l'avoient mandé pour estre leur capitaine. Lesquelz, sachans sa venue, estoient préparez pour le recevoir, et avoient sur le soir mise une eschèle au dehors des murs par où il devoit monter et toutes ses gens. Et lors, au jour assigné par les parties, ledit d'Offemont s'approucha pour fournir et accomplir sadicte entreprinse. Si rencontra aucuns de ceulx du guet des Anglois, qui tantost furent mis à mort, et après cela jusques ès fossez de ladicte ville, et commencèrent ses gens à monter par l'eschèle dessusdicte, et de fait en y monta plusieurs. Mais lui, qui aloit tout derrière pour les bouter avant, en passant sur une vieille planche par dessus ung grant fossé, chey armé de plein harnois dedens ledit fossé, et n'en peut estre mis hors par ses gens, non obstant qu'ilz lui baillèrent deux lances l'une après l'autre, lesquelles lui demourèrent ès mains. Et entretant, ceulx de l'ost qui oyrent la murmure et effroy, vindrent sur eulx à grant puissance et les prindrent sans délay. Et fut ledit seigneur d'Offemont navré cruellement ou visage, et pareillement plusieurs de ses gens. Et en cet estat le menèrent devant le roy d'Angleterre, qui de sa prinse fut moult joieux, et l'examina sur plusieurs propos, et après le fist mectre en bonne garde et bien penser de sa personne.

Et lendemain lesdiz assègez, tristes de cuer pour ceste adventure, doubtans que à la longue ne pourroient garder la ville et le marchié, firent retraire aucuns de leurs biens de ladicte ville dedens ledit marchié. Laquelle chose apperceue par les gens Jehan de Gingin, savoyen, qui estoit audit siège, s'esmeurent soudainement et alèrent assaillir ladicte ville. Et d'autre part commença l'assault de toutes pars, tel et si aspre qu'en brief la ville fut gaignée, sans ce que les asségans y feissent grant perte de leurs gens.

Et se retrahirent lesdiz asségez, à tout partie de leurs biens, dedens le marchié. Toutesfois il y en eut aucuns prins et mors, mais non point grant nombre. Dedens laquelle ville se loga le roy d'Angleterre et grant multitude de ses gens. Et tantost après gaigna une petite ysle assez près du marchié, en laquelle il fit asseoir plusieurs grosses bombardes, qui moult terriblement craventèrent les maisons dudit marchié et aussi les murailles d'icellui. Et par ces moiens furent lesdiz asségez contrains et mis en grande necessité. Car, avec ce, ledit roy d'Angleterre avoit fait drécer plusieurs engins, taudis et boulevers et autres habillemens, près de la muraille, et tant avoit continué en ce fait, que iceulx asségez estoient de jour en jour en péril d'estre prins d'assault, et si n'avoient nulle espérance d'estre secourus par le Daulphin, leur seigneur, pour ce que le jour estoit passé que le secours leur avoit esté promis. Et de rechef, en continuant de mal en pis pour lesdiz asségez, furent prins par les Anglois les moulins dudit marchié, par quoy ilz ne porent mouldre leurs blez, si non en grant danger.

## CHAPITRE CCLVIII.

*Comment messire Jehan de Luxembourg conquist ceste saison plusieurs fortresses. Et autres matières.*

Or convient parler d'une armée que fist en ce temps messire Jehan de Luxembourg de par les roys de France et d'Angleterre. Et eut avec lui plusieurs seigneurs de Picardie, c'est assavoir messire Hue de Lannoy, lors maistre des arbalestriers de France, le vidame d'Amiens, le seigneur de Longueval, le seigneur de Saveuses, le seigneur de Humbercourt et très grant nombre de chevaliers et escuiers de Picardie. Verité est que ou mois de mars ensuivant, fist son mandement et assembla ses gens d'armes entour la ville d'Encre; et là furent faictes les monstres. Et quant ce fut fait, peu y en avoit qui sceut auquel costé il vouloit aler. Mais en la fin se tourna vers la ville d'Amiens, et delà devers ung meschant chastel nommé Le Quesnoy, qui estoit à Jehan d'Arly, dedens lequel s'étoient boutez environ quarante sacquemans tenant la partie du Daulphin, qui avec ceulx d'Araines avoient moult fort travaillé le pays de Vimeu et sur la rivière de Somme depuis Amiens jusques à Abbeville. Si estoient venus devant ledit chastel, ung jour devant, pour garder qu'ilz ne s'en fuissent, le vidame d'Amiens et le seigneur de Saveuses, à tout leurs gens. Et après que ledit de Luxembourg fut arrivé et logié devant ladicte fortresse, fist ses engins drécer contre les murs d'icelle, dont elle fut en brief dérompue en plusieurs lieux. Pour quoy ceulx de dedens, voians que point ne povoient faire de résistence contre si grant puissance, requirent jour de traicter. Et finablement furent d'accord avec ledit seigneur de Saveuses, qui à ce estoit commis de par messire Jehan de Luxembourg, par condicion qu'ils rendroient la place et tous les biens qui estoient dedens à la volonté dudit de Luxembourg, et aussi que la plus grant partie des sacquemans dessusdiz demouroient à voulenté. Et Waleran de Saint-Germain leur capitaine, qui à brief dire les trahy et leur fist entendre qu'ils auroient leurs vies saulves, fist son traictié par ainsi qu'il s'en yroit et auroit bon et seur sauf-conduit. Après lequel traictié rendirent ladicte fortresse, et puis furent tous ensemble menez en une maison de la ville, et tantost après en furent pendus audit lieu du Quesnoy une partie, et les autres furent envoiez au bailli d'Amiens, lequel les fist mener au gibet; et entre les autres y fut mis ung gentil homme nommé Liénard de Piquegny, qui se disoit prouchain parent du vidame d'Amiens. Et ce fait, ladicte fortresse fut désolée, mis en feu et ruée jus de fons en comble. En après ledit Jehan de Luxembourg s'en ala devers Gamaches, à tout son ost, et là lui vindrent de deux à trois cens combatans anglois soubz la conduite de messire Raoul le Boutiller, à tout lesquelz il ala mectre en l'obéissance des roys de France et d'Angleterre aucunes fortresses ou pays de Vimeu, c'est assavoir Laneroy, Héricourt et aucunes autres.

Item, en ce temps aussi les gens du seigneur de Gamaches prindrent d'emblée la fortresse de Mortemer vers Mondidier, que tenoit le bastard de Mortemer, nommé Gérard, qui lors estoit au pays de Vimeu, en l'armée et exercite de messire Jehan de Luxembourg. Dedens laquelle fortresse fut mise forte garnison de Daulphinois, qui fort travaillèrent le pays.

Et d'autre part les Daulphinois de Marcoussis, environ deux cens, avec leur capitaine qui se nommoit Mignon, alèrent par nuit, secrètement, prendre le pont de Meulenc, et y firent moult de maulx, et après, en entencion de le tenir, y mirent grande garnison. Mais le roy d'Angleterre y envoya hastivement le conte de Conversen et autres de ses gens en grant nombre, lesquelz l'asségèrent et tantost après leur fut rendue, par tel que les asségez se partiroient saulvement à tout leurs bagues.

## CHAPITRE CCLIX.

### Comment l'empereur d'Alemaigne fist une armée contre les Pragoys. Et autres matières.

En cest an, le roy des Rommains, empereur des Alemaignes, fist une moult grande assemblée de gens d'armes de plusieurs pays de la chrestienté, pour combatre et résister aux entreprinses des faulx puans hérétiques qui se tenoient en la cité de Prague, et ou pays d'environ deux ou trois journées. Auquel mandement alèrent grant quantité de princes, prélas, chevaliers, escuiers et communes gens, tant de pié comme de cheval des pays d'Alemaigne [1], de Liège, de Holande et Zélande, Haynnau et autres lieux. Et y arriva tant de gens que à peine se povoient-ils nombrer. Mais les hérétiques tindrent si fort la cité de Prague qu'on ne les povoit guères dommager, si non en aucuns rencontres, où il y en eut plusieurs mis à mort. Et estoient en si grant nombre, et si fort pays, que par faulte de vivres convint lesdiz chrestiens retourner. Et pour vray, iceulx mauldis hérétiques estoient si obstinez en leurs erreurs qu'ils ne craignoient nulz martires dont on les feist mourir. Et

---

1. « Duxit deinde extremo anno Sigismundus florentissimum exercitum ex Hungaris, Austriacis Moravisque compositum. » (Raynaldi, t. VIII, p. 535.)

mesmement se desguisoient, armoient, les femmes, ainsy que dyables, pleines de toutes cruaultez, et en furent trouvées plusieurs mortes et occises ès dessus-diz rencontres.

Et d'autre part furent trouvez en l'an dessusdit, plusieurs hommes et femmes tenans ladicte hérésie et faisant leur concile ensemble, en un vilage près Douay, nommé Sains, dedens lequel ilz furent trouvez et menez prisonniers à la court de l'évesque d'Arras. Desquelz les aucuns se repentirent et rappellèrent, lesquelz furent reçeuz à pénitence et mercy, et les autres, après qu'ilz eurent esté preschez dudit évesque et de l'inquisiteur de la foy, furent ars et brouyz audit lieu d'Arras, à Douay et à Valenciennes.

En après, messire Jehan de Luxembourg, à tout sa puissance et ses capitaines, retourna la nuit de pasques communaulx devant les deux chasteaulx d'Araines, et là fist drécer contre les murs d'icellui plusieurs engins, lesquelz incontinent les dommagèrent très fort en plusieurs lieux. Et d'autre costé lesdiz assègez, en grant diligence, se défendirent contre leurs ennemis, c'est assavoir de canons, arbalestres et autre traict, et avecques ce firent aucunes saillies, auxquelles ils ne gaignèrent pas grammeut. Mais, pour tant qu'ilz estoient bien garnis de vivres et de traict, se tindrent-ils une longue espace. Et avecques ce leur avoit esté promis par aucuns tenans la partie du Daulphin, qu'ilz seroient secourus si puissamment que pour les délivrer de leurs ennemis.

## DE L'AN MCCCCXXIII.

[Du 12 avril 1422 au 4 avril 1423.]

## CHAPITRE CCLX.

Comment les fortresses d'Araines que les Daulphinois tenoient, furent rendues à messire Jehan de Luxembourg, par faulte de secours.

Au commencement de cest an, s'assemblèrent vers Compiengne plusieurs Daulphinois, en entencion d'aler secourir ceulx qui estoient asségez dedens les chasteaulx d'Araines. De laquelle assemblée estoient capitaines de par le Daulphin, le seigneur de Gamaches, le seigneur de Moy, Pothon de Saincte-Treille et aucuns autres, avec eulx environ de huit cens à mil combatans, lesquelz ils menèrent tous ensemble à Pierrepont, qui est au vidame d'Amiens, et non obstant que icelle ville feust fortifiée de haies et de fossez pleins d'eau, toutesfois entrèrent-ils dedens et se y logèrent tous ensemble, et après livrèrent ung assault à la fortresse dudit lieu, mais elle fut bien défendue par ceulx qui l'avoient en garde. Et pendant qu'ilz estoient logez en la ville de Pierrepont, les nouvelles de leur assemblée furent portées à messire Jehan de Luxembourg, qui estoit à son siège devant Araines; lequel, premier prenant conseil avec les nobles de son armée, fist partir aucuns de ses capitaines, à tout mil combatans, pour aler au devant desdiz Daulphinois. Desquelz, de la partie dudit de Luxembourg, furent les principaulx, messire Hue de Lannoy, maistre des arbalestriers de France, maistre Raoul le Bouteiller, anglois, le Borgne de Fosseux, chevalier, et plusieurs autres expers hommes d'armes, lesquelz alèrent gésir à Coucy, et lendemain, très matin, chevauchèrent à Moreul. Ouquel lieu oyrent certaines nouvelles que les Daulphinois leurs adversaires estoient encores à Pierrepont. Pour quoy, chevauchans en belle ordonnance, se hastèrent pour les trouver. Mais les dessusdiz Daulphinois qui jà estoient advertiz de la venue de leurs ennemis, montèrent à cheval, et tous ensemble, après qu'ilz eurent bouté les feux en leur logis, se alèrent mectre en bataille dessus la ville, au lez vers Montdidier. Et adonc les Bourguignons et Anglois, au plus tost qu'ilz porent, passèrent la ville pour suivre leurs ennemis, non obstant la chaleur du soleil qui moult les empescha, et comme les autres, se mirent en bataille contre les Daulphinois. Et furent en celle mesmes place fais plusieurs nouveaulx chevaliers de la partie de Bourgongne : c'est assavoir, Le Begue de Lannoy, Anthoine de Rubempré, Jaques de Brimeu, Robert Fretal, Gille de Hardicourt, Mahieu de Landas, Phelippe du Bos, Jehan de Beauvoir, Waleran de Fresas, Tramet de la Tramerie et plusieurs autres. Et, ce pendant, entre les deux parties y eut plusieurs escarmouches et hommes d'armes, de partie et d'autre, portez par terre, et les autres terriblement navrez et occis. Toutesfois, durant les choses dessusdictes, les Bourguignons et Anglois, estans à pié, les Daulphinois se départirent tous à cheval en bonne ordonnance, mectant derrière eulx toutes leurs meilleures gens par manière de arrière garde, et reprindrent leur chemin vers Compiengne. Et adonques lesdiz Bourguignons et Anglois, voians leur département, envoièrent après eulx le seigneur de Saveuses, à tout certain nombre de gens de guerre, pour les poursuivir et les faire arrester, et les autres capitaines, tous en bataille, suivoient vigoureusement. Mais ce non obstant s'en alèrent les Daulphinois et eschevèrent la bataille, sans grant perte, si non de sept ou de huit de leurs gens ou environ, qui de première venue furent mis à mort. Entre lesquelz en fut l'un, ung vaillant homme d'armes nommé Brunet de Gamaches. Et retournèrent les autres à Compiengne. Et de la partie de Bourgongne y fut tué ung viel haulsère, nommé Le Breton d'Ailly, lequel de long temps par avant ne s'estoit entremis de guerre ; et avecques lui aucuns Bourguignons en petit nombre. Après lesquelles besongnes, retournèrent, lesdiz Bourguignons et Anglois, loger à Marueil et ès autres villages de là, au siège d'Araines devers messire Jehan de Luxembourg. Et tost après les asségez desdictes fortresses d'Araines, qui jà estoient advertiz de leur secours retourné, non aians espérance d'en plus avoir, commencèrent à parlementer pour traicter. Et en fin fut de chascune partie accordé, par condicion qu'ils rendroient les deux fortresses ès mains de messire Jehan de Luxembourg, et se partiroient saufz leur corps et leurs biens, garnis de bon saufconduit pour aler à Compiengne, au Crotoy, Gamaches, Saint-Walery, ou autres lieux de leur obéissance, depuis Seine jusques audit Crotoy. Et estoient environ cent hommes d'armes et cent archers, desquelz estoient les principaulx, messire Coquart de Cambrone et ung nommé Jehan Sarpe. Lesquels, après l'accord conclud, rendirent les deux chasteaulx, très bien garnis de vivres et habillemens de guerre, audit de Luxembourg. Lequel fist tantost abatre l'un desdiz chasteaulx, c'estassavoir cellui de madame d'Araines, et l'autre il pourveut de nouvelle garnison de ses gens, et en fist capitaine messire Jaques de Lieuvin. Et après que lesdiz Daulphinois se furent de là partis, ledit de Luxembourg, à tout son ost, s'en retourna en son chastel de Beaurevoir, premiers donnant congié à ses capitaines et autres gens d'armes qui avoient esté avecques lui. Et assez tost après, messire Jacques de Harecourt et ses gens alèrent courir jusques sur la rivière et en plusieurs autres lieux, desquelz ils ramenèrent au Crotoy plusieurs prisonniers et autres proies.

## CHAPITRE CCLXI.

Comment Henry roy d'Angleterre eut l'obéissance du marché de Meaulx, et des exécucions qui furent faictes à ceux de dedans de par ledit roy[1].

En après, le roy Henry d'Angleterre, qui à grant labeur et diligence avoit continué son siège et encores continuoit devant le marchié de Meaulx, et astraint les asségez par telle manière que grant partie de leurs murs estoient tout craventés et en plusieurs lieux desrompus, les fist ung certain jour sommer qu'ilz se rendissent franchement en la voulenté du roy de France et de lui, ou se ce ne faisoient, il les feroit as-

---

1. Cet intitulé de chapitre, qui ne se trouve pas dans notre texte, est pris sur l'édition de 1572.

saillir. A laquelle sommacion pour ceste foiz ne vouldrent entendre, mais dirent qu'il n'estoit point encores heure de eulx rendre. Et pour tant, ledit roy fist commencer l'assault très puissamment, lequel dura de sept à huit heures, moult cruel et ensangianté. Et y furent, tant d'un costé comme d'autre, maint homme navré et occis. Mais non obstant que lesdiz asségez feussent fort travaillez de résister à la puissance desdiz Anglois, qui estoit grande, néantmoins se defendirent moult vaillamment, et combatirent tant qu'ils n'avoient dedens ledit marchié de lances, si non en petit nombre, que toutes ne feussent rompues aux défenses dessusdictes. Mais ou lieu desdictes lances, se combatirent grant espace, de broches de fer. Et tant continuèrent que pour ceste foiz reboutèrent les Anglois hors de leurs fossez, dont grandement furent resjouiz. Et entre les autres desdiz défenseurs se y porta vaillamment Guichard de Chissay, et tant, que pour sa vaillance et prudence, le roy d'Angleterre, après la reddition du marché de Meaulx, lui fist offrir faire de grans biens s'il vouloit tenir son parti et lui faire serement; ce que point ne voult consentir, mais demoura Daulphinois. Si furent fais oudit assault plusieurs chevaliers nouveaulx de la partie des Anglois, entre lesquelz le fu Jean de Gingin, savoyen, et le bastard de Thien, qui autre foiz, comme dit est, avoient esté grans capitaines avec les gens de compaignes soubz le duc Jehan de Bourgongne défunct. Et d'autre part estoient avec ledit roy d'Angleterre à icellui siège, les seigneurs de Chastillon et de Jenlis, avec plusieurs autres nobles hommes des marches de France. Et de première venue que le siége y fut mis jusques au derrain que les asségez ne eurent plus espérance d'avoir secours, dirent moult de injures et paroles vilaines ausdiz ségaus. Et entre les autres choses mirent sur les murs de la ville un asnes, lequel par force de cops ilz faisoient braire, en eulx moquant desdiz Anglois, en disant que c'étoit leur roy Henry, et et qu'ilz venissent secourir. Pour quoy le Roy anglois à cause de ce et autres choses, fut moult indigné contre eulx. Et aussi devant icelle ville fut occis ung jeune chevalier filz du seigneur de Cornouaille, qui estoit cousin germain audit roy Henry, et fut occis d'un canon. La mort duquel lui vint à grant desplaisance et à tous les seigneurs d'Angleterre. Car, non obstant qu'il feut jeune d'aage, si estoit-il très sage homme et prudent.

En oultre, après toutes les continuacions et besongnes dessusdictes, environ la fin d'avril, iceulx asségez qui, comme dit est, plus n'avoient espérance d'avoir quelque secours du Daulphin, leur seigneur, sachans que longuement ne se povoient tenir ne défendre contre la puissance du roy d'Angleterre, commencèrent à parlementer pour avoir traictié. Et y furent commis de par icellui roy, son oncle le duc d'Excester, les contes de Warvich et Conversen, et messire Gaulthier de Honguefort; et de la partie des asségez, messire Phelippe Malet, Péron de Lupe, Jehan d'Aulnay, Sivador de Giresme, Le Borgne de Cauchon, Jehan de l'Espinace et Guillaume du Fossé. Lesquelles parties convindrent ensemble par plusieurs journées, et enfin vindrent à conclusion par la manière cy-après déclairée.

Premièrement : Fut ordonné que le x$^e$ jour de

may, le marché de Meaulx seroit rendu et délivré par les asségez en la main des roys de France et d'Angleterre.

*Item.* Seront rendus et délivrés en la voulenté desdiz roys, messire Loys Tost, le bastard de Vaurru, Jehan de Rouvères, Tromagon, Bernard de Meureville, et ung, qui avoit buisiné d'un cornet durant le siége, nommé Oraces; et seront mis en justice, laquelle leur sera faicte et administrée.

*Item.* Que Guischard de Chissay, Péron de Luppe, maistre Robert de Giresmes, Phelippe de Gamaches et Jehan d'Aunay, demourront en la voulenté desdiz roys jusques à ce qu'ilz auront rendu ou fait rendre toutes les forteresses que eulx ou leurs commis tiennent en ce royaume, et après qu'ils les auront rendues, auront les vies saulves.

*Item.* Tous ceulx estans dedans ledit marché, c'est-assavoir Anglois, Galois, Irlandois et autres qui paravant avoient esté obéissans au roy d'Angleterre, demourront à la voulenté des diz roys.

*Item.* Tous les autres, tant gens d'armes comme bourgeois ou habitans, demourront en la voulenté desdiz roys, saulves leurs vies.

*Item.* Le comte de Conversan demourra quicte envers Péron de Luppe ou autres à qui ce peut toucher, de sa raençon et finance, et lui promectront de le tenir quicte à tous jours, sans fraude et malengin.

*Item.* Que dedans les huit jours que les asségez doivent rendre la ville, ilz mectront et feront mectre tous leurs biens généralement en certains lieux, où ilz puissent venir à bonne clarté, sans les dégaster ou empirer, et bailleront par parties les inventaires aux commis desdiz roys.

*Item.* Mectront et feront mectre les reliques, livres, aournemens et autres biens de l'église, en certain lieu, comme dit est.

*Item.* Rendront quictes et délivres tous les prisonniers qu'ilz tiennent, tant oudict Marchié comme ès forteresses et autres lieux à eulx obéissans, et les acquicteront de leur foy.

*Item.* Durans les jours dessusdiz ne souffreront que homme, de quelque estat qu'il soit, transporte ses biens hors dudit marchié, et pareillement n'y en lairont nul entrer, si non qu'il y soit commis de par les roys.

*Item.* Pour entretenir et acomplir toutes les choses dessusdictes sans nulle enfraindre, sur peine de non demourer dans la grace desdiz roys, bailleront lesdiz asségez leurs lectres séellées de leurs seaulx ou signées de leurs mains jusques à cent des plus notables; desquelz vingt quatre des plus esleuz resteront en hostage devers lesdiz roys, telz qu'il plaira aux commis des rois dessusdiz.

*Item.* Après ce que ledit traicté sera faict et accordé, cesseront toutes guerres et voies de fait entre les deux parties, et demourront en cest estat jusques au x° jour de may, que les Daulphinois firent ouverture aux commis des roys de France et d'Angleterre et leur délivrèrent par la manière qu'il avoit esté traicté, ledit marché de Meaulx.

Lesquelz commis envoièrent tantost tous les prisonniers en la ville, soubz bonne garde, et aucuns des principaulx furent envoiés par eaue à Rouen et de là en Angleterre. Et si en eut une partie de menez à Paris et emprisonnez en plusieurs lieux. Et povoient estre, de gens de guerre, en tout, de sept à huit cens. Desquelz, le bastard de Vaulru, leur général capitaine, fut décolé par le commandement du roy Henry, et son corps fut pendu à ung arbre au dehors de Meaulx, nommé l'arbre Vauru, auquel ledict Vaurru en son temps avoit fait pendre plusieurs Bourguignons et Anglois, et pour ce estoit cellui arbre ainsi nommé. Et avec ce fut mise sa teste sur le bout de son estandart, ataché dessus lui à l'arbre dessusdit. Et après fist, à Paris, décapiter messire Loys Gast, Denis de Vauru, maistre Jehan de Rommeres, et celui qui avoit servi le Roy durant le siège; et furent mises les testes sur lances, ès hales, et leurs corps pendus au gibet par les aisselles. Et tous les biens qui estoient oudict marchié de Meaulx furent distribuez du tout au plaisir dudict roy Henry. Lequel, glorieux de sa victoire, entra en moult noble arroy dedans le marché de Meaulx, et y séjourna aucuns jours avecques ses princes, pour lui soulacer et reposer. Et là, ordonna en brief de réédifier les portes et murailles de la ville et du marchié de Meaulx, qui par les gros engins avoient esté démolis et abatus durant le siége.

## CHAPITRE CCLXII.

### Comment après la reddicion de Meaulx plusieurs villes et forteresses se rendirent au roy d'Angleterre.

Item, après la reddicion dudit marchié de Meaulx, furent mises en l'obéissance dudit roy Henry plusieurs

bonnes villes et fortresses, tant en la conté de Valois
comme ès pays d'environ, par le moien du seigneur
d'Offemont, dessoubz lequel elles estoient obéissans.
Entre lesquelles y furent mises les villes de Crespi en
Valois, le chastel de Pierrefons, Merlau, Offemont et
aucunes autres. Toutesfois, demourèrent audit seigneur d'Offemont toutes les villes et fortresses, et
avecques ce fut mis à pleine délivrance, par condicion
qu'il jura la paix finale derrenièrement faicte à Troies
entre les roys de France et d'Angleterre. Et pour ce
entretenir, bailla plèges souffisans, s'est assavoir l'é-
vesque de Noiom et le seigneur de Chauny, lesquelz
pour seureté de ce obligèrent corps et biens. Et d'autre costé rendirent, les prisonniers qui avoient esté
prins dedans Meaulx comme dit est, plusieurs fortresses en l'obéissance des roys dessusdiz.

En après, quant les capitaines tenans la partie du
Daulphin ès marches de Beauvoisis virent et oyrent
dire comment ce roy Henry, leur adversaire, prenoit
vigoureusement et efforcéement les villes et fortresses
de ce royaume qui estoient imprenables, ilz eurent
si grand doubte, que tantost après, par ceste crainte,
envoièrent devers ledict roy leurs ambassadeurs, pour
traicter avecques lui qu'ilz se peussent partir saulvement dedens certain jour, ou cas que le Daulphin ne
les secourroit dedens le jour dessus dit, lequel ilz lui
feroient savoir. Entre lesquelz traicta le seigneur de
Gamaches pour la ville de Compiengue dont il estoit
capitaine, et aussi pour les fortresses de Remy, de
Gournay, de Mortemer, de la Neufville en Hez et de
Cressonsac, et d'aucunes autres ou pays dessusdit.
Et baillèrent hostages de les rendre le xviii$^e$ jour du

mois de juing ensuivant, ès mains des roys de France et d'Angleterre, ou de leurs commis et députez. Et en cas pareil, traictèrent messire Loys de Chiembronne pour la ville de Gamaches, moiennant qu'ilz s'en yroient où bon leur sembleroit soubz son bon sauf-conduit dudit roy Henry, à tout leurs biens, et ladicte ville et les habitans demourroient paisibles en faisant le serement de la paix finale. Et avecques ce, fut rendue par le pourchas de Perron de la Luppe, en l'obéissance des deux roys, la fortresse de Montagu, qui tenoit grant pays en sa subjection par sa force, et avoit fait de grans dommages aux villes de Reims et de Laon, et ès pays à l'environ. Et d'autre part, ceulx qui tenoyent le chastel de Moy en Laonnois, sachans la reddicion des villes et fortresses dessusdictes, doubtans que messire Jehan de Luxembourg et les Anglois ne les alassent asséger soudainement, boutèrent le feu dedans ledit chastel, et s'en alèrent à Guise; et pareillement ardirent les chasteaulx de Monsteront et de Bussy.

## CHAPITRE CCLXIII.

### Comment la royne d'Angleterre retourna en France. Des estats qui furent tenus dedans Paris, et autres matières.

Item, le xxi° jour de may de cest an, Katherine de France, royne d'Angleterre, qui long temps paravant estoit relevée de la gésine de son premier filz, nommé Henry comme son père, arriva au port de Harfleur en notable appareil et en grant compaignie de navire plein de hommes d'armes et d'archers, desquelz le duc de Bethfort, frère du roy Henry, estoit chef. Et après qu'ilz eurent prins terre, alèrent à Rouen et de là au Bois de Vincennes, devers le Roy son père et la Royne, sa mère, qui y estoient. Et chevauchoit ladicte royne Katherine en estat royal, toujours ledict duc avecques elle, à très grande puissance de gens d'armes. Auquel lieu[1] ala de Meaulx à l'encontre d'elle ledit roy Henry, son seigneur et mary, avecques ses princes, duquel elle fut receue joieusement comme l'ange de Dieu. Et aussi, du Roy et de la Royne de France, fut faicte toute léesse audit lieu de Vincennes, pour la venue de leur beau filz et de leur fille la Royne. Et le pénultime jour de may, prévigile de la Penthecouste, lesdiz roys et les roynes leurs femmes, se partirent dudit bois de Vincennes et entrèrent en Paris en moult noble estat. Et se logèrent le roy de France et la royne, en l'ostel Saint-Pol, et le roy d'Angletere et la royne sa femme, furent logez ou chastel du Louvre. Esquelz lieux chascun desdiz roys célébrèrent royalment en leursdiz hostelz la solemnité de la Penthecouste, qui lors estoit. Et à cedict jour furent[2] ensemble le roy d'Angleterre, et sa femme tant glorieusement comme pompeusement, à disner, couronnez de leurs précieux dyadèmes. En celle salle séoient aussi à table les ducs, princes et prélats, confannoniers et chevaliers de la gent anglesche, chascun comme à son estat appartenoit. Et furent remplis de plusieurs viandes et de précieux buvrages. Et tindrent à ce jour lesdiz roys et roynes noble court et large, de tous les Anglois qui estoient là venus à ceste feste.

1. De Vincennes.
2. Il y a *feirent* au texte.

Et lors, le peuple de Paris alèrent en grant nombre audit chastel du Louvre pour veoir et visiter ledit roy et royne d'Angleterre, séans ensemble et portans couronne. Mais ledict peuple, sans estre administré de boire ne de manger par nul des maistres d'ostel de céans, s'en partirent, contre leur coustume, dont ilz murmurèrent ensemble. Car ou temps passé, quant ilz aloient en si grandes et si haultes besongnes à la cour de leur seigneur et roy de France, ilz estoient festiez et receuz des gouverneurs, de boire et de menger, à sa court, qui estoit à tous ouverte. Et là, ceulx qui se vouloient seoir estoient servis de vins et de viandes, très largement, par les serviteurs du roy. Mais alors le roy Charles, qui tout le temps de sa vie avoit esté comme ses prédécesseurs large et courtois, se séoit en son hostel à Saint-Pol, avecques lui la royne sa compaigne, assez seul et ainsi que tout mis arrière et en oubli des grans seigneurs de son royaume, et aussi des autres. Et pour ce temps estoit yssue et eslongnée toute la puissance dudit royaume d'icellui roi Charles, et entrée ou arrestée en son beau filz le roy Henry. Et pour lors ledit roy ne gouvernoit point son dit royaume, mais estoit gouverné et mis à néant, ou regard de sa grande et noble puissance qu'il avoit autre fois eue durant son règne. Pour lesquelles choses plusieurs François, bons et loyaulx, avoient au cuer grant tristesse, et non pas sans cause.

Esquelz jours, icellui roy d'Angleterre estant oudit lieu de Paris, fist en icelle ville cueillir la taille des marcs d'argent, dont dessus est faicte mencion, pour forger la nouvelle monnoye, ainsi et par la manière qu'on l'avoit déjà cueilli ailleurs. Si s'en esmeurent plusieurs rumeurs. Mais finablement, pour la crainte et doubte dudit roy Henry, ne osèrent monstrer semblant de nulle désobéissance, ne rebellion.

## CHAPITRE CCLXIV.

**Comment la ville de Gamaches fut rendue en la main des Anglois. Le siége de Saint-Walery, et la reddicion de Compiengne aux Anglois, et autres incidens.**

Item, le xxii<sup>e</sup> jour du mois de juing, les deux roys de France et d'Angleterre se partirent de Paris et alèrent à Senlis, où ils séjournèrent par aucuns jours. Et de là, approuchant le jour que la ville de Gamaches se devoit rendre, le roy Henry y envoia pour icelle recevoir, le comte de Varvich, à tout trois mil combatans. Lequel conte, comme promis avoit esté, entra en ladicte ville, le xvii<sup>e</sup> jour de juing, et restabli les hostages sains et hetiez, lesquelz y avoit menez avec lui. Et après receut les seremens de ceulx de la ville au nom des deux roys, et avec ce y commist capitaine messire Phileton, natif d'Angleterre, avec certain nombre de gens d'armes et archers. Et ces besongnes acomplies, ala, ledit conte, devant Saint-Walery, que tenoient les Daulphinois, et approuchant icelle, envoia ses coureurs devant ladicte ville. De laquelle yssirent à l'encontre d'eulx environ cent hommes d'armes, expers et bien montez sur chevaulx roides et habiles, qui de pleine venue se férirent èsdiz Anglois, et y eut de grans estours d'une partie et d'autre, et hommes d'armes navrés terriblement, et aucuns autres prins prisonniers de la partie des Anglois. Mais en ce faisant, le conte de Varvich, pour secourir ses gens se hasta moult fort, à tout son host, pour quoy il convint par contrainte les Daulphinois rentrer dedans leur ville en grant haste. Et lors, ledit conte, moult prudentement chevaucha en ses armes autour de la ville pour fermer son ost et tenir ses gens en bonne ordonnance.

La plus grant partie des Anglois se logèrent dedens l'abbaye, et les autres, le mieulx qu'ilz peurent, en tentes et paveillons. Après lequel logis prins par eulx, commencèrent ladicte ville à batre de leurs engins, et sans point cesser ; gecter contre les murs d'icelle, et les dérompirent en plusieurs lieux. Et quant est des saillies et envaissemens que firent les Daulphinois chevaleureusement sur ceulx du siége, se convient taire pour cause de briefté. Et pour tant que du costé vers la mer n'y avoit point de siége, par faulte de navire, que point n'avoient lesdiz asségans, yssoient lesdiz asségez à leur plaisir par leur navire pour aler quérir vivres habondamment et autres choses à eulx décisibles et neccessaires, tant au Crotoy comme ailleurs. Laquelle chose desplaisoit moult au conte de Varvich et à ceulx dudit siége. Et pour ce, envoya icellui conte en plusieurs pors de Normendie quérir navire. Lesquelz tost après vindrent à grant puissance devant ladicte ville, laquelle ilz assegèrent par le costé de la mer. Dont lesdiz asségans, voians que de tous costez avoient perdu l'issue de leur ville, furent moult troublés et assumplis. Pour quoi, au bout de trois sepmaines ou environ, firent traictié avec le dessusdit conte de Warvich, par condicion qu'ilz se départiroient de ladicte ville, sauf leurs corps et leurs biens, le quatriesme jour du mois de septembre ensuivant, ou cas que le duc de Touraine, Daulphin, ne seroit à ce jour puissant de combatre ses ennemis devant ladicte ville. Et ainsi, durant le temps dessusdit, lesdiz asségez se abstindrent de courir et fourrager le pays. Et sur ce, pour plus grande seureté, délivrèrent audit conte bons hostages. Lequel, à tout ses Anglois, retourna vers son maistre le roy Henry.

Item, après l'acomplissement des besongnes dessusdictes, le roy Henry envoya le duc de Bethfort son frère et autres princes, grandement acompaignez, à la ville de Compiengne, pour icelle recevoir de la main du seigneur de Gamaches, lequel, comme dit est devant, l'avoit promis. Et la rendi le xviii° jour du moys de juing, en la main dudit duc de Bethfort. Et après se départi, à tout environ douze cens chevaulx, lesquelz, soubz bon sauf-conduit du roy Henry, il emmena oultre la rivière de Seine, et de là vers le Daulphin.

Item, en cas pareil le seigneur de Gamaches rendi les fortresses que ses gens tenoient, dont dessus est faicte mencion. Et par ainsi toutes les places que lesdiz Daulphinois tenoient depuis Paris jusques à Boulongne sur la mer, furent remises en l'obéissance des deux roys de France et d'Angleterre, excepté le Crotoy et la terre de Guise.

En oultre, après que ledit duc de Bethfort eut receu les seremens de bourgois et habitans de Compiengne, et aussi qu'il y eut constitué capitaine messire Hue de Lannoy, s'en retourna à Senlis devers le roi Henry son frère.

Item, en ce mesme temps furent envoiez par iceulx

roys ambaxadeurs au Crotoy, devers messire Jaques de Harecourt, c'est assavoir son frère, messire Jehan de Harecourt, évesque d'Amiens, et avec lui l'évesque de Beauvais, messire Hue de Lannoy, maistre des arbalestriers, et ung hérault, de par le roy Henry, pour lui faire sommacion de rendre la ville et chastel du Crotoy en la main des roys dessusdiz. Mais finablement, pour diligence qu'ilz sceurent faire, ne porent venir à quelque traictié. Et pour ce s'en retournèrent.

## CHAPITRE CCLXV.

Comment le roy d'Angleterre ala de Senlis à Compiengne : la prinse de Sainct-Digier (*lis.* Saint-Dizier) et la rencontre des Dauphinois et Bourguignons[1].

Item, en ce mesme temps ala le roy d'Angleterre de Senlis à Compiengne, pour veoir la ville. Auquel lieu lui furent apportées nouvelles qu'on avoit voulu prendre la ville de Paris par aucuns moiens de lectres apportées en ladicte ville par la femme de l'armurier du roy de France, laquelle par ung certain jour, bien matin, fut apperceue d'un prestre qui estoit en ung sien jardin au dehors de ceste ville, et le vit parler secrètement à aucunes gens d'armes en une vallée au dessoubz dudit jardin. Et sur ce, ledit prestre tout effrayé retourna dedens la ville de Paris, et dist aux gardes de la porte qu'ils advisassent bien à ce qu'ilz auroient à faire, et qu'il avoit veu gens armez et une femme parler à eulx. Et adonques les dictes gardes de ce ad-

1. Intitulé pris sur l'édition de 1572.

vertis, prindrent ladicte femme et la menèrent en prison. Laquelle tantost après congneut son fait. Pour lesquelles nouvelles le dit roy Henry retourna tantost, à tout ses gens d'armes, à Paris, et fist noyer ladicte femme, et avec elle aucuns de ses complices. Et puis retourna à Senlis devers le roy de France.

Item, en ce temps Jehan de Vergy et messire Anthoine prindrent la ville de Saint-Digier en Partois. Mais les Daulphinois qui estoient dedens se retrahirent au chastel, auquel lieu ilz furent tantost asségez. Et ce pendant, la Hire et aucuns capitaines, se assemblèrent en grant nombre pour aler secourir ceulx dudit chastel. De laquelle assemblée furent advertis les deux seigneurs dessusdiz, et pour y résister se mirent ensemble le plus grant nombre qu'ilz peurent finer, et alèrent au devant de leurs adversaires et les assaillirent vigoreusement, et en fin les desconfirent. Si en y eut de mors environ quarante, et les autres se saulvèrent par fuite. Après laquelle besongne retournèrent audit lieu de saint Digier, et tost après le chastel se rendi à eulx, lequel ilz regarnirent de leurs gens [1].

1. Vient ici, dans la première édition gothique de Monstrelet, (le Vérard *sans date*), une pièce de vers intitulée : La complainte du povre commun et des povres laboureurs de France. Cette pièce a été reproduite par toutes les éditions, y compris celle de Buchon. Mais, comme elle ne se trouve, ni dans les manuscrits à un seul livre, tels que le nôtre et le *Suppl. fr.* 93, ni même dans ceux aux deux livres, et seulement dans ceux aux trois livres, dont le premier, qui est de l'an 1510, est postérieur au Vérard sans date, nous pensons que la pièce en question ne faisait par partie du texte original de Monstrelet, et pour cette raison nous la reportons aux additions.

## CHAPITRE CCLXVI.

Comment le duc de Touraine, Daulphin, fist asséger Cosne-sur-Loire, et ce qu'il s'en ensuivy.

Or convient il parler du duc de Touraine, Daulphin, lequel en ce temps assembla de divers pays environ vingt mille combatans, à tout lesquelz il se tira vers Sancerre, auquel lieu se tint de sa personne assez longue espace. Durant lequel temps fu mise en son obéissance la Charité-sur-Loire, où il mist grosse garnison de ses gens, et après fist asséger la ville de Cosne-sur-Loire, qui à la fin fu contrainte de traicter avec les commis dudit Daulphin, par condicion qu'ilz lui rendroient ladicte ville, le xxviie jour d'aoust ensuivant, au cas que le duc de Bourgongne ne les secourroit audit jour si puissamment que pour les délivrer des mains de ses adversaires. Et avecques ce, promirent lesdiz deux ducs, c'est assavoir de Touraine et de Bourgongne, par la bouche de leurs héraulx, à estre et comparoir chascun à tout sa puissance, l'un contre l'autre, à combatre son adverse partie à ladicte journée. Et afin d'entretenir icelle, ledit duc de Bourgongne, qui paravant s'estoit conclud de retourner en son pays d'Artois, demoura en Bourgongne et manda ses gens de toutes pars, tant en Flandres, Picardie, comme ailleurs, à venir vers lui. Et si envoya devers le roy d'Angleterre lui requerre bien instamment qu'il lui envoiast certain nombre de gens pour estre avecques lui à ladicte journée, avec aucuns de ses princes et chefz de guerre. Lequel roy fist response à ceulx que ledit duc y avoit envoiez, que ce ne feroit-il pas, mais yroit en sa propre personne avecques toute sa puissance. Et ce pendant, messire Hue de Lannoy, maistre des arbalestriers de France, assembla grant nombre de gens, tant de la conté de Flandres comme des marches vers Lisle; et pareillement firent messire Jehan de Luxembourg, le seigneur de Croy et plusieurs autres capitaines de Picardie. A tout lesquelz, vers l'issue du mois de juillet, se tirèrent par divers chemins entour Paris, soubz la conduite du duc de Bethfort, son frère, du conte de Varvich et autres de ses princes et capitaines, pour aler en Bourgongne. Et lui-mesmes, assez agravé de maladie, se partit dudit lieu de Senlis, après qu'il eut prins congié du roy de France, à la Royne et aussi à sa femme, qui onques depuis ne le vid, et ala à Meleun, où il se fist mètre sur une litière en entencion d'aler à la journée dont dessus est faicte mencion, avecques ses gens. Mais, pour tant qu'il se sentit trop feble et qu'il empiroit de jour en jour, retourna et se fist mener au Bois de Vincennes, et là se alita du tout.

Et le duc de Bethfort, ses princes et tout son ost, se tirèrent par plusieurs journées jusques au pays de Bourgongne, et ainsi le firent tous les seigneurs de Picardie et d'autres lieux. Et tant chevauchèrent qu'ilz viendrent ou pays de Vezelay, où ilz trouvèrent le duc de Bourgongne qui là les actendoit, à tout grant puissance de gens d'armes qu'il avoit assemblez de plusieurs lieux. Si les receut et festia moult joieusement, et par espécial quant il trouva ledit duc de Bethfort et les autres princes d'Angleterre, que moult amoit, si les remercia très humblement du noble et puissant secours qu'ilz lui présentoient à son besoing. Et après, les princes et les capitaines dessusdiz, joings ensemble comme vous avez oy, commencèrent à chevaulcher, à tout leurs gens qui estoient en très grant nombre, en approuchant ladicte ville de Cosne. Et avoient establi par ordonnance avant garde, bataille et arrière garde, et chascune des compaignies avoit certain nombre d'Anglois, Picars et Bourguignons, afin que au jour qui estoit assigné n'y eust nulle envie, et que nulle des trois parties peussent avoir honneur ou deshonneur plus l'une que l'autre. Et ainsi tenant ceste ordonnance, chevauchèrent vers ledit lieu de Cosne. Devant laquelle ville ilz se logèrent la nuit, dont lendemain ilz devoient estre combatus selon les promesses cy-dessus déclairées. Mais ledit duc de Touraine, Daulphin, et ceulx qui le gouvernoient, sachans la puissance des princes dessusdiz, se retrahy, à tout ses gens d'armes, devers Bourges en Berry, et ne comparu, ne homme de par lui, à ladicte journée, et par ainsi demoura icelle ville de Cosne en l'obéissance du duc de Bourgongne. Et après ceste journée passée, se mist toute l'ost à retourner devers Troies. Toutesfois durant icellui voiage y eut plusieurs Picars et Anglois qui eurent moult grant disète de vivres et par espécial de pain. Mais tantost qu'ilz furent vers ladicte ville de Troies, se commencèrent à mectre au large sur le plat pays. Lequel, tant pour leur venue comme pour leur retour, fu moult travaillé par tout où ilz passoient.

## CHAPITRE CCLXVII.

Comment le roy d'Angleterre trespassa de ce siècle, et les grans estas et honneurs qu'on fist à son enterrement[1].

Or est vérité que au retour que le duc de Bethfort fist de la journée qui avoit esté assignée pour combatre le Daulphin et sa puissance, si comme vous avez oy cy-dessus, ledit duc de Bethfort retournant de ladicte ville de Cosne, lui vindrent certaines nouvelles que son frère le roy Henry estoit moult fort oppressé de la maladie dessus dicte et en grant péril de sa vie. Et pour ce, incontinent, avecques lui de ses plus féables, à peu de compaignie chevaucha en haste jusques au Bois de Vinciennes où ledit roy Henry estoit, et là le trouva moult agravé de maladie. Et pareillement vint à la cognoissance du duc de Bourgongne, lequel y envoya messire Hue de Lannoy pour le visiter et savoir en quel point il estoit. Et adonques, icellui roy sentant qu'il estoit moult traveillé de maladie, fist venir autour de son lit son frère le duc de Bethfort, son oncle le duc d'Excestre et son grant maistre d'ostel le conte de Varvich, messire Loys de Robersat et plusieurs autres Anglois jusques à sept ou huit, de ceulx où il avoit la plus grant créance de tous ses famillers. Si leur dist et remonstra assez précieusement qu'il veoit bien que c'estoit le plaisir de son créateur qu'il finast sa vie et délaissast ce monde cy. Et après dist à son frère.

1. Le titre de ce chapitre ne se trouve pas dans les imprimés, où il fait la suite du chapitre CCLXVI.

« Jehan, beau frère! je vous prie sur toute la loiauté que vous avez eue à moy, que vous soiez tousjours bon et loial à beau filz Henry vostre nepveu, et vous charge sur tant que vous poez mesprendre, que tant que vous vivrez, ne souffrerez à faire traictié avec nostre adversaire Charles de Valois, ne autre, pour chose qui vous adviengne, que la duchié de Normendie ne nous demeure franchement. Et ou cas que beau frère de Bourgongne vouldra emprendre le gouvernement de ce royaume, je vous conseille que vous lui baillez, mais s'il le refuse, si l'entreprenez. Et à vous, bel oncle d'Excestre, je vous laisse seul et pour le tout le régime du royaume d'Angleterre. Car je sçay que vous le sçaurez moult bien gouverner, et vous prie que pour quelque afaire qui adviengne ne retournez plus en France, et avecques ce vous ordonne à estre du tout gouverneur de beau filz vostre nepveu, et vous requiers sur quanque vous m'avez aymé, que vous le voiez et visitez souvent en vostre personne. Et vous beau cousin de Varvich, je vueil que vous soiez son maistre d'ostel et que vous demourez tout quoy avecques lui pour le conduire et aprendre selon l'estat qu'il lui appartient, car je ne sçaroie mieulx pourveoir. En après je vous prie tant comme je puis à tous, que vous gardez sur quanque que vous pouvez mesprendre, que vous ne aiez quelque dissencion avecques beau frère de Bourgongne, et ce défendez expressément à beau frère Humfroy. Car s'il advenoit, que Dieu ne veuille, qu'il eust entre vous aucune malvueillance, les besongnes de ce royaume, qui sont moult avancées de nostre partie, en pourroient grandement empirier. Et si gardez que vous ne délivrez de prison beau cousin le duc d'Orléans, le conte d'Eu, le seigneur de Gaucourt, ne Guischart de Chissay, jusques à ce que beau filz Henry aura son aage compétent, et des autres, faites en comme bon vous semblera. »

Après lesquelles paroles et aucunes autres pareilles, les seigneurs dessusdiz là estans lui respondirent moult humblement, chascun en droit soy, aians au cuer très grant tristesse, que de tout ce qu'il ordonnoit et qu'il sçaroient que ce seroit son désir à estre fait, ilz l'acompliroient à leur povoir, sans de rien aler au contraire. Et estoient tous ennuyeulx de ce qu'ilz le veoient en si petit estat de santé. Et tost après aucuns d'iceulx se départirent comme courroucez, de la chambre. Et messire Hue de Lannoy qui avoit esté envoyé devers ledit roy, comme dit est dessus, de par le duc de Bourgougne, après qu'il eut bien à point acompli sa légacion et eu aucunes paroles avecques icellui roy, retourna par devers ledit duc. Et tost après le roy Henry fist venir devers lui ses médecins, et leur requist bien instamment qu'ilz lui voulsissent dire selon ce qu'ilz veoient de lui, quel terme de vie il pourroit encores bien avoir. A laquelle response ilz targèrent de respondre, si non de lui bailler espérance en disant qu'il estoit bien en Dieu de le faire retourner en santé. Mais il ne fut point de ce content, si leur requist de rechef qu'ilz lui en deissent la pure vérité. Et adonques parlèrent lesdiz médecins ensemble, et après, par la bouche de l'un d'eulx, qui se mist à genolz devant lui, lui fut dit : « Sire, pensez à vostre âme, car il nous semble que c'est la grace de Dieu, que vous ne vivrez pas plus deux heures. » Et lors ledit roy manda son confesseur et aucuns autres gens d'église de sa famille, et ordonna à dire les sept pseaulmes pénitenciales. Et quant ilz vinrent à *Benigne fac, Domine*, où il y a *muri Jherusalem*, il les fist arrester et dist tout hault, que, sur la mort qu'il actendoit, il avoit entencion que après qu'il auroit mis le royaume de France en paix d'aler conquerre Jherusalem, se ce eust esté le plaisir de Dieu son créateur de le laisser vivre son aage. Et après qu'il eut ce dit, leur fist parfaire. Et tantost après, selon le terme que lui avoient dit et décrété lesdiz maistres en médecine, rendi son esperit à Dieu, le derrenier jour d'aoust.

Pour la mort duquel, son frère le duc de Bethfort et tous ses autres princes, avec généralement tous ceulx du royaume d'Angleterre, firent grans lamentacions et demourèrent en grant tristesse. Et tost après furent ses entrailles enterrez en l'église et monastere de Saint-Mor, et son corps, bien enbasmé, fut mis en ung sarcus de plomb.

Durant lequel temps, le duc de Bourgongne vint de Bris-Conte-Robert audit lieu du Bois de Vincennes, et ala veoir et visiter le duc de Bethfort, frère dudit roy d'Angleterre, et les autres princes qui là estoient, avec lesquelz eut aucun brief parlement. Lequel fini, se parti de là et ala à Paris loger en son hostel d'Artois. Et le corps du roy Henry, acompaigné de ses princes Anglois et de ceulx de son hostel, avec grant multitude de gens, fut mené en grant triumphe à Paris et mis dedens l'église Nostre-Dame, où on lui fist ung service solennel, et de là fut mené, grandement acompaigné, en la cité de Rouen, et là demoura assez bonne espace. Et ce pendant, s'assemblèrent les princes en conseil audit lieu de Paris, c'est assavoir les ducs de Bethfort, de Bourgongne et d'Excestre, avec plusieurs autres grans seigneurs, afin d'avoir advis et délibéracion ensemble sur le gouvernement du royaume de France. Et là fut conclud et promis par eulx de rechef, qu'en la forme et manière qu'il avoit esté traicté autrefois entre les deux roys à Troies en Champaigne, s'entretenroit la paix finale qui jurée et promise avoit esté entre les parties.

Et, comme je fus assez véritablement informé, la principale maladie dont ledit roy Henry ala de vie à trespas lui vint par feu qui le féri par dessoubz ou fondement, assez semblable au feu qu'on dit de saint-Anthoine.

En oultre, après ce que les princes dessusdiz eurent prins leurs conclusions sur le régime dudit royaume de France, si comme vous avez oy, dedens la ville de Paris, le duc de Bourgongne se parti tost après dudit lieu où ilz estoient, et retourna, à tout ses Picars, en son pays d'Artois et en Flandres. Et le duc de Bethfort, avec autres princes Anglois, s'en ala à Rouen, pour appointer et ordonner des afaires de la duchié de Normandie. Et là fut menée en grant appareil la royne d'Angleterre, qui de la mort de son feu mary riens ne sçavoit.

Or dirons du fait du feu roy anglois. Assavoir est que les seigneurs de son sang le mirent sur ung chariot que menoient quatre grans chevaulx. Et avoient fait sa semblance et représentacion de cuir boulu, moult gentilment, portant en son chef couronne d'or moult précieuse, et tenoit en sa main dextre ung ceptre et verge royale, et en la senestre portoit une pomme d'or. Et gisoit en ung lit sur ledit chariot, le visaige vers le ciel. Duquel lit, le couvertoir estoit de drap de soie vermeil batu à or. Et avec ce, portoit-on en hault, en passant parmy les bonnes villes, par dessus le chariot, ung moult riche drap de soye, en la manière qu'on l'a acoustumé de porter sur le corps de Jhésucrist au jour du Saint Sacrement. Et ainsi alant moult grandement acompaigné de ses princes et de la chevalerie de son hostel, fut mené le droit chemin de Rouen à Abbeville et jusques en l'église Sain Eufren[1]. Et si avoit moult de gens d'église à la dextre et senestre partie du corps du Roy trespassé, qui nuit et jour, les uns après les autres, en chevauchant, cheminant ou arrestant, chantoient sans cesse l'office des mors, et célébroient tous les jours pour lui depuis le point du jour, ès églises où ilz logoient, jusques à Nonne. Et après vindrent de Abbeville à Hesdin, et de là à Monsterueil, et puis, par Boulongne alèrent à Calais. Et tousjours sur ledit chemin y avoit autour dudit chariot plusieurs hommes vestus de blanc qui portoient en leurs mains torches alumées, et derrière estoient vestus de noir ceulx de la famille dudit roy, et après suivoient ceulx de sa lignée, vestus de vestemens de pleurs. Et suivant après aloit la royne, à grant compaignie, environ demie lieue loing, après sondit seigneur et mary, lequel, comme dit est, fut mené à Calaix. Et de là, nagèrent par mer à Douvres en Angleterre, et puis, par Cantorbie et Rocestre alèrent en la cité de Londres, où ilz arrivèrent la nuit saint Martin

---

1. Saint-Vulfran d'Abbeville.

d'iver[1]. A l'encontre duquel Roy yssirent de ladicte ville de Londres quinze évesques, vestus de chasubles pontificaulx, et plusieurs abbez mictrez, et autres hommes d'église en grant nombre, avec grant multitude de bourgeois et autres communes. Lesquelz gens d'église, tous ensemble, mirent ledit roy défunt dedens ladicte ville, en chantant l'office des mors, et le menèrent par le pont de Londres et la rue des Lombards, jusques à l'église cathédrale de Saint-Pol. Et au plus près du chariot estoient, pleurans et lamentans, les princes de son lignage. Et avec ce, le premier cheval des quatre qui menoient son dit chariot ouquel le roy estoit, avoit un colier où estoient paintes les anciennes armes d'Angleterre. Au colier du second cheval estoient paintes les armes de France et d'Angleterre escartelées de liépars, lesquelles lui mesmes portoit en son vivant. Au colier du tiers cheval estoient paintes pleinement, sans différence nulle, les armes de France, que portoit, quant il vivoit en ce monde, ce noble et très puissant roy Artus, que nul ne povoit vaincre, lesquelles armes estoient ung escu d'azur à trois couronnes d'or. Et après que le service eut esté fait réalement, ilz le portèrent enterrer en l'église de Vasmonstier[2], emprès ses prédécesseurs roys d'Angleterre. Auquel enterrement fut fait en toutes choses généralement plus grant estat et bobant que depuis deux cens ans a paravant n'avoit esté fait de nul des autres roys d'Angleterre, et mesmement, lui mort, comme dit est, et mis en sa sépulture, lui ont fait et

---

1. La nuit du 10 au 11 novembre.
2. L'abbaye de Westminster.

font chascun jour aussi grant honneur et révérence, comme s'ilz feussent acertenez qu'il feust ou soit, sainct en Paradis.

Ainsi et par ceste manière fina icellui roy Henry en la fleur de son aage. Car quant il ala de vie à trespas, il povoit avoir environ quarante ans. Et estoit moult sage et expert en toutes besongnes dont il se vouloit entremetre. Et si estoit de très haultain vouloir. Et avoit, en sept ou huit ans que son règne dura en France, fait de très grandes besongnes et conquestes, plus que nulz de ses prédécesseurs n'avoient fait long temps par avant. Et pour vérité, il estoit si craint et doubté de ses princes et capitaines, qu'il n'en y avoit nul, tant lui feust prouchain et bien de lui, qui osast transgresser ses ordonnances, par espécial ceulx de son royaume d'Angleterre, de quelque estat qu'ilz feussent soubz son obéissance et dominacion. Et la cause principale estoit pour se que ceulx qui faisoient le contraire et enfraingnoient ses dictes ordonnances, il les faisoit punir très criminellement, sans en avoir quelque miséricorde.

En après toutes les besongnes dessusdictes acomplies, s'assemblèrent les trois estas du royaume d'Angleterre en très grant nombre, pour avoir advis qu'il estoit à faire sur le régime et gouvernement dudit royaume. Et enfin se conclurent, et eslevèrent à roy le seul filz d'icellui Henry défunct, lequel n'avoit que seize moys d'aage ou environ, et se submirent du tout à son obéissance, non obstant sa jeunesse. Et prestement lui baillèrent estat royal, et commirent à le gouverner et conduire, le conte de Varvich et autres.

Durant lequel temps y eut ung notable chevalier

de Picardie qui dist à son poursuivant une joieuseté par manière de galerie touchant la mort du roy d'Angleterre. Et fut nommé messire Sarasin d'Ailli, oncle du vidame d'Amiens. Lequel pour lors povoit bien avoir soixante dix ans d'aage, et demouroit en ung sien chastel qu'il avoit de par sa femme, seur au seigneur d'Offemont, nommé Acheu, assez près de Pas en Artois. Et là estoit tout malade de goutes. Néantmoins, moult voulentiers enquéroit et oroit racompter des nouvelles. Si retourna en ses jours sondit poursuivant nommé Havrenas, qu'il avoit envoyé dehors. Et estoit environ de l'aage de son maistre, et l'avoit longtemps servi. Et après sa venue l'examina ; si lui demanda, messire Sarrasin, s'il sçavoit riens de la mort du roy d'Angleterre. Et il respondi que oyl, et que il l'avoit veu en la ville d'Abbeville en l'église Saint-Effren. Et lui racompta tout l'estat, et comment il estoit appareillé, assez selon qu'il est déclairé en ce présent livre. Et adonc messire Sarrasin lui demanda par sa foy s'il avoit veu ledit roy mort et se il l'avoit bien advisé. Et il respondi que oyl. « Or, me dy par ton serement, dist messire Sarrasin, avoit-il point ses houseaulx chaussez? » « Ha! monseigneur, dist cellui, nennil par ma foy. ? » Lors lui dist le chevalier : « Havrenas, beaux amis! ne me croy jamais s'il ne les a laissez en France. » Et à ce mot, tous ceulx qui là estoient présens commencèrent à rire, et puis après ce, parlèrent d'autre matière.

## CHAPITRE CCLXVIII.

Comment la duchesse de Bourgongne, Michele, ala de vie à trespas. Du duc de Bethfort qui fut fait régent de France. Et de plusieurs fortresses qui furent abatues.

Item, durans les assemblées qui se firent pour le voyage de Cosne, comme dit est dessus, s'acoucha malade en la ville de Gand la duchesse de Bourgongne, Michele, fille du roy de France et seur au duc de Touraine, Daulphin. En laquelle maladie tant continua qu'elle ala de vie à trespas. Pour la mort de laquelle tous ses serviteurs et universellement tous ceulx de Gand et de la conté de Flandres, n'entendirent à joye, mais à pleurs et parfons gémissemens. Car elle estoit moult aymée de tous, mesmement des pays du duc Phelippe son mary, et bien y avoit raison, pour ce principalment qu'elle estoit de haulte extraction, belle et bien formée, aornée de toute bonne condicion et bien moriginée selon la condicion de ceulx qui d'elle avoient congnoissance. Si fut son corps mis en terre en l'église du monastère Saint Bavon emprès Gand. Toutesfois il fut lors assez commune renommée en celle ville de Gand que sa mort avoit esté avancée. Et de fait, en fut souspeçonnée une sienne demoiselle nommée Ourse, femme à Copin de la Viefville, natifve d'Alemaigne, laquelle estoit à ladicte duchesse moult famillere, portant son séel. Et durant sa maladie l'avoit mise hors de son hostel, et se estoit icelle retraite en la ville de Aire. Auquel lieu envoièrent les Gantois jusques à six vints hommes de leurs gens pour aler quérir et ramener à Gand ladicte damoiselle. Mais quant ilz furent venus en ladicte ville de Aire, ilz trouvèrent messire Gauvain de la Viefville et aucuns autres gentilz hommes de l'apartenance et amitié du mary de ladicte damoiselle Ourse, lesquelz promirent ausdiz Gantois de la mener devers le duc de Bourgongne pour en faire son plaisir. Et ainsi que promis l'avoient, le firent. Après laquelle promesse, iceulx Gantois retournèrent en la ville de Gand, et pour ce que point ne l'avoient ramenée, furent iceulx en grande indignacion de ceulx de ladicte ville, et en y eut aucuns de principaulx mis prisonniers, et aussi furent très mal contens du maire, eschevins et jurez de ladicte ville d'Aire, pour ce que point ne leur avoient envoié à leur mandement ladicte damoiselle. Et d'autre part, non obstant que le seigneur de Roubaix eust tousjours esté durant les besongnes dessusdictes ou pays de Bourgongne en la compaingnie dudit duc, néantmoins, à ceste cause, le bannirent les dessusdiz Gantois de leur ville et de toute la conté de Flaudres. Mais depuis, quant ledit duc y fut retourné, il lui rendi le pays et lui, fist sa paix ausdiz Gantois certain temps après. Car il n'avoit quelque suspicion contre ledit seigneur de Roubaix pour le cas dessusdit, pour ce qu'il le sçavoit tousjours avoir esté en sa compaignie tandis que ce estoit advenu. Si se passa ainsi la besongne et n'en fut procédé, ne enquis plus avant.

En après, en ce mesme temps, fut par l'auctorité des roys de France et d'Angleterre et de leur grand conseil, le duc de Bethfort constitué régent du royaume de France, pour ce que le duc de Bourgongne ne l'avoit point voulu entreprendre, et dès lors commença à gouverner et conduire toutes choses concernant ledit régime, selon son plaisir, avecques le conseil royal des marches de France.

Item, ung petit paravant avoient esté démolis et abatus de fons en comble par mandement royal les chasteaulx de Donnin, Cressonsac, Mortemer, Tilloy, Araines, Héricourt, Lannoy et plusieurs autres fortresses. Dont moult despleut aux nobles hommes aux quelz lesdictes fortresses appartenoient. Mais à ce ne porent aucunement pourveoir.

## CHAPITRE CCLXIX.

#### Comment le roy Charles, VI<sup>e</sup> de ce nom, ala de vie à trespas, et de son obsèque et enterrement.

En ces propres jours le roy Charles de France s'acoucha malade dans son hostel de Saint-Pol dedens Paris. Lequel, le xxii<sup>e</sup> jour du mois d'octobre, le jour des Onze mille Vierges, rendi à Dieu son esprit. Et furent à son trespas tant seulement, son premier chambellan, son confesseur et son aumosnier, avecques aucuns de ses officiers et serviteurs, en petit nombre. Et bien après, le alèrent veoir en son lit les seigneurs de son conseil, de la chambre du parlement et des comptes, l'Université de Paris et plusieurs coliéges, les eschevins, bourgois et habitans d'icelle ville, et aucuns autres. Et là, par ses serviteurs fut mis en ung sarcus de plomb et porté moult réveremment par chevaliers et escuiers en la chapelle de sondit hostel, en laquelle il fut vingt jours entiers, jusques à ce que le duc de Bethford, régent, fut retourné dedens Paris. Et durant les vingt jours dessusdiz furent chantées et célébrées messes en icelle chappelle en la forme et manière qu'on faisoit ou vivant dudit Roy, par ceulx de sadicte chappelle, et en après par iceulx estoit fait le service. Et aloient tous les jours les quatre ordres mendians de Paris, les ungs après les autres, faire service pour lui, et pareillement les chanoines et coliéges chascun à son tour. Et d'autre part lui fut fait ung noble service de part l'Université de Paris. Et depuis, les quatre nacions de l'Université lui en firent ung particulièrement, et généralment tous les coliéges de Paris et toutes les parroisses lui en firent ung particulièrement.

Le xe jour de novembre, le corps dudit Roy fut porté de son hostel de Saint-Pol en l'église de Nostre-Dame de Paris, les processions de toutes les églises alans au devant dudit corps par ordre et chascun en son degré, et puis les prélatz au dextre costé, c'est assavoir les évesques de Paris, de Chartres et de Thérouenne, les abbez de Saint Magloire, de Saint Germain et de Sainte Geneviefve. Et au senestre costé aloit l'Université, les Recteur et docteurs, aussi près du corps comme les prélatz. Et portoient, ledit corps, ses chevaliers et ceulx de son escuierie. Et après suivoient les maistres d'ostel et escuiers d'escuierie au costé destre, et au senestre estoient les prévostz de Paris, et des Marchans et les sergens d'armes entre deux, et au plus près du corps estoit son premier varlet de chambre. Et ceulx de la court de parlement portèrent le drap par dessus le corps. Et au plus près du chef estoit son premier chambellan, et les autres ensuivant. Après lesquelz suivoient les pages du roy, et ung petit ensuivant, aloit le duc de Bethford, anglois, qui estoit régent de France. Et n'estoit icellui corps acompaigné de nul des princes de son sang, sinon du duc de Bethfort. Laquelle chose estoit moult piteable à veoir, actendu la grant puissance et prospérité en quoy ce noble roi Charles avoit esté veu durant son règne. Et après ledit duc, suivoient le chancelier de France, les maistres des requestes, les seigneurs des comptes, secretaires, notaires, bourgois, et le commun de Paris en grant multitude. Et estoit le corps sur une lictière moult noblement, par dessus lequel estoit ung paile de drap d'or à ung champ vermeil bordé d'asur semé de fleurs de lis d'or. Et par desus le corps avoit une pourtraicture faicte à la semblance du Roy, portant couronne d'or et de pierres précieuses moult riches, tenant en ses mains deux écus, l'un d'or et l'autre d'argent, et avoit en ses mains blans gans bien garnies d'aigneaulx à pierres[1]. Et estoit icelle figure vestue d'un drap d'or à ung champ vermeil, à justes manches, et ung mantel pareil, fourré d'ermines. Et si avoit unes chausses noires, et ungs solers de veloux d'asur semé de fleurs de lis d'or. Et en tel estat, comme dit est, fut porté à grant honneur jusques dedens l'église Nostre-Dame de Paris, dedens laquelle chanta la messe pour ledit roy défunct, le patriarche de Constantinoble. Après laquelle messe et tout l'office achevé moult honorablement, ledit roy fut porté à Saint-Denis. Et le portèrent les gens de son escuierie, jusques à une croix qui est en my chemin de Paris à Saint-Denis. A laquelle croix le

---

1. D'anneaux à pierreries.

chargèrent les mesureurs et porteurs de sel en Paris, chascun une fleur de lis à sa poitrine, et le portèrent jusques à une croix qui est emprès Saint-Denis, à laquelle vindrent à l'encontre de lui l'abbé dudit lieu de Saint-Denis, ses religieux et tout le clergié de la ville en procession, avec les bourgois et le peuple, qui avoient grant foison torches et luminaires. Et de là, en chantant et recommandant son âme à Dieu, fut porté jusques en l'église de Saint-Denis. Et toujours, durant celle alée, estoient le duc de Bethford et les autres dessus nommez emprès le corps. Et lui venu en icelle église de Saint-Denis, fut de rechef le service fait par ledit patriarche, mais il y eut une nuit entre les deux services. Et ne fut nul là estant qui alast à l'offrande, si non le duc de Bethfort. Et pour vray y eust bien, aux deux services, vingt mille livres de cire alumée, et à l'aumosne seize mille personnes, lesquelles eurent chascune trois blans, monnoye royale. Et après que le service fut fait et achevé en icelle église de Saint-Denis et que le Roy fut mis en sépulture emprès ses prédécesseurs de France, icellui patriarche fist la benéicion, comme il est de coutume. Et adonques les huissiers d'armes dudit roy qui estoient là présens, rompirent leurs petites verges et les gectèrent dessus la fosse, et puis mirent leurs maces en bas ce dessoubz dessus. Et lors le roy-d'armes de Berry acompaigné de plusieurs héraulx et poursuivans cria dessus la fosse : « Dieu vueille avoir pitié et mercy de l'âme de très excellent, très hault et puissant prince, Charles, roy de France, vi$^e$ de ce nom, naturel et souverain seigneur. » Et après ce, cria de rechef le dessusdit roy d'armes : « Dieu doint bonne vie à Henry, par la grâce de Dieu roy de France et d'Angleterre, nostre souverain seigneur. » Lequel cry acompli, les sergens d'armes dessusdiz redrécèrent leurs maces, les fleurs de liz dessus, en criant tous à une voix, Vive le roy! Vive le roy! Vive le roy! Et toutes ces besongnes ainsi faictes, tous les seigneurs retournèrent dedens Paris. Ouquel lieu avoit esté ordonné pour la garde d'icelle, à tout foison de gens d'armes, messire Guy le Bouteiller et le bastard de Thien, chevaliers. Et avecques ce avoient commis plusieurs capitaines sur les champs, à tout leurs gens, pour garder les passages contre les Daulphinois, afin qu'ilz ne feissent nulles entreprinses et dommages.

En oultre, ledit duc de Bethford, seul et pour le tout, demoura régent et gouverneur dudit royaume de France, pour et ou nom de son nepveu, le jeune roy Henry, quant à ce qui estoit en son obéissance.

Ainsi et par ceste manière fina sa vie ce très noble roy Charles, ou quarante deuxiesme an de son règne, lequel, en grant partie d'icellui, eut de grandes tribulacions par les divisions que eurent l'un contre l'autre les plus prouchains de son sang. Dieu par sa doulce pitié et miséricorde vueille avoir mercy de son âme. Amen.

*Cy fine le premier volume
de la Cronique de Enguerrand de Monstrelet.*

# LIVRE SECOND.

## 1422-1444.

## PROLOGUE[1].

Ung très renommé philosophe, nommé Végèce, récite en ung sien livre qu'il fist la vaillance et prudence de chevalerie que l'exercite des armes et la continuacion de batailler que eurent jadis les Rommains, furent cause que ilz subjuguèrent et dominèrent la plus grant partie du monde. Laquelle récitacion, et que ainsi ait esté, semble estre véritable, par ce que engin subtil, industrie et exercite d'armes font plus souvent obtenir victoire que grande assemblée, ne multitude de combatans. Et à dire la vérité, peu de chose eust esté le petit nombre d'iceulx Rommains en leur temps

---

1. Le manuscrit de la Bibliothèque impériale, portant le n° 8346, que nous suivons pour le texte du second livre de Monstrelet, ainsi que nous l'avons dit dans notre préface, porte, en tête du premier feuillet, cette pieuse invocation : *In nomine Patris et Filii et Spiritus Sancti. Amen.* Vient ensuite cette rubrique : *Chest cy le second volume des histoires Engherant de Monstrelet*, puis le texte, comme nous le donnons, mais sans le mot *Prologue*, que nous empruntons à l'édition Vérard.

au regard de toutes les autres nacions, se ilz n'eussent eu autre manière, subitillité et instruction de combatre, que n'avoyent leurs adversaires. Mais ilz estoient à ce du tout ordonnez, et de jour en jour continuoient en icelle exercite, par laquelle ilz acquirent durant leur règne grant renommée et inextimable louenge, qui au jour dhui demoure par escript en plusieurs livres, lesquelz, clercs sages et éloquens, philosophes et poëtes ont fait et composé, tant en mettres comme en prose, et qui souvent devant les princes et grans seigneurs sont alleguées et voulontiers veues et ouyes, pour les vertueuses entreprinses et hardiesses d'armes qui y sont escriptes et trouvées. Si peut-on considérer en ceste partie que le très puissant Dieu, créateur du ciel et de la terre, de sa grace donne à ung chascun entendement par soy séparé de tous autres, par lequel aulcunesfois se forment en aulcunes personnes diverses ymaginacions d'une mesme chose. Car nous véons manifestement que ès livres de plusieurs sciences composés par les saiges anciens, ont esté et sont adjoustées aulcunes choses; qui est à supposer ycelles avoir esté précédentes à l'entendement d'yceulx, lesquelz n'en volrent pour lors mettre en escript, si non ce qu'il leur sembloit que la matière requéroit. Et ceulx qui ce ont quis et trouvé, soit par entendement naturel, escripture ou expérience, en tant que l'intencion soit utile et raisonnable, se doibvent bénignement et agréablement retenir, sans pour ce réprimer l'acteur. Et aussi nul ne se doibt par trop esmervillier se les hommes, ayans leurs engins appliquiés à la guerre, truèvent ou ymaginent, selon la qualité du temps, aucunes nouvelles manières qui leur semblent estre nécessaires et convenables a la conduicte d'ycelle, et quonques mais ilz ne virent ne sceurent les pareilles, qui leur vient de leur propre entendement et ymaginacion, par l'ardant dézir qu'ilz ont aux besongnes, comprenans et considérans en eulx mesmes les manières qu'ilz perçoivent estre pour eulx advantageuses d'envayer leurs ennemis et eulx deffendre d'eulx, tant par art et manière loable, comme par prouesse et vaillance de corps. Dont tous hommes de noble coraige qui se mettent à fréquenter et poursuyvir ycelle guerre par ordonnance, contraincte ou nécessité convenable, se doibvent de leur povoir instruire et employer vaillamment et honnorablement au bien de la chose publique, et aussi, en particulier, pour leur honneur et corps garder et deffendre. Et en ce faisant povent acquérir grande recommandacion, et sans aucunement vouloir déroguer à la vaillance et prouesse des anciens preux en armes, ne diminuer leurs excellens et nobles faitz. Selon mon advis, on trouve aussi haultes et excellentes vaillances de plusieurs manières avoir esté faictes en temps dont ceste présente hystoire ou cronique fera mencion, que en celles que par avant on puet avoir veu et oy recorder. Car, par un usaige et continuacion ont esté mis en cours moult de cruelz et divers habillemens de guerre, desquelz par avant n'estoit aucune mémoire. Pour quoy, à l'occasion et ayde d'yceulx, avec aultres subtilités ont esté commises et sont advenues diverses manières de soy conduire en la dessusdicte guerre. Pour lesquelles ramener à mémoire et recordacion véritable, je Enguerran de Monstrelet, faisant ma résidence en la cité de Cambray, qui autreffois ay prins laborieux plaisir à faire mettre par escript, par manière de cronique, les mervilleuses adventures et vaillances d'armes dignes de louenges et recordacion, advenues au très crestien royaulme de France, ès pays voisins, et ès marches loingtaines, tant de la crestienté comme d'aultre loy, à mon petit entendement, sans polir les choses ne yssir hors de la matière, mais mettant le fait directement en ensuyvant les récitacions qui faictes en ont esté à moy par plusieurs hommes nobles et autres notables personnes, et aussy par roys-d'armes, héraulx et poursuyvans dignes de foy et de crédence, qui ont esté présens aux besongnes, me suis remis à continuer et poursuyvir ce que de long temps avoie et ay encommencée, et à entendre les besongnes pour compiler ces présentes hystoires; qui se comprennent comme on pourra veoir à les lyre et oyr, en batailles mortelles, désolacions de plusieurs églises, cités, villes et forteresses, dépopulacion de moult de pays et aultres merveilles piteuses à recorder, dont les vaillans et prudens hommes, tant nobles comme aultres, qui longuement y ont exposé corps et bien et y souffert eu enduré paine et travail et périlz de leurs corps, et que grant partie y ont, par vaillance ou par pitoyable adventure, misérablement finé leurs jours, doibvent estre rémunerez et guerredonnez, en racomptant leurs vaillances, bonnes renommées et nobles fais, quand pour eulx et leurs successeurs, est et doit estre dénoncé par les vivans, à durable mémoire. A laquelle oyr réciter, toutes nobles personnes de vaillance et de hardi courage se pevent et doivent à vouloir loyalment servir leur prince et seigneur droiturier, en gardant sa querelle et bon droit. Et pour ces raisons, ay voulu mettre et par exposer mon temps, comme dit est, en persévérant en ycelle occupacion. Car, avec ce, ay assez apperceu et veu par expérience, ce que aucuns princes et seigneurs de grande auctorité et de divers estas ont prins plaisir à en veoir et oyr aulcune chose, jà soit-il que ce ne soit pas sans paine de enquérir, veiller et travailler, que telz fais se peussent ainsy par ordre assembler. Toutefois, de tant [moins] griève le travail comme l'acteur y prend, quand il le fait libéralement en y prenant plaisir.

Si commencera ycellui mon second livre, ou mois d'octobre mil quatre cens et vint et deux, qui est la fin du premier volume par moy aultre fois composé des hystoires précédentes, et aussy le commencement du règne de très noble mémoire, Charles le Bien-Servi, par la grace de Dieu roy de France, vii$^e$ de ce nom. Et finera ou mois de may l'an mil quatre cens quarante quatre. Auquel mois et an, se prinrent et fermèrent les trèves d'entre les royaumes de France et d'Engleterre, en la ville de Tours en Touraine.

## CHAPITRE I.

Comment les nouvelles de la mort du roy Charles le Bien-Amé furent portées au duc de Touraine, Daulfin, son seul filz. Et aultres plusieurs matières.

En l'an mil quatre cens vint deux, ou mois d'octobre dessusdit, furent portées les nouvelles du trespas du roy Charles le Bien-Amé au duc de Touraine, Daulfin, son seul filz, lequel estoit emprès le Puy en Auvergne, en ung petit chastel nommé Espally, qui estoit à l'évesque du Puy. Lequel Daulfin oyant les nouvelles dessusdictes en eut au cuer grant tristesse, et pleura très habondamment. Et prestement, par l'ordonnance de son conseil, fu vestu de noir, pour la première journée, et lendemain, à sa messe, fu vestu d'une robe de vermeil. Et y avoit plusieurs officiers d'armes vestus de leurs blasons. Sy fu lors levée une banière de France dedens la chappelle, et adonc lesditz officiers commencèrent à cryer hault et cler par plusieurs fois : Vive le Roy ! Après lequel cry fut fait l'office de l'église. Et n'y fut fait pour lors aultre solempnité. Et, de ce jour en avant, tous ceulx tenans son party le nommèrent roy de France.

Item, après ce que le duc Phelippe de Bourgongne fut retourné en Artois, depuis la mort du roy d'Engleterre, il assembla plusieurs de ses capitaines dedans Arras, et fut conclud que messire Jehan de Luxembourg assembleroit gens pour subjuguer les Daulphinois de la conté de Guise, lesquelz travailloient grandement les marches de Cambrésis et de Vermandois ; et sur ce les assembla autour de Péronne.

En ces jours, fut le seigneur de l'Isle-Adam mis à plaine délivrance, à la requeste du duc Phelippe de Bourgongne. Lequel par long temps avoit esté détenu dedans la bastille Saint Anthoine, par l'ordonnance du roy Henry d'Angleterre, deffunct. Et fut remis et restitué en ses biens, et avec ce, en partie, de ses offices.

Item, en ce mesme temps furent envoyez plusieurs chevaliers et escuyers de Picardie à la journée de Saint Walery, pour sommer messire Jaques de Harecourt de le rendre, comme promis l'avoit. Lequel, après ladicte sommation, leur fist faire ouverture de ladicte ville de Saint Walery. Et en demoura cappitaine messire Jehan Blondel.

La nuit de Saint Martin d'yver de cest an, par certain moyen fait par avant, la ville de Rue fut rendue en la main de messire Jaques de Harecourt, auquel ceulx de la ville firent serment et féaulté pour et ou nom du Daulphin, en violant la paix finalle que autres fois avoient jurée. Et y commist, ledit messire Jaques, pour cappitaine, le seigneur de Verduisant. Et pour ce qu'il avoit peu de gens pour fournir ses forteresses, manda aucuns de ceulx de la conté de Guise, lesquelz gens venus pardevers luy travaillèrent moult le pays de leurs courses.

Item, en ce mesme temps fut prins dedans le chastel de Choisy-sur-Oise le seigneur de Bosqueaux, lequel par grant temps avoit eu très grant règne en tenant le parti du Daulphin et d'Orléans. Si fut mené à Paris, où il fut décapité et escartelé, pour ce que long temps par avant il avoit occis et mis à mort, par hayne qu'il avoit à lui, messire Guy de Harecourt, baillif de Vermandois.

## CHAPITRE II.

#### Comment Charles, duc de Touraine, daulphin, fut couronné après la mort du roy Charles, son père.

Après la mort du roy Charles de France dessusdit, son seul filz Charles, duc de Touraine Daulphin, par le conseil de ses princes se fist couronner et eslever à roy de France, en la ville de Poictiers. Et de ce jour en avant, par tous ceulx tenans son parti fut nommé roy de France, comme estoit son père en son vivant. Et ung peu par avant avoit-il esté en grant péril de sa vie en la ville de La Rochelle. Car, en tenant son conseil avec ses barons, cheut une partie de la chambre où il estoit; et y fut mort Jehan de Bourbon, seigneur de Préaulx, et aucuns autres; et mesmement ledit Daulphin y fut ung pou blessé, mais ses gens le tirèrent hastivement hors du péril et le menèrent en autre lieu plus seur, où en brief temps il fut reparé et mis en bonne santé[1].

En cest an fut prins messire Mansart d'Esne dedans le chastel de Vitry, dont il fut cappitaine et gouver-

---

1. « En celle saison arriva le Daulphin dessusdit en la ville de la Rocelle pour faire une assemblée de ses cappitaines et principaulx gouverneurs, affin de prendre conseil et conclusion de povoir parvenir à la couronne de France. Et eulx estans au conseil en une grande maison, partie d'icelle maison fondy en la propre place où ils étoient, et en y eubt pluiseurs occis et navrés, et meismement icelui Daulphin y fu bléchiés. Et se party bien hastivement de ladite ville, moult petitement accompaignié. Et fu depuis commune renommée que il moru dedens brief temps après; et les aucuns maintenoient le contraire. Et fu très lonc temps que on ne savoit à Paris, en ès marces de Picardie, ne en pluiseurs autres païs, se il estoit vivant, ou non. Et dura celle esreur depuis ce tamps jusques au moix de march ensuivant. » (Bibl. imp., *Ms. Cord.* 16, fol. 431). Voici un passage de la même chronique qui s'applique au même fait et qui nous a paru trop curieux pour n'être pas reproduit ici tout au long. « En cet an, fist assés grand yver et beaucop de nesges. Dont ceulx de Tournay qui fieroient tous l'Armignac, firent pluiseurs marmousès et daulphins, en révérence dudit Daulphin. Dont le duc de Bourgogne et ceulx de Gand furent très mal contens. Et envoièrent, iceulx de Tournay, en ce temps, ès païs de Berry et d'Orléans, leurs députez pour savoir la vérité de l'estat dudit Daulphin. Et y furent longuement sans retourner audit lieu de Tournay; et retournèrent en quaresme, en rapportant que icelui estoit vivant. » (*Ibid.*)

neur. Et fut prins par La Hire tenant le parti du Daulphin comme faisoit ledit Mansart, et non obstant que par long temps ils eussent esté bien amis ensemble par semblant, si fut ledit Mansart desseuré de tous ses biens de sa forteresse, et avec ce fut mis à raençon à très grant somme de deniers, et si fut par long temps détenu prisonnier bien destroictement. Et comme il fut commune renommée, Jehan Raoulet, avec La Hyre, fut consentant de luy bailler ceste gabe de paille.

Item, messire Jehan de Luxembourg et tous ses gens d'armes qu'il avoit assemblez autour de Péronne, comme dit est, ala en la conté de Guise et ès marches d'entour, où il conquist en assez brief temps les forteresses de Buissy-sur-Fontaines, Proisy et aucunes autres. Et après s'en retourna à tout ses capitaines, ausquelz il donna congé. Et s'en retournèrent chascun en leurs propres lieux[1].

## CHAPITRE III.

### Comment les Parisiens envoyèrent leur ambaxade en Angleterre devers le jeune roy et son conseil. Et autres matières.

En cest an et en ce temps, envoyèrent les Parisiens et ceulx du grant conseil du jeune roy Henry d'Angle-

---

1. « Au mois de novembre furent prins par messire Jehan de Luxembourg et autres cappitaines de Picardie, les fors de Brissy, Serffontaine, Perroy et autres, ès marces de Lennoix (Laonnois) et de Terrasse (Thiérarche), et puis s'en retournèrent les cappitaines chascun en son lieu. Et fu leur départie le xxi⁰ jour dudit mois, et ils s'estoient mis ensemble le iiii⁰ jour d'iceluy. » (*Cord.* 16, fol. 431.)

terre, au conseil dudit roy et à la royne, une ambassade solennelle, pour faire requeste que brief ensuyvant fust envoyé en France ung certain nombre de combatans pour résister aux entreprinses que chascun jour faisoient les gens du nouvel roy Charles, naguères Daulphin de Viennois. En laquelle ambaxade alèrent l'évesque de Terrewane[1], maistre Jehan de Mailly, messire Bourdin de Salignies, Michault Lailler et aucunes autres notables personnes; et alèrent par Lisle, où ilz parlèrent au duc de Bourgongne, et de là, par Calais nagèrent en Angleterre, où ilz furent joyeusement receuz, et leur fut du conseil du roy et de ladicte royne, promis bon et brief secours. Et après qu'ilz eurent acomplie leur dicte ambassade, ilz retournèrent en France.

Le quatorziesme jour de janvier audit an, fut prinse par subtilité la forteresse du pont de Meulan, par les François, desquelz estoit chief messire Jehan de Grasville. Avec lui avoit plusieurs notables hommes de guerre, jusques au nombre de cinq cens combatans, lesquelz mirent à mort ce qu'ilz y trouvèrent d'Anglois, et après se préparèrent en toute diligence pour tenir ladicte ville et forteresse du pont, en les pourvoyant de vivres et habillemens de guerre, et en réparant la fortification d'icelle.

En ce temps, la contesse de Haynault, douuagère, fut défiée de ung povre saqueman lequel estoit nommé Lescremot Castel, natif de Ligny en Cambrésis, pour lors capitaine de la tour de Beaumont soubz messire Jehan de Luxembourg. Après lesquelles deffiances,

---

[1]. Térouane.

luy couru aucunes de ses villes et fist guerre à ses hommes et subgetz, par longue espace de temps[1].

En ce temps, ou environ le Noel, y eut plusieurs bourgois de Paris qui firent conspiracion ensemble contre le roy Henry, en entencion de livrer ladicte ville en la main du roy Charles de France. Desquelz bourgois y eut une partie prins, dont les aucuns furent décapitez, et une femme à ce consentant fut arse, et les autres se rendirent fugitifz. Entre lesquelz se parti Michault Laillier. Et tous leurs biens furent prins de par le roy Henry, comme confisquez[2].

Item. En ces jours mesmes fut prinse la ville de La Ferté-Milon, des François, par le consentement des habitans d'icelle. Mais le chastel fut deffendu par ceulx qui le gardoient, lesquelz mandèrent hastif secours au

---

1. « En ce tamps fut la duagière de Haynau, ante dudit duc de Bourgongne, deffyée du vacquier de Ligny en Cambrésis, nommé Betremot Castiel, lors cappitaine d'une fortresse nommée Beaumont assés près du Chastel en Cambrésis. Et fut la deffiance pour ce que les gens d'icelle dame avoient donné aucun empeschement à ceulx dudit chastel, illec commis et ordonnez de par messire Jehan de Luxembourg. Et depuis par ledit de Luxembourg fu la chose apaisié; qui fut une merveilleuse chose au semblant de beaucop de gens. » *Cord.* 16, fol. 431 v°.

2. « En le fin du moix de décembre furent prins pluiseurs grans bourgois et manans de Paris, pour souspechon de vouloir ladicte ville livrer aux Armignas. Et estoit lors le duc de Bethfort en Normendies, lequel après ces nouvelles oyes retourna à Paris, et y fist prendre encore grand partie desdis bourgoix. Et s'en fuy lors Michault de Laillier, lequel se ala rendre prisonnier au duc de Bourgongne en la ville de Lille en Flandres, où il séjournoit moult malade des frichons (frissons, fièvres) qui luy estoient prises à Paris, dont il fut en moult grant aventure de mort. » *Ibid.*, *fol.* 432.

seigneur de l'Isle-Adam, au seigneur de Castillon, et au bastard de Tyan. Lequel de l'Isle-Adam assembla de cinq à six cens combatans et les mena par derrière audit chastel, et tantost, à certaine heure qu'ilz avoient concluds ensemble, assaillirent vigoureusement ceulx de la ville, qui en brief temps sans grant deffense furent desconfis et plusieurs prins et occis cruellement, et tous leurs biens ravis et emportez, sans avoir nulle pitié.

Item, assez brief ensuivant la prinse de Meulan dessusdicte, le duc de Bethfort, qui se disoit régent en France, assembla grant nombre de combatans, tant Anglois, Normans, comme Picars, à tout lesquelz il ala mettre le siége devant ledit pont de Meulan, à ung lez à l'autre costé de la rivière, et là fist dresser contre les portes et murailles grans engins pour icelles confondre et abatre. Et en ce continua par grant diligence. Et fut là à siège depuis l'entrée de janvier jusques au mois de mars ensuivant, que lesditz assiégez commencèrent à traicter.

Ce siége durant, au mois de fèvrier, furent conquis par messire Jehan de Luxembourg les fors de Franquemez, Neufville en Dorans, Vironfosse et Hauaples. Avec lequel de Luxembourg estoient le seigneur de Saveuse, messire Daviot de Poix et plusieurs hommes d'armes expers et esprouvez en armes. Après laquelle conqueste, retournèrent devant la ville de Guise, et là livrèrent à ceulx de dedans une très grande escarmouche. Et ce fait, par devant Oisy en Térace retourna ledit de Luxembourg en son chastel de Beaurevoir, et donna congé à tous ses capitaines et autres gens d'armes.

## CHAPITRE IV.

**Comment les capitaines du roy Charles s'assemblèrent en grant nombre pour lever le siège de Meulan, et comment le duc de Bethfort traicta à ceulx dudit pont.**

En la fin du mois de fèvrier s'assemblèrent en très grant nombre les gens du roy Charles, vers le pays de Berry, sous la conduicte du conte d'Aumale, du conte de Bosqueaulx, escossois, du viconte de Narbonne, de Tanegui du Chastel[1], breton, et plusieurs autres capitaines, à tout six mille combatans ou environ, lesquelz ilz menèrent et conduirent jusques à six lieues près dudit Meulan, et eulx venus audit lieu ilz ordonnèrent leurs batailles. Mais il se meut discencion entre eulx, parquoy ilz retournèrent en très petite ordonnance et sans riens faire. Et à leur retour perdirent de leurs gens très largement, des garnisons qui estoient à Chartres et ès pays d'environ de par les Anglois, qui férirent entre eulx quant ilz apperceurent qu'ilz s'en aloient ainsi en desroy. Laquelle chose venue à la congnoissance des assiégez de Meulan, leur fut moult desplaisant, quant ilz virent qu'on leur failloit d'envoyer secours au jour qu'on leur avoit promis. Dont, par courroux et desespoir gectèrent la bannière du roy Charles qu'ilz avoient mise sur leur porte, du hault en bas, et puis montèrent plusieurs gentilzhommes à la veue des assiégans, et là despescèrent et dessirèrent leurs croix et enseignes qu'ilz portoient du

---

1. Vér. écrit : *Danechy le Chastel*, et le Ms. 8346, *Daneghi*.

roy Charles dessusdit, en despitant à haulte voix ceulx de là qu'il leur avoit envoyez, comme faulx parjures. Et brief après commencèrent à parlementer avec les gens dudit conte de Bethfort, et sur ce furent gens esleuz des deux parties pour traicter. C'est assavoir, du costé de Bethfort qui se disoit régent, le conte de Salsebery, messire Jehan Factot[1], messire Pierre de Fontenay, messire Jehan de Poulligny, seigneur de La Motte, Richart de Wideville, Nicolas Bourdec, grant bouteiller de Normandie, et Pierre le Verrad. Et de la partie des assiégez furent commis, messire Jehan de Grasville, sire Loys Martel, messire Adam de Croisines, chevaliers, Jehan d'Estainbourg, Jehan de Mirot, Roger de Boissie, Oudin de Boissie et Jehan Marle, escuiers. Lesquelz commis et traicteurs des deux parties dessusdictes convindrent ensemble par plusieurs fois, et en fin furent d'accord par la forme et manière cy-après déclairée.

*S'ensuyt la coppie du dessusdit traicté de Meulan.*

Premièrement. Tous les assiégez devant diz rendront et délivreront ledit pont et la forteresse en la main de monseigneur le régent ou de ses commis et depputez, ainsi reparée, fortiffiée et garnie de canons, pouldres et arbalestres et autres habillemens de guerre comme elle est en présent, sans à icelle faire fraulde, mal engin, ne décepcion, et sans faire ausdiz habillemens de guerre et autres choses deffensables pour ladicte forteresse, aucun gast, fraction, ou aucune empirance de vivres ou autres choses pour corps humain. La-

---

1. *Lis.* Falstoff.

quelle forteresse et pont, ilz rendront dedans demain tierce, qui sera le second jour de ce présent mois de mars.

*Item*. Est traictié et appoincté que tous ceulx qui à présent sont audit pont de Meulan et forteresse, de quelque estat qu'ilz soient, se rendront et mettront du tout à la voulenté de monseigneur le régent, en la plus grant humilité et obéyssance qu'ilz pourront, pour cause de laquelle humilité et obéyssance lesditz commis et députez dudit monseigneur le régent leur ont promis que ycelui monseigneur le régent de sa haulte grâce, en usant de miséricorde et en l'honneur et révérence de Dieu et du saint temps de karesme qui est de présent, les recevra et leur laissera les vies saulves, excepté ceulx qui autreffois ont esté en l'obéyssance de feu le roy d'Angleterre, héritier et régent de France, auquel Dieu pardoint, et ceulx qui ont fait le serment de la paix finale des royaumes de France et d'Angleterre, et ceulx qui ont esté consentans et coulpables de la mort de feu Jehan, le duc de Bourgongne derrenièrement trespassé, et Gallois, Illois[1] et Escoçois, se aucuns en y a. Et excepté avec ce, Jehan Dourdas, ung nommé Savary, servant de Bernabant, Olivier de Lannoy, et les canonniers, et ceulx qui furent en la première embusche, qui entrèrent premièrement audit pont, lesquelz demourront en la voulenté de monseigneur le régent.

*Item*. Est appoincté que se aucuns gentilzhommes ou autres dessusditz non exceptez, comme dit est, se veullent rendre et mettre en l'obéyssance du roy

1. Ysluis (*Vér.*).

nostre souverain seigneur, roy de France et d'Angleterre, et de mondict seigneur le régent, comme ses vrais hommes liges, et faire guerre à l'encontre de ses adversaires, comme naguères ilz faisoient contre le roy nostredit seigneur et mondit seigneur le régent, icelluy monseigneur le régent de sa grace les recevra, sans ce qu'ilz payent finance, ne rançon, pourveu toutesfois que de ce faire ilz bailleront plaige et caution.

*Item*. Que tous ceulx qui à présent sont en ladicte forteresse et pont de Meulan, qui ont ou tiennent, ou autres pour eulx, aucunes villes, places ou forteresses, au roy nostredit seigneur et à monseigneur le régent, les rendront et délivreront à mondit seigneur le régent ou à sesditz commis ou depputez, et avec ce feront toute leur puissance et devoir pardevers leurs parens et amis, qui aucunement en tiennent, que ilz les rendront à mondit seigneur le régent ou à ses commis. Et jusques à ce qu'ilz auront fait et acompli les choses dessusdictes, ilz demourront en la voulenté de mondit seigneur le régent, lequel, les choses dessusdictes acomplies deuement, les recevra comme dessus est dit.

*Item*. Que se aucuns estans audit pont et forteresse de Meulan ont ou tiennent, en quelque lieu que ce soit, aucuns prisonniers anglois, françois, bourguignons ou autres, marchans de l'obéyssance et serment de mondit seigneur le régent, ilz les rendront et délivreront franchement et quictement, sans prendre desditz prisonniers ou de leurs plaiges, rançons.

*Item*. Est appoincté que ceulx qui sont en la forteresse du pont de Meulan, dedans le jour de lendemain, mettront ou feront mettre en ung ou deux lieux certains de ladicte forteresse, tous leurs harnois de guerre, sans aucune chose rompre, froisser ne despecer, et aussi feront mectre en ung autre lieu certain tout l'or et l'argent, vaisselle, joyaulx et autres biens de value estans en ladicte forteresse, sans en rien recéler ne destourner aucune chose, en quelque lieu et par quelque manière que ce soit; et les délivreront et dénonceront aux commis de monseigneur le régent, sur paine de perdre le bénéfice de ce présent traicté et la grace de mondit seigneur le régent.

*Item.* Mettront en ung ou deux lieux de ladicte forteresse, les chevaulx estans en ycelle et leurs harnois, pour iceulx estre délivrez en l'estat qu'ilz sont de présent, avec les autres choses, aux commis de mondit seigneur le régent, et sur la paine dessusdicte.

*Item.* Sur ladicte paine est traicté et accordé que ledit temps durant ilz ne laisseront ne souffreront partir de ladicte forteresse et pont de Meulan, ne entrer en iceulz, quelque personne que ce soit, sans le congé et licence de mondit seigneur le régent. Et sur icelle mesme paine dénonceront, bailleront et délivreront à lui ou à sesditz commis, tous les devantditz, excepté ceulx dont ilz n'auront congnoissance.

Et afin que toutes les choses dessusdictes et chascune d'icelles soyent interigniées et acomplies fermement et vaillablement, les dessusditz commis et depputez d'une partie et d'autre ont mis leurs seaulx à ce présent appoinctement, le premier jour de mars, l'an mil quatre cens et vingt deux [1].

---

1. 1ᵉʳ mars 1423 (N. S.).

Après que tout le contenu de ce présent traicté fut acompli en la manière dessusdicte, à cause de ce furent rendus en la main dudit régent les forteresses de Marcoussy, de Montlehery et plusieurs autres estans lors en l'obéissance des dessusditz assiégez. Lesquelz furent trouvez au jour de ladicte reddicion en nombre de cent gentilzhommes et deux cens autres combatans, dont les plusieurs firent le serement cy dessus devisé, et jurèrent de estre bons et loyaulx envers ledit régent. Et mesmement leur promist et jura, ledit seigneur de Graville. Et furent menez à Rouen prisonniers, jusques au plain acomplissement de tout le traicté. Et fut certiffié par ledit de Graville aux commis du régent, que le roy Charles estoit en vie, quant il se partit de lui derrenièrement pour venir à Meulan, mais il avoit esté blessé en la ville de La Rochelle d'une maison qui estoit cheute, où il tenoit son conseil, dont cy-dessus est fait mention.

## CHAPITRE V.

#### Comment les François eschelèrent et prindrent la forteresse de Dommart en Ponthieu. — Et plusieurs autres matières.

Le xx⁰ jour de mars de ce présent an[1], les François eschelèrent et prindrent la forteresse de Dommart en Ponthieu, dedans laquelle estoit le Borgne de Fosseux, chevalier, et Jaques de Craon, son beau filz; lesquelz se saulvèrent à petite compaignie secrètement par une poterne, quant ilz oyrent l'effroy. Et messire Simon

---

1. 1423 (N. S.).

de Boullenviller, Jehan de Douceurre et plusieurs autres estans audit chastel, furent retenuz prisonniers, avec la femme dudit de Fosseux. Et généralement tous les biens d'icellui furent prins, raviz et butinez; desquelz biens y avoit grant habondance, tant de ladicte ville de Dommart, comme du pays. Et brief ensuivant, le seigneur de Croy, à tout trois ou quatre cens combatans, se ala loger en une forteresse appartenant à l'évesque d'Amiens, nommée Pernois, séant à une lieue dudit Dommart, pour là tenir frontière et garder ledit pays contre lesditz François. Et après, aucuns jours ensuivans, fut ung traicté fait avec iceulx François, par condicion qu'ilz rendroient ladicte forteresse et s'en retourneroient au Crotoy, à tout leur gaignage. Et estoit le chief d'iceulx, ung nommé Daudennet.

En ceste saison, le duc de Clocestre eut en mariage la duchesse Jaqueline de Bavière, contesse de Haynault et de Hollande. Laquelle long temps par avant, comme dit est dessus, estoit allée en Angleterre, non obstant que ladicte Jaqueline avoit espousé le duc Jehan de Braibant, qui pour lors estoit encores vivant. Pour lequel mariage moult de gens furent grandement esmerveillez[1].

En l'an dessusdit, ala le roy d'Arragon en Ytallie, à la requeste de la royne Jehanne, femme à Jaques de

1. « En cet an, environ Noël, se maria le duc de Glocester à la contesse de Haynau, dont cy-devant est faicte mension. Et espousèrent, en Engleterre, où elle avoit esté et séjourné continuelement depuis son département de Haynau, qui fu en février mil IIII$^c$XXI, comme cy devant est escript. » *Bibl. imp., Ms. Cord.* 16, fol. 436 verso.

Bourbon, laquelle avoit esleu pour son hoir et héritier ledit roy d'Arragon. Et lui venu audit pays, déchassa le duc d'Anjou, qui se nommoit roi de Sécille, et tous ses gens, et après atrahit vers lui et à son accord tous les capitaines de ladicte royne, c'est assavoir Fortebrace, Tartaille et aucuns anciens des plus principaulx de toute Ytalie. Lesquelz, brief ensuivant, tous d'un commun accord, iceulx et ledit roy d'Arragon, firent tenir prisonnière ladicte royne Jehanne. Et par ainsi fut punie de telle punicion qu'elle avoit puni son seigneur et mary, Jaques de Bourbon. Et demoura, ledit roy d'Arragon, seigneur et maistre de la plus grant partie d'Ytalie, certaine espace de temps. Et le pape mesme s'accorda à lui, et y envoya le cardinal de Saint Ange pour faire ledit accord. Lequel cardinal, en faisant son voiage, si comme il entroit par une planchette en une forteresse, cheut du hault en bas ès fosses, et se blessa tellement que brief ensuivant il en mourut.

Au temps dessus dit vindrent les nouvelles ès marches de France, des hérèses et rebelles contre la foy crestienne estans à Pragues et ès marches de là environ, lesquelz se mettoient en paine de aquérir et mettre en subjection chasteaulx et forteresses sur les crestiens. Et estoient iceulx hérèses en plus grant erreur et plus puissant que paravant n'avoient esté, et tant que l'Empereur ne pouvoit résister contre eulx, et s'en retourna en son pays de Hongrie, sans eulx riens meffaire.

En l'an dessusdit, les gens de messire Jaques de Harecourt firent secrètement plusieurs courses ès pays de Vimeu, de Ponthieu, d'Artois et des marches à l'environ. Et mesmement prindrent et emmenèrent plusieurs charues et autres biens aux censsiers du mont Saint-Éloy emprès Arras. Si les menèrent vendre et butiner dedans la ville du Crotoy. Pour lesquelles courses les riches laboureurs du pays n'osoient coucher en leurs lieux et hostelz, ne faire labeurs. Et d'autre part, les François, qui se tenoient en la conté de Guise, alloient et venoient souvent audit Crotoy et à Rue, par quoy le pays estoit alors moult travaillé, tant d'une partie comme d'autre, et n'estoit justice en riens obéye.

En c'est an, furent les bourgois et la communaulté de Tournay en grant discencion l'ung contre l'autre, et se assemblèrent en armes, à tout les bannières de leurs mestiers, par manière de commocion, c'estassavoir les grans contre les petis, et receurent le seigneur de Moy, qui tenoit le parti du roy Charles, en leur bourgoisie, et plusieurs hommes de petit estat firent leurs capitaines, en doublant les prévostz, jurez et autres gouverneurs. Et tousjours la plus grant partie d'iceulx soutenoit la partie du roy Charles. Toutesfois ilz se appaisairent pour icelle fois sans coup férir. Et depuis, par plusieurs fois se mirent en armes, en faisant pareilles mutacions à celle dessusdicte.

Auquel an aussi, se assemblèrent en Normendie deux mille et cinq cens Anglois, soubz la conduicte du seigneur de la Pole, de Thomas Bourry et aucuns autres chiefz de guerre, lesquelz se mirent à chemin et passèrent le pays du Maine. Et de là, en dégastant pays, allerent jusques devant Angiers, où ilz firent de grans dommages et prindrent audit pays grant nombre de prisonniers, bestial et autres biens, à tout lesquelz ilz s'en retournèrent loger par plusieurs journées à une grosse ville nommée Buisignes de la Gravelle. Durant lequel temps, Jehan, conte d'Aumale, qui sçavoit ceste chevauchée, et avec lui le baron de Colibouure, le seigneur de Fontaines, du pays d'Anjou, et messire Pierre Le Porc, firent grant amastz de gens d'armes et de communes, et les attendirent assez près d'illec audit lieu de Gravelle, en très bonne ordonnance. Et lorsque les Anglois les apperceurent, descendirent tous à pié et mirent tout leur bagage arrière d'eulx. Si les assaillirent les François très vigeureusement et de grant courage; et en estoit la plus grant partie à cheval. Et les Anglois se deffendirent assez vaillamment, et y eut très dur estour. Mais finablement iceulx Anglois furent tous desconfitz, et en demoura lors sur la place douze cens largement. Et y fut prins le seigneur de La Poule, et avec lui bien trente gentilz hommes; et des communes de la partie françoise, moururent six vingtz personnes sur tout.

## DE L'AN MCCCCXXIII.

[Du 4 avril 1423 au 23 avril 1424.]

## CHAPITRE VII.

Comment les ducs de Bethfort, de Bourgongne et de Bretaigne vindrent à Amiens, et firent aliances entre eulx.

Au commencement de cest an mil quatre cens vingt et trois, se assemblèrent à Amiens les ducs de Bethfort, de Bourgongne et de Bretaigne, avec eulx, de chascune partie, grant nombre de chevaliers et escuyers. Et avec ledit Bethfort, qui se nommoit régent de France, estoit le grant conseil du jeune roy Henry d'Angleterre, et avec le duc de Bretaigne estoit Artus, conte de Richemont, son frère. Lesquelz princes, venus audit lieu d'Amiens, firent l'un à l'autre grande révérence, et semblant de tout amour. Et donna le duc de Bethfort royallement à disner aux autres princes, en l'hostel épiscopal de l'évesque d'Amiens, où il estoit logé. Et après ces choses traictèrent l'ung avec l'autre, et firent aliances par la forme et manière contenue en unes lectres scellées de leurs seaulx et signées de leurs signes manuelz. Desquelz la copie mot à mot s'ensuit.

« Jehan, gouverneur et régent du royaulme de France, duc de Bethfort, Phelippe, duc de Bourgongne, et Jehan duc de Bretaigne, à tous ceulx qui ces présentes lectres verront et orront, salut. Sçavoir faisons, que pour la considéracion des amistiés et prouchaineté de lignage qui jà sont entre nous moyennant les mariages concludz, accordez et confermez entre nous Jehan, duc de Bethfort, régent de France, et nostre très chière et très amée compaigne et cousine, Anne de Bourgongne, d'une part, et nostre très chier et très amé frère Artus duc de Touraine, conte de Montfort et de Yvry, et de nostre très chière et très aymée seur et cousine, Marguerite de Bourgongne, d'autre part, et pour le bien du roy nostre sire et de ses royaulmes de France et d'Angleterre, de nous et de noz dominacions et seigneuries, de noz terres, pays et subgectz, nous et chascun de nous, jurons et promettons estre et demourer tant que nous vivrons, en vraye fraternité, bonne amour et union, et nous entreaymerons et entretiendrons comme frères, parens et bons amis; garderons et deffendrons l'honneur l'ung de l'autre, tant en couvert comme en publicque, sans fraction ne quelconque dissimulacion; advertirons l'ung l'autre de tout ce que nous sçaurons et entendrons estre au prouffit, dommage, honneur ou blasme l'ung de l'autre, et de noz seigneuries, terres, pays et subjectz. Et se aucun, ou aucuns, nous faisoient mauvais rapport l'ung de l'autre, nous n'y adjousterons point de foy, mais retiendrons seurement chascun devers nous, ceulx qui feront lesditz rappors, et par vraye amour et charité ferons sçavoir incontinent à celluy de qui celle relacion aura esté faicte, pour en faire ainsi comme raison sera. Et si, nous ou l'ung de nous, avons affaire pour nostre honneur, ou noz pays, terres et seigneuries garder et deffendre contre aucuns autres qui nous vouldroient grever ou endommager, nous et chescun de nous seront tenuz de ayder et de servir cellui de nous qui aura à besongner, se de ce sommes requis, et à cinq cens hommes d'armes, ou de traict valans ledit nombre, en la manière que cil qui aura à besongner vouldra. Et sera tenu cellui qui sera requis, payer ses gens à ses dépens pour le premier mois, et cellui qui les requerra sera tenu les payer du sien au temps qu'ilz serviront oultre. Et se aucun de nous veult avoir plus grant puissance ou ayde, cellui qui sur ce et de ce sera requis, sera tenu de ayder le requérant le plus haboudamment qu'il pourra, ses pays demourez garniz.

« *Item*, que de toute nostre puissance et par les meilleures voyes et manières que nous sçaurons adviser, nous nous employerons pour le relièvement du povre peuple de ce royaume, qui tant a à souffrir et tant seuffre de povreté, à débouter les guerres hors de ce royaume, et le mectre en paix et transquilité, adfin qu'en icellui royaulme Dieu soit servi et honoré, et que marchandise et labour y puisse avoir cours. Nous et chascun de nous promettons loyaument et en parolle de prince, faire tenir et accomplir toutes les choses dessusdictes par la manière dessusdicte, autant que nous vivrons, sans doresenavant faire ou aler à l'encontre, par quelque manière que ce soit, soubz l'obligacion de noz biens, tant meubles que immeubles, présens et advenir. En tesmoing de ce, nous avons fait mectre nos séeaulx à cesdictes présentes, lesquelles nous avons séellées et signées de nos propres mains, et avons escript au dessoubs nos propres noms. En la ville d'Amiens, le xviie jour d'avril, l'an mil quatre cens et vingt trois. »

Avec icellui traiclé et accord dessusdit, furent parconfermez les deux mariages dessus déclarez, c'est-assavoir du duc de Bethfort, régent, et de Anne, seur au duc de Bourgongne, et avec ce, de Artus de Bretaigne, et de Marguerite, seur au duc dessusdit. Laquelle auparavant avoit eu espouse le filz ainsné du roy Charles, Daulphin de Vienne, et duc d'Acquitaine. Et fut vérité que le duc de Bourgongne donna à sa seur Anne avec le duc de Bethfort, sa conté d'Artois avec toutes ses appendances héréditablement, en cas toutesfois qu'il n'y eust nul hoir de sa chair nez en loyal mariage. Après tous lesquelz traictez, se départirent de la ville d'Amiens les ducs de Bethfort et de Bourgongne, lesquelz retournèrent ensamble à Paris, et le conte de Richemont s'en ala à Arras. Et le duc de Bretaigne receut premier six mille escus pour les despens de son voyage, que lui fist délivrer ledit régent, et puis retourna en son pays avec ses Bretons. Durant le temps que les ducs de Bethfort, de Bourgongne et de Bretaigne furent ensamble à Amiens, requist icellui duc de Bourgongne audit Bethfort, que au cas que les chastellenies de Péronne, de Roye et de Mondidier seroient remises au domaine du Roy, que en ce liu[1] lui feussent délivrées les villes d'Amiens et d'Abbeville, Monstreuil, Orléans[2], Beauquesne et toutes les appartenances. Sur quoy lui fut respondu que on en parleroit au grant conseil du Roy.

En après, le duc de Bethfort, régent, à tout grande

1. *Liu* pour *lieu.*
2. *D'Orléans* sic dans Vérard. Il faut lire *Dorlens* pour Doullens.

puissance de ses Anglois s'en ala à Troyes en Champaigne. Auquel lieu lui fut amenée honnorablement, du pays de Bourgongne, Anne, seur au duc Philippe. Et lui amena en gracieux appareil, la dame de Rochefort et la dame de Salins, accompaignées du seigneur de Saint-George et aucuns autres barons et seigneurs de Bourgongne. Avec lesquelz estoit ung nommé Jehan de Quielong, qui de par le duc de Bourgongne avoit esté envoyé devers la duchesse douagière pour faire apprester les besongnes. Lesquelz venus audit lieu de Troyes, le duc de Bethfort épousa ladicte damoiselle de Bourgongne. Et furent les nopces faictes tant solennellement comme royallement. Après lesquelles, aucuns jours ensuivans passez, se départirent lesdictes dames l'une d'avec l'autre, non mie sans pleurs, retournans en Bourgongne. Et le duc de Bourgongne, à tout sa femme, la duchesse, print son chemin vers Paris. Auquel chemin il assiéga puissamment la ville de Pons-sur-Seine, laquelle en brief fut par force d'assault prinse des Anglois, et la plus grande partie des François qui dedens estoient, furent mis à mort cruelle. Et de là passa oultre et ala séjourner une espace de temps à Paris en l'hostel des Tournelles, lequel, pour sa demeure, il fist grandement réparer.

## CHAPITRE VIII.

### Comment Pothon de Saincte-Treille et Lyonel de Wandonne firent armes à Arras en la présence du duc de Bourgongne.

En ces propres jours furent faictes armes à Arras en la présence du duc de Bourgongne, juge en ceste partie, de Pothon de Saincte-Treille d'une part, et de Lyonnel de Wandonne d'autre part. C'estassavoir que ledit Pothon avoit requis Lyonnel qu'ilz peussent courir l'ung contre l'autre, tant qu'ilz eussent assis l'ung sur l'autre six coups de lance, ou icelles rompues. Et à l'opposite ledit Lyonnel avoit requis à Pothon de combatre après, de haches, tant qu'elles pourroient durer. En après, quant le jour fut venu et qu'ilz se furent préparez, Pothon entra premier au champ comme appellant, acompaigné de ses gens bien gentement, et ala faire la révérence au duc de Bourgongne qui estoit en son eschaffault, et puis se retrayt. Et assez tost après entra ledit Lyonnel de Wandonne, acompaigné de messire Jehan de Luxembourg, qui le servit tout le jour de lances, et aucuns autres de ses seigneurs et amis. Et, comme avoit fait ledit Pothon, ala faire la révérence au duc, et puis se mist à son lez au bout des lices, et puis assez tost après ilz se preparèrent à courre l'ung contre l'autre. Si coururent plusieurs coups moult roidement, entre lesquelz y eust de chascune partie aucunes lances rompues et froissées l'ung sur l'autre. Toutes voyes, sur la fin, le heaume Lyonnel fut ung petit cassé du fer de son adversaire, et de ce eut la teste blécée, non mie grandement. Et pour tant, le duc de Bourgongne, de ce adverti, les fist cesser de plus courre l'ung contre l'autre ce jour, touchant les armes à cheval. Le lendemain le duc de Bourgongne revint en son eschaffault, environ dix heures, acompaigné du conte de Richemont et des seigneurs de son conseil, pour actendre les champions qui devoient faire leurs armes à pied. Et assez tost après entra Lyonnel de Wandonne, toujours acompaigné de messire Jehan de Luxembourg, et ala, comme il avoit fait le jour précédent, faire la révérence au duc Phelippe, et puis retourna dedans son pavillon, et là actendit son adversaire, lequel vint tantost après. Et après qu'il eut faicte la révérence audit duc, se retrahy dedens son pavillon. Et tantost, comme il est de coustume en tel cas, fut crié par ung hérault que tout homme vuidast les lices, et que nul ne donnast empeschemens aux champions, sur peine capitale. Et adonc, Lyonnel de Wandonne, qui estoit appellant, yssit de son pavillon, sa hache en son poing, et marcha le grant pas sur son ennemy, lequel, quant il le vit approcher, yssit hors de son pavillon et ala à l'encontre dudit Lyonnel. Lequel Lyonnel l'assaillit vigeureusement, en gectant plusieurs coups de sa hache à bras tourné contre icellui Pothon, et aucunes fois frappoit de estoc, sans cesser, ne refrener son alaine. Et en ce faisant, Pothon recevoit froidement ses coups sur sa hache, en les détournant à son povoir arrière de lui. Et quant il vit son poinct, il approcha ledit Lyonnel et le férit plusieurs coups de la poincte de sa hache par dessoubz la visière de son bacinet, et tant fist qu'il lui leva ladicte visière, tant que on veoit plainement le visaige dudit Lyonnel. Lequel se voyant en ce danger fist tant, qu'il print la hache de Pothon d'une main dessoubz son bras, et Pothon print Lyonnel d'une main par le bort de son bacinet et le esgratina de son gantelet au visaige. Et en ce faisant et hardiant l'ung l'autre, Lyonnel referma sa visière à peu près. Et tantost le duc de Bourgongne les fist prendre en ce point par ceulx qu'il avoit commis à garder le champ, desquelz ilz furent menez devant le duc, lequel présentement leur ordonna à demourer bons amis ensamble, tant comme il touchoit leurs armes cydessus déclarées. Et sur ce retournèrent chascun en leurs hostelz. Et fist là ledit Pothon de grans bonbans avecques ses gens. Et le lendemain coururent de fer de lance l'ung contre l'autre, Rifflart de Champremy, tenant le parti du roy Charles, contre le bastard de Rosbecque; et rompirent l'ung l'autre aucunes lances. Mais en conclusion ledit Rifflard fut enferré tout parmi son harnois, que on vit le costé, et néantmoins ne fut point percé au vif. Pour lequel coup le duc de Bourgongne les fist cesser et retourner en leurs hostels, chascun acompaignez de ses gens. Et dedans briefz jours s'en retourna ledit Pothon avec les siens en la conté de Guise.

## CHAPITRE IX.

### Comment le conte de Salsebéry assiéga la forteresce de Montaguillon, laquelle se rendit à lui. — Et autres matières.

En ce temps, ala le conte de Salsebery, à tout grant puissance, assiéger la forteresse de Montaguillon en Champaigne, par l'ordonnance et commandement du duc de Bethfort qui se disoit régent de France. Lequel Salsebéry estoit pour lors gouverneur du pays de Champaigne et de Brie. Lequel siége il continua par moult longue espace de temps, en faisant plusieurs assaulx par divers engins et autres instruments de guerre. Et y fut bien six mois ou environ. Toutefois, ce temps durant, furent livrez plusieurs assaulx à la forteresce par diverses manières, dont les assiégés furent moult oppressez. Et povoient estre dedens jusques à six vingtz combatans. Desquelz estoient capitaines, le seigneur de La Bourde, le seigneur de Cotigny, et ung homme d'armes nommé Bourghenon. Desquelz six vingtz combatans, se départirent grant partie, et en la fin n'y demourèrent que trente ou environ. Lesquelz, en conclusion, furent contrainctz de manger leurs chevaulx, et en la fin se rendirent audit conte de Salsebéry, par condicion que ilz paieroient pour saulver leurs vies vingt et deux mille salutz d'or, dont pour ladicte somme fournir, restèrent en hostaige quatre des principaulx, jusques à l'accomplissement d'icelle. Et se partirent les compaignons, en pur leurs pourpointeaulx, soubz bon saufconduit, réservé ceulx qui autresfois avoient fait serment de la paix finable qui avoit esté jurée entre les roys de France et d'Angleterre. Et quant tous s'en furent partis, comme dit est, la forteresce fut abbatue et du tout démolie.

En ces mesmes jours fut prins dedans Arras, par le commandement du duc de Bourgongne, messire Mauroid de Sainct-Léger, pour plusieurs plainctes qui de lui estoient venus audit duc, tant pour avoir pillé la ville d'Anchin, comme pour plusieurs autres faitz. Si fut mené prisonnier au chastel de Chavetignes, où il fut par l'espace d'ung an entier. Et puis fut délivré par le pourchas de ses amis.

En ce mesmes temps, le duc de Bethfort fist par ses Anglois assiéger puissamment et de force la forteresce d'Orsay entre Paris et Montlehéry, laquelle tenoient les François. Lequel siége lesditz assiégans continuèrent environ six sepmaines, et en la fin se rendirent les assiégez en la voulenté du duc. Desquelz les ungs furent amenez à Paris, les testes nues, en purs leurs pourpointeaulx, une corde lyée autour leur col, et les aucuns tenans leurs espées nues, les poinctes appuyées à leurs poictrines. Et en tel point furent menez à l'hostel des Tournelles en la présence dudit duc de Bethfort et de sa femme, lequel duc commanda tantost que on les menast au Chastellet. Mais la duchesse, meue de pitié, pria tant pour eulx à son seigneur et mary, qu'ilz furent délivrez sans avoir autre peine, les ungs au party dont ilz estoient venus; et les autres demourèrent du parti des Anglois.

Item, au mois de may furent envoyez de Rouen et du territoire de Caux, de six à sept cens Anglois, lesquelz menoit le bailli de Caux. Et passèrent parmi Abbeville, et assiégèrent le chastel de Noelle sur la Mer[1] appartenant à messire Jaques de Harcourt. Et dedens briefz jours après, ceulx qui estoient dedens, doubtans non avoir souscours, rendirent ausditz Anglois leur forteresce, en eulx départant, sauf leurs vies et leurs biens. Et adonc, ledit messire Jacques de Harcourt remanda hastivement ses gens, qui estoient à Rue, et laissa la ville habandonnée à ses ennemis, sans y mectre quelque provision. En laquelle, sans faillir, les Anglois entrèrent tantost après, où par moult de manières travaillèrent les simples gens qui y estoient demourez. Et lors fut mise frontière, à l'encontre du Crotoy, de la gent Anglesche, ainsi que vous pourrez ouyr.

Audit mois de may fut faicte une grosse bataille emprès Naples, entre Alphons, roy d'Arragon, d'une part, et le père au conte François, et autres cappitaines

---

1. Noyelle-sur-mer.

du pays d'Italie, d'autre part, lesquelz de rechief s'estoient tournez contre le roy d'Arragon. Et pour vérité la desconfiture fut lors faicte si grande sur les Arragonnois, qu'il fallut par force que le roy Alphons d'Arragon se saulvast, à bien petite compaignie, en lui départant de la bataille, aultrement eust il esté mort ou prins de ses adversaires.

Environ la sainct Jehan Baptiste ensuivant, fut assiégée par mer et par terre la ville et forteresce du Crotoy, par les Anglois. Desquelz estoit principal cappitaine messire Raoul Bouteiller, qui très puissamment et en grant diligence fist son ost fermer, et loger ses gens très avantageusement. Et messire Jaques de Harcourt se prépara très vigoureusement pour lui deffendre, et fist asseoir plusieurs canons et autres engins pour gecter contre ses ennemis, adfin de les garder qu'ilz ne pussent approucher de ladicte ville. Pour lequel siège les habitans du pays furent moult joyeux[1].

## CHAPITRE X.

### Comment le roy Charles de France fist assiéger la ville de Crevant par le connestable d'Escosse et le conte de Ventadour, auvergnois.

A l'entrée du mois de juillet, le roy Charles fist passer ses gens la rivière de Loire et assiéger à grant puissance la ville de Crevant[2], laquelle tenoit le parti

---

1. « La nuit Saint Jehan Baptiste fu mis et clos le siège du Crotoy par terre et par mer, par les Engloix tant seulement; que peu de Piccars y eult. » *Cord.* 16, fol. 429.

2. Cravant, en Auxerrois.

du duc de Bourgongne. Et estoit chief dudit siège, le connestable d'Escosse, lequel avoit avec lui plusieurs grans seigneurs, qui vaillamment se combatirent contre lesditz assiégez, par divers engins et habillemens de guerre qu'ilz avoient. Pour lequel siège ne furent mye tant seulement troublez les Bourguignons, mais avec ce les Anglois. Et pour tant, la duchesse douagière de Bourgongne manda hastivement les plus grans seigneurs de Bourgongne, et leur requist instamment, pour ce et au nom de son filz le duc, que ilz assemblassent diligemment leurs gens pour donner souscours aux dessusdiz assiégez de Crevant. Lesquelz seigneurs, avec le seigneur de Toulongon, mareschal de Bourgongne, se mirent ensamble, à toute puissance, et chevaulchèrent jusques à Aussoire[1]. Auquel lieu vint de par le duc de Bethfort régent, le conte de Salsebery, le conte de Suffort, le seigneur de Willeby et aucuns autres seigneurs anglois, tant qu'ilz furent jusques au nombre de quatre mille combatans ou environ, gens d'eslite et esprouvez en armes. A l'encontre desquelz Anglois, allèrent pour les honnorer, le conte de Joingny, bourguignon, le Borgne de Toulongon, le seigneur de Vergy, messire Jehan et messire Guillaume de Vienne, messire Regnier Pot, le seigneur de Rochefort et plusieurs autres notables seigneurs. Et eulx venus et assamblez ensamble, firent grant révérence l'ung à l'autre, et puis chevaulchèrent l'ung avec l'autre en belle ordonnance jusques en la ville. Et fut logé ledit conte de Salsebery en l'hostel de l'évesque. Et quant ilz furent ung peu refectionnez de boire et de manger, se

---

[1]. Auxerre.

assamblèrent lesditz seigneurs, tant Anglois que Bourguignons, en l'église cathédrale de la ville. Et là prindrent leurs conclusions, telles que cy après seront dérées. Après, les Anglois et Bourguignons se mirent à chemin pour aller vers Crevant combatre leurs adversaires, et descendirent à pied, à environ ung grant quart de lieue d'iceulx. Alors faisoit moult chault et pour ce furent grandement travaillez, tant de aller à pied, pour la pesanteur de leurs armes, comme de l'ardeur du soleil. Et ce propre jour furent faictz chevaliers de ceste partie, Guillaume de Vienne, filz au seigneur de Sainct-George, Jehan, seigneur d'Auxi, Philippe, seigneur de Trenon, et Copin de la Viesville.

« Premièrement fut ordonné par lesditz seigneurs, que lendemain, qu'il estoit vendredy, se partiroient avec tous leurs gens à dix heures du matin, pour aller loger vers Crevant.

*Item,* Ordonnèrent deux mareschaulx pour avoir regard sur leurs gens, c'estassavoir pour les Bourguignons le seigneur de Vergy, et pour les Anglois messire Gillebert de Hallesale.

*Item,* Fut crié que les Anglois et Bourguignons fussent d'accord et amis ensemble en bonne union, sans faire débat ne remors, sur paine d'estre pugny à la voulenté des cappitaines.

*Item,* Fut ordonné qu'ilz chevaulcheroient tous ensamble en ung ost, et y auroit six vingts hommes d'armes, c'estassavoir soixante Anglois et soixante Bourguignons, avec autant d'archiers qu'il y appartenoit, pour descouvrir devant.

*Item,* Fut ordonné que quant on viendroit au lieu

où on se deveroit combatre, que incontinent qu'il sera dit et publié que chascun descende à pied, et ceulx qui en feront refus soient mis à mort, et tantost les chevaulx soient menez arrière, l'espace de demie lieue, et ceulx qui seront trouvez plus près, soient prins comme confisquez.

*Item*, Fut ordonné que chascun archier feist ung penchon[1] aguysé à deux boutz, pour ficher devant lui quant besoing en seroit.

*Item*, Fut ordonné que nul, de quelque estat qu'il fust, ne fust si hardy que de prendre prisonniers au jour de la bataille, jusques à ce que on voye plainement que le champ soit gaingné, et que si on en prent aucun, tantost soit occis, avec cellui qui l'aura prins, s'il en fait aucun reffus.

*Item*, Fut ordonné que chascun se pourveust de viande[2] pour deux jours. Et avecques ce, que ceulx de la ville d'Aussoire envoyassent vivres après l'ost en tant qu'ils en pourroient finer, et ils seroient bien payez.

*Item*, Fut ordonné que nuls ne chevauchassent devant ne derrière sans l'ordonnance des capitaines, sur paine capital; mais se tiengnent chascun en l'ordonnance où il sera mis. »

Lesquelles choses dessus dictes furent en ce jour proclamées et publiées au son de trompe en la ville d'Aussoire. Et le lendemain, comme dit est, quant ilz eurent ouy la messe en grant dévocion et beu ung coup, ilz se départirent de la ville en grant fraternité,

---

1. *Penchon*, ce mot est plus souvent écrit *plançon*.
2. *De viande*, c'est-à-dire de vivres.

et allèrent loger ensemble en la Vinchelles[1], à une demie lieue de leurs ennemis. Et le samedi ensuivant, environ dix heures du matin, se deslogèrent et allèrent à belle ordonnance devant leurs ennemis, lesquelz sans faille ilz trouvèrent ordonnez en grande et noble compaignie, et avoient prins place sur une montaigne devant ladicte ville de Crevant, laquelle ils avoient tenue nuit et jour en actendant leurs gens. Mais lesdiz Anglois et Bourguignons allèrent passer par l'autre lez de ladicte rivière d'Yonne, du costé de Coulòngne les Vigneus ou Vigneuses[2]. Et adonc descendirent les François de leur montaigne et vindrent contre leurs ennemis, en moustrant grant semblant de hardiesse, et se mirent en bataille l'ung contre l'autre ; où ils furent bien trois heures sans autre chose faire. Et estoit la rivière d'Yonne entre eux deux. Et après se avancèrent les Anglois et Bourguignons, et gaingnèrent un pont sur leurs ennemis, par lequel les commencèrent fort à grever et envahir. Et d'autre part, ceulx qui estoient en la ville les assaillirent par derrière, moult roidement. Et adonc commencèrent de toutes pars à combatre les ungs contre les autres très asprement. Mais en conclusion les dessusdiz Anglois et Bourguignons obtindrent la victoire contre leurs ennemis, et gaingnèrent le champ. Auquel furent mors et prins la plus grant partie des Escossois, qui estoient au front devant la bataille. Toutefois, le connestable d'Escoce se rendit prisonnier au seigneur de Chastelluz, mais il eut ung œil crevé. Et pareillement fut prisonnier le

1. Vincelles (Yonne).
2. Coulanges-la-Vineuse (Yonne).

conte de Ventadour au seigneur de Gamaches, et eut aussi ung œil crevé. Estienne de Faimières, et Jehan...[1] chevaliers escossois, avecques plusieurs autres notables hommes, jusques au nombre de quatre cens. Et furent mors sur la place Thanadas, nepveu du conte de Bouquiaus, messire Thomas Secron, messire Guillaume Hambon, Andrieu Hambon, son filz, tous chevaliers d'Escoce, Jehan Pillot, capitaine escossois, et le bastard du roy, avecques plusieurs autres, jusques au nombre de douze cens ou environ. Après laquelle victoire se rassemblèrent[2] les capitaines anglois et bourguignons en grande union, et entrèrent dedans la ville de Crevant, en regraciant leur Créateur de leur victoire. Où ilz furent moult joieusement receus. Et leurs gens se logèrent au plus près. Toutesfois Perrinet et aucuns autres chassièrent les fuyans assez longuement. Si en prindrent et occirent plusieurs en faisant celle poursuite.

Et le lundi ensuivant que lesdiz capitaines orent assemblé leurs gens, ils se partirent l'ung d'avecques l'autre. Et puis s'en allèrent, les Bourguignons en leurs propres lieux, et les contes de Salseberi et de Suffort retournèrent au siège devant Montaguillon, dont ilz s'estoient partis. Et y avoient laissé partie de leurs gens pour garder ledit siège. Et fut vérité que au jour de la bataille dessusdicte, ledit conte de Salseberi fist bien quatre vingtz chevaliers de sa main, ou plus. Après ladicte bataille de Crevant, ledit conte de Suf-

---

1. Mot passé dans le texte.
2. *Rassemblèrent*, c'est-à-dire se reformèrent, reprirent leurs rangs.

fort ala assiéger la ville de Coussy, laquelle se rendit à lui dedans certains briefz jours ensuivans. Et delà ala ou pays de Masconnois, où se mirent en obéissance plusieurs forteresces que les François tenoient. Si fist par ung de ses capitaines nommé Claidas, [assiéger] le fort chastel de la Roche, qui, en fin, se mist en son obéissance.

## CHAPITRE XI.

### Cy parle de plusieurs matières en brief.

Environ le temps dessusdit, le duc de Bourgongne se partit de son pays d'Artois et s'en ala à Paris, et delà en son pays de Bourgongne, où il séjourna jusques au mois de février ensuivant. Et mena avecques lui le conte de Richemont, qui espousa lors sa seur, dont le mariage[1] estoit fait long temps par avant, comme dessus est dit.

A l'issue du mois de juillet, se assemblèrent plusieurs François des marches de Mousson, de la conté de Guyse et d'ailleurs, lesquelz encloyerent soubdainement dedans Baleham le bailli de Vermendois et le bastard de Saint Pol. Mais messire Jehan de Luxembourg et le conte mareschal anglois, se mirent tantost ensamble avec grant nombre de leurs gens, et chevaulchèrent hastivement pour lever le siège que tenoient lesdiz François. Lesquelz François, quant ils en furent informez, se partirent et tirèrent en grant haste vers leurs marches, et les dessusdiz conte mareschal et

---

1. C'est-à-dire le traité de mariage.

messire Jehan de Luxembourg, les poursuivirent roidement, bien vingt lieues, pour les combatre.

En cest an arrivèrent les Arragonnois et les Castellans en grant puissance au pont (*sic*) de Naples, et illec prindrent de force icelle ville de Naples, laquelle fut pillée et courue. Et prindrent la plus grant partie des puissans hommes, jusques au nombre de huit cens, lesquelz ils envoyèrent prisonniers en Arragon, et en y eut grant partie de mors. Et fut bien le tiers de la ville, ars et destruicte. Dont le roy Loys[1] fut moult troublé; mais brief ensuivant, par l'ayde que lui envoya le duc de Milan, il reconquist icelle ville de Naples et plusieurs.

Au mois d'aoust ensuivant, messire Jehan de Luxembourg conquist par force d'assault la forteresce de Darsie, dedens laquelle estoient environ trente sacquemans tenans le parti du roi Charles, dont les aucuns furent mis à mort et pendus. Et ladicte forteresce fut arse et du tout démolie. Et delà, ledit de Luxembourg ala assiéger Landrecies, où il fut jusques au mois d'octobre en combatant iceulx très fort de ses engins. Mais en conclusion ceulx de dedens lui rendirent la forteresce, par tel si, qu'ils s'en allèrent sauf leurs corps et grant partie de leurs biens. Laquelle forteresce, comme celle de dessus, fut démolie et abbatue.

En ce mesme temps, le conte mareschal anglois, estoit, à tout six cens combatans ou environ, sur les marches de Laonnois. Pour lequel ruer jus et destrousser, s'assemblèrent les gens du roy Charles. Mais ledit conte, de ce adverti, ala contre eulx et les fist fuir

---

[1]. Louis III d'Anjou.

et départir l'un de l'autre, et en les poursuivant tous chauldement, se boutèrent une partie dedens la forteresce. Ouquel lieu ils furent, dudit conte, assiégez sans arrest, et tant approchez que en la fin ils se rendirent à sa voulenté. Si en y eut une partie de pendus, et fut ladicte forteresse désolée.

Au mois d'aoust dessusdit, le capitaine de la Buisserie entre Tournut[1] et Mascon, tenant le parti du roy Charles, mist journée pour délivrer la forteresce au seigneur de Thoulongon, mareschal de Bourgongne, pour une somme d'argent dont ils estoient ensemble d'accord. Mais à icelle journée ledit capitaine avoit fait deux embusches près de la forteresce, lesquelles, après ce que ledit mareschal fut entré en icelle lui douziesme, ses gens saillirent avant sur ledit mareschal et ses gens; si les desconfirent, si que pou s'en eschappa. Et par ainsi ledit de Thoulongon fut détenu prisonnier, lui et ses gens, dedens ledit chastel. Et depuis, certain espace de temps, fut délivré pour le conte de Ventadour[2], qui avoit esté prins en la bataille de Crevant, dont dessus est faicte mencion.

En cest an messire Jehan de Luxembourg mit en son obéissance les forteresces de.....[3] en Terrace, Proisy et aulcunes aultres; lesquelles les gens du roy Charles tenoient.

En l'an dessusdit, furent mises en la main du conte de Haynau toutes les terres du conte de Pointièvre[4]

---

1. Tournus.

2. C'est-à-dire, fut échangé contre le comte de Ventadour, autre prisonnier.

3. Il y a ici un blanc. Vérard met : Cambresi.

4. Le comte de Penthièvre.

qu'il avoit en la dessusdicte conté, par le seigneur de Havrech, gouverneur d'icelui pays, pour ce que on avoit souspeçon que icellui conte de Pointièvre ne voulsit mectre garnison en ses forteresces qu'il avoit audit pays, telles comme Landrecies, Avesnes, et aultres.

## CHAPITRE XII.

### Comment messire Jaques de Harcourt tint parlement avec messire Raoul le Boutillier pour la reddicion du Crotoy.

Item, après ce que messire Raoul le Boutillier eut tenu son siège par mer et par terre jusques au my mois d'octobre, il eut parlement avecques messire Jaques de Harcourt. Et ordonnèrent de chascune partie leurs commis pour traicter, et donnèrent trièves l'un à l'autre, et enfin furent d'accord par la manière déclarée cy après.

*Duquel traicté la copie s'ensuit.*

C'est le traicté fait entre Raoul le Boutillier, chevalier, et Guillaume Miners, escuier, commis et député de par le très excellent prince le duc de Bethford, régent de France, d'une part, et messire Jaques de Harcourt, chevalier, lieutenant général en Picardie pour le roy Charles, ledit de Harcour, soy faisant fort du clergé, des nobles et des manans et habitans en la ville et ou chastel du Crotoy, d'aultre part.

Premièrement. Le premier jour de mars prochain venant, le second et le tiers, soleil levé, depuis l'heure de prime, monseigneur le régent ou ses commis, seront jusques à trois heures après midy chascun desdiz trois jours, armez dessus les champs, entre la ville de Rue et le Crotoy. Et se ilz ne sont combatus par ledit messire Jaques ou par autres tenans son parti, durant les trois jours dessusditz, si puissamment que le champ lui demoure, ledit messire Jaques ou ses commis, bailleront et délivreront royaulment et de fait à monditseigneur le régent ou à cellui qu'il y commectra, ladicte ville et forteresce du Crotoy. Et ce accompliront présentement à trois heures après midy, au tiers jour du mois de mars.

*Item.* Ledit messire Jaques et génerallement tous ceulx de sa compaignie, de quelque estat ou condicion qu'ilz soient, se pourront partir avecques tous leurs biens dudit Crotoy, au jour de la reddition, excepté les consentans de la mort de feu Jehan, duc de Bourgongne, qui demourront en la voulenté de mondit seigneur le régent, se aucuns en y a.

*Item.* Ledit messire Jaques sera tenu de laisser audit chastel toutes les pouldres, arbalestres et trait, sans rien gaster ne despécier, réservés neuf veuglaires[1], deux cacques de pouldres, vingt-trois arbalestres et neuf coffres de traict. Et toutes ses gens emporteront leurs harnois, habillemens et autres biens.

*Item.* Ou cas que aucuns de ladicte ville et chastel, de quelque estat qu'ilz soient, vouldroient demourer en faisant le serment à mondit seigneur le gouverneur et régent ou à ses commis, leurs biens, meubles et héritages, leur demourront, et de ce on leur baillera lettres souffisans.

*Item.* Ledit messire Jaques aura du navire pour le

---

[1]. Canons de petit calibre.

présent estant au Crotoy, c'estassavoir la grande hulque et la barge Colin Langlois, Plumeterre, Valenier, Jaques et Martinet, et il sera tenu de laisser l'autre navire. Et les vaissiaux des pescheurs demourront à ceulx à cui ilz sont, moyennant qu'ilz feront le serement, comme dit est.

*Item*. Messire Jaques sera tenu de rendre tous les prisonniers que il a de présent en ladicte ville et chastel du Crotoy, et on lui rendera pareillement ung de ses gens que tient prisonnier messire Raoul le Boutillier.

*Item*. Durant le temps dessusdit, ceulx de ladicte ville et chastel cesseront de faire guerre, en appert et en couvert par quelque manière que ce soit, sauf que ledit messire Jaques, durant ledit jour, pourra faire guerre, se bon lui semble, oultre l'yaue de Saine.

*Item*. Ne pourront lesdiz monseigneur le régent ne nulz de ses gens, ce temps pendant, faire envaye ne entreprinse sur ladicte ville et chastel du Crotoy par quelque manière que ce soit, ne pareillement ses aliez.

*Item*. Durant ledit temps jusques au premier jour de mars, pourront ceulx du Crotoy aler en marchandise ès villes de Rue, de Abbeville et de Saint-Waleri, moyennant que ilz en ayent le congié des capitaines d'icelles villes, et non aultrement. Et aussi pourront aler par mer en marchandise, et aussi pourront amener vins et toutes autres denrées pour vendre, sauf que ilz n'en mectront dedens ladicte ville et chastel pour le ravitailler, si non pour la cotidiane du temps qu'ilz y doivent être.

*Item*. Toutes les gens de mondit seigneur le régent et aussi tous ceulx tenans son parti, pourront aler en la ville du Crotoy pour besogner ce qu'ilz auront à faire, par le congié du capitaine.

*Item.* S'il advenoit durant ledit temps dessusdit que aucuns vaisseaulx ou gens d'armes arrivassent au Crotoy, ilz n'y seront point receuz et n'auront aucune aye ou souscours par les vaisseaulx d'ycelle place. Et ne pourra ledit messire Jaques, durant ledit temps, fortiffier ne démolir ladicte ville et chastel.

*Item.* Mondit seigneur le régent ou ses commis, bailleront saufconduit à ceulx qui seront dedens la ville et chastel au temps de la reddicion, où bon leur samblera, pour aler tenir leur parti et à tous leurs biens; et auront quinze jours de vuydenge, et après auront saufconduit d'aultres quinze jours.

*Item.* Aura ledit messire Jaques saufconduit pour lui, ses enfans et toutes ses gens, durant ledit temps, soit par mer ou par terre, pour aler où bon lui samblera.

*Item.* Pour accomplir toutes les choses dessusdictes et entretenir, ledit messire Jaques baillera en plaiges messire Pierre de Hergicourt, chevalier, Boort de Fiefes, Jehan Sarpe et Parceval Cambier, escuyers, Jehan d'Estampes, Gilles le Royet, Jehan de Gonne, bourgois du Crotoy. Lesquelz plaiges seront quictes après la reddicion de ladicte ville et chastel. Et en cas que cellui qui se dit leur roy les secourroit, ou ses commis, en demourant victorieux sur la place, seroient aussi quictes les plaiges dessusdiz.

Lequel traictié fait et les plaiges baillez, se départi le siège. Et ledit messire Jaques fist vendre toutes ses provisions en Abbeville et ailleurs. Et remanda ses enfans qui estoient en Haynau ou chastel de Havreche, et quant ilz furent à lui venuz, il les envoya à Monstreau Bellay[1]. En après ledit messire Jaques de Harecourt, comme dit est, vendit toutes ses provisions, et à tout infinis biens se mist en mer avec partie de ses gens, laissant au Crotoy son lieutenant général, messire Choquart de Cambronne. Et puis s'en ala nagant par mer au Mont Saint-Michel, où il fut receu moult honnourablement, et de là ala à Monstreau Bellay veoir ses enfans, et là mist la plus grand partie de ses biens. Et aulcuns jours après ensuivans, ala devers le roy Charles, qui le receut bénignement et lui donna aucuns dons comme roy. Et puis se départit pour aler devers le seigneur de Partenay, qui estoit oncle de la femme que ledit messire Jaques avoit espousée. Lequel de Partenay tenoit et avoit tousjours tenu le parti du duc de Bourgongne. Et après que celui messire Jaques eust esté receu dudit seigneur de Partenay libéralement et à grand honneur, icelui messire Jaques lui requist d'avoir sa forteresce en garde, et aussi qu'il voulsist laisser la querelle du duc de Bourgongne qu'il avoit tousjours maintenue, et il se faisoit fort de faire sa paix au roy Charles, et si auroit son estat ainsi qu'il avoit acoustumé. De quoy ledit seigneur de Partenay lui respondit que son intencion estoit de demourer seigneur de sa forteresce et de ses seigneuries, et que ceulx à cui elles appartenroient après sa mort les prenissent s'il leur plaisoit. Adonc ledit messire Jacques, assez pourveu de son fait comme il cuidoit, mist la main audit seigneur de Partenay et le fist prisonnier du roy Charles, et ses gens levèrent

1. Montreuil-Bellay, près de Saumur.

le pont du chastel. Et en ce faisant fut la noise oye de ceulz de la ville, qui, tous esmeuz, en grand nombre, vindrent au chastel et tirèrent le pont jus, qui n'estoit cliquié, ne verroullié. Et lors, tout soubdainement, montèrent amont et occirent cruellement ledit messire Jaques, Jehan de Herselaines, Jehan de Fronsières, Philippe de Neufville et plusieurs autres de ses gens. Ainsi trouva ledit messire Jaques sa mort aspre, cruelle et hastive, par ung petit de convoitise. Jà soit ce que on le compte en plusieurs aultres manières.

## CHAPITRE XIII.

### Cy parle de plusieurs autres matières en brief.

En ce temps, ceulx de la conté de Haynau furent en moult grant effroy et tribulacion, pour doubte de la guerre des ducz de Clocestre et de Braibant dont ilz veoient l'apparence, par ce que tous deux avoient espousé leur dame et héritière, et se disoit chascun d'eulx estre seigneur du pays, ayant la meilleure querelle. Et aussi que les seigneurs du pays estoient divisez et tenoient, les ungs le parti du duc de Braibant, et les autres le parti de la dame et du duc de Clocestre, non obstant que paravant tous eussent fait serement de loyaulté à icellui duc de Braibant, et l'avoient tenu long temps pour leur seigneur.

En ce temps se assemblèrent à Amiens les ducz de Bethfort et de Bourgongne, avec leur grant conseil de chascune partie, pour traicter de la paix entre les deux ducz dessusdiz de Clocestre et de Braibant. Mais en conclusion, au derrenier, ilz se départirent l'ung de l'autre sans riens povoir concorder, et prindrent jour de restre à Paris sur la besongne dessusdicte.

En ce temps le duc de Bethfort fist assiéger très puissamment par les Anglois, et avec eulx le seigneur de l'Isle-Adam et le bastard de Thian, le chastel d'Ivry. Pour lequel siège lever s'assemblèrent en grant nombre, le duc d'Aumarle, le bastard d'Alençon et plusieurs autres capitaines. Lesquelz en chevaulchant par devers ledit siège, trouvèrent le capitaine d'Avrenches, frère au conte de Suffort, qui venoit de courre, et avoit donné congié à une partie de ses gens. Lequel fut assailly desdiz François et desconfit, et fut de sa personne prisonnier. Pour quoy, iceulx François espérans trouver ladicte ville desgarnie, se mirent à chemin pour la conquerre. Et de fait, eulx venuz devant, y livrèrent ung grand assault. Mais les habitans se deffendirent vigoureusement, tellement qu'ilz occirent et navrèrent plusieurs de leurs ennemis, lesquelz demourèrent en leurs fossez. Et après, iceulx François saichans que le duc de Bethfort venoit pour les combatre, se départirent de là, en chevaulchant hastivement vers la duché de Touraine. Touteffois, ilz furent poursuivis de leurs gens.

Le XIII<sup>e</sup> jour d'octobre oudit an, fut prinse la ville de Ham-sur-Somme par les gens du roy Charles que menoit Pothon de Sainte-Treille, par eschielles, par faulte de guet. Pour laquelle prinse, messire Jehan de Luxembourg fut fort troublé, pour que c'estoit à lui. Et pour tant, en grant diligence assambla tout ce qu'il peut avoir de gens d'armes, à tout lesquelz, au tiers jour de la prinse, il chevaulcha jusques à ladicte ville, et en grant hardiesse, tout soubdainement, fist icelle assaillir, et passer ses gens d'armes parmy la rivière avec son estandart, lequel porta ce jour, très vaillamment, ung homme d'armes nommé Jacotin de Caubret[1]. Finablement, le dessusdit de Luxembourg reconquist en brief la ville sur ses ennemis, et en print et mist à mort cruelle grant partie. Et ledit Pothon, au plus tost que il peut, avecques aucuns de ses gens, s'en refuy en Térace[2]. Toutefois ilz furent poursieviz par ledit de Luxembourg et ses gens, et en y eut en icelle poursuite de prins, grand foison. Ouquel jour fut prins dedens ladicte ville et navré terriblement comme en péril de mort, ung homme d'armes nommé messire Jehan de Fontenelle, et Waleran de Saint-Germain, auquel ledit messire Jehan de Luxembourg brief ensuivant fist trencher la teste : c'estassavoir audit Waleran.

En ce temps, la royne, femme du roy Charles[3], acoucha d'un filz, lequel fut nommé sur les fons Loys, premier Daulphin de Viennois. Pour la nativité duquel fut faite grand leesce et grand joye par toute son obéissance, et par espécial en sa bonne cité de Tournay. Et furent fais grans feux par toute la ville, et crioit le commun Noël! à haulte voix, en menant grant joye et leesce.

En l'an dessusdit, les François prindrent le chastel de Beaumont-sur-Oise, lequel brief ensuivant fut asségié par le commandement du duc de Bethfort, et en fin reconquis, et du tout démoli et abatu.

1. Jacotin de Cambret (Vér.).
2. Thiérache. Vér. porte : s'en retourna.
3. Marie, fille de Louis II d'Anjou, roi de Sicile, mariée en 1422.

En ce temps, se resmeurent ceulx de la ville de Tournay, et se mirent en armes l'ung contre l'autre à bannière déployée. Et fut la cause de ceste esmuette pour ce que la communaulté doubtoit que les seigneurs de Moy et de Conflans, qui estoient en leur ville et avoient grand audience, ne leur baillassent garnison plus puissant d'eulx. Nientmoins, soubdainement ilz se rapaisèrent sans cop férir. Et assez tost après, se départirent les seigneurs dessusdiz de ladicte ville de Tournay, doubtans la fureur d'icelui commun. Et ala, ledit seigneur de Moy, demourer en Liège.

En ce temps la ville de Compiengne fut eschellée par faulte de guet, des gens du roy Charles, lesquelz estoient environ trois cens combatans, desquelz estoient conducteurs Yvon du Puis, Angerot de Laux et Broussart. Lesquelz sans délay prindrent et emprisonnèrent tous ceulx de la ville qui tenoient le parti des Anglois et des Bourguignons, avecques tous leurs biens. Et brief ensuivant vinrent devers ladicte ville de Compiengne pour icelle reconquerre, le seigneur de l'Isle-Adam, Lyonel de Bournonville, le bastard de Thian et aulcuns aultres, qui peu ou nient y firent. Et pour tant, tout le pays d'environ fut de rechief, pour icelle prinse, en grant soucy et tribulacion.

En ces mesmes jours fut reprinse sur les gens du roy Charles la ville de La Charité-sur-Loire, par ung adventureux tenant le parti du duc de Bourgongne, nommé Perrinet Crasset. Lequel, par avant et long temps après, fist forte guerre au roy Charles sur les marches de Berry et ès pays d'environ. Pour laquelle prinse les François furent moult fort dolens et courroucez, pour tant qu'ilz perdirent le passage de l'yaue, qui leur estoit moult duisable.

En cest an, Artus, conte de Richemont, après ce qu'il eust espousé Marguerite seur au duc de Bourgongne, non obstant le serement et les aliances qu'il avoit faictes paravant avecques le roy Henry deffunct et ses successeurs, s'en ala devers le roy Charles, pour aucun discord qui fut entre le duc de Bethfort et lui. Duquel roy Charles il fut joieusement receu, et brief ensuivant il fut fait connestable de France par ledit roy Charles. Pour le département duquel conte, moult de gens furent esmerveillez, actendu l'aliance si nouvelle qu'il avoit eue avec ledit duc de Bourgongne.

Ou mois de janvier en cest an, se assemblèrent en la ville d'Amiens les ducz de Bethfort et de Bourgongne, le conte de Conversan, l'évesque de Terrevvane[1], son frère messire Jehan de Luxembourg, avecques grant nombre de notables personnes et conseillers de chascune partie, et les ambassadeurs des ducz de Clocestre et de Braibant. Et touteffois, jà soit ce que plusieurs fois sur ces propos furent plusieurs fois en conseil, ilz ne peurent riens concorder. Et pour tant assignèrent à iceulx ambassadeurs ung aultre jour à estre à Paris, environ la Trinité ensuivant. Et après se départirent les notables princes dessusdiz.

1. Thérouane.

## CHAPITRE XIV.

Comment la ville de Compiengne fut remise en la main des Anglois. Et comment la ville et le chastel furent rendus au duc de Bethfort.

Item, en ce temps ala, le duc de Bethfort en la ville de Mondidier, où il fut cinq ou six jours, et là ordonna capitaines, tant bourguignons comme anglois, pour asségier la ville de Compiengne. Desquelz fut le chief, le seigneur de Saveuse, et si y furent commis le bailly de Rouen, anglois, le capitaine de Gisors, nommé Malbery, le seigneur de l'Isle-Adam, messire Lyonel de Bournonville, le bastard de Thian, le seigneur de Crevecuer, Robert de Saveuse et plusieurs autres. Lesquelz, après icelle ordonnance, mandèrent leurs gens en grand diligence, et se assamblèrent au Pont-Sainte-Maxence, et de là chevaulchèrent en ordonnance jusques à Compiengne. C'est assavoir, le seigneur de Saveuse et les Anglois, du costé vers Mondidier, et se logèrent tous ensamble au bout de la prée, en une ville nommée Vennette, et de l'autre costé de l'yeaue, à l'abbaye de Royal-Lieu, le seigneur de l'Isle-Adam, Lyonel de Bournonville et aucuns autres capitaines. Lesquelz, tant d'un costé que d'autre, continuèrent leur siège environ trois sepmaines. Lequel temps durant y eut de grandes escarmouches entre les parties. Mais nientmains, en conclusion, les François, non ayans espérance de souscours, firent traictié aux Anglois, par condicion qu'ilz s'en yroient sauf leurs corps et leurs biens, et auroient trois sepmaines de jour de eulx partir, en cas que audit jour le Roy ne leur livrast bataille ; et sur ce baillèrent leurs hostaiges. Et aussi rendirent le seigneur de Soral, qui avoit esté prins par iceulx asségiés devant ladicte ville. Après lesquelz traictez se départirent et retournèrent chascun en leurs propres lieux. Et le jour venu auquel ilz avoient promis de rendre la ville, se départirent tous ensemble, pour ce qu'ilz n'eurent point de souscours, et mirent icelle ville de Compiengne en la main des Anglois à ce commis par le duc de Bethfort, qui se disoit régent, c'estassavoir en la main du seigneur de Montferant, lequel y commist capitaine le seigneur de l'Isle-Adam.

Item, environ l'yssue du mois de février, ala le duc de Bethfort, à tout grand nombre de gens d'armes, en la ville d'Abbeville, en intencion de tenir la journée qui pieçà avoit été prinse pour la reddicion du Crotoy. Mais pour ce que ledit de Bethfort fut adverti seurement que les François ne se comparoient point en puissance, il envoia tenir ladicte journée à messire Raoul le Boutillier, et demoura à Abbeville. Lequel messire Raoul se tint entour le Crotoy, le premier, second et tiers jours de mars. Quand ce vint audit jour, à heure de midy ou environ, fut rendue ladicte ville et forteresce du Crotoy, par messire Cloquart de Cambronne, en la main dudit messire Raoul. Lequel lui rendit ses hostaiges et lui bailla saufconduict pour lui et pour ses gens aler devers le roy Charles et oultre l'yaue de Saine, par tout où bon lui sambleroit. Et après, icelui messire Raoul le Boutillier, quant il fut entré dedans le Crotoy, print le serment des bourgois et habitans qui estoient demeurez en ladicte ville et chastel, et avecques ce fut constitué ledit messire

Raoul, de par le régent, capitaine général de ladicte ville. Pour la reddicion de laquelle, plusieurs seigneurs du pays d'environ et aussi le povre commun, furent petitement resjoys, doubtans qu'en temps advenir les aliances qui estoient entre les Anglois et le duc de Bourgongne se rompissent, et que par le moyen d'icelle forteresce fussent en voye de totalle destruction. Jà soit ce que, ceulx qui de présent se partirent, leur eussent fait de grans martires.

En cest an moru le pape Pierre de La Lune, qui se nommoit Bénédict, lequel, tout son temps, avoit désobéy à l'Eglise Rommaine depuis le concille tenu à Constance, et vouloit mourir pape[1]. Et encores, en sa mort, aux cardinaulx qui estoient avecques lui, fist faire eslection entre eulx. Mais assez tost après sa mort se mirent à l'obéissance de notre saint père le pape Martin[2]. Et par ainsi fut l'Eglise en bonne union par toute chrestienté.

## CHAPITRE XV.

Comment deux maistres en ars furent envoyez en la cité de Tournay pour admonester et entretenir le peuple en l'amour du roy Charles. — Et aultres matières.

En l'an dessusdit, vindrent en la ville de Tournay deux maistres en ars, illecques envoyez par le roy Charles, pour admonester les bourgois et le commun

1. On n'est pas d'accord sur l'époque de la mort de Benoît XIII. Les uns la mettent au 1ᵉʳ juin, les autres, au mois de septembre 1424. Pagi, comme Monstrelet, la met en 1423.
2. Martin V, qui avait été élu le 11 novembre 1417.

qu'ilz se voulsissent entretenir tousjours en leur bon propos vers ledit roy si comme ilz avoient fait long temps par avant, promectant, par la bouche des dessusdiz, qu'ilz en seroient moult bien guerdonnez au plaisir de Dieu, si le Roy retournoit en sa seigneurie. Lesquelz ambassadeurs furent très honnorablement receuz des nobles et du commun, et leur furent fais beaulx dons, et leurs despens administrez et payez aux despens de la ville très largement. Et après qu'ilz eurent esté en icelle ville et cité de Tournay certaine espace de temps, l'ung retourna en Berry, et l'autre demoura encores à Tournay, faisant plusieurs prédications, en attrayant tousjours iceulx que bien ils s'entretenissent ou parti du Roy. Mais en fin son estat fut amenri, et se refroidirent ceulx de Tournay de lui faire si grans biens qu'ilz lui avoient fait de première venue.

Ou mois d'avril ensuivant, messire Jehan de Luxembourg assambla ses gens d'armes, et avecques lui, sire Thomas de Rampston, chevalier anglois, lesquelz alèrent mectre le siège devant Oisy en Térace. Et dedens briefz jours ensuivans, traicta le cadet, qui en estoit capitaine, avecques ledit de Luxembourg, par telle condicion qu'il lui rendroit la forteresce au cinquiesme jour de may ensuivant. Et par ainsi se départit le siège; et lui fut rendu au jour dessusdit.

Auquel an, ledit de Luxembourg asséga l'église de Broissy, laquelle avoient fortiffiée aucuns sacquemans tenans le parti du roy Charles, qui moult faisoient de dommage au pays. Et pareillement asséga la Tour le Borgne. Et furent prins en ces deux places environ quatre vingtz d'iceulx, entre lesquelz estoit ung nommé

Le Gros Breton, ung de leurs capitaines. Et furent tous pendus aux arbres assez près de Séry lez Mazières[1].

En cest an furent ars de feu, de meschief, six cens maisons ou environ de la ville de Saint-Amand, avecques la porte de la bassecourt de l'abbaye et deux chambres de deux moynes dudit lieu, et ne demoura que deux povres maisons entre les deux portes de la ville. Dont le menu peuple de ladicte ville fut tout désolé et eut grant tristesce et troublement.

En cest an, se rompirent les trièves, qui avoient duré l'espace de treize ans ou environ, entre le Soudan de Babilonne et le roi de Chippre, par le rapport d'aulcuns faulx chrestiens qui rapportèrent au Soudan que les Chippriens occioient ses gens quant ilz les povoient actaindre. Sur lequel rapport, sans aultre deffiance faire au roy de Chippre, ledit Soudan envoya six galées plaines de Sarrasins descendre en Chippre, et faire guerre par feu et par espée. Et premièrement ardirent et destruisirent du tout la ville de Limeçon[2], avecques grant foison d'autre pays. Et lors le roy de Chippre, de ce adverti, adfin de résister, envoya ung sien chevalier, nommé messire Phelippe Prévost, à tout grans gens, lequel venu aux dessusdiz Sarrasins, en escarmuchant à eulx fu féri d'une flesche ou visage, duquel cop il chey, et tantost lesdiz Sarrasins lui tranchièrent le chief et prindrent ses esperons dorés avecques ladicte teste, et se retrayrent en leurs galées, et puis retournèrent en Surie.

1. Sery-Maizières (Aisne).
2. Limisso.

## CHAPITRE XVI.

**Comment messire Jehan de Luxembourg asséga le chastel de Wieghe, et comment il fist une embusche, où Pothon de Saincte-Treille et ses compaignons furent desconfis.**

En ce temps, messire Jehan de Luxembourg asséga la forteresse de Wieghe[1] très puissamment. Lequel siège dura environ trois semaines, continuant tousjours ledit de Luxembourg de faire abatre et dérompre par ses engins icelle forteresce. Et enfin lesdiz asségez non espérans avoir souscours, firent traicté avec ledit de Luxembourg, par tel si qu'ilz s'en yroient sauf leurs vies, en délaissant tous leurs biens, promectans d'eulx non plus armer deçà la rivière de Loire, sinon en la compaignie du roy Charles. Après lequel traicté se départirent en alant à Guise, et la forteresce fut démolie et abatue. Et après, le premier ou second jour ensuivant, ledit messire Jehan de Luxembourg se deslogea avec aucuns de ses plus féables.

En ce temps, fut Pothon de Saincte-Treille prins, si comme vous orrez. Je vous di que messire Jehan de Luxembourg durant ledit siège se mist en embusche derrière une petite église, envers les marches de Guise, pour veoir et pour actendre se aucuns de ses ennemis feroient aucune envaye envers ses gens. Laquelle chose advint comme il l'avoit proposée. Car ledit Pothon de Saincte-Treille, Lestandart de Milly, le seigneur de Verduisant et aucuns autres expers et es-

---

1. Wiege (Aisne).

prouvez en armes, saillirent hors de la ville de Guise, en venant vers ladicte embusche. Et adoncques ledit de Luxembourg, véant sur eulx son advantage, à tout les siens, ala vigeureusement contre eulx; et tantost par grant vigueur les mist en grand desroy. Et y fut prins ledit Pothon, le seigneur de Verduisant et aucuns autres, en petit nombre. Mais ledit Estandart de Milly, de plaine venue assist sa lance dessus Lyonel de Vandonne, si le porta jus de son cheval et le blessa très durement vers l'espaulle, tant que ledit Lyonel de son vivant en fut affolé de bras et de jambe. Après lequel cop icelui Estandart voiant que proesce n'y povoit riens valoir et que ses ennemis estoient trop fors, se trahit vistement dedens la ville de Guise. Et messire Jehan de Luxembourg avecques ses gens chassa longuement les autres, qui s'en fuyoient en plusieurs parties. Et après retourna et assambla ses gens, en menant grant leesce de la bonne adventure qui lui estoit advenue, et ainsi, à tout ses prisonniers, retourna en son chastel de Beaurevoir, donnant congié à ses capitaines jusques à son rappel.

## DE L'AN MCCCCXXIV.

[Du 23 avril 1424 au 8 avril 1425.]

# CHAPITRE XVII.

Comment, en ce temps, grant quantité d'Anglois arrivèrent à Calais, et autres matières en brief. Et comment messire Jehan de Luxembourg asséga la ville de Guise. — Et plusieurs autres matières.

Au commencement de cest an, vindrent d'Angleterre, nagant par mer, en la ville de Calais, seize cens combatans anglois ou environ, dont la plus grant partie alèrent à Paris devers le duc de Bethfort, et les autres devers messire Jehan de Luxembourg sur les marches de la contée de Guise. En après, messire Jehan de Luxembourg traicta avec Pothon de Saincte-Treille et autres ses prisonniers, par condicion que eulx et leurs gens se départiroient de la ville de Guise et s'en yroient oultre l'eaue de Loire, sans faire guerre ne dommaige, promectans de non retourner, sinon en la compaignie du roy Charles. Par le moyen duquel traictié et aucunes autres finances que ledit Pothon paya, fut mis en plaine délivrance, lui et ses gens, et s'en ala oultre la rivière de Loire, comme dit est.

Environ cest an, s'assemblèrent sur les marches de Champaigne, Lahire, Jehan Raulet et aucuns autres capitaines tenans le parti du roy Charles, avec grant nombre d'autres gens, lesquelz ilz menèrent et conduirent sur les marches d'Ardenne et de Retteloix, et assegièrent en sa forteresce messire Olivier d'Estanevelle.

En ces propres jours, par l'ordonnance du duc de Bethfort et du duc de Bourgongne, messire Jehan de Luxembourg fist grans préparacions de gens et de habillemens de guerre pour asségier la ville de Guise en Térace. Après lesquelles préparacions, en sa compaignie le seigneur de Piquegni, visdame d'Amiens, les seigneurs d'Antoing, de Saveuses, messire Colart de Mailly, Ferri, son frère, messire Daviod de Poix, Mauroit de Saint-Légier, messire Lyonel de Bournonville, le bastard de Saint-Pol et plusieurs autres, vindrent devant ladicte ville de Guise. Et avec lui estoit messire Thomas de Rampston, anglois, à tout certain nombre de combatans. Lesquelz venus devant ycelle ville, trouvèrent grand résistence de la garnison qui estoit dedens. Laquelle garnison, affin que leurs ennemis ne les peussent approucher, ardirent leurs faulzbourgs, où il avoit moult belles habitacions, excepté deux maisons qui ne furent point arses. Mais ce ne leur valut riens, car tantost ledit messire Jehan de Luxembourg fist loger ses gens en plusieurs lieux à l'environ de la ville, et fist dresser ses engins contre la porte et muraille, vers les faulxbourgs. Lequel siège ainsi mis comme dit est, furent en brief envoyées les nouvelles au duc Regnier de Bar[1] et conte de Guise, et aussi au duc de Lorraine, son beau-père, par Jehan, seigneur de Proisy, gouverneur et capitaine d'icelle ville de Guise. Lequel, par ses lectres et messages supplioit

---

1. René d'Anjou, duc de Bar, en 1419. Il avait épousé Isabelle, fille de Charles II, duc de Lorraine.

humblement, en notifiant la nécessité où il estoit, au dessusdit duc de Bar, son seigneur, qu'il lui voulsist donner souscours. Lesquelles nouvelles despleurent moult à iceulx ducz. Et pour tant, assamblèrent par plusieurs fois leurs consaulz et grand nombre de gens, pour à ce mectre pourveance. Mais, pour doubte qu'ilz ne meissent leur pays en guerre contre le jeune roy d'Angleterre et le duc de Bourgongne, ilz se déportèrent de y procéder par voye de fait. Et par ainsi se continua ledit siège assez paisiblement, par certaine espace de temps, si non des asségiez, qui souventesfois firent plusieurs saillies, en grevant à leur povoir leurs ennemis. Lesquelles saillies, chascune a par soy, seroient trop longues à racompter.

En cest an, environ la Saint Jehan Baptiste, le conte de Salsebery[1], gouverneur de Champaigne et de Brie, homme très renommé en armes, expert et subtil, asséga en la conté de Vertus une bonne petite ville nommée Sedune[2], laquelle en conclusion fut prinse par force d'assault par une mine, et ceulx qui estoient dedens, pour la plus grant partie, furent cruellement occis, et en y eut de mors environ deux cens, et les autres furent prisonniers, et avec ce tous leurs biens furent ravis et pilliés, les femmes violées et ladicte forteresce démolie. Et si avoit ledit conte de Salsebery devant icelle, le seigneur de Chastillon, qui fut fait chevalier dedans la mine par la main dudit conte. Et estoit le capitaine d'icelle ville ung très vaillant homme d'armes, nommé Guillaume-

---

1. Salaberi (Ms 8346).
2. Sedime (*Ibid.*)

Marin, lequel fut occis avec les autres à ladite prinse d'icelle.

En ce temps, le duc de Bethfort fist asségier le chastel de Gaillon, qui estoit à l'archevesque de Rouen, moult forte place, laquelle tenoient les gens du roy Charles. Et finablement fut tant batu par les engins des asségans qu'en la fin les asségiés se rendirent et se départirent, sauves leurs vies; et fut ycelle forteresse démolie.

Environ ledit mois de juing, le duc de Bethfort fist asségier la ville et chastel d'Yveri[1], et brief après le siège mis, fut la ville gaignée par puissance, et le chastel, qui estoit moult fort et bien garny de gens d'armes, se tint environ ung mois, au bout duquel les asségiés firent traictié avec les Anglois, promectant à livrer ladicte forteresce la nuit de l'Assumption Nostre-Dame, en cas qu'ilz n'auroient souscours du roy Charles puissant assez pour les combatre et demourer victorieux sur la place. Après lequel traictié et les seuretez prinses, se desfist ledit siège.

En ce temps les Anglois et les Bourguignons tenoient plusieurs sièges sur les marches de Normandie. Et estoient pour ce temps les François fort au dessoubz. Et pour lors, fut mise en l'obéissance du roy Henry, Neelle en Tardenois[2]. Et fist, Alardin de Monsay, traictié avec le duc de Bethfort, pour la forteresse de La Fère[3], par condicion qu'il ne feroit point de guerre se elle demouroit en sa main, si non que le roy Charles re-

---

1. Yvry (Eure).
2. Nesle-en-Dôle (Aisne).
3. La Fère-en-Tardenois (Aisne.)

tournast à puissance oultre l'eaue de Seine en venant vers la Champaigne.

## CHAPITRE XVIII.

**Comment le seigneur de Longueval et plusieurs autres seigneurs se tournèrent de la partie du roy Charles.**

En cest an, le seigneur de Longueval, Regnault, son frère, Jehan Blondel, le seigneur de Saint-Simon, Jehan de Mailly, le seigneur de Maucourt et plusieurs autres chevaliers de Vermendois et d'environ, qui tousjours avoient tenu le parti de Bourgongne, s'assamblèrent en la ville de Roye en Vermendois, pour avoir advis et délibéracion ensemble, comment ilz pourroient résister aux gens d'armes qui souvent dégastoient aucunes de leurs villes, de leurs amis et de leurs gardes, et vivoient indeuement sur le pays, dont moult leur desplaisoit, après qu'ilz estoient retournez des courses, sièges et assemblées que par avant avoit faictes messire Jehan de Luxembourg pour la conqueste de la conté de Guise. Lesquelz, venuz audit lieu de Roye, en y eut aucuns qui s'allièrent ensamble et firent aliances pour résister contre lesdiz gens d'armes. Les autres, doubtans ledit de Luxembourg, se excusèrent en conseillant que une aultre journée fut prinse, dedens laquelle fust envoyé message propice devers messire Jehan de Luxembourg, sçavoir son oppinion et se c'estoit de son gré que telz desroys fussent fais à yceulx. Et sur ce se départirent. Nientmains les aulcuns n'entendirent point la besongne si avant que depuis elle se apparut, et pour tant se retrayrent tout coyement de estre à telles assemblées. Toutesfois, ledit seigneur de Longueval, Regnault, son frère, messire Jehan Blondel, le seigneur de Maucourt, Pierre de Recourt et plusieurs autres, leurs aliez, continuèrent en celle besongne, et se conclurent ensemble de eulx tourner du tout du parti du roy Charles, et mirent dedens plusieurs villes et forteresces, dont les ungs estoient seigneurs et les aultres capitaines, gens de par eulx, les plus fors. Mais brief ensuivant leur intencion vint à congnoissance. Pour quoy, assez briefment ilz furent en grant cache[1] et toutes leurs villes, terres et seigneuries furent mises en la main de Henry, roy d'Engleterre, et avec ce, la plus grant partie appellé a ban. Si se rendirent tous fugitifz et tindrent tout plainement le parti du roy Charles, menant guerre de nuit et de jour aux pays du roy Henry et du duc de Bourgongne. Dont moult de gens furent moult esmerveilliés, pour ce que ledit seigneur de Longueval et aulcuns des aultres dessusdiz avoient tous temps servi le duc de Bourgongne et tenu son parti. Mais ilz s'excusoient en disant que c'estoit par les desplaisirs que leur avoient fais et leur faisoient encores chascun jour, les gens du dessusdit sire Jehan de Luxembourg. Puis disoient que mieulx amoient se mectre en adventure de perdre tous leurs biens, que de vivre en telle subjection. Jà soit ce que depuis eurent moult à souffrir. Et en y eut pour les causes dessusdictes des exécutés à mort, comme ci après sera déclaré.

1. *Sic* dans Vérard et dans le ms. 8346, mais il faut lire çache, pour chasse.

## CHAPITRE XIX.

**Comment le duc de Bethfort ala à grand puissance tenir la journée devant Yveri, laquelle ville et forteresse lui furent rendues.**

Cy dist l'histoire, que environ huit jours en aoust de cest an, le duc de Bethfort assembla plusieurs hommes d'armes et archers et ses capitaines anglois, c'estassavoir les contes de Salsebéri, de Suffort, le seigneur de Willebi et....[1] avec plusieurs autres capitaines, tant de Normendie comme d'ailleurs, jusques au nombre de dix huit cens ou environ, hommes d'armes, et huit mille archiers, lesquelz il conduist et mena jusques à Yvery[2] pour estre à la reddicion d'icelle, dont par avant est faicte mencion. Et tant chevaulcha, à tout son arroy, qu'il vint devant Yveri la nuit de l'Assumpcion Nostre-Dame[3], et tout ce jour se tint en bataille, actendant ses ennemis. Lesquelx estoient en très grand nombre, bien dix huit mille combatans, sous la conduite du duc d'Alençon, des contes d'Aumarle, de Ventadour, de Tonnoire, de Douglas, de Bosqueaulx et de Moiri, du visconte de Narbonne, du seigneur de La Faiette et plusieurs autres seigneurs de grand renommée, et estoient à trois lieues près dudit lieu d'Yveri, ou environ. Lesquelz envoyèrent quarante coureurs des plus expers de leur ost et les mieulx montés, pour adviser le contenement de leurs

---

[1]. Il y a ici dans le ms. 8346 un blanc, dont Vérard ne tient pas compte.
[2]. Ivry (Eure).
[3]. Le 15 août.

ennemis. Lesquelx coureurs, voiant de loing ledit de Bethfort et ses gens en moult belle ordonnance, retournèrent en leur ost; et furent chassés et poursuivis des Anglois. Et eulx venus, dirent ce qu'ilz avoient trouvé et veu. Et adonc, les seigneurs dessusdiz du parti du roy Charles, non véans pour lors leur advantage, retournèrent tout ensamble jusques à Vernuel ou Perche[1], qui lors tenoit le parti du roy Henri, auxquelx ils firent entendant qu'ilz avoient desconfis les Anglois et que leur régent s'estoit sauvé à petite compaignie. Et sur ce propos, ceulx de la ville de Vernoel leur firent ouverture et obéissance, pour et ou nom du roy Charles. Après laquelle reddicion, comme le traictié le contenoit, baillèrent sauf conduict à aulcuns Anglois estans léens et les renvoyèrent, à tout leurs baghes[2], envers le duc de Bethfort.

Gérard de La Pallière estoit capitaine d'Yveri, lequel véant que l'heure estoit venue et passée que son souscours devoit venir, ala devers le duc de Bethfort qui estoit en bataille devant lui pour actendre ses ennemis, et lui présenta les clefz de la forteresse, en lui requérant sauf conduict pour lui en aler selon le contenu du traictié, tant pour lui comme pour ses gens. Lequel lui fut accordé. Et lors ledit Gérault, présent ledit duc, tira unes lectres, lesquelles il lui monstra. « Or voy-je bien que au jour dhui me ont failly dixhuit grans seigneurs du parti du Roy notresire, les-

---

1. Verneuil.
2. *A tout leurs bughes* (à tout leurs bagues). Vérard lit : à tout leurs haches.

quelz m'avoient promis de moy donner souscours[1]. »
Auxquelles lectres estoient attachés leurs seaulx. Et
incontinent firent serement audit duc, quatre gentilz
hommes des gens dudit Gérault.

Item, après, ledit duc de Bethfort prist conclusion
de poursuivir les François qui à ceulx d'Yveri avoient
promis de donner souscours, et qui près de là venus
estoient, comme dit est. Si envoia le conte de Suffort
devant, à tout seize cens combatans, pour les chevaulchier et aviser. Lequel conte ala à Dampville et à
Vasseux, et delà à Bretueil ou Perche, à deux lieues
près de Vernoel, où estoient lesdiz François, à tout
leur puissance. Et ledit duc de Bethfort ala à Evreux,
à tout son ost. Auquel lieu, le duc de Suffort leur envoia certain message pour lui faire sçavoir que lesdiz
François estoient emprès Vernueil tous ensamble. Et
pour ce, iceluy duc de Bethfort se mist à chemin pour
y aler, et tant fist qu'il y parvint, à tout ses gens, pour
combatre leurs ennemis. Lesquelx, paravant leur venue, avoient eu l'obéyssance de ladicte ville de Vernueil que soloient tenir les Angloix, par ce qu'ilz leur
avoient donné à entendre que le dessusdit duc de
Bethfort et tous les siens avoient esté desconfis devant
Yvri. Et fut ladite bataille par ung jeudi xviie jour
d'aoust, en la manière comme vous orrez de présent.

1. On voit par cette phrase que nous mettons entre guillemets, qu'il manque quelques mots au manuscrit.

## CHAPITRE XX.

Comment le duc de Bethfort poursuivit les François et les combati devant Vernueil.

Or est vérité, si comme vous ay jà dit, que le duc de Bethfort avec ses barons, chevaliers et gens d'armes, estoit, comme dit est, devant Yvri, et là lui furent apportées les nouvelles véritables que ses ennemis se retraioient vers Vernueil ou Perche. Et adonc, pour ce que le jour de la reddicion d'Yveri estoit venu, fist sommer ceulx de dedens qu'ilz acquitassent leur promesse. Lesquelz, non ayans espérance de souscours, firent obéyssance audit de Bethfort, et lui délivrèrent la forteresce, en prenant de lui sauf conduict pour eulx en aler avecques tous leurs biens, sans emmener nulz des prisonniers qu'ils avoient. Et lors commist, le duc, capitaine d'ycelle ville, ung chevalier de Galles renommé en armes, accompaigné de plusieurs souldoyers. Et après les dessusdictes choses acomplies, le propre jour de l'Assumpcion, se parti ledit duc de Bethfort, à tout sa puissance, et se mist à chemin pour poursuivir ses ennemis, et ala logier en une grosse ville en tirant vers le Perche, nommée Damville en Vasseulx[1]. Et le lendemain, très matin, se desloga en belle et très grande ordonnance et chevaulcha jusques assez près de Vernueil. Auquel lieu et à l'environ estoient logiés les François ses ennemis, lesquelz sachans sa venue, se préparèrent diligemment et mi-

---

1. C'est Damville, chef-lieu de canton de l'Eure.

rent leurs gens en bataille pour assambler à l'encontre d'iceluy duc ; et firent seulement une grosse bataille, sans faire avant-garde, et avec ce ordonnèrent les Lombars et aulcuns autres, à demourer à cheval soubz la conduite du Borgne de Cameran, du Ronchin, Pothon et Lahire, pour rompre et envayr leurs ennemis par derrière, ou au travers. Et, en ce faisant, la grosse bataille des François dessusdiz estoit à pied. Pareillement, le dessusdit duc de Bethfort, avec ses gens, descendi à pied et fist mectre ses gens en bataille, en ung ost tant seulement, sans aussi faire avant-garde ne arrière-garde, ne laisser homme à cheval. Et furent mis les archers ou front devant, ayant chascun ung penchon devant eulx aguisé et fiché en terre. Et estoient les plus grans foucz (forces ?) desdiz archers vers les deux bous de la bataille en manière de heles[1], et derrière les hommes d'armes estoient les paiges, les chevaulx et tous les meschans gens non puissans de combatre. Lesquelz chevaulx furent par lesdiz archers lyez tous ensamble par les hateriaux[2] et par les queues en plusieurs lieux les ungs aux autres, adfin que leurs ennemis de pied ou de cheval ne les peussent surprendre. Et pour les chevaulx et baghes[3] garder, furent commis de par le duc de Bethfort deux mille archers, adfin que ladicte bataille ne peust estre envaye. Et adonc, de chascune partie, furent fais chevaliers nouveaux en très grant nombre. Après lesquelz, et toutes ces ordonnances dessusdictes faites,

---

1. En manière d'ailes.
2. *Hateriau* cou.
3. Bagues, bagages.

en icelui jeudi vi˚ jour d'aoust, environ trois heures après nonne[1], assamblèrent ces deux puissantes batailles l'une contre l'autre. Et à l'approcher, eslevèrent les Anglois, tous ensamble, ung grant cry, comme ilz ont acoustumé de faire. Duquel s'esmerveillèrent moult les François. Laquelle bataille ainsi assamblée dura environ les trois parts d'une heure, moult terrible, cruelle et sanglante. Et n'est point mémoire quonques feust veu deux parties à si grant puissance par si grande espace, sans veoir lequel auroit victoire, Et en ce faisant, les François qui avoient esté ordonnés à cheval pour férir les Anglois par derrière, vinrent jusques aux chevaulx lyez ensamble, dont dessus est faicte mencion, lesquelz ilz ne porrent trespercer ne passer oultre; et aussi, pour la résistence que y mirent les deux mille archers dessusdiz. Pour tant, yceulx François à cheval, à tout aucunes baghes et chevaulx qu'ilz emmenèrent, se mirent à fuyr, et laissèrent leurs autres gens combatans de pied en ce danger. Et adonc ces deux mille archers Anglois, eulx véans descombrés de leurs ennemis, se trouvèrent fraiz et nouveaulx avec leurs gens ou front devant en la bataille, et en eslevant de rechief ung grant cry. Et lors, assez brief ensuivant, se commencèrent les François à desconforter, et les Anglois en grant hardiesse se boutèrent entre eulx. Si les séparèrent et ouvrirent leur bataille en plusieurs lieux. Et tant continuèrent les diz Anglois en ce faisant, qu'ilz obtinrent la victoire et gaignèrent la bataille, non pas sans grant effusion de sang de chascune partie. Car, comme il fut sceu

---

[1]. C'est-à-dire sur le midi.

par rois-d'armes, héraulx et poursuivans et autres gens dignes de foy, des François dessusdiz y eut mors sur la place, de quatre à cinq mille combatans, desquelz y eut grand partie d'Escossois ; et environ deux cens prisonniers. De la partie des Anglois furent mors environ seize cens, tant de la nacion d'Angleterre comme de Normendie. Desquelz furent les principaulx deux capitaines, l'ung nommé Dondelay et l'autre Charleton. Et de la partie des François y furent mors, des gens de nom, ceulx qui s'ensuivent : est assavoir, Jehan, conte d'Aumarle, filz au conte de Harcourt, le conte de Tonnoirre, le conte de Ventadour, le conte de Douglas et messire Jaques son filz, le conte de Bosqueaulx, qui alors estoit connestable du roy Charles, et le conte de Mary, le seigneur de Graville ancien, le seigneur de Montenay, messire Anthoine de Beauseault et Hugues de Beausault son frère, le seigneur de Belloy et son frère, le seigneur de Mauny, le seigneur de Combrest, le seigneur de Fontenay, le seigneur de Bruneil, le seigneur de Tumble et le seigneur de Proisy. En la Daulphiné (*sic*) le seigneur de Mathe, le seigneur de Rambelle. En Languedoc, messire Gautier de Lindessay, messire Gille de Gamaches, Godefroi de Malestrel, Jame du Glas, messire Charles Leboin, messire Jehan de Vretasse, messire Gille Martel, le filz Harpedaine, messire Brunet d'Auvergne, messire Raoul de La Treille, Gui de La Fourchonnière, messire Pochart de Vienne, messire Jehan de Murat, le seigneur de Vertois, messire Charles de Géraumes, Dragon de Lasalle, le seigneur de Rambuilet, le bastard de Langlain, le viscoute de Narbonne, lequel après ce qu'il fu trouvé mort en la bataille, fut esquartelé et son corps pendu au gibet pour ce qu'il avoit esté consentant de la mort du duc Jehan de Bourgongne défunct; Maudet de....¹, le seigneur de Guittri, messire François de Gaugeaux, sire Robert de Lairre, messire Loys de Teyr, le seigneur de Forregni, Morant de La Motte, messire Charles d'Aneval et Robinet, son frère, Pierre de Courcielles, sire Aymeri de Gresille, Andrieu de Clermont, sire Tristran Coignon, Colinet de Visconte, Guillaume Remon, messire Loys de Champaigne, Pierron de Lippe, sire Loys de Braquemont, le seigneur de Tionville, le seigneur de Rochebaron, messire Phelippe de La Tour, messire Anselint de La Tour. Et y furent prins prisonniers, le duc d'Alençon, le bastard d'Alençon, le seigneur de La Faiette, le sire de Hornut, messire Pierre Hérisson, messire Loys de Waucourt, Rogier Brisset, Hugues de Saint Marcq et Yvon du Puis. Ceulx furent les principaulx, mais moult y en eut d'autres, que je ne puis tous nommer.

Item, après que ledit duc de Bethfort eut obtenu la victoire de ladicte bataille de Vernueil comme dit est, il rassambla ses princes autour de lui, et en grande humilité remercia son créateur, ses maintes jointes et les yeulx levés vers les cieulx, de la bonne adventure qu'il lui avoit envoiée. Après, furent desnuez et desvestus grand partie des mors, et fut prins ce qu'ilz avoient de bon. Ledit duc de Bethfort se loga celle nuit autour de Vernueil, et fist très bien gaitier son ost, que ses ennemis ne fussent aucunement assam-

---

1. Ici il y a un mot en blanc dans le ms. 8346. Vérard passe tout le nom.

blés. Et lendemain, ceulx qui s'estoient retrais dedens la ville et chastel, c'est assavoir lesdiz François, furent sommés de par ledit duc qu'ilz rendissent la ville et forteresce. Lesquelz, actains de paour, sachans la grande mortalité et desconfiture de leurs princes, firent traictié et rendirent ladicte ville et forteresce en la main dudit duc, par condicion qu'ilz s'en yroient sauf leurs corps et leurs biens. Si y estoit le seigneur de Rambures. Et après que ledict duc eust regarni ladicte ville et chastel de Vernoel de ses gens, il retourna, à tout son ost, en Normendie.

Item, le propre jour de ceste bataille dessusdicte, se départirent de la compaignie dudit duc de Bethfort certain nombre de chevaliers et escuyers de Normendie et des marches conquises à l'environ, qui autre fois lui avoient fait serement de loyaulté, et se rendirent fugitifz. Pour laquelle offence, les aucuns furent depuis grandement punis de par ledit duc, tant par punicions corporelles, comme de leurs terres et autres biens, qui furent prins comme confisquez et mis en la main du roy Henry. Si y fut, entre eulx, le seigneur de Thorsy et messire Charles de Longueval.

En ce temps fut pris le seigneur de Maucour, qui estoit complice du seigneur de Longueval et des autres dessus déclairés, par maistre Robert le Josne, bailli d'Amiens, et fut, par le conseil du roy Henry, décapité en ladicte ville d'Amiens et son corps mis au gibet, et ses biens et héritaiges confisquez au roy. Et pareillement une autre fois fut prins Pierre de Rectomp, qui estoit desdiz complices, par ung nommé Raoul de Gaucourt, lequel l'envoya à messire Jehan de Luxembourg, et ledit de Luxembourg l'envoya à Paris, où il fut esquartelé comme traictre, et ses membres furent pendus en plusieurs lieux.

Item, brief ensuivant, furent portées les nouvelles de celle douloureuse journée devers le roy Charles, lequel, pour la destruccion de ses princes et de sa chevalerie, eut au cuer si grand tristesse et telle que plus n'en povoit, et fut par long temps en grand ennui, voyant que de toutes pars ses besongnes lui venoient au contraire.

## CHAPITRE XXI.

### Comment ceulx de la ville de Tournay se resmeurent l'un contre l'autre.

A l'entrée du mois de septembre, se rebellèrent et armèrent l'un contre l'autre les bourgois et commune de la ville de Tournay, est assavoir ceulx du marché et de la vieille fermeté[1], contre ceulx d'entre deux murs. Et fut celle esmeute faite pour une chaine destendue par nuit envers la boucherie, par ung fèvre qui demouroit entre deux murs. Et pour celle cause fut banni de la cité de Tournay. Après lequel bannissement, ceux d'entre deulx murs se croisèrent de droites croix, en très grant nombre, et les autres du marché levèrent pons et firent barrière contre eulx, et grans bolevers, et après commencèrent à jetter canons et traire l'ung contre l'autre. Mais par la fin prindrent trièves ensamble, par amour de leur procession, qui devoit estre brief ensuivant. Et en conclusion se ra-

---

1. Forteresse, citadelle.

paisèrent pour ceste fois, sans porter grand dommage les ungs aux autres.

## CHAPITRE XXII.

### Comment ceux de Guise traictèrent avec messire Jehan de Luxembourg et messire Thomas de Rampston.

Item, après ce que messire Jehan de Luxembourg et messire Thomas de Rampston eurent par bonne diligence et grans labeurs continué leur siège devant la ville de Guise jusques au my mois de septembre ou environ, les asségez, véans les vivres défaillir, et non ayans espérance de souscours, commencèrent de traictier avec les deux seigneurs dessusdiz, et, en fin, furent d'accord par les condicions cy-après déclarées.

« A tous ceux qui ces présentes lettres verront ou orront, Jehan de Luxembourg, seigneur de Beaurevoir, et Thomas de Rampston, chevalier, chambellan de monseigneur le régent, capitaine commis et député en ces marches de par le roy de France et d'Angleterre nostre souverain seigneur, par monseigneur le régent et par monseigneur le duc de Bourgongne, salut. Savoir faisons que au jour dhui avons traictié, apointié et accordé, ès noms que dit est, avec Jehan de Proisy, gouverneur et capitaine des villes et chastel de Guise, les gens del église, gentilz hommes, compaignons de guerre, manans et habitans d'iceulx ville et chastel, et par ces présentes traictons, apointons et accordons, soubz les condicions, moyens et convenances et promesses cy-après déclarées.

« Premièrement. Lesdiz gouverneurs, gens d'église, gentilz hommes, compaignons de guerre, bourgois manans et habitans de ladicte ville et chasteau de Guise, se sont mis et par nous ont esté receuz en composicion, moyennant qu'ilz ont promis, juré et enconvenancé rendre, bailler et délivrer franchement et absolument lesdictes ville et chastel de Guise, à nous ou à l'un de nous, aux députez de nous ou de l'un de nous, ou à autre que le roy de France et d'Angleterre y aura commis et ordonné, au premier jour de mars prochain venant, en cas qu'à ce jour prins pour ce faire, ne soient souscourus, et que les seigneurs ou princes du parti que ceulx de Guise tiennent, ou aucuns aultres par eulx commis et députez ad ce, ne combateroient nous, l'un de nous, ou aultres commis de par le roy, et toute nostre puissance. C'est assavoir entre la ville de Sains et la maison de Fouquausains, où nous avons à ceulx de Guise esleu et advisé ensamble, plait pour tenir ladicte journée.

*Item.* Se les princes ou seigneurs du parti que lesdiz de Guise tiennent, ou leurs commis ou députés, venoient pour combatre, ainsi que dit est, et ilz estoient desconfis ou se tournoient en fuite, lesdiz de Guise seront tenus de nous rendre et délivrer iceulx ville et chastel.

*Item.* Ou cas que nous, l'un de nous ou autres commis de par le roy de France et d'Angleterre, seront desconfis en bataille, ou que comparoir n'y oseront sur ledit lieu et place pour combatre audit premier jour de mars, nous serons tenus de rendre, baillier et délivrer aux diz de Guise, sans aulcune difficulté, les ostaiges et seurtez que, pour la reddicion desdictes ville et chasteau, nous aront par eulx esté bailliés.

*Item.* Monditseigneur le régent et monditseigneur de Bourgongne, ou l'un d'eux et les commis d'eulx ou de l'un d'eulx, nous ou l'un de nous, serons tenus d'estre et comparoir sur ladicte place en telle puissance que bon lui samblera, et tenir journée tout le premier jour de mars, c'est assavoir depuis l'heure de prime[1] jusques à soleil couchant, cedit jour. Et, se combatus ou vaincus n'estions, les diz de Guise seront tenus, incontinent après soleil couchié, sans aulcune difficulté, fraude ou mal engin, nous baillier et délivrer lesdictes ville et chastel de Guise, en recepvant de nous lesdiz ostaiges.

*Item.* Se, pendant ladicte composicion et ung mois après, ledit gouverneur et tous autres estans ès dictes ville et chastel, gens de quelque estat qu'ilz soient, s'en voelent partir pour aler ensamble ou à part, oultre la rivière de Saine, devers leurs princes ou ailleurs, en place tenant leur parti, ilz le pourront faire, et emporter et faire emmener avec eux tous leurs chevaulx, armeures, bagaiges et aultres biens meubles. Et pour tout ce faire seurement, leur baillerons et ferons baillier par monditseigneur le régent, se requis en sommes, bons saufconduits, souffisans et vaillables, avec conduit, se ilz se partoient ensamble oultre la somme de vint personnes. Et se aulcuns vouloient aler hors du royaume, fust en Haynau ou aultre part, faire le porroient à leurs périlz.

*Item.* Et se après icelle composicion aucuns desdiz

---

1. Six heures du matin.

de Guise voelent demourer sur leurs lieux ou ailleurs, ès lieux et pays obéyssans au roy et à mesdiz seigneurs le régent et le duc de Bourgongne, ilz y seront receuz, en faisant le serment de la paix finable entretenir, faite entre les royaumes de France et d'Angleterre, et jouiront franchement de tous leurs héritaiges et possessions non données. Et se ilz se voelent partir comme dit est, ilz emporteront avec eulx leurs biens meubles tant seulement.

*Item.* Lesdiz de Guise et chascun d'eulx, en ayant bulette ou saufconduit des conservateurs ordonnés sur l'entretenement de ce présent traictié, qui seront tenus de leurs baillier, pourront aler en aulcunes villes que nous leur avons ordonnées et ordonnons, et en ycelles entrer par le congié des capitaines ou gardes desdictes places ou de leurs lieutenans, c'est assavoir, Saint-Quentin, Ribermont, Laon, Bruières, Crespi, Marle, Aubenthon, Vertus et ès vilages d'environ, pour recouvrer et avoir pour leur argent, tous vivres raisonnablement et aultres denrées qui leur seront besongnables pour leur vie et sustentacion, le temps durant de celle composicion tant seulement.

*Item.* Lesdiz de Guise pourront poursuivir leurs debtes licites et raisonnables pardevant les conservateurs, qui en auront la cognoissance. Et seront tenus de faire raison aux parties, ycelles oyes.

*Item.* Se pendant ycelle composicion, aulcuns tenans le parti dudit roy prenoient par eschielles ou aultrement lesdictes ville et chastel de Guise, nous ferons faire nostre loyal povoir de les en faire vuidier et remettre yceulx ville et chastel, ensemble lesdiz de Guise, en leur premier estat et deu. Lesquelx aussi ne les prendront, ne les feront prendre, ledit temps durant.

*Item*. Pendant ycelle composicion lesdiz de Guise, pour tant qu'ilz seront résidens esdictes ville et chastel, ne prenderont ou feront prendre, couvertement ne en appert, aucunes places de l'obéyssance du roy et desdiz seigneurs, et ne feront guerre à leurs subjectz en nulle manière.

*Item*. Abolicion geuéralle est faite auxdiz de Guise et à tous gens de quelque estat qu'ilz soient et de tous cas, excepté à ceulx qui sont coupables de la mort de feu Monseigneur de Bourgongne, que Dieux absoille ! ceulx qui ont juré la paix finale, des coupables de la trayson commise sur la personne du duc de Bretaigne, tous Anglois et Yllois, se aucuns en y a esdictes ville et chastel, lesquelx demourront en justice. Et pour en avoir plainement congnoissance, lesdiz de Guise nous bailleront par escript les noms et sournoms de ceulx qui de présent sont demourans esdictes ville et chastel, gens de guerre et aultres.

*Item*. Se, pendant ycelle composicion, aucuns de nostre part ou de la part de ceulx de Guise commettoient aucune chose au contraire et préjudice de ce présent traictié ou des dépendances, ycelui ne sera jà rompu, enfraint ne violé, mais pourront et seront tenus les conservateurs dudict traitié faire prendre et pugnir les malfaiteurs, et aussi de faire faire la restitucion là où il appartiendra.

*Item*. Lesdiz de Guise pendant ycelle composicion ne feront guerre, pour tant qu'ilz soient demourans en ycelle ville et chastel, ne en yceulx ne recepvront ou soustenront aulcuns de leur partie qui volent faire guerre. Et se il advenoit que aulcuns faisans guerre fussent par ceulx du parti du roy et des seigneurs poursievis à veue d'œl et mis en chace jusques dedens ladicte ville et chastel, iceulx de Guise seront tenus les bailler et délivrer à ceulx qui ainsy les auront poursievis et chaciés, pour en faire comme de leurs prisonniers.

*Item.* Pendant ycelle composicion lesdiz de Guise ne pourront ou debveront démolir yceulx ville et chastel, ne les fortifier aultrement qu'ils sont de présent, et avec ce ne démoliront point les approches de dehors.

*Item.* Incontinent que nous aurons fait retraire en seurté tous les canons, artillerie, engiens, habillemens de guerre et autres biens estans en nostre dicte ost, nous leverons nostre siège et partirons de devant lesdictes ville et chastel, pour aler où bon nous samblera.

*Item.* Ledit gouverneur et autres gentilzhommes et bourgois desdictes ville et chastel, jusques au nombre de vint quatre personnes des plus principaulx, jureront solempnelment tenir et faire entretenir ce présent traictié sans l'enfraindre en aucune manière, et ceulx qui auront seel, le seelleront de leurs seaulx.

*Item.* Avec ce, pour plus grant seurté, lesdiz de Guise nous bailleront huit personnes en ostaige. C'est assavoir, Jehan d'Ere, Renauld du Hamel, Jehan de Caudeville, Jehan de Beauvoir, Jehan de Saint-Germain, l'ancien Waulier, messire Walerant du Mont et Jehan de Flavigni de Bouwers. Et en cas que aulcuns yraient de vie à trespas ou s'enfuioient pendant ycelle composicion, lesdiz de Guise nous bailleroient et furniroient tousjours de huit personnes ostagiers, aussi souffisans ou plus.

*Item.* Que nous et lesdiz de Guise avons esleu et ordonné ensamble d'un commun accord et consentement, et par ces présentes eslisons et ordonnons conservateurs de ce présent tractié, c'est assavoir : de nostre costé, messire Daviot de Poix, chevalier, et du costé de ceulx de Guise, Colart de Proisi, escuyer, ou son commis. Auquel messire Daviot ou à son commis, avons donné et donnons plain pooir et auctorité de baillier ausdiz de Guise saufz conduictz ou bulettes nécessaires, de congnoistre et d'entériner de tous cas qui istroient approuchiés, qui tant d'une part comme d'aultre se pourroient mouvoir pendant ladicte composicion, sur les promesses et convenences cy-dessus déclarées et chascune d'ycelles.

*Item.* Avons promis et juré, jurons et prommetons loyalement sur nostre honneur, accomplir toutes les choses dessus déclarées, au regard de celles que nous sommes tenus d'accomplir de tout nostre loyal povoir, et chascune d'ycelles garder et entretenir par tous les subjectz et obéyssans au roy et à mesdiz seigneurs le régent et de Bourgongne, sans enfraindre en aulcune manière.

*Item.* Pour la plus grande seurté de ce, ferons le plus diligentement que faire se pourra, loer et approuver et ratiffier ce présent traictié par mondit seigneur le régent, en la forme et manière cy-dessus déclarée.

En tesmoing de ce, nous avons fait mettre noz seaulz à ces présentes. Donné en nostre siège devant lesdicts ville et chastel de Guise, le XVIIIe jour de septembre l'an mil CCCC XXIIII. »

Après lequel traictié fait et accompli comme dessus est contenu, les ostaiges bailliés, se départi ledit siège de devant Guise. Et retourna messire Jehan de Luxembourg en son chastel de Biaurevoir, en congiant premiers tous ses capitaines. Et messire Thomas de Rampston, à tout ses Anglois, ala devers Paris, où estoit le duc de Bethfort, où il fut receu joieusement.

En ce temps fu traictié fait entre le seigneur de Montagu tenant le parti du duc de Bourgongne d'une part, et Estievene de Vignolles dit La Hire, d'autre part. Est assavoir que ledit de Montagu deubt avoir l'obéyssance de Vitri en Partois et aultres forteresces en Champaigne que tenoit ledit La Hire, dedens le premier dimenche de quaresme ensievant, en cas qu'il n'auroit souscours du roy Charles audit jour. Lequel souscours ne lui fu point envoyé, et pour ce, ainsy que promis l'avoit, bailla audit seigneur de Montagu l'obéyssance des dessusdictes ville et forteresces qu'il tenoit en Champaigne.

En ces jours messire Mauroy de Saint-Légier et le bastard de Saint-Pol assamblèrent de quatre à cinq cens combatans, lesquels ilz conduirent au pays de Baroix; et là firent maulx inextimables, et accueillirent grans proies, à tout lesquelx ilz retournèrent hors d'ycelui pays, sans avoir empeschement.

En cest an, ou mois d'octobre, le duc de Clocestre et Jacqueline de Baivière, contesse de Haynau, de Holande et de Zélande, laquelle ledit de Clocestre avoit espousée par avant en Angleterre comme dessus est dit[1], non obstant que le duc Jehan de Braibant son

---

1. Pag. 143.

premier mari fust encore en vie, à tout cinq mille combatans anglois ou environ, nagant par mer du pays d'Angleterre à Calais, en intencion d'aler à puissance d'armes au pays de Haynau, lequel comme dit est appartenoit à ladicte Jacqueline, pour de ycelui avoir l'obéyssance et gouvernement. Et estoit lors avec eulx principal gouverneur de leurs gens d'armes, le conte mareschal anglois.

## CHAPITRE XXIII.

**Comment les ducz de Bethfort et de Bourgongne rendirent grand paine à appaisier les ducz de Glocestre et de Braibant.**

A l'issue du mois d'octobre convindrent ensamble en la cité de Paris les ducz de Bethfort et de Bourgongne, chascun à tout son conseil, ainsi que promis l'avoient à la darraine convencion par eulx tenue à Amiens, pour traictier de la paix et discence qui estoit meue entre le duc Jehan de Braibant et le duc de Glocestre. Et là, en ladicte ville de Paris, pratiquèrent et débatirent la manière en grande délibéracion de conseil par plusieurs journées, selonc les proposicions, alégacions et probacions d'une partie et d'autre. Jà soit que ycelles parties eussent procès en court de Romme devant le pape. Et, en fin, traictièrent tant, lesdiz ducz de Bethfort et de Bourgongne, qu'ilz firent appointement selonc leur advis et de leurs consaulx, entre ycelles parties. Lequel traictié ilz envoyèrent par leurs ambassadeurs devers les deux ducz de Braibant et de Glocestre. Et ala en ceste ambassade devers le duc de Glocestre à Calais, où il estoit lui et sa femme, messire Raoul le Boutillier et l'abbé de Fouquans[1]. Lesquelx, là venus, moustrèrent audit duc les articles dudit appointement et de leur ambassade. Les quelx eurent dudit duc de Glocestre et de la dame responce négative, disans ainsy, que point ne tenroient celle ordenance, mais yroient en Haynau à puissance, prendre l'obéyssance de leur pays. Et sur ceste responce, se départirent lesdiz ambassadeurs. Et ceulx qui furent envoyés devers le duc de Braibant eurent de luy responce avec son conseil, que l'appointement que avoient fait les ducz de Bourgongne et de Bethfort, il l'avoit bien pour agréable et qu'il en estoit content. Lesquelles responces des deux ducz dessusdiz furent portées à Paris devers les dessusdiz de Bethfort et de Bourgongne, qui de ce furent moult troublés, pour ce que le duc de Glocestre n'avoit volu entretenir l'apointement qu'ilz avoient fait. Et par espécial le duc de Bourgongne en fu très mal content, et tant, qu'il dist tout plainement à son beau frère le duc de Bethfort : puisqu'il veoit que son frère le duc de Glocestre ne vouloit condescendre à nul traictié de raison, qu'il aideroit de toute sa puissance son cousin le duc de Braibant à garder son honneur et sa signourie contre ledit duc de Glocestre. Pour lesquelles tribulacions le duc de Bethfort fu très courroucié en cuer contre son frère, doubtant que par telles divisions et discencions les aliances qu'ils avoient en France avec le duc de Bourgongne ne fussent du tout corrumpues et adnichillées.

Item, les ducs de Bethfort et de Bourgongne firent

---

1. Fécamp.

la feste de tous les sains et le jour des ames[1] dedens Paris sollempnelment, chascun en leurs hostelz. Et lors, aulcuns jours eusievans, ledit duc de Bourgongne fist en son hostel d'Artois et à ses propres despens, les nopces de messire Jehan de La Trimouille, seigneur de Jouvelles, et de la damoiselle de Rochebaron, seur au seigneur d'Amboise, qui pour ce temps se tenoit avec la royne de France[2], femme au roy Charles desfunct, en la compaignie de la dame de La Frète. Aux quelles nopces furent, ladicte royne, ledit duc de Bethfort, sa femme la duchesse, seur au duc de Bourgongne, avecques eulx le conte de Salseberi et la contesse sa femme, le conte de Suffort, l'évesque de Terrewane[3], le seigneur d'Escalle, avecques très grand nombre de notables chevaliers, escuyers, dames et damoiselles et autres gens de grand et noble estat, qui très grandement furent festoyés et receus par ledit duc de Bourgongne et les siens. Et furent adonc grans résolucions et esbatemens, tant en boires et en mengiers riches et précieux, comme en dansses, joustes et aultres esbatemens. Et mesme joustèrent les ducz de Bethfort et de Bourgongne et aulcuns aultres princes, avecques grand nombre de leur chevalerie.

En après le duc de Bourgongne retourna de Paris en son pays de Bourgongne, et là prist en mariage, par dispensacion apostolique, la vesve de son oncle[4],

1. La Toussaint. Le jour des Morts.
2. Isabeau de Bavière.
3. Térouane.
4. Bonne d'Artois, fille de Philippe, comte d'Eu, et veuve de Philippe, comte de Nevers. Philippe le Bon eut trois femmes, celle-ci est la deuxième. La première avait été Michelle de France,

conte de Nevers, jadis mort à la bataille d'Azincourt. Laquelle dame estoit moult renommée de vivre saintement, et avoit du dessusdit conte de Nevers deux filz. Et si estoit seur germaine au conte d'Eu, qui pour lors estoit prisonnier en Angleterre, et demie seur à Charles de Bourbon, conte de Clermont.

En ce mesme temps rendi son esperit Jehan de Baivière, jadis évesque de Liège, oncle au duc de Bourgongne et à la duchesse Jacqueline de Bavière. Et pour tant qu'il n'avoit nul enfant de la duchesse de Luxembourg, sa femme, il déclaira en son derrain ledit duc de Bourgongne son hoir et successeur, et mist du tout en oubli la descendence Jaqueline de Bavière, sa nièpce.

## CHAPITRE XXIV.

Comment le duc de Glocestre et la duchesse sa femme alèrent de Calais en Haynau prendre l'obéyssance des bonnes villes. Et comment le duc de Bourgongne se prépara pour aler en l'ayde du duc de Brabant son cousin.

En la fin du mois de novembre, le duc de Glocestre, avecques son grand ost qu'il avoit amené à Calais, comme dit est dessus, et la duchesse Jacqueline sa femme en sa compaignie, se mist à chemin, et par Houdain et au dehors de Lens en Artois, ala en Haynau. Et en passant parmi le pays du duc de Bourgongne, ne souffri faire nul desroy, si non prendre vivres courtoisement. Et ala premiers à Bouchain et à

---

fille de Charles VI. Il épousa en troisièmes noces Isabelle de Portugal.

Mons, où il fu obéys assez libéralment. Auquel lieu vindrent devers lui plusieurs des gentilz hommes et seigneurs du pays, pour à lui et à sa femme faire service et obéyssance. Et brief ensievant firent serement audit duc de Glocestre toutes les bonnes villes de la contée de Haynau appartenans à la duchesse Jacqueline, qu'il disoit estre sa femme, et aussy tous les seigneurs et gentilz hommes du pays, si non, seulement, la ville de Halx, qui tint le parti du duc de Brabant ; et pareillement, le conte de Couversent, seigneur d'Enghien, et messire Englebert d'Enghien et Jehan de Jeumont, avecques toutes leurs villes et forteresces. Et les aultres, comme dit est, tant nobles comme bonnes villes, en rompant et adnichillant le serement que aultrefois avoient fait au duc de Braibant, tinrent plainement le parti d'ycelui duc de Glocestre et la duchesse Jacqueline.

Item, aulcuns jours après que le duc de Bourgongne eust espousée sa femme, comme dit est dessus, il se party d'ycelle et ala à Mascon, où il tint parlement avec le duc de Savoie et les ambaxadeurs du duc de Bretagne, desquelx estoit le principal Artus, conte de Richemont. Lequel parlement durant, vindrent audit lieu de Mascon, envoyés de par le roy Charles, Charles de Bourbon, conte de Clermont, l'archevesque de Rains, l'évesque du Pui et aulcuns aultres notables ambaxadeurs. Lesquelz, entre les autres choses, traictièrent le mariage dudit conte de Clermont et de Agniès, seur germaine dudit duc de Bourgongne. Et la promist ledit duc de Bourbon en parolle de prince, en la main dudit archevesque, de l'espouser en dedens certain temps, qui par les parties fu conclud. Et après, sans plenté d'aultres grandes besongnes acomplir, se départirent l'un de l'autre, et retourna chascun en son propre lieu.

Item, Phelippe, duc de Bourgongne, sachant la venue de Hainfroy, duc de Glocestre, en Haynau, de ce moult indigné, envoya ses mandemens patens en ses pays de Flandres, d'Artois et environ par toutes ses dominacions, lesquelx sans délay furent publiés ès lieux acoustumés, contenans que tous nobles et aultres, de quelque estat qu'ilz fussent, qui se avoient acoustumé de eulx armer, se meyssent sus en armes pour aler en l'ayde du duc de Brabant contre le duc de Glocestre, en la compaignie de messire Jehan de Luxembourg, des seigneurs de Croy, de l'Isle-Adam et autres capitaines qui ad ce seroient commis pour les conduire et mener. Après laquelle publicacion se assamblèrent très grand nombre de gens d'armes soubz la conduicte desdiz seigneurs, qui tous ensamble se traisent devers Phelippe, conte de Saint-Pol, frère au duc Jehan de Brabant. Auquel, de par ledit duc, fu baillié la charge de faire guerre et résistence contre ycelui duc de Glocestre. Avec lequel conte de Saint-Pol estoit principal gouverneur, Pierre de Luxembourg, conte de Conversen et de Brainne, seigneur d'Enghien. Et si y estoient messire Englebert d'Enghien, les damoisiaux de Wissemale, de Rosebare, et aulcuns aultres grans seigneurs banerès du pays de Brabant, avec grand multitude du commun du pays de Brabant, et infinis habillemens de guerre.

Et adonc commença de toutes pars la guerre de Haynau, moult dommageuse, par feu et par espée. Par quoy le povre peuple fu moult oppressé. Car le dessusdit duc de Glocestre mist grand garnison de ses Anglois audit pays de Haynau, en plusieurs villes et forteresces à lui obéyssans. Et pareillement le fist le conte de Saint-Pol sur toutes les frontières de son obéyssance. Lesquelles garnisons souventefois couroient sur les marches de l'un l'autre, en faisant, comme dit est, grands et innumérables dommages.

## CHAPITRE XXV.

**Comment le duc de Glocestre envoia unes lettres au duc de Bourgongne, et la copie d'ycelles.**

Item, après ce qu'il fu venu à la congnoissance du duc de Glocestre que le duc de Bourgongne par ses mandemens avoit fait assembler gens d'armes par ses pays pour aler contre luy en l'ayde du duc de Brabant, il fu de ce grandement mal content, et pour tant escripvi unes lettres, lesquelles il envoia en Bourgongne devers ledit duc. Et contenoient, mot après autre, ce qui s'ensuit.

« Hault et puissant prince, trèschier et tresamé cousin. Nouvelles me sont venues que en voz terres et seignouries pardeçà, on a publié et fait cry de par vous, que toutes gens disposés aux armes soient prestz pour aler en la compaignie de messire Jehan de Luxembourg et aultres, ou service de mon cousin le duc de Brabant, à l'encontre de moy, mes amis, bien veullans et subgectz, en donnant à entendre contre vérité plusieurs choses. Autant ou plus en ay apperceu par une coppie de certaines lectres qui se dient de vostre part, escriptes en vostre ville de Digon, le xx$^e$ jour de décembre. Les quelles publicacions et lectres, comme je croy, ne viennent de vostre sceu ou ordonnance, pour tant que assés sçavés ce que le temps passé ay fait à vostre prière, contemplacion et requeste, et par quantes fois, soubz mon beau frère le régent et vous, me suis submiz pour cuidier appaisier le different et discord dont en ycelles lectres est faite mencion, et qui est entre mondit cousin de Brabant et moy ; quantes journées en ay acceptées et quelles offres, à mon préjudice, en ai fait faire ; aux quelles, comme vous sçavés, ceulx de la partie de Brabant ne volrent oncques descendre, ne prendre aulcun traictié. Supposé que ycelles lectres soient coulourées au contraire, ainsi que par la coppie d'ycelles, se vous le voulés visiter, apparoir vous pourra. Et je sçay aussy que ce que fait en ay n'est eslongié de vostre bonne mémoire. Et si sçavés que, se prochaineté de linage vous vouloit mouvoir d'aulcune chose faire, plus tost devriés estre enclin de aidier à ma partie qu'à l'autre, veu que ma compaigne et espouse est deux fois vostre cousine germaine, et que mondit cousin de Brabant de tant ne vous appartient. Et encores, oultre y estes obligié par le traictié de la paix par vous et moy solempnelment jurée, ce que oncques ne jura le duc de Brabant, mais comme vous sçavés a fait aliances contraires, qui contre lui vous devroient mouvoir. Lequel traictié n'a esté par moy enfraint, ne jà sera, ains de l'avoir pensé se me seroit moult grief et me sambleroit, se fait l'avoie, que depuis ne me porroit bien venir, ainsy qu'il ne feroit. Et aussy tieng-je certain que en vostre vie ne feriés le contraire. Et d'aultre part n'avés encore peu appercevoir, que avant, ne depuis que je suis par decà, n'aye tousjours esté désirant de à vous et aux vostres complaire, ne que j'aye fait, procuré ou porté, ou souffert procurer ou faire à vous, ne à voz subgectz, aulcuns griefs ou dommages, mais lesdiz subgectz ay traictiés et eu aussy pour recommandés comme les miens propres, comme de ce, vos diz subgectz vous pueent donner congnoissance. Avec ce, sçavés comment piécà vous ay escript, que vray est que pardeçà ne me suis entremis de demander aultrui chose, ains suis content de avoir ce qui me appartient à cause de madicte compaigne vostre cousine, et qu'à l'ayde de Dieu garderay tant qu'elle vivra; qui bien me suffit. Et se aulcune chose me a convenu et me convient faire contre mondit cousin, comme vous avés sceu, n'en suis encoulpé, mais par contrainte par ses emprises, pour mon honneur garder et mon pays deffendre le m'a convenu faire, seloncq que sçavoir le povez. A la verité, laquelle comme je tiens, en sçavés desjà qui sont assez notifians, par lesquelles je ne puis croire qu'oncques lesdictes publicacions et lectres procédassent de vostre sceu ou certaine congnoissance. Pour ce, hault et puissant prince, mon très chier et tresamé cousin, je vous prie très adcertes, que ce que dessus est dit vueillés bien considérer, c'est assavoir ce que j'ay fait à vostre contemplacion et requeste, le refus de l'aultre partie, la prochaineté de linage, le traictié de paix, que n'ay fait contre aulcune chose du vostre, et les dictes entreprinses de mes adversaires. Et je croy que supposé ores que, ainsy soit que on m'a donné à congnoistre, que ne puis encore croire, et bien y pensés, prenderés aultre conseil et serés d'opinion contraire. Quand aultrement faire le vouldrés, Dieu, à cuy on ne puet riens céler, mon bon droit et le serment que y avés, je y appelle. Hault et puissant prince, très chier et très amé cousin, par ce porteur me faites sçavoir de vostre intencion. Avecques, s'il est aulcune chose que pour vous faire puisse, je m'y employerai de bon cuer, Nostre Seigneur le scet, qui soit garde de vous. Escript en ma ville de Mons, soubz mon signet, le xii° jour de janvier. Hault et puissant prince, très chier et tres amé cousin je vous envoie en ces présentes enclose la samblable copie d'ycelles lectres. Ainsy signées : Droco. » Desquelles lectres la superscripcion estoit : « A très hault et puissant prince, mon très chier et très amé cousin, le duc de Bourgongne. » Et la infrascription : « Vostre cousin, le duc de Glocestre, conte de Haynau, de Holande et de Zélande, de Pennebruch et seigneur de Frise. »

Lesquelles lectres ainsi déclarées, receues du duc de Bourgongne, les visita en grand délibéracion du conseil. Et après rescripvi par la manière cy-après déclarée au dessusdit duc de Glocestre.

## CHAPITRE XXVI.

### Copie des premières lectres du duc de Bourgongne envoiées au duc de Glocestre.

« Hault et puissant prince, Humfroy duc de Glocestre. Je Phelippe, duc de Bourgongne, conte de Flandres, d'Artois et de Bourgongne, ay receues vos lectres à moy adréçans, escriptes à Mons en Haynau soubz vostre signet, le xii° jour de janvier derrain passé, contenans plusieurs choses, et entre les autres, que avés oy nouvelles que en mes terres et seignouries par de çà, on a fait publier et cryer de par moy, que toutes gens disposés aux armes fussent prestz pour aler en la compaignie de nostre très chier et tres amé cousin, messire Jehan de Luxembourg et aultres, pour aler ou service de mon très chier et très amé, le duc de Brabant, à l'encontre de vous, voz bienvueillans et subjectz, en donnant plusieurs choses à entendre contre vérité, comme portent vozdictes lectres, et que autant ou plus en avés aperceu par la copie que envoyé m'avez de certaines lectres qui se dient de ma part, escriptes en ma ville de Dijon, le xxie jour de décembre. Sur ce, hault et puissant prince, de la plus grande partie d'ycelles voz lectres je me passe de faire récitation et responce, car gaires ou rien ne m'en est, fors de ce qui touche à mon honneur, que je ne vueil ne doy souffrir blasmer, ne charger contre droit et raison. Et, pour tant, vous escrips et signifie, que les lectres et publicacions d'icelles, samblables en substance à ladicte copie que m'avés envoyée, procèdent de mon sceu, et les ay ordonnées, mandées et commandées estre faictes. A quoy ay esté meu, du refus par vous fait de obtempérer aux articles et poins derrenièrement par beau frère le régent et moy, à grand délibéracion de conseil, à Paris advisés, et depuis à vous présentés pour l'apaisement du content et discord d'entre mon très chier et très amé cousin le duc de Brabant d'une part, et vous d'autre. Lesquelz articles, ycelui mondit cousin de Brabant pour Dieu mettre de son costé et complaire audit beaufrère et à moy, [les a] octroyés et accordés. Mais ce non obstant, vous, après vostre dit refus et sans vouloir attendre du procès pendant en la court de Romme sur ledit content, estes à puissance d'armes et de guerre entré ou pays de Haynau, vous esforçant de en débouter mondit cousin de Brabant et luy en oster sa possession. Et de ces choses sont mesdictes lettres cassées; qui sont certaines et véritables, si comme vous povés sçavoir, et ygnorer et nyer ne le povés. Si n'ay en ce riens donné à entendre contre vérité, comme mençonnièrement et à tort me mettés sus et voulés chargier, comme il me samble par voz lettres dessusdictes, lesquelles je garde pardevers moy pour enseignier quand temps sera. Assez voy, et trop m'est deshonneur et oultrage, que fait avés et esforcées faire à mon dit cousin de Brabant, sans vouloir chargier mon honneur et renommée, que endurer ne vouldroie, ne vueil, de vous ne d'aultre. Aussi croy-je que ceulx à qui je atiens et qui me attiennent de sang linage et affinité, et mes loyaulx, féaulx vassaulx et subjectz, qui si grandement et si loyalment ont servi messeigneurs mes prédécesseurs et moy, ne le vouldroient pas ainsy passer, ne souffrir. Pour ce est-il, que je vous somme et requiers par ces lettres, que vous rapellés et desdites ce que m'avés escript, que j'ay donné chose à entendre contre vérité, comme dit est, et selonc ce que contiennent vos dictes lettres et escrips patens. Et se faire ne le voulez, et que vueilliés maintenir la devant dicte parolle, ou chose qui puist chargier mon honneur et renommée, je suis et seray prest de m'en deffendre de mon corps contre le vostre, et de vous combatre à l'ayde de Dieu et de Nostre-Dame, en prenant jour raisonnable et compétent par devant très hault, très-excellent et très puissant prince l'empereur, mon très chier seigneur et cousin. Et adfin que vous et tout le monde voie que je vueil abrégier ceste chose et garder mon honneur estroitement, se mieulx vous plaist je suis content que nous prenons à juge mon très chier et très amé, et aussi le vostre, beau frère, le régent, duc de Bethfort, lequel par raison ne debverés refuser, car il est tel prince que je sçay, qu'à vous, à moy et à tous aultres il vouldroit estre droiturier juge. Et pour l'onneur et révérence de Dieu, et pour éviter effusion de sang chrestien et la destruction du peuple, dont en mon cuer ay compacion, il doibt, à vous et à moy, qui sommes chevaliers adolescens, estre plus convenable, ou cas que les parolles dessusdictes vouldriés parmaintenir, que par mon corps sans plus, ceste querelle soit menée à fin, sans y aler avant par voies de guerres, dont il convendroit mains gentilzhommes et aultres, tant de vostre ost comme du mien, finer leurs jours piteusement. Laquelle chose me desplairoit se ainsy le falloit faire, et aussy devroit-il faire à vous, veu que la guerre des chrestiens doit desplaire à tous princes catholiques, et à moy a-elle despleu et desplaist, se aultrement se povoit faire. Hault et puissant prince, sur le contenu de cestes me vueilliés faire responce par voz lettres patentes et par le porteur de cestes, ou par aultre, le plus brief que faire se pourra, sans proroguier ceste chose par escriptures ou aultrement. Car j'ay désir que ceste besongne preigne briève conclusion pour mon honneur, et ne doy laissier, ne laisseray qu'elle demeure en ce point. Et sur ceste matière, après la réception de vos lettres dessusdictes, vous eusse plus tost fait responce et rescript, se n'eussent esté plusieurs grandes occupacions qui depuis me sont seurvenues et m'ont retardé. Et adfin qu'il vous appère que ce vient de mon sceu et propre mouvement, j'ay escript mon nom à ces présentes, et à ycelles fait mettre mon signet. Escript le xiii° jour de mars, l'an mil iiii° et xxiii. »

Lesquelles lettres furent de par le duc de Glocestre leues, qui assez les visita tout au long avec son conseil, et sur ycelles, pour faire responce, rescripvi de rechief au duc de Bourgongne, en telle fourme que cy-après s'en suit.

## CHAPITRE XXVII.

#### Coppie des secondes lettres envoyées par le duc de Glocestre au duc de Bourgongne.

« Hault et puissant prince, Phelippe, duc de Bourgongne, conte de Flandres, d'Artois et de Bourgongne. Je Humfroy, filz, frère et oncle des rois d'Angleterre, duc de Glocestre, conte de Haynau, de Hollande et de Zélande et de Penebruch[1], seigneur de Frize, et grant chambellan d'Angleterre, ay receu voz lettres en forme de plaquart, à moy adréçans, escriptes le xiii° jour de ce mois, lesquelles, adfin qu'il me appère que le contenu vient de vostre sceu et propre mouvement, avés signé et escript vostre nom, et à ycelles fait mettre vostre signet. Desquelles, pour la greigneur partie réciter, m'est aussi peu ou mains qu'il est à vous des miennes, à vous adréçans, escriptes en ma bonne ville de Mons

---

1. Pembroke.

en ma contée de Haynau, soubz mon signet, le xii° jour de janvier darrain passé, se n'est en tant qu'elles font mencion du refus que vous dictes par moy estre fait pour non vouloir appaisier le discord qui est entre mon cousin, le duc de Brabant, d'une part, et moy d'aultre, qui est mains que vérité. Car mon très chier et très amé frère, le régent, duc de Bethfort, et tout le conseil de France, scèvent que j'en ay fait, et aussy faites vous; se ygnorer le volés, ne poves vous. Et que dictes, que menciounèrement et à tort par mes dictes lettres vous ay mis sur aulcune chose, et vous samble que assez trop vous estoit du deshonneur et oultrage que vous m'imposés avoir fait à mondit cousin de Brabant sans vouloir changier vostre honneur et renommée, pour quoy me sommés et requerés par vosdictes lettres de rappeler et desdire ce que par les dictes miennes escript vous ay, ou se ce non, vous estes prest de deffendre vostre corps contre le mien et de moy combatre; si vous laisse sçavoir que le contenu de mesdictes lettres je dy et tieng estre vrai et d'encoste ycelui vueil demourer. Et desjà est approuvé, par ce que voz gens et à vostre mandement ont fait et perpétré en madicte contrée; ne pour vous ne pour aultre, ne sera par moy rappelé, ains à l'ayde de Dieu, de Nostre-Dame et de Monseigneur Saint-Jorge, le contenu en mesdictes lettres vous feray de mon corps cognoistre et jehir estre vérité, pardevant quelque des juges que avés esleus, car tous deux me sont indifférens. Et pour ce que désirés la chose estre briève, comme je fais pareillement, ce que mondit beau frère est plus prest, je suis content de parfaire la chose pardevant lui et le accepte pour juge, et le jour, que vous meistes en mon election, je vous assigne le jour de Monseigneur Saint-Jorge prochain venant, ou autre, à la discrécion de mondit frère. Auquel, au plaisir de Dieu, je serai prest et ne fauldrai. Et en cas que mondit frère ne vouldra sur lui emprendre la chose, je suis content que ce soit devant très hault et puissant prince l'Empereur. Et pareillement, se l'Empereur ne le volt, devant beau frère Heldeberch, ou autre juge indifférent. Mais pour ce que ne sçay se vous vouldrés demourer d'encoste vostre signet, je vous somme et requiers, que par le porteur de cestes m'envoyez autres lettres qui soient scellées de vostre seel, pareillement que du mien sont ces présentes. Et quant audit de Brabant, se voulez ou osez dire qu'il ait meilleur droit que moy en ceste présente querelle, je suis prest de vous le faire jehir mon corps contre le vostre, au jour et devant ceulx que dessus est dit, que j'ay meilleur droit, et ay, à la grace de Dieu, Nostre-Dame et Saint-Jorge. Et adfin qu'il vous appere que ce que dessus est dit je vuel entretenir, faire et accomplir, j'ay escript mon nom à ces présentes et à ycelles fait mettre mon seel. Escript en ma ville de Soignies, le xvi<sup>e</sup> jour du mois de mars, l'an mil iiii<sup>c</sup> et xxiiii.

## CHAPITRE XXVIII.

**Comment le duc de Bourgongne retourna en Flandres, et comment il renvoya unes secondes lettres au duc de Glocestre; et la coppie d'ycelles.**

Item, entretant que aulcunes des lettres dessusdictes se envoyèrent d'iceulx princes l'un à l'autre, retourna le duc de Bourgongne en son pays de Flandres, et fist grand partie de ses gens aler en l'ayde du duc de Brabant, comme dit est dessus. Et aussi avec ce rescripvi au duc de Glocestre unes lettres scellées de son seel, en acceptant le jour après ledit de Glocestre. Desquelles lettres la teneur s'en suit :

« Hault et puissant prince, Humfroy, duc de Glocestre. Je Phelippe, duc de Bourgogne, conte de Flandres, d'Artois et de Bourgongne, ay au jour dhui receu voz lettres patentes escriptes et signées de vostre main, respondans aux miennes que derrenièrement vous envoyai, escriptes le xiii$^e$ jour de ce présent mois, lesquelles faisoient mencion que vous avez refusé le traictié par grande délibéracion advisé par beau frère le régent et moy, sur le discord estant entre beau cousin de Brabant et moy, et vous respondez que c'est mains que vérité. Car mondit biau frère le régent et tout le conseil de France scèvent bien ce que fait en avez, et aussi fai-je, se je ne le vuel ygnorer, et se ygnorer le vouloie, si ne puis-je, si comme vosdictes lettres contiennent. Sur ce, vous fay assavoir que sur ce seray trouvé véritable, et vous non, comme apparoir pourra par le rapport des ambaxadeurs envoyez devers vous à tout la cédule de l'acord advisé par ledit beau frère, moy et ledit conseil, laquelle avez refusée, et, contre la teneur d'icelle, de fait entré ou pays de Haynau, combien que beau cousin de Brabant l'eust plainement accordé. Et ad ce que avoie escript que mençonnièrent et à tort m'avez mis sus aucunes choses, et que assez m'estoit du deshonneur et oultrage que aviez fait audit biau cousin de Brabant sans vouloir chargier mon honneur et renommée; par quoy vous sommoie et requeroie de rappeler et desdire ce que par voz lettres m'aviez escript, que j'avoie contre vérité plusieurs choses données à entendre, ou se ce non, j'estoie prest de m'en deffendre le mien corps contre le vostre, devant l'Empereur ou biau frère le régent. Me laissiez sçavoir que le contenu en voz dictes lettres tenez estre vray et d'encostes ycelles voulez demourer. Et que desjà est approuvé par ce que mes gens ont perpétré oudit pays de Haynau, que pour moy ne autre ne rappellerez, aincois le contenu en ycelles voz lettres, me ferez de vostre corps contre le mien recongnoistre et regehir estre vérité pardevant quelque des deux juges devant nommés. Et que pour ce que désirez la chose estre briève, pareillement comme je fais, et que ledit biau frère le régent est plus près, vous estes content de faire la chose devant luy, et le acceptez à juge en assignant la journée le jour Saint-Georges, ou aultre, à la discrécion dudit biau frère. Je vous respons que du jour et du juge je suis très bien content; à l'ayde de Dieu et de Nostre-Dame me deffenderay, et maintenray le contraire par mon corps contre le vostre, en faisant à tous apparoir que mençonnièrement et à tort m'avez mis sus les choses dessusdictes, et y garderay ma loyaulté et mon honneur. Et quand ad ce que mes gens ont fait ou pays de Haynau, se ils y avoient fait aulcune chose qui fust au bien et à l'onneur de biau cousin de Brabant, j'en seroie bien liez et bien joieus. Et pour ce que vous faites doubte se ledit biau frère acceptera ceste besongne, j'envoie premièrement devers luy mes ambaxadeurs notables le en prier très chièrement, et se accepter ne le veult, je suis content de l'Empereur, ainsy que par mes dictes lettres je vous ay rescript. Et ad ce que me rescripvez, que se je vuel ne ose dire que mondit beau cousin de Brabant ait meilleur droit que vous, vous me ferez jehir de vostre corps contre le mien au jour et devant ceulx que dessus, le contraire, je vous respons que par la sentence de nostre saint père le Pape, devant cuy ceste cause est pendant, pourra clèrement apparoir qui aura droit ou tort. A la puissance et auctorité duquel, je ne voudroie pour rien déroguer, ne désobéyr. Aussi n'y est il point en nous deux de ordonner ne déterminer à cuy le droit en appartient. Et si ay espérance en nostre seigneur Jhésucrist et en sa glorieuse mère, que avant que nous départons de la journée par nous ainsy entreprinse, de tellement deffendre ma bonne querelle, qu'il ne vous sera jà besoing d'aultre nouvelleté mettre en avant. Et quand ad ce que me requérez, que soubz mon seel je vous vueil envoyer la coppie de mes lettres, que envoyées vous ay soubz mon signet, je vous les envoie ainsy que requis le m'avez. Car ce que j'ay escript, vuel franchement tenir et accomplir. »

## CHAPITRE XXIX.

Comment la ville de Brainne en Haynau fu destruite et désolée par les communes de Brabant. — Et aultres matières.

Item, durant les tribulacions et haynes dessus déclarées entre les ducz de Bourgongne et de Glocestre, se mist sus à très grand puissance Phelippe, conte de Liney[1]

1. Ligny.

et de Saint-Pol, frère au duc de Brabant, en sa compaignie le conte de Couversen, seigueur d'Enghien, les seigneurs de Croy et de l'Isle-Adam, messire Andrieu de Valines et le bastard de Saint-Pol et plusieurs autres capitaines de guerre, avecques aulcuns banerès et gentilz hommes, et environ de trente à quarante mille communes, comme dit est dessus. Lesquelz le dessusdit conte de Saint-Pol mena devant Brainne-le-Conte ou pays de Haynau. En laquelle ville estoient environ deux cens Anglois des gens du duc de Glocestre, avec la communaulté d'ycelle. Si furent layens asségiez de tous costez, et très fort combatus par les engiens qu'ilz avoient là amenez sans nombre. Pour quoy, après que lesdiz asségiez eurent veu la grand puissance de leurs ennemis par l'espace de huit jours, commencèrent à traictier, et en fin furent d'accord, par ainsi que les Anglois, qui dedens estoient, yroient sauves leurs vies et aulcune partie de leurs biens. Et la ville, avec les habitans, demourroient en l'obéyssance du duc de Brabant, en faisant serement à lui ou à ses commis, moyennant qu'ilz payeroient certaine somme d'argent, en rachetant leur ville et leurs biens. Après lequel traictié ainsi fait, et que lesdiz Anglois furent prestz à tenir leur sauf conduict pour eulx en aler, entrèrent les communes dessusdictes, en très grand nombre, dedens ycelle ville par plusieurs lieux, et occirent grand partie d'iceulx Anglois, avec aulcuns bourgois de la ville, et prirent, ravirent et fustèrent les biens, et puis boutèrent le feu en plusieurs lieux et maisons, tant finablement que la ville fut toute arse et désolée. Ainsy et par ceste manière rompirent et enfraindirent, lesdictes communes, ledit traictié que avoient fait leurs capitaines. Et ne fu, pour prières et pour menaces, que de ce on les peust faire retarder. Dont les dessusdiz seigneurs et nobles furent très mal contens. Nientmains aulcuns d'yceulx Anglois furent sauvés et renvoyés, sauves leurs vies, ainsy que promis leur avoit esté, par le moyen des seigneurs et nobles dessusdiz. Et alors estoit en la compaignie du conte de Saint-Pol, audit siège de Brainne, Pothon de Saincte-Treille, Renauld de Longueval et aulcuns aultres, à tout leurs gens, tenans la partie du roy Charles.

Item, après que ladicte ville de Brainne fu du tout dérobée, comme dit est, se tint l'ost des Brabançons ou propre lieu où ils estoient. Et adonc, par le moyen des lettres envoyées par le duc de Glocestre et le duc de Bourgongne l'un à l'autre, et le jour accepté comme dit est de combatre de leurs personnes pardevant le duc de Bethfort, estoit la guerre mise comme en suspens entre le duc de Glocestre et le duc de Brabant, et ne devoient plus, ne leurs gens, porter dommage l'un à l'autre, ains se attenderoient à celui qui auroit victoire de ladicte journée. Et sur ce propos se deslogèrent ledit conte de Saint-Pol et ses gens de devant Brainne, pour retourner en Brabant. Et pour tant que le duc de Glocestre, avec sa femme et toute sa puissance, tant Anglois comme Hennuyers, estoit à Songnies[1], eurent les Brabançons grand doubte de estre aulcunement envays d'yceulx, et pour ce, tous les nobles se mirent avec leurs princes en ordonnance et chevaulchèrent par ordre tous armés, prestz comme

---

1. Soignies.

se ilz deussent entrer en bataille. Et aussi firent aler lesdictes communes en belle et grande ordonnance, et ainsy se départirent de devant Brainne. Mais quand ilz eurent chevaulchié une partie de leur chemin, ilz oyrent nouvelles par une partie de leurs arière coureurs qu'ilz avoient laissiez derrière, que les Anglois estoient sur les champs. Laquelle chose estoit véritable. Car aulcuns des capitainnes du duc de Glocestre, à tout huit cens ou mille Anglois, se mirent sus par le congié dudit duc pour veoir yceulx Brabançons deslogier, et tant approchèrent les parties l'un l'autre qu'ilz se povoient bien tout plainement veoir. Mais il y avoit bonne espace et fossés entre ycelles parties. Toutefois, ledit conte de Saint-Pol fist mectre ses gens en ordonnance sur une montaigne, c'est assavoir ses gentilz hommes et archiers. Et pareillement se y mirent yceulx Anglois. Et entretant y eut plusieurs coureurs tant d'un costé comme d'aultre, qui escarmuchèrent très fort les ungs contre les aultres, et tant qu'en ce faisant, de chescune partie en y eut aulcuns mors et navrés et portés jus de leurs chevaulx, non mie en grand nombre. Et demourèrent en l'estat que dit est, chascune partie, en bataille, par très longue espace et jusques, chascune desdictes parties contendans que ses compaignons ennemis s'en deussent partir premiers. Et entretant qu'ilz étoient ainsy en bataille comme dit est, vinrent certaines nouvelles au conte de Saint-Pol de par le duc de Bourgongne, de la journée acceptée entre lui et le duc de Glocestre, et aussy que la guerre devoit cesser entre ycelles parties. Après lesquelles nouvelles venues, comme dit est, et qu'il estoit desjà bien tard, vers la nuit, se commencèrent à retraire les Anglois dessusdiz devers leur seigneur le duc de Glocestre, qui estoit à Songnies[1]. Et d'autre part, le conte de Saint-Pol et les siens se départirent et alèrent logier à Hal et à l'environ, auquel lieu ilz firent faire très bon guet.

Or est vérité que la plus grand partie des communes de Brabant dessusdictes, avecques aulcuns nobles du pays, comme Wesemale et aulcuns aultres, doubtans l'envaye et bataille desdiz Anglois, s'estoient départis de avec ledit conte de Saint-Pol, en fuiant par grand desroy en leur pays, laissans par les champs leurs armeures cheyr sans nombre, avec leurs chars et charettes et aultres habillemens de guerre. Jà soit qu'ilz feussent de trente à quarante mille hommes desdictes communes, si en demoura-il assez peu avec leurs chefz, et ne tint pas à eulx que à ce jour ledit conte de Saint-Pol et les aultres seigneurs et capitaines qui estoient avec luy, ne receussent grand deshonneur et grand dommage.

Item, le xxvie jour de février de cest an, ouquel le premier mars se devoit rendre la ville et chastel de Guise, avoit tant traictié messire Jehan de Luxembourg avec Jehan de Proisi, gouverneur d'ycelle, que ladicte ville et chastel luy furent rendus audit xxvie jour de février, avant que le jour assigné fust venu. Et pareillement luy fu bailliée et délivrée la forteresce d'Irechon. Et fu par ces moyens du tout obéy par toute la contée de Guise. Dont il despleut grandement à Renier d'Angou[2], duc de Bar, qui d'ycelle contée estoit

---

1. Soignies.
2. René d'Anjou.

seigneur et vray héritier. Et par ainsy, ceulx qui s'estoient assamblés pour estre à la reddicion d'ycelle au premier mars, tant Anglois comme Picars, quand ilz sceurent les nouvelles d'ycelle reddicion, retournèrent en leurs propres lieux. Et le dessusdit de Luxembourg rendi les ostaiges aux François qui estoient dedens, lesquelz, à tout bon sauf conduict, s'en alèrent où bon leur sambla. Et lors fu commis à Guise, nouvel gouverneur, messire Daviot de Poix.

Item, après ce que Phelippe, conte de Saint-Pol, avec les nobles de Brabant se furent retrais à Brouxelles depuis le siège de Brainne, et que les Picars se furent mis en plusieurs fors sur les marches de Haynau, le duc de Glocestre, sa femme en sa compaignie, à tout son armée, ala de Songnies à Mons, où il trouva la contesse de Haynau douaigière, avec laquelle et plusieurs nobles, conclud de retourner en Angleterre, à tout ses Anglois, adfin de lui préparer de sa personne pour combatre le duc de Bourgongne, comme par leurs lettres ci dessus escriptes estoit conclud et accordé par eulx deux. Et lors, sur le point de son département, fut requeste faite au duc de Glocestre, tant par sa belle mère, contesse de Haynau, comme par les nobles et bonnes villes du pays, qu'il volsit laissier la duchesse Jacqueline, qu'il disoit sa femme, leur dame et héritière. Lequel leur accorda, moyennant qu'ilz promirent et jurèrent sollempnellement audit duc de Glocestre, qu'ilz le garderoient et deffenderoient contre tous ceulz qui nuire ou grever le vouldroient. Et par espécial le jurèrent et promirent, les bourgois et habitans de la ville de Mons, dedens laquelle elle demoura. Et adonc, ledit duc de Glocestre et sa femme, départans l'un de l'autre en grans gémissemens, se départi, à tout quatre ou cinq mille combatans anglois, de Saint-Ghilain, et a la gésir celle première nuit à Ynins emprès Bohaing. Et après, par Vy en Artois et au dehors de Lens, ala en plusieurs jours jusques à Calais, en passant, lui et ses gens, paisiblement, en prenant vivres, sans faire nul desroy. Et remena avec luy ou pays d'Angleterre, Alyenor de Cobatre, laquelle il eut depuis espousée. Et l'avoit amenée d'Angleterre avec sa femme ou pays de Haynau; est assavoir avec la duchesse Jaqueline de Bavière.

A l'issue de cest an alèrent à Romme devers nostre saint père le pape, les ambassadeurs du roy Charles, desquelz le principal, l'évesque de Lionne en Bretaigne[1]. Lesquelz ambassadeurs firent de par ledit roy toute obéyssance audit pape Martin; et il les receut liement. Car par avant, ledit roy Charles s'estoit assenti à Benedict[2] avec les Espagnolz et Arragonnois.

1. S. Pol de Léon.
2. Benoit XIII.

## DE L'AN MCCCCXXV.

[Du 8 avril 1425 au 31 mars 1426.]

## CHAPITRE XXX.

Comment le pape Martin envoya unes bulles au duc Jehan de Brabant, et la teneur d'ycelles.

Au commencement de cest an furent envoyées lettres, et publiées de la partie du duc Jehan de Brabant par manière de vidimus, des lettres du pape à luy envoyées sur sa bulle, dont la teneur s'ensuit :

« Martin, évesque, le serviteur des serviteurs de Dieu, à chier filz, noble homme, duc Jehan de Brabant, salut et bénédiction apostolique. Nagaires, par relacion par aulcuns dignes de foy, est venu à nostre cognoissance, dont moult nous desplait, que aulcunes cédules ont esté divulguées et leutes publiquement en certaines lettres sur nostre nom, et bulles démonstrées au peuple ès parties de Haynau et ès eveschiés de Utrect, de Liège et de Cambray, esquelles, si comme on nous afferme, entre les aultres choses estoit contenu que nous avions confermé le mariage contrait par chier filz noble homme, Humfroy, duc de Glocestre, avecques chière fille en Jhésu-Crist, Jaque, noble femme, duchesse de Bavière, et que le mariage ainçois contrait par soy avec ladicte duchesse nous aviens reprouchié et jugié estre de nulle valeur. Et pour ce que telles choses, qui ne yssent point de nous, sont publiées ès dictes parties en nostre escandèle et contre ton honneur, qui voulons la cause dudit mariage estre terminée seloncq la disposicion et fourme du droit commun, et à toy nottifions par ces présentes pour les choses dessusdictes, que tu ne prendes aucune rencune ou tristesse en ta pensée, mais tieng fermement que lesdictes lettres et autres choses qui ont esté dictes et publiées ès dictes parties par les hommes plains d'escandèle, ne viennent point de nous, mais d'autres qui n'ont point Dieu devant leurs yeulx et quièrent nouvelletés, mouvemens et esclandes, et discenses et faussetés. Si voulons que les trouveurs de telles escandèles et faulsetés, pour l'honneur de nous et du siège apostolique, soient deuement punis selonc la griefté du péchié commis. Et pour ce, escripvons à nos vénérables frères les évesques de Utrect, de Liège et de Cambray, et à chascun d'eulx et mandons par escrips apostoliques, pour oster ceste escandèle et faulseté, que noz lettres et le contenu d'ycelles facent publier en leurs églises et sermons publiques au peuple, et aient pour excommenié celui qui telles lettres fait publier ou lire en leur puissance, et le facent tenir en nostre prison jusques à tant qu'ilz auront receu autre commandement de nous. Donné à Romme aux Sains Appostles, ès ydes de février, la VIII<sup>e</sup> de nostre papalité [1]. »

1. Le 13 février 1424.

## CHAPITRE XXXI.

Comment après le département du duc de Glocestre la guerre s'esmeut en Haynau, et comment la duchesse Jaqueline de Bavière escripvi au duc de Glocestre pour avoir souscours, et le contenu des lettres.

Item, après le département du duc de Glocestre de la contée d'Haynau, commencèrent les gens du duc Jehan de Brabant et les Picars, à mener forte guerre oudit pays à toutes les villes qui obéyssoient au duc de Glocestre, et aussy à celles qui avec leurs seigneurs avoient tenu et tenoient son parti. Pour quoy, le pays fu fort molesté et mis à grand destruction. Et pour y résister et y avoir pourvéance, la duchesse de Haynau doagière eut plusieurs parlemens avec le duc Phelippe de Bourgongne, son nepveu, et avec les ambassadeurs du duc de Brabant, tant à Douay et à Lille, comme en Audenarde. En la fin desquelx estoit conclud que le pays de Haynau seroit remis en l'obéyssance du duc de Brabant, lequel duc feroit aux bonnes villes et habitans du pays absolucion génerale; et la duchesse Jaqueline seroit baillié en garde au duc de Bourgongne, par si qu'il auroit pour tenir l'estat d'elle, certaine pécune, et elle demourroit en son gouvernement jusques ad ce que le procès durant touchant ceste besongne et pendant en court de Romme, seroit finé. Durant lequel traictié, se tournèrent en l'obéyssance des ducz de Bourgongne et de Brabant, contre leur dame, les villes, c'estassavoir de Valenciennes, Condé, Bouchain et aulcunes autres. Et demoura à peu près, la ville de Mons, esseulée du parti de leur dame. Pour quoy, de toutes pars furent approuchiés de leurs ennemis, et leur furent les vivres ostées et deffendus, qu'ilz n'en povoient avoir, si non assez petit. Et adonc, eulx véans en ce dangier, furent fort troublés et esmeus contre leur dame, et tant que ilz ly dirent plainement, que se elle ne faisoit paix ilz la metteroient entre la main du duc de Brabant. Et avec ce emprisonnèrent aucuns de ses gens, et firent morir par justice les aucuns, comme cy-après sera déclaré. Dont ladicte duchesse fut en grand doubte et désespoir, tant pour les mutacions dessusdictes, comme pour les nouvelles que ly rapporta sa dame, sa mère, est assavoir qu'elle seroit mise en la main du duc de Bourgongne et menée en Flandres, comme cy-après puet apparoir par ses lettres closes qu'elle envoya au duc de Glocestre, lesquelles furent trouvées en chemin et portées au duc de Bourgongne. Desquelles lettres la teneur s'ensuit :

« Mon très redoubté seigneur et père, tant humblement comme je puis et sçay en ce monde, me recommande à vostre bénigne grace. Et vous plaise sçavoir, mon très redoubté seigneur et père, que je escrips maintenant à vostre glorieuse dominacion comme la plus dolente femme, la plus perdue et la plus faulsement trahie qui vive. Car, mon très redoubté seigneur, le dimenche xiii$^e$ jour de ce mois de juing, les députés de vostre ville de Mons retournèrent et apportèrent un traictié fait et accordé par beau cousin de Bourgongne et beau cousin de Brabant, lequel traictié fu fait en l'absence de madame ma mère, et sans sa congnoissance, comme elle mesme m'a certifié et signifié par maistre Gérard le Grand son chapelain. Pour quoy, mon très redoubté seigneur, ma dame de mère m'a escript ses lettres faisans mencion dudit traictié, sur lequel elle ne scet, ne ose moy conseillier, car elle meisme ne sçavoit que faire, mais me prioit que je volsisse prier mes bonnes gens de ceste ville pour sçavoir quelle consolacion et ayde ilz me vouldroient faire. Sur laquelle chose, mon très redoubté seigneur et père, il vous plaise sçavoir, que lendemain je alay à la Maison de la Ville, et leur fis remoustrer comment à leur requeste et prière vous avoit pleu à moy laissier en leur protection et sauvegarde, comme à ceulx qui vous avoient fait serement d'estre bons, vrays et loyaulx subjectz, et qu'ilz feissent de moy bonne garde pour vous en rendre bon compte; lequel serement ilz firent devant le sacrement de l'autel et sur les Saintes Euvangilles. Sur quoy, mon très honnouré seigneur et père, ilz respondirent tout à plain qu'ilz n'estoient point assez fors dedens la ville pour moy garder. Et en ce faisant, de fait appensé s'esmeurent, en disant que mes gens les vouloient murdrir. Et tant, mon très redoubté seigneur, que en mon despit, ilz prinrent ung de voz subgès sergent, nommé Macart, et prestement en ma présence luy firent prestement coper la teste. Et firent prendre tous ceulx qui vous ayment et tiennent vostre party, comme Bardoul de La Porte, Colard, son frère, Gille de La Porte, Jehan du Bois, Guillaume de Le Hève, Sanson, vostre sergent, Pierre Baron, Sandrart Dandre et plusieurs autres jusques au nombre de deux cens et cinquante, de vostredit party. Et de rechef vouloit prendre sire Baudouin, trésorier, sire Loys de Montfort, Haulvère, Jehan de

Frasne et Estièvene d'Istre, lesquelx ilz n'ont point encore prins. Je ne sçai qu'ilz feront. Aussy, mon très redoubté seigne, il z me dirent tout à plain, que se je ne faisoie traictié ilz me livreroient ès main de beau cousin de Brabant. Et n'ay plus de dilacion à demourer en ceste ville que huit jours, que je ne soie constrainte d'aler en Flandres; qui m'est doloreuse chose et dure : car je doubte que tant que je viveray, plus ne vous verrai, s'il ne vous plaist, moult en haste, moy venir aydier. Hélas! mon très redoubté seigneur et père, toute ma vraie espérance et toute ma consolacion est en vostre dominacion, veu, mon très redoubté seigneur et père, ma seule et souveraine léesce, que tout ce que je sueffre est pour l'amour de vous. Dont, très humblement je vous supplie, tant et si très chierement que je puis en ce monde, pour l'amour de Dieu, qu'il vous plaise avoir compacion de mes besongnes, et à moy, vostre dolente créature, venir en tout haste en ayde, se ne me voulés perdre pardurablement. J'ay espoir que aussy ferés vous. Car, mon très redoubté seigneur et père, je ne déservis oncques pardevers vous, ne jà ne feray, tant que je viveray, aucune chose qui vous deust desplaire, aincois suis toute preste à recepvoir mort pour l'amour de vous et de vostre noble personne, car vostre noble dominacion me plaist très grandement. Par ma foy, mon très redoubté seigneur et prince, toute ma vraie consolacion et espérance, il vous plaise pour l'amour de Dieu et de monseigneur Saint-Jorge, considérant en haste comme plus povés mon doleureux affaire, que encore n'avés vous point fait, car il me samble que entièrement m'avés mis en oubli. Aultre chose ne vous sçay point pour le présent que escripre, fors, mon très redoubté seigneur et père, que je moult tost envoie pardevers vous messire Loys de Montfort, car il ne puet plus estre avec moy, non obstant qu'il m'a acompaignié quand tous les autres me ont failly, qui vous dira tout, plus à plain que je ne vous sçaroie rescripre. Pour ce vous supplie, mon très chier seigneur et père, qu'il vous plaise à luy estre bon seigneur, et à moy mander et commander vos bons plaisirs, lesquelz je feray de tout mon cuer. Ce scet le benoist filz de Dieu, qui vous doinst bonne vie et longue, et grace que vous puisse veoir à très grand joie. Escript en la faulse et traistre ville de Mons, de très doloreux cuer, le vi[e] jour de juing. » La infrascription estoit : « Vostre dolente et très amée fille, souffrant très grand doleur pour vostre commandement. Vostre fille de Quennebourg. »

Avec ycelles lettres dessusdictes en furent trouvées unes aultres, dont la teneur s'ensuit :

« Très chier et bien amé cousin, je me recommande à vous. Et vous plaise sçavoir qu'à l'eure que ces présentes furent escriptes j'estoie très dolente en ceur, comme femme faulsement et très desloialment trahie. Et se vous voulés sçavoir aulcune chose de nouvel, mon très chier et très amé cousin, sachiés que encore pour le présent je ne vous sçauroie que escripre. Mais vueilliés demander à nostre très chier et redoubté seigneur, qui vous en dira plus que vous n'en vouldriés oyr. Aultre chose ne vous en sçauroie que vous rescripre, excepté que vous tenés la main à ce que sçavés, ad fin que mon très redoubté seigneur veuille venir ; ou aultrement, ne luy ne vous, jamais ne me verrez. Et quant à ce que vous m'avez escript de venir deçà la mer, c'est trop tard. Mais hastés vous, à si grand puissance, que vous me puissiés délivrer des mains des Flamens, où je seray dedens huit jours. Très chier et bien amé cousin, je prie à Dieu qu'il vous doinst bonne vie et longue. Escript en la faulse et traistre ville de Mons, le vi° jour de juing. » La superscripcion estoit : « Vostre cousine Jaqueline de Quennebrouch. »

Par la teneur de cestes appert que moult cremoit ladicte duchesse à aler en Flandres.

Item, après que les députés de la ville de Mons en Haynau furent retournés de devers les ducz de Bourgongne et de Brabant en leur ville, et que plusieurs choses eurent sur ce esté traictées à la grand desplaisance de leur dame, la contesse de Haynau doagière, et de la duchesse Jaqueline, sa fille, nientmains le xiii° jour de juing de cest an, ladicte Jaqueline, non poant ad ce contrester, se départi de la ville de Mons, en la compaignie du prince d'Orange, et autres seigneurs, à ce commis de par le duc de Bourgongne, qui la menèrent et conduirent en la ville de Gand. Et se loga en l'ostel dudit duc, où elle fut administrée honnourablement selon son estat. Et le duc Jehan de Brabant son mari eut le gouvernement, comme dit est, de tout le dessusdit pays de Haynau. Et lors fist-on départir dudit pays toutes gens de guerre, et fu faicte abolicion de toutes besongnes par avant passées. Ainsy et par ceste manière que dessus est déclairé, livrèrent et constraindirent ceulx de la ville de Mons en Haynau, leur dame et vraie héritière, oultre et contre son gré, en la main du duc de Bourgongne, non obstant que par avant avoit juré et promis au duc de Glocestre, de la garder et deffendre contre tous qui nuire ou grever le vouldroient.

## CHAPITRE XXXII.

### Comment le duc de Bethford et le duc de Bourgongne se trouvèrent ensamble en la ville de Dourlens. Et autres matières servans.

La vigille de Saint Pierre et Saint Pol[1], arriva le duc de Bethfort, régent, avec sa femme, en la ville de Corbie, acompaignié de huit cens chevaulcheurs ou environ. Et estoient avecques luy, l'évesque de Terrewane[2], chancelier de France pour le roy Henri, le président en parlement, et moult d'autres notables hommes, comme gens de conseil, qui tous estoient ensamble avec ledit duc de Bethfort, qui se disoit régent. Et de là vinrent à Dourlens, le second jour ensuivant. Auquel lieu, ala pour voir ycelui régent et sa seur, le duc de Bourgongne, et firent yceulx princes grande révérence et joieuse chère l'un à l'autre, et par espécial le duc de Bourgongne, à sa seur la duchesse. Et brief après s'en ala ledit duc de Bourgongne logier à Lucheu, où estoit le conte de Saint-Pol son cousin germain. Et lendemain, environ quatre heures après midi, retourna avec luy ledit conte de Saint-Pol en la ville de Dourlens, et mena ladicte duchesse sa seur et toutes leurs gens, loger en son chastel à Hesdin. Auquel lieu ilz furent de par ledit duc

1. Le 28 juin.
2. Térouane.

reçeus et festyés moult noblement, et là demourèrent par l'espace de six jours, faisans grand joie et grand léesce les ungs avecques les autres, en boires, mengiers, chaceries, danses et autres esbatemens de plusieurs et diverses manières. Après lesquelx six jours, se départi ledit régent, sa femme la duchesse, et toutes leurs gens, et alèrent dudit lieu de Hesdin à Abbeville, où ilz sousjournèrent aucune espace. Et de là, par le Crotoy, où estoit lors le duc d'Alençon prisonnier, lequel fu du régent araisonné, en lui exhortant qu'il volsist faire serement et fidelité au roy Henry de Lancastre et par ainsy il seroit mis hors de prison et de servage, et lui seroient rendues toutes ses terres et seigneuries, disant ledit régent en oultre, que se ce ne vouloit faire, il demourroit en grand danger tous les jours de sa vie. A quoy ledit duc d'Alençon fist responce, qu'il estoit ferme en son propos de non, en toute sa vie, faire serement contre son souverain et droicturier seigneur, Charles, roy de France. Laquelle response oye par ledit duc de Bethfort, le fist tantost après oster de devant lui et remener en prison. Et après, par le pays de Caux, s'en ala à Paris.

Et audit lieu de Hesdin estoit Jehan, bastard de Saint-Pol, et Drieu de Humières, lesquelx portoient chascun sur son bras dextre une rondelle d'argent où il avoit paint une raie de soleil, et l'avoient entreprins pour ce qu'ilz vouloient soustenir contre tous Anglois et autres leurs aliez, que le duc Jehan de Brabant avoit meilleure querelle de demander et avoir les pays et seigneuries de la duchesse Jaqueline de Bavière sa femme, que n'avoit le duc de Glocestre.

Lesquelles rondelles le duc de Bethfort leur volt faire oster par aucuns de ses gens, pour ce qu'on lui avoit donné à entendre qu'ilz les portoient sur autre querelle, pour vouloir combatre contre lesdiz Anglois. Mais en la fin fut assés content d'eulx, et ne fu sur ce procédé plus avant.

Item, après ce que le duc de Glocestre fu retourné du pays de Haynau en Angleterre, ung jour, en la ville de Londres, en la présence du jeune roy Henry et de son conseil, lui fu remoustré par ledit conseil le expédicion qu'il avoit faite en la contée de Haynau en la manière qu'il avoit tenu le contempt contre le duc de Bourgongne le plus puissant prince du sang royal de France, en le blasmant de ce très fort, et disant que par telles manières tenir pourroient refroidier et adnuller les aliances que avoit fait ledit duc avec eulx, et par conséquent se pourroit perdre la conqueste que sur ce avoient en France. Et meismement fu dit audit duc de Glocestre, que pour ceste besongne n'auroit point d'ayde de gens, ne d'argent, du roy son nepveu. Dont il fut grandement mal content, mais pour le présent il n'en peut avoir autre chose.

## CHAPITRE XXXIII.

### Comment le Soudant et les Sarrasins déliberèrent d'aler conquerre tout le royaume de Cyppre.

Item, après que les Sarrazins dont dessus est faite mention furent retournés du royaume de Cyppre en Surie, ils alèrent devers le Soudant, et en signe de victoire portèrent la teste et les esperons du chevalier qu'ils avoient occis, sur une lance, et crioient en hault par toute la ville du Kaire, que c'estoit la teste du frère du roy de Chippre nommé Henry, prince de Galilée ; dont ils mentoient. Nientmains, pour ceste victoire tous les complices du Soudant et luy montèrent en tel orgueil, qu'ilz se délibérèrent du tout de faire si grande armée qu'ilz destruiroient tout le royaume de Cyppre. Or est vérité qu'en la ville de Damas estoit ung Sarrasin grand, riche et puissant, lequel par toute la Surie estoit réputé estre saint homme, et l'avoit le Soudant en grand révérence, et d'autre part estoit bon et cordial amy du roy de Cyppre. Et quant il vint à sa congnoissance de la destruction qu'avoient fait en Cyppre les six galées dessusdictes, il ala au Kaire devers le Soudant, et le reprist et le blasma de ce qu'il avoit commencé la guerre, et tant fist que le Soudant fust moult repentant de ce qu'il avoit fait, et accorda que ung bon accord y fust traictié. Pour lequel faire et atraire, se charga ce saint homme sarrasin d'envoyer son fils devers le roy de Cyppre traictier de ladicte paix, et de fait lui envoia. Mais quand il fu venu au pays, le Roy de Cyppre n'eut point conseil de parler à luy de sa personne, ains pour oyr ce qu'il demandoit y envoia ses ambaxadeurs, ausquelz, en conclusion, le ambaxadeur dessusdict ne volt dire nulle chose de son ambaxade et fist responce absolue, que se il povoit parler au roy, la paix se fercit à l'onneur de luy et de son royaume. Et les commis du roy de Cyppre luy remoustrèrent comment le Soudant fait avoit une folle emprise de commencer la guerre, pour ce qu'il auroit à faire à toute chrestienté. Et adonc respondi ledict ambaxadeur que le Soudant estoit bien informé du gouvernement des chrestiens, et que le roy de France, qui pour le temps passé avoit tousjours esté leur plus mortel ennemy, dormoit pour le présent, et que pour peu, ou nient, les doubtoit le Soudant. Après lesquelles parolles s'en retourna ledit ambaxadeur à Damas devers son père, et luy récita la manière comment le roy de Cyppre ne l'avoit voulu oyr. Pourquoy ledit saint homme fu très mal content, et demoura ennemy mortel dudict roy de Cyppre, et depuis ce jour continuelment conforta le Soudant, en luy enhortant de faire cruelle et forte guerre au roy de Cyppre, disant en oultre qu'il ne eust nulle doubte et qu'il demourroit victorien contre tous ses ennemys.

## CHAPITRE XXXIV.

### Comment le duc de Bourgongne fist grandes préparacions pour combatre le duc de Glocestre. Et autres matières en brief.

En ce temps, le duc de Bourgongne fist grandes préparacions, tant en armeures pour son corps comme en paremens de chevaulx, pour estre fourni à la journée prise par luy contre le duc de Glocestre. Et fist forgier la plus grand partie desdictes armeures ou chastel de Hesdin. Et avecques ce, se exercita en toute diligence de sa personne, tant en abstinence de sa bouche, comme en prenant painnes pour luy mettre en alainne. Et pour vray il estoit moult désirant que le jour venist qu'il peuyst venir contre son ennemy et furnir ledit champ, jà soit que son beau frère le duc de Bethfort et son conseil fussent moult désirans que ung bon traictié se y trouvast. Et pareillement se prépara en Angleterre ledit duc de Glocestre.

En ce temps, par le commandement du duc de Bethfort, asséga le conte de Salseberi le chastel de Ramboulet¹ que tenoient les gens du roy Charles, lesquelz couroient souvent jusques bien près de Paris, en faisant moult de travail au peuple. Toutefois, en conclusion, ils rendirent à icelui conte de Salsebéri ladicte forteresce, en emportant tous leurs biens.

Environ le saint Jehan Bapstiste, se resmeurent l'un contre l'autre ceulx de la cité de Tournay, et remirent les communes gens plusieurs bannières en leurs franchises. Et si rendirent la ville, pour gouverner et régner avec eulx, comme autrefois avoient fait, à ung nommé Passe-carte, et à ung autre, nommé Bleharie, avec aucunes autres gens de petiz estat qui pour leurs démérites estoient bannis de ladicte ville. Et furent remis dedens à banière desploiée et en armes, en très grand nombre, oultre le gré et consentement des groz bourgois et gouverneurs d'icelle cité. Et meismement par lesdictes communes en furent aucuns emprisonnés et en très grand dangier de leurs vies. Mais nientmains, après ils se rapaisèrent.

En cest an, requist le Soudant de Babilonne ayde au roy de Thunes² en Barbarie, pour mener guerre au royaume de Chippre. Lequel lui fut accordé. Et lors manda par toutes ses seigneuries tous les navires et vaisseaulx d'armes qui y estoient. Desquels il assambla très grand nombre et les fist très bien garnir de

---

1. Rambouillet (Seine-et-Oise).
2. Tunis.

vivres et de gens. Et après, soubz la conduite de ses amiraulx et autres capitainnes, les envoia descendre au royaume de Chippre pardevers Saragouce[1]. Et lors commencèrent à entrer au pays et à tenir les champs à grand puissance, en faisant maulx irréparables. Et pour ce temps le roy de Cyppre[2] estoit très durement agrevé de maladie. Pour quoy il ordonna son frère, qui estoit prince de Galilée, chief et capitainne général de son armée. Lequel prince assembla toute la puissance d'ycelui royaume de Cyppre, et se retraist pardevers le lieu où estoient yceulx Sarrasins pour les combatre et rebouter. Lesquels, sachans sa venue, se ratrayrent vers leurs navires. Mais il les poursievy, et quand il fu d'eulx approuchié pour les combatre, il trouva que les deux pars de ses gens l'avoient laissié, et par ainsy fu constraint de retourner à Nicosie. Et lesdiz Sarrasins rentrèrent oudit pays, en persévérant de mal en pis, et trestout le désolèrent. Et après qu'ils furent plains et rasasiés de tous biens, à grans rapines et grand foison de prisonniers chrestiens, s'en retournèrent en Surie. Et emmenèrent avecques eulx ung gentil homme nommé Ragonnet de Pioul, lequel avoit esté prins en la grosse tour de Lymechon[3], et le présentèrent au Soudant pour ce qu'il estoit vaillant homme et s'estoit moult vigureusement deffendu. Lequel Soudant l'amonesta forment de renoyer la loy de Jhésu Crist, et l'on promist de le faire grand seigneur. Mais oncques il n'y volt enten-

1. *Lis.* Famagouste.
2. C'était Jean II ou Janus.
3. Limasol ou Limassol.

dre, aincois en la présence d'iceluy Soudant blasmoit moult fort la loy des Sarrasins. Pourquoy ledit Soudant, de ce moult indigné, le fist soyer[1] par le milieu du corps et mettre à mort cruelle. Et depuis fu certifié par plusieurs personnes dignes de foy, que sur le lieu où il avait esté enterré avoit-on veu une couronne de feu descendant du ciel en terre et reposer sur le lieu dessusdict.

Item, après ce que le conte de Salsebéri eust conquis la forteresce de Ramboulet, comme dict est dessus, il ala mettre le siége entour la ville du Mans Saint-Julien[2], où il fut certaine espace, combatant ceulx qui dedens estoient, de toutes pars, à force de ses engiens, et tant, que les habitans d'icelle ville et cité, non espérans avoir souscours, commencèrent à traictier avec ledict conte de Salsebéri. Et meisment, pour ledict traictié avoir, alèrent devers luy l'évesque de la ville et avecques lui aucunes gens d'église, et en grande humilité supplièrent audict conte qu'il les voulsist prendre à mercy, pour eschever l'effusion du sang chrestien. Et lors, icelui conte s'enclina à leurs prières et requestes, et conclud avecques eulx par tel si, que au bout de huit jours ensuivans ils renderoient leur ville en son obéyssance avec tous les habillemens de guerre que dedens avoient, ou cas que à ce jour n'auroient souscours du roy Charles ou de ses commis, et ceulx qui vouldroient faire serement et demourer en l'obéyssance du roy Henry, auroient franche-

---

1. Le fit scier.
2. *Le Mans Saint-Julien*. Nous avons déjà vu que Monstrelet désigne par là la ville du Mans, qui en effet a eu pour premier évêque Saint Julien.

ment tous leurs biens. Et sur ce baillèrent bons hostaiges d'entretenir ledict traictié. Mais pour tant que au jour dessusdict ne furent point souscourus, rendirent ladicte ville en la main du conte de Salsebéri, lequel le garny très fort de ses gens, et puis retourna à Rouen devers le duc de Bethfort.

## CHAPITRE XXXV.

Comment la duchesse Jaqueline de Bavière se parti et embla de la ville de Gand, et s'en ala au pays de Holande.

Item, la duchesse Jaqueline de Bavière estant en la ville de Gand comme dict est, après qu'elle y eut esté certaine espace de temps, non contente de ce que ainsy estoit détenue oultre sa voulenté, ung jour regarda et advisa, environ l'entrée du mois de septembre, comment elle se pourroit de là partir. Et en fin, en tant que ces gens soupoient, elle, vestue en habit, une femme pareillement habillée et deux hommes avecques elle, se départi de ladicte ville de Gand à cheval, et chevaulcha bien en haste jusques en Anvers, où elle reprint habit de femme, et sur ung char s'en ala à Breda et depuis à La Garide, où elle fut obyée honnourablement comme dame. Et adonc, ordonna le seigneur de Montfort son principal gouverneur. Et manda plusieurs nobles barons du pays de Hollande pour avoir conseil avec eulx sur ses affaires. Et lors, assés brief ensievant, vint à la cognoissance du duc de Bourgongne le département de ladicte duchesse, dont il fut grandement troublé. Et pour tant, hastivement manda gens de toutes pars, et assambla et fist assambler navire pour icelle poursiévir en Hollande, et meismement y ala en personne. Et luy venu oudict pays, fut receu de plusieurs bonnes villes dudict pays, Herlem, Durdrech Rottredam [1] et aucunes autres. Et adonc commença la guerre entre ledict duc de Bourgongne d'une part, et la duchesse Jaqueline de Bavière, sa cousine germaine.

## CHAPITRE XXXVI.

### Comment le duc de Bethfort mist jus le champ des ducz de Bourgongne et de Glocestre. Et autres matières.

En ce meisme temps le duc de Bethfort, qui se disoit régent de France, fist assambler en la ville de Paris plusieurs nobles hommes dudit royaume de France; avecques aucuns saiges des Troys Estas et les ambaxadeurs d'Angleterre, pour ensamble avoir advis et délibéracion sur la journée et champ de la bataille entreprins entre les ducs de Bourgongne et de Glocestre. Toute fois, après ce que la querelle eust par plusieurs journées esté visitée et débatue en conseil, fut concluë, toutes choses veues et considérées, qu'il n'y avoit point de juste cause entre eulx de appeller l'un l'autre en champ. Et pour tant, fut ordonné que ycelle journée seroit mise du tout à nient, et qu'ils ne feroient point d'amendise l'un à l'autre. Et estoient lors à Paris au conseil dessusdict, de par le duc de Bourgogne, l'évesque de Tournay, et de par le duc de

---

1. Harlem, Dordrecht et Rotterdam.

Glocestre, l'évesque de Londres, et avecques eulx, de chascune partie, aucuns de leur conseil [1].

Le XVII° jour du mois de septembre furent, en la cité d'Authun, faites les nopces solempnelment de Charles de Bourbon, conte de Clermont, fils et héritier du duc de Bourbon prisonnier en Angleterre, et de Agnés, seur maisnée du duc de Bourgongne. Aux quelles nopces fu la duchesse de Bourgongne, seur au duc Charles de Bourbon. Après laquelle feste passée et que ycelle duchesse de Bourgongne fut retournée en Digon, trespassa de ce siècle, et fut enterrée en l'église des Chartreux, au dehors de ladicte ville de Digon, en grand tristesse et gémissemens des Bourguignons qui moult l'amoient, car elle estoit dame moult prudente, tant envers Dieu, comme envers le monde.

En l'an dessusdit, furent envoyés de Paris à Romme devers nostre saint père le pape, de la partie des deux royaumes de France et d'Angleterre, certains ambaxadeurs, c'estassavoir, pour le royaume de France, l'abbé d'Orcamp, docteur en théologie, et deux chevaliers lettrés[2], et pour le royaume d'Angleterre, l'abbé de Biaulieu, avecques deux chevaliers, pour sommer ledit pape comment on avoit sommé au darrain concille général fait à Constances, afin qu'il convocast et assamblast concille pour parfaire et accomplir les choses qui n'avoient esté parfaites audict darrain concille, en luy notifiant qu'il estoit trop prolonguié, et

---

1. Le pape Martin V s'éleva avec force contre ces combats singuliers entre princes. (Voy. *Raynaldi*, t. IX, p. 22.)

2. *Chevaliers lettrés*. On disait aussi chevalier en lois.

que ce estoit contre le utilité de la Sainte-Église universelle.

En cest an y eut grand descord en Angleterre entre le duc de Glocestre d'une part, et le cardinal de Wincestre son oncle, d'autre part. Et fut la cause du discord, pour ce que ycelui duc de Glocestre vouloit avoir le gouvernement du josne roy Henri[1], son nepveu, lequel avoit esté baillé en garde par Henri roy d'Angleterre son père, audit cardinal. Nientmains, par la force et puissance dudit duc de Glocestre, convint que ledit cardinal, son oncle, se retrayst dedens la grosse tour de Londres. Et y fut par trois jours, qu'il n'osoit yssir. Et si furent occis huit ou dix de ses gens. Mais en fin la paix se fist, et furent les Trois-États du pays assamblés pour sur ce avoir pourveance. En la présence desquelz fut par plusieurs fois porté le jeune roy Henri, et sist[2] en siége royal, et entre les autres choses fist un duc du conte mareschal. Et dura cestuy parlement par très longue espace de temps. Ez quelz furent délibérées plusieurs grandes besongnes sur les affaires dudit josne roy et des deux royaumes, c'estassavoir de France et d'Angleterre.

Environ le mois de décembre, se départit le duc de Bethfort et la duchesse sa femme avec lui, à tout cinq cens combatans ou environ, de Paris, et vint à Amiens, où il fut par aucuns jours. Durans lesquels estoient sur les champs aucuns saquemans, jusques à mil chevaulx, desquelz estoit chief et conducteur ung nommé Sauvage de Fermainville, lequel n'estoit point amé

---

1. Henri VI.
2. Siégea.

du dessusdit duc. Et pour tant, ledit Sauvage, qui estoit logié à Esclusiers[1] vers Péronne, sachant le département d'ycelui duc alant de Amiens à Dourlens petitement acompaignié, espérant ycelui soubdainement envayr et ruer jus, se départit, à tout ses gens, de ladicte ville d'Esclusiers, et de là, bien en haste, chevaulcha à Biaukesne[2] et là se loga. Mais ledit duc paravant estoit passé et logié à Dourlens[3] et de là à Saint Pol et par Terrewane[4] s'en ala à Calais et de là en Angleterre, pour blasmer et corrigier son frère Humfroy, duc de Glocestre, des entreprinses qu'il avoit contre le duc de Bourgongne. Pour laquelle poursuite et envaye dessusdicte, ledit Sauvage de Fermainville fut en la très grande indignacion du duc de Bethfort, quand il vint à sa congnoissance ce qu'il avoit fait contre luy, et tant, qu'en fin, tant pour ce comme pour autres démérites, il en fut vilainement puny, comme cy-après orrez plainement déclarer.

## CHAPITRE XXXVII.

### Comment le seigneur de Filwatier vint au pays de Hollande en l'ayde de la duchesse Jaqueline de Bavière.

En ces jours, le duc de Bourgongne estant ou pays de Hollande, menant forte guerre à la duchesse Jaqueline de Bavière, sa cousine, et à ceulx tenant son party,

1. Eclusier (Somme).
2. Beauquesne (Somme).
3. Doullens.
4. Térouane.

arrivèrent assez près de Sierixee [1] en Zéelande, cinq cens Anglois gens d'eslite, desquelz estoit capitaine le seigneur de Filsvatier [2], soy-disant lieutenant du duc de Glocestre ès pays de Hollande et Zéelande. Lesquelz Anglois aloient devers la duchesse Jaqueline pour ly aidier à maintenir sa guerre. Et lors le duc de Bourgongne, qui estoit à Leyde en Hollande, oyant les nouvelles d'yceulx Anglois, se partit de là, à tout quatre mille combatans qu'il avoit de plusieurs ses pays, et ala à Rotredame [3], où il se mist en l'eaue, en intencion de trouver yceulx Anglois pour les combatre. Et yceulx attendans, y eut aucuns des gens du duc de Bourgongne qui rencontrèrent partie des dessusdiz Anglois. Si les desconfirent, prinrent et occirent. Après, ledit duc de Bourgongne, sachant que ses ennemys, Holandois et Zéelandois et Anglois, estoient de deux à trois mille combatans armés au port de Brauwers, ung havene où estoient lesdiz ennemis, il s'en vint ilecques. Si furent tost et victorieusement par ledit duc de Bourgongne et les siens, assaillis, combatus, et eu brief desconfis. Et demourèrent mors sur la place, tant Holandois et Zéelandois, comme Anglois, environ de huit cens combatans, et les autres se mirent à fuir en grand desroy, et furent chacés jusques à la mer, où il s'en sauva grand partie dedens leurs vaisseaulx. Entre lesquelz se sauvèrent ledit seigneur de Filwatier, capitaine desdiz Anglois, et le seigneur de Hautredee. Et de la partie du duc de

---

1. Zierik-Sée.
2. Fitzwalter.
3. Rotterdam.

Bourgongne furent mors sur la place, des gens de nom, messire Andrieu de Valines tant seulement. Et Robert de Brimeu fut rapporté de la place bléçié, et en fin moru de ladicte bleceure. Après laquelle victoire ledict duc de Bourgongne rassambla ses gens, et regracia humblement son créateur de sa bonne adventure. Et brief ensuivant laissa en plusieurs villes ou pays, lesquelles estoient à luy obéyssans, garnisons de ses gens, et puis s'en retourna en son pays de Flandres, pour de rechef faire assamblée de gens pour mener guerre oudit pays de Holande, est assavoir à ceulx tenans le parti de la duchesse Jaqueline.

Item, après ce que ledit duc de Bourgongne fut retourné des pays de Holande et de Zélande et qu'il eust laissiés ses garnisons oudit pays, ladicte duchesse Jaqueline de Bavière assambla très grand nombre de gens d'armes et les mena devers Herlem[1], laquelle ville elle asséga très puissamment tout à l'environ. Et estoit dedens, de par le duc de Bourgongne, le damoisiau de Ysembergue et messire Roland de Hutkerque, chevalier, avec certain nombre de combatans. Durant lequel siège, messire Jehan de Hutekerque, filz dudit messire Roland, assambla de sept à huit cens combatans, tant nobles comme communaulté du pays de Flandres, lesquelz il amena hastivement ou pays de Holande, en intencion de souscourir son père. Mais sa venue fut sceue par la dessusdicte duchesse, laquelle envoia de ses gens au devant d'eulx. Et les trouvèrent en ung desroy vers la mer. Si les combatirent et desconfirent pour la plus

---

1. Harlem.

grand partie, si non aucuns qui se sauvèrent avec le dessusdit messire Jehan Hutekerque. De laquelle besongne fut moult joieuse la duchesse Jaqueline, et fist mettre à mort cruelle ceulx qui avoient esté prins prisonniers. Et après, pour doubte de la venue du duc de Bourgongne, qui faisoit grande assamblée de gens en ses pays de Flandres et d'Artois, leva son siège de devant Harlem, et s'en ala en la ville de la Gaude.

En cest an, le conte de Salsebéri asséga la forteresce de Moiniès en Champaigne, laquelle estoit forte oultre mesure, et bien garnie de gens et de habillemens de guerre que c'estoit merveille. Lequel siège durant y eut plusieurs grandes et fortes escarmuches entre les parties. Entre lesquelles en y eut une où fut mis à mort Waleran de Bernonville, frère de messire Lyonel de Bernonville, d'une lance qui ly traversa oultre le corps. Toutefois, non obstant la grande résistence que firent les asségiés, par longue continuacion furent constrains d'eulx rendre, et en fin se départirent à tout leurs biens, et ladicte forteresce fut démolie et abatue.

Item, le duc de Bourgongne estant en son pays de Flandres eut plusieurs parlemens avecques le duc de Brabant, son cousin, et ceulx de son conseil, sur les affaires de Holande. Et entretant assambla gens de plusieurs lieux, et vinrent devers luy grand chevalerie de Bourgongne, desquelx estoit le chief, le prince d'Orenge; à tout lesquelx, et foison de Picars et Flamens, vers la my-caresme, retourna en Holande. Et commença de rechief à mener forte guerre à la duchesse Jaqueline de Bavière et à ses bienvueillans. Et brief ensuivant se rendirent à luy plusieurs bonnes villes d'iceluy pays de Holande, et luy firent serement de loyauté.

En ce meisme temps, se assamblèrent les gens de la duchesse Jaqueline, de trois à quatre mille combatans, et alèrent devant la ville de Hornes[1] sur les marches de Frise, pour ycelle envayr et prendre. Dedens laquelle estoit en garnison le seigneur de l'Isle-Adam et le bastard de Saint-Pol, à tout cinq cens combatans ou environ, qui en grand hardiesce yssirent contre leurs ennemys et férirent en eulx de grand courage, et en fin les vainquirent et mirent à fuite. Et en demoura sur la place, de mors, environ quatre cens, sans les navrés, dont il y eut grand nombre. Et de la partie du duc de Bourgongne furent mors, le bastard de Viesville et environ dix archiers. Pour laquelle desconfiture, grand partie du pays de Hollande se mist en l'obéyssance du duc de Bourgongne.

Durant toutes ces tribulacions, ou pays de Holande y eut plusieurs rencontres et grans escarmuces par plusieurs fois entre les parties; qui seroient trop longues à racompter chascune par ly. Nientmains, la plus grand partie d'yceulx rencontres estoit à la confusion des gens de la duchesse Jaqueline de Bavière. Et estoit la cause pour ce que les gens du duc de Bourgongne étaient tous exercités et exités en armes et fais de guerre, et avec ce, avoient grand foison de trait[2], duquel les habitans n'estoient point acoustumés.

1. Horn, ou Hoorn.
2. D'artillerie.

## DE L'AN MCCCCXXVI.

[Du 31 mars 1426 au 20 avril 1427.]

## CHAPITRE XXXVIII.

Comment le duc de Bourgongne retourna en Hollande et asséga la ville de Zenenberghe, laquelle se rendi à lui. — Et autres matières.

Au commencement de cest an le duc de Bourgongne assambla très grand nombre de gens d'armes de ses pays de Flandres, d'Artois et de Bourgongne, lesquelx, après ce qu'il eust préparé son armée, il mena en Holande devant une forte ville nommée Zenenberghe, qui avec le seigneur d'ycelle tenoit le parti de la duchesse Jaqueline de Bavière, et faisoit forte guerre par terre et par mer à tous ceulx qui avoient fait obéyssance audit duc de Bourgongne. Mais en brief ladicte ville fut très fort environnée, asségié et combatue par ycelui duc de Bourgongne et ses gens. Et d'aultre part les asségiés, qui avec ledit seigneur etoient en très-grand nombre, se tinrent et deffendirent très vaillamment. Mais après ce que le duc de Bourgongne eust par long temps continué son siège, ledit seigneur de Zenenberghe fist traictié avec lui, par si qu'il lui délivra sa ville et forteresce avec la seigneurie et subgectz d'ycelle. Et avec ce rendi sa personne et tous les gentilz hommes qui estoient avec lui en la voulenté dudit duc, sauves leurs vies, promettans de tenir prison honneste par tout où il leur seroit ordonné. Item, fut délivré ès mains dudit duc de Bourgongne ou de ses commis tous les habillemens de guerre estans dedens ladicte ville et chastel, avec tout le navire. Et quand aux soldoyers estranges qui estoient dedens, eurent congié en faisant serement que jamais ne feroient guerre à nul des pays du duc de Bourgongne. Item, furent délivrés franchement tous les prisonniers qui estoient de la partie du duc. Entre lesquelx estoient le seigneur de Moyencourt, le damoisel d'Ercle et aultres. Item, tous les bourgois et habitans de la ville firent serement audit duc ou à ses commis, et par ainsy demourèrent paisibles, en payant certaine somme de deniers. Et fut le seigneur de Zenenberghe desvestu de sa ville et de ses biens, et avec ce fut amené à Lille en Flandres. Et ledit duc garny lesdictes ville et forteresce de ses gens, et après ce leva son siège et retourna avec tous les siens en Flandres et en Artois. Mais en faisant lesdiz voiages morurent de impédimie le seigneur de Humbercourt et messire Mauroy de Saint-Légier, avec aucuns autres.

En cel an, après que le duc de Bethfort eust sousjourné en Angleterre de sept à huit mois, retourna, o sa femme, et trois mille combatans, à Calais, et de là à Paris, où il fut par certaine espace de temps, pour ordonner des affaires de France. Et après ala à Lille, auquel lieu vint devers lui le duc de Bourgougne, qui receut joieusement lui et sa femme. Et là eurent plusieurs consaulx ensamble pour appaisier le discord qui estoit entre le duc de Glocestre et le duc de Bourgongne, mais peu ou nient ilz besongnièrent. Et pour tant, ledit duc de Bethfort s'en retourna à Paris.

En ce temps le duc de Glocestre fist grans mandemens en Angleterre après le département du duc de

Bethfort son frère, en intencion de venir en Holande pour souscourir la duchesse Jaqueline qu'il disoit sa femme. Et s'estoit lors alyé avec le duc de Glocestre contre le duc de Bourgongne, le conte de Salsebéri et plusieurs autres seigneurs d'Angleterre. Ledit duc de Bethfort, sachant ceste emprise, envoia hastivement ses ambaxadeurs en Angleterre devers son frère le duc de Glocestre. Lesquelx ambaxadeurs traictèrent tant avec luy qu'il se déporta de sadicte emprise, en impétrant tréves entre les parties jusques à certain espace de temps, espérans de les mettre d'accord. Et firent ceste ambassade l'abbé d'Orcamp et maistre Jehan le Dur.

## CHAPITRE XXXIX.

*Comment les Sarrasins retournèrent en Chipre et eurent bataille aux Chipriens, en laquelle bataille le roy fu prins et mené au Soudant.*

En ce temps arrivèrent devers le roy de Cyppre plusieurs chevaliers et escuyers de divers pays, lesquelx par avant avoit mandés pour résister contre l'armée des Sarrasins que chascun jour il attendoit. Et avec ce assambla de son royaume ce qu'il peut avoir de gens, auxquelx il pourveut de vivres, logis et argent, au mieulx qu'il peut, chascun selon son estat. Et entretant qu'il attendoit, comme dit est, la venue des Sarrasins, ses gens qui estoient de diverses nacions s'esmeurent par plusieurs fois l'un contre l'autre, par telle manière que le roy avoit assez à faire à mettre paix entre eulx, et ne sçavoit comment il peust ordonner capitaine qui à ceulx fust agréable. Durant lesquelles divisions les Sarrasins arrivèrent ou royaume de Cyppre en très grand multitude, et prinrent port à Lymeçon et assiégièrent la tour, qui estoit très bien réparée et garnie de gens d'armes. Mais non obstant elle fut prinse par force, et le capitaine, nommé Estievene de Buiseuses, mort avec toutes ses gens. Et adonc le roy de Cyppre, sachant les nouvelles de ses ennemis, assambla ceulx de son conseil et leur demanda qu'il en avoit à faire. Et la plus grand partie de ceulx de son pays lui firent responce, qu'il se tenist en sa ville de Nicosie, disant que mieulx valoit pays gasté que perdu. Mais tous les estrangiers furent de contraire opinion et lui conseillèrent qu'il se meist aux champs et qu'il combatist bien et hardiement ses ennemis, lesquelx destruisoient ainsy son pays et mettoient à mort cruelle son povre peuple. Le roy ce oyant, délibéra soy mettre aux champs le second jour ensuivant. Et quand le jour vint et qu'il monta à cheval, le premier pas que son destrier fist il s'agenoulla jusques à terre, et le prince de Galilée son frère, en montant à cheval, laissa cheoïr son espée hors du fourrel à terre. Dont plusieurs eurent petite espérance qu'ilz deussent avoir victoire. Et ala, celui jour, le roy loger à trois lieues près de la cité, en une place moult délitable nommée Biau Lieu, et le samedi ensuivant, dont c'estoit le jeudi, chevaulcha en belle ordonnance jusques à une ville nommée Cytocie. Et le dimenche ensuivant vi° jour de jullet, après que le roy ot oy ses messes, il se assist à table, et à celle heure que lui et tous ceulx de son ost disnoient, fut veu en plusieurs lieux grand fumée des feux que les Sarrasins boutoient, et lors furent au roy apportées certaines nouvelles qu'ilz venoient contre luy. Et adonc le Grand commandeur de Cyppre, avec plusieurs frères de Rodes de sa religion, et aussy le seigneur de Varembolois, alemant, et aucuns autres gentilz hommes de la nacion de France, demandèrent au roy congié d'aler descouvrir et veoir leurs ennemis. Lequel leur accorda, moult envis. Si alèrent si avant qu'ilz trouvèrent les Sarrasins, auxquelx ilz escarmuchèrent et en occirent aucuns. Mais en fin, pour la très grande habondance d'yceulx ilz ne porent porter la charge, et en y eut de mors trente ou environ, et les autres se retrayrent envers le roy au mieulx que faire le porrent. Lequel roy chevauchoit grant oire pour trouver ses ennemis. Et ainsi sans faire grande ordonnance chevaucha grande espace, et tant qu'il trouva les Sarrasins assez près d'une ville qui s'appelle Dorny. Et estoient au plus près de lui, son frère, prince de Galilée, le connestable de Jhérusalem, deux contes d'Alemaigne et toute la fleur de sa chevalerie. Et adonc le dessusdit roy de Cyppre assailli moult chevaleuresement et soubdainement les Sarrasins, ses adversaires, et tant que de plaine venue leur fist très grand dommage. Mais, ainsy que fortune le volt adverser, le coursier du roy chey des quatre piés à terre, et se desclavèrent les chaingles de sa selle[1]. Et après qu'il fut remonté et qu'il volt faire fais d'armes, la selle tourna et le roy chey à terre et son cheval s'enfuy, et fut de necessité qu'il montast sur ung petit cheval d'un sien escuyer, nommé Antoine Kairy, car tous les petis paiges s'en estoient fuys de fréeur, à tout les grands coursiers. Pour laquelle adventure

---

1. Les sangles de sa selle se débouclèrent.

grant partie des Cypriens cuidèrent certainement que leur roy fust mort, et demourèrent tous esbahis. Et pour ce les Sarrasins, qui jà tournoient en fuie, reprinrent courage. Si vint leur grosse bataille, qui charga sur la gent chrestienne si puissamment, qu'il fut de necessité au roy qu'il se retrayst en la Charcottie dont il s'estoit party. Et quant il vint assez près dudit lieu, ycelui lieu estoit jà environné des Sarrasins, tellement qu'il n'y peut entrer. Et adonc se mirent les Chrestiens en desroy, et commencèrent à fuyr chascun où ilz porent pour le mieulx. Le roy se retraist sur une montaignette assez adventageuse. Et tousjours estoit au plus près de luy son frère le prince de Galilée, lequel lui dist ainsy : « Monseigneur, vous véés clèrement que toutes voz gens vous habandonnent et que vous ne povés résister contre voz ennemis, veuillez sauver vostre personne, et ayés compacion de vostre royaume. Se vous estes prins, nous sommes tous perdus. Prenés aucuns de voz plus féables serviteurs ; si vous retrayés en aucune seure place, et je demourray cy avec les bannières jusques ad ce que je sentiray que vous serés en lieu seur, et puis feray pour le salut de ma personne ce qu'à Dieu plaira à moy administrer. » Le roy oyant ce le regarda moult doulcement, et lui respondi : « Biau frère, jà Dieu ne plaise que je me parte. Alés reconforter et rassambler mes gens en eulx admonestant qu'à ce besoing se veullent acquiter ou service de leur souverain et naturel seigneur. » Lequel prince de Galilée y ala, à telle heure qu'il fut si durement rencontré de la gent Sarazine que après qu'il eut fait tant de fais d'armes que vaillant prince povoit faire, il fut occis et là demoura mort sur la place. D'aultre part le roy fut si très fort engrossé de ses ennemis, qu'il se parti, tout habandonné de ses gens, et descendit de la montaigne où il estoit, en une petite valée, et là fut tellement assailly qu'il fut enferré en quatre lieux. Si qu'il fut abatu de son cheval à terre, et la gent Sarrasine, non congnoissant que ce fust le roy, de toutes pars commencèrent à férir sur luy pour le mettre à mort, quand ung chevalier de Castelongne du parti d'ycelui roy, nommé Gasserant Savari, se coucha sur le roy, en criant à haulte voix en langage surien : « C'est le Roy ! c'est le Roy ! » Adonc ung capitaine Sarrazin fist ung signe de sa main, auquel tous les autres laissèrent cheoir leurs espées à terre, et le capitaine rebouta la soie ou fourrel[1], et prestement s'en ala devers le roy, en lui disant en langage grec, qu'il avoit pleu à Dieu le délivrer en la main et puissance du Soudant, et lui dit : « Vous venrés pardevers luy, reconfortés vous, car pour certain j'ay bonne espérance qu'il vous fera bonne compaignie. » Le dessus-dit chevalier cathelan fut prins avec le roy, et luy respitèrent la vie pour ce qu'il s'estoit si vaillamment maintenu. Ainsy et par ceste manière fut le roy de Cyppre prins de la gent Sarrazine, qui lui mirent une chaine au col. Et tantost après arrivèrent les gens de pied, qui à toute fin vouloient occire le roy. Mais Dieu par sa doulce miséricorde l'en délivra. Car il estoit homme charitable et de bonne vie envers Dieu. Et brief ensuivant tous ceulx de la partie du roy de Cyppre furent mis à desconfiture, et se sauvèrent

---

1. *La soie ou fourrel*, la sienne au fourreau.

ceulx qui sauver se porent, et la plus grand partie par les montaignes où ilz porent le mieulx, et n'en demoura de mors en la place que environ de seize à dix sept cens. Et assez brief ensuivant la gent Sarrasine menèrent le roy de Cyppre à Salmes, où estoit leur navire, et là le mirent en bonne garde. Si furent en celle bataille devant dicte deux contes d'Allemaigne, est assavoir le conte de Hainseberghe et le conte de Noorth, advoué de Coulongne[1], à tout certain nombre de gens. Et si y estoient de Savoie, le seigneur de Varenbon et messire Jehan de Champaings, seigneur de Gruffy. Lesquelx dessusdiz ne furent, à ladicte bataille, ne mors ne pris.

Item, après ce qu'il fut venu à la congnoissance de par le pays de Cyppre et à Nicossie, de la desconfiture de leurs gens et de la prise de leur roy, messire Gille de Lussegnon[2], frère du roy, et esleu archevesque de Nicossie, avec lui messire Jaques de Caffran, mareschal de Cyppre, qui par l'ordonnance du roy estoient demourés pour la garde de ses enfants, furent adonc moult troublés et desconfortés pour ces piteuses nouvelles, et pour tant, ycelui dimenche, à heure de mie nuit, se départirent de la cité et emmenèrent avec eulx la seur du roy et ses enfants, et si les conduirent en la forteresce de Chermes, qui est située sur la mer à cincq lieues près de Nicossie, et là demourèrent jusques au retour du roy. Et lendemain, qu'il fu le lundi, la communaulté de la ville coururent au palais pour sçavoir aucunes nouvelles du roy. Et quand ilz

---

1. Cologne.
2. Gilles de Lusignan.

ne trouvèrent à cuy parler, ilz retournèrent en leurs maisons et prindrent leurs femmes et leurs enfants et aucuns de leurs biens et se départirent de la ville, laissant ycelle du tout habandonnée, si non de povre gent impotente et avugle. Et s'enfuyrent les aucuns devers Famagouce, les autres à Chermes et en autres villes par les montaignes, tant que c'estoit très piteuse chose à les veoir. Et le second jour ensuivant, le capitaine des Sarrasins ala, à tout sa gent, vers la cité de Nicossie, laquelle comme dit est il trouva du tout habandonnée. Si se loga ou palais roial et fist cryer prestement par la cité que tout homme retournast en son propre lieu, est assavoir ceulx de la ville, et on les tendroit paisibles. Pour lequel cry retournèrent dedens ladicte cité, environ de dix à douze mille personnes.

Or est vérité que le roy de Cyppre et le Grand-maistre de Rodes avoient une très grande armée sur la mer, dedens laquelle estoit le bastard de Bourgongne, frère au duc Phelippe, le seigneur de Roubaix et moult d'autres notables seigneurs de diverses marches, lesquelx estoient moult désirans de combatre les Sarrazins. Mais oncques ne peurent avoir vent propice pour eulx monstrer contre lesdiz Sarrasins. Et estoit ledit bastard de Bourgongne arrivé à Vaffe, espérant d'estre à ladicte journée. Et entretant le roy fu prins, comme dit est, et pour ce, ycelui bastard et les siens retournèrent sur mer pour de rechief aler contre yceulx Sarrazins. Et adonc le vent leva tel que les Chrestiens désiroient, et tant qu'en peu d'espace arrivèrent vers l'armée des Sarrazins, et tellement que les parties virent l'un l'autre. Et adonc le capitaine des Sarrasins, qui aussy estoit en mer, voiant les Chrestiens en grand nombre, envoia hastivement ses mesages à l'autre capitaine sarrazin qui estoit à Nicossie. Si lui manda destroitement et sur paine d'estre réputé traytre, qu'il retournast, à tout son ost et ses gens, en son navire. Laquelle chose ledit capitaine acomply. Et, après qu'il eust robé toute la cité de Nicossie et réduict le peuple en chétiveté, il fist bouter les feux ou palais royal et en plusieurs autres lieux, et s'en ala, à tout les siens, à Salmes, où estoit leur navire. Et durant le chemin prinrent plusieurs enfants alaitans leurs meres, et les gectoient sur les espines et sur les hayes, en eulx lapidant très horiblement. Et d'autre part, le capitaine sarrazin, qui tenoit le roy de Cippre prisonnier, luy fist escripre unes lectres à son capitaine général qui estoit sur la mer, contenant, ou en substance, qu'il ne portast nul dommage aux Sarrazins, si chier qu'il avoit la vie dudit roy. Et le porta sur une petite galiotte messire Galleran Savary. Auxquelles lettres le capitaine des Chrestiens obéy, ce que faire ne debvoit seloncq l'opinion de plusieurs. Mais par avant avoient les deux parties fort approchié l'un l'autre, et y avoit eu grand besongne. A laquelle besongne, qui fu de par mer, y eut très dure escarmuche, par espécial de trait, duquel furent, tant d'un party comme d'autre, plusieurs hommes mors et navrés. Et à celle besongne furent fais chevaliers Guy, bastard de Bourgongne, frère au duc Phelippe, Symon de Lalain, Robert, seigneur de Robecque, et aucuns autres de diverses marches, sans conquerre navire l'un sur l'autre, si non la nef des pélerins, dont cy-après est faite mencion. Durant lequel temps se advança une navée chargié de pélerins voulans acquerre honneur. Et espérans pour certain que l'armée des Chrestiens qui estoit sur mer deuist combatre les Sarrasins, alèrent si avant qu'ilz ne porent retourner, et non estans secourus, furent prins, et en la présence du roy de Cyppre, coppés en pièces comme on coppe char au maisiel. Si non aucuns, en très petit nombre, qui furent retenus prisonniers. Et après aucuns peu de jours se remirent à voie, et retournèrent à tout le roy de Cyppre en Surie.

Item, quand lesdiz Sarrasins furent arrivés en Surie à tout leurs prisonniers, ilz menèrent ledit roy de Cypre au Kaire devers le Soudant de Babilonne. Et les autres Chrestiens estoient deux et deux loyés comme bestes[1]. Et trainoient les Sarrasins après eulx la bannière Nostre-Dame, le chief en terre, et puis en après le roy de Cyppre chevauchoit sur ung petit mulet sans selle, loyé et enchainé de chaines de fer. Et en cel estat fu mené en la présence du Soudant, et, constraint ad ce faire, s'agenoulla par neuf fois en enclinant le chief tout bas, baisant la terre à chascune fois. Et quand il fu parvenu jusques au Soudant, qui séoit pompeusement en une gallerie en hault, le fist estre une grosse heure ou environ en bas, en sa présence. Et depuis le fist mener en une grosse tour, où il tint prison tant qu'il fu en la ville du Kaire, où il le fist servir très habondamment, comme roy, de tous vivres, fors de vin. Mais les marchans chrestiens lui en faisoient délivrer secrètement à grand plenté. Et

---

1. Liés comme bêtes.

les autres prisonniers chrestiens furent menés en divers lieux.

Item, entretant que ledit roy de Cyppre estoit ainsy en prison au Kaire pardevant le Soudant de Babilone, l'arcevesque de Nicossie, qui estoit frère audit roy, manda messire Pierre de Lussegnen[1], connestable de Jhérusalem, et luy bailla le gouvernement du royaume de Cypre. Lequel fist faire de grans justices, en punissant ceulx qui s'estoient volu rebeller depuis les tribulacions dessusdictes. Et peu de temps après retourna ledit esleu en la cité de Nicossie, laquelle peu après se repeupla. Et brief ensuivant, ung marchant genevoix, nommé Benedict Zuessin, commeu de pitié, requist au conseil du Roy qu'ilz envoiassent au Kaire, disant qu'il avoit espérance d'estre occasion de la rédempcion du Roy. Lequel y fu envoyé, et tant y exploita que le Soudant mist le roi de Chippre à finance de deux cent mille ducas, par telle condicion que perpetuelment il payeroit pour chascun an trebu de son royaume, de la somme de cinq mille ducas. Et par ainsy fu la paix faite du Soudant avec le Roi de Cyppre. Et fu mis hors des fers, le jour del Assumpcion Nostre Dame. Et depuis ce, le demandoit souvent le Soudant, pour causer avec luy et luy faisoit de merveilleuses questions, en le temptant de habandonner la foy chrestienne. Aux quelles questions le roy respondi à toutes fois si sagement, que le Soudant, non sachant plus que dire, le faisoit prendre avec lui plusieurs refections de boires et de mengiers, et puis le renvoyoit en prison. Et dedans briefs jours ensuivans qu'il fu

---

[1]. Pierre de Lusignan.

mis à finance, le fist ledit Soudant mettre hors de prison et logier dans la ville. Et le faisoit souvent aler en estat en esbatement sur beaulx chevaulx, noblement acompaignié de la gent Sarrasine. Et depuis fut paiée grand partie de sa finance et bailliée seureté du seurplus. Et après, le jour de Pasques Flouries, fu mis à plaine délivrance. Et fu mis en une galée au port d'Alixandre[1] sur la mer verde. A tout laquelle compaignie de l'amiral de Rodes, il ala descendre à Chermes, et là trouva ses enfans et sa seur et tous les seigneurs et dames de son royaume, avec toute la baronnie et noblesce de son pays, qui tous ensamble le receurent moult révéramment, en regraciant Nostre Seigneur très humblement de sa revenue. Et aucuns jours ensuivans se parti de Chermes; et retourna, acompaignié comme dit est, en sa cité de Nicossie, où il fu de tout son peuple receu joieusement, et se loga en l'ostel du connestable de Jhérusalem. Ouquel hostel il demoura sa vie durant, pour ce que son palais, comme dit est dessus, avoit esté destruict de la gent Sarrazine. Et depuis le trespas de la royne Charlotte[2], ne fut remarié ne eut compaignie à nulle femme, comme ses propres serviteurs le tenoient véritablement. Et vesqui depuis grand espace de temps[3].

1. Alexandrie.
2. Charlotte de Bourbon, fille de Jean de Bourbon, comte de La Marche.
3. Il mourut le 19 juin 1432, à l'âge de 58 ans.

## CHAPITRE XL.

Comment la forteresse de Moynies en Champagne fu reprinse des François. — Et comment sentence fu rendue par le duc Jehan de Brabant. — Et de la forteresse de Oripette en Prouvence.

En ce temps fu reprinse la forteresce de Moynes en Champagne par les gens du roy Charles, par trayson d'un Anglois qui estoit dedans. Et depuis fu rasségiee des Anglois, c'est assavoir du conte de Salbéri, et avecques lui plusieurs Picars, qui audit siège continuèrent tant que les asségiés furent constrains d'eux rendre. Et se départirent les aucuns estrangers sauvement, et ceulx qui autrefois avoient tenu le parti des Anglois et Bourguignons furent exécutés et mis à mort. Esquelx entre les autres fu l'un d'iceulx, ung gentil homme nommé Gilles de Clari. Et fut à ladicte raddicion messire Jehan de Luxembourg, lequel, après que ycelle forteresse fut du tout désolée, retourna en son chateau de Beau Revoir.

En cest an fut envoyée par nostre saint père le Pape la sentence diffinitive touchant le procès du duc Jehan de Brabant, par lequel fut ordonné et déclairé que le mariage qui estoit fait du duc de Glocestre et de la duchesse Jaqueline de Bavière estoit de nulle valeur, et que s'il advenoit que le duc de Brabant morust, si ne porroient avoir ledit duc de Glocestre et la duchesse Jaqueline l'un l'autre par mariage. Et pour tant, le dessusdit duc de Glocestre, sachant ceste départie faite par nostre saint père le Pape, espousa et prinst en mariage une femme de bas estat au regard de luy, nommée Alyenor de Cobatre, dont dessus est faicte mencion, laquelle le duc par avant avoit tenue en sa compaignie certain temps comme sa dame, par amours, et avecques ce, avoit esté diffamée de aucuns autres hommes que de ycelui duc. Laquelle chose fist moult esmerveiller plusieurs personnes de France et d'Angleterre, considérans que ycelui duc ensuivoit mal en celui cas la seignourie dont il estoit extrait.

En ces jours messire Jehan Blondel, accompaigné de Jehan Blondel, son cousin germain, et huit autres compaignons de guerre, par le moyen d'un chapelain qui estoit à maistre Jehan Cadart, prinrent la forteresse de Oripette en Provence, et ledit maistre Jehan dedens, qui en estoit gardien, et le firent prisonnier, tendans de avoir de luy grand finance. Laquelle chose vint en brief à la congnoissance de ceux du pays, qui sans délai les asségièrent, et en fin les constraindirent si fort, que bel leur fu de eux départir de ladicte forteresse sans riens emporter, ayans sauf-conduit pour eux en aler seurement. Non obstant lequel, à l'yssir de celle forteresse, fu ledit Jehan Blondel occis des paysans. Et le chapelain qui avoit fait la trayson fu décapité.

## CHAPITRE XLI.

**Comment le duc de Bethfort fist asségier Montargis et comment le siège fut levé par les François. Et autres matières en brief.**

Item, en cest an le duc de Bethfort, qui se nommoit régent de France de par le roy Henry, fist asségier la ville et forteresse de Montargis par les contes de Warewich et de Suffort, avec lesquelz estoit le seigneur de La Poulle, frère dudit conte de Suffort, messir Henry Bisset et autres capitaines, qui povoient avoir avec eux trois mille combatans. Lesquelz venus audit lieu de Montargis, la avironnèrent. Laquelle ville siet en assez fort lieu. Si qu'il leur convenoit faire trois sièges, lesquelz assez dangereusement povoient baillier souscours l'un à l'autre. Et nient mains ilz se logièrent tout entour et fortifièrent leur dit logis en aucuns lieux. Et estoit le conte de Warwich logié en une abbaye de nonnains à ung des costés de la ville[1]. Et brief après leur venue firent aucuns pons et passages sur la rivière, pour par yceulx souscourir les uns aux autres se besoing leur estoit. Et ce fait commencèrent vigureusement à approucher ycelle ville de Montargis et la forteresce, et très fort combatre et adommager de plusieurs engiens. Mais non obstant ce, les asségiés se deffendirent très puissamment. Et continuèrent les asségans en ceste besongne l'espace de deux mois ou environ. Lequel temps durant les nouvelles furent portées au roy Charles de France et lui firent sçavoir lesdiz assegiés, que se il ne leur envoioit souscours assez brief, les convendroit rendre entre les mains de leurs adversaires. Et ces nouvelles venues à la congnoissance du Roy, comme dit est, ledit roy assambla son conseil, ouquel fut conclud et délibéré de y envoyer souscours, ou au mains eux rafreschir de vivres et de gens. Et fu faicte pour ceste cause aucune assamblée, qui point ne porta d'effect et se desrompy. Mais depuis fut ordonné de par le Roy de faire une autre assamblée à

---

1. L'auteur entend par là les Dominicaines de Montargis, instituées au treizième siècle.

Orléans pour ceste meisme cause, de laquelle fut
baillié la charge de par le Roy au conte de Dunois,
bastard d'Orléans, avecques lequel se mirent messire
Guillaume de Labret, seigneur d'Orval, le seigneur
de Graville, de Villas et de Gaucourt, Estienne de Vignolles qu'on dist La Hire, messire Gille de Saint-Simon, Gauthier de Broussart et plusieurs autres capitaines, qui povoient bien avoir seize cens combatans
droites gens de guerre et d'eslite. Lesquelz se mirent
à chemin, à tout foison de vivres, en intencion de ravitailler ycelle ville de Montargis et non de lever le
siège. Et quant ilz furent venus à une demie lieue près,
le plus secrètement qu'ilz porent, ilz prinrent conseil
ensamble et conclurent de férir sur aucuns logis des
Anglois par deux costés. Et avoient avec eulx gens de
la garnison dudit lieu de Montargis qui les menoient,
entre lesquelz estoit ung nommé le petit Breton. Si
fut La Hire ordonné à conduire l'une des compaignies,
et comme ilz avoient conclud, le firent. Si férirent
vaillamment et de grand voulenté sur les logis des
Anglois, qui de ce ne se donnoient garde, criant Mont-
joie et Saint-Denis! et commencèrent à bouter les
feux asprement en maint logis et à tuer, prendre et
mettre à meschief aucuns Anglois. Et tellement et si
vaillamment se y portèrent, que le logis du seigneur
de La Poulle fut en assez briève espace du tout tourné
à desconfiture. Mais ledit seigneur de La Poulle se
sauva en ung petit batel, environ lui huitiesme. Et
adonc avoient ceulx de la ville tenues les yaues si
grandes et si grosses, que les pons que lesdiz Anglois
avoient fais estoient couvers d'yaue, par quoy quant
ilz se cuidoient sauver, ilz cheoient de costé des pons et

se noyoient. Et en tant que ce se faisoit, le bastard d'Orléans se combatoit viguereusement de l'autre costé sur les logis de messire Henri Bisset. Et là estoit descendu à pied et y avoit fort à faire, quand les autres, qui avoient rué jus et desconfi le premier logis, lui alèrent puissamment baillier souscours. Et avoit esté blécié le seigneur de Graville. Et alors lesdiz Anglois, percevans que la force n'estoit point à eux, se commencèrent à retraire pour aler au logis du conte de Warwich, et passoient par ung pont à si grand haste et à si grand presse, que du grand fais le pont rompy soubz eux, et là furent mors et desconfis laidement et en très grand nombre. Car avecques ce, ceulx de la ville de Montargis saillirent fièrement hors, en l'ayde de leurs gens, et sans espargnier en occirent et prinrent plusieurs. Et entretant le conte de Warwich assembla ses gens le plus hastivement qu'il peut. Mais quant il sceut la grand perte et dommagable destruccion de son ost, dont il avoit desjà bien perdu de mil à quinze cens hommes, qui furent que mors que pris, si se mist en bataille, en luy retournant sur une petite montaigne ès vignes, au dehors de son ost. Et lors les François, qui furent fort travaillés de ceste besongne, entrèrent dedens Montargis. Et entretant la nuit vint. Si se départirent et mirent à chemin lesdiz Anglois, à tous le remanant de leurs gens, qui pour la plus grand partie estoient de pied, eulx retraiant au Chasteau-Landon, en Nemours et ès autres lieux de leur obéyssance. Et lesdiz François demourèrent à Montargis, faisans bonne et joyeuse chère de ce que ainsy par l'ayde de Dieu avoient achevé ce pour quoy ilz estoient là venus. Et après s'en retournèrent devers le roy Charles de France, qui les receupt très amiablement.

En cest an, le duc Jehan de Brabant, qui estoit malade de moult griève maladie, trespassa en son chastel de Leveure en disant moult dévotement *Miserere mei Deus*, etc. Et fut enterré en la chapelle de sondit chastel de Leveure emprès son père. Après le trespas duquel, releva toutes ses seignories, Phelippe, conte de Ligney et de Saint Pol, son frère. Et par ainsy la duchesse Jaqueline demoura esseulée de ses deux maris. Car, comme dit est dessus, le duc de Glocestre avoit prins aultre femme[1], et ledit duc de Brabant estoit trespassé comme dict est. Et durant la vie dudit duc de Brabant y eut ung nommé Jehan Chevalier, qui volt mettre à ycelui duc ung carquant au col, à la requeste, comme on disoit, de la contesse doagière de Haynau. Lequel Chevalier pour ceste cause fu prins à Brouxelles et décapité.

En ce mesmes temps, la forteresse d'Escaudeuvre, emprès Cambray, fu mise en la main de messire Jehan de Luxembourg par le consentement du duc de Bourgongne. Et fu la cause, pour ce que messire Loys, frère bastard de la duchesse Jaqueline de Bavière, à cuy estoit ycelle forteresse, ne feist guerre ou tribulacion aucune aux pays d'environ, comme celuy qui tenoit le parti de ladicte duchesse Jaqueline, sa sœur. Et ainsi perdit-il son héritage.

En ces jours eut ung terrible et grand rencontre auprès du Mont Saint-Michiel entre les Anglois, qui tenoient le Mont de Hellem d'une part, et les François

---

1. Voy. plus haut, p. 206.

et Bretons, d'autre part. Mais en conclusion, lesdiz Anglois y furent mors et desconfis. Si obtinrent les François victoire, et par conséquent gaignèrent ladicte forteresce.

## DE L'AN MCCCCXXVII.

[Du 20 avril 1427 au 4 avril 1428.]

## CHAPITRE XLII.

*Comment la forteresce de la Malemaison, qui estoit à l'évesque de Cambray, fut prinse par messire Jehan Blondel. — Et autres matières.*

Au commencement de cest an, fut prinse la forteresce de la Male Maison à deux lieues près du Chastel en Cambrésis[1], laquelle estoit à Jehan de Lens, seigneur de Liekerque et évesque de Cambray, à cause de son évesché, et le print messire Jehan Blondel tenant le parti du roy Charles, acompaignié de ses gens, qui estoient en petit nombre. Dedens ycelle estoit comme capitaine pour ledit évesque ung bel escuyer nommé Watier de Baillon, lequel fu trouvé en son lit. Et entrèrent ens les dessusdiz en traversant les fossés parmi l'yaue et montant par eschielles dedens la basse court. Duquel lieu ilz prindrent le guet, et après se embuschèrent devant le pont du dongon. Et,

---

1. Cateau-Cambrésis.

au matin, quant le portier avala ledit pont, ilz saillirent sus, les espées traites, et occirent ledit portier, puis entrèrent tout paisiblement dedens sans y trouver quelque deffence, jà soit ce que fut la plus forte place et mieulx gardable qui feust entre les marches et pays environ. Pour laquelle prinse tout le pays, ce sachant, fut mis en grand effroy, et mesmement ceulx du Castel en Cambrésis et ledit évesque, qui layens estoient à ceste heure furent fort esmerveillez que povoit estre. Car pour lors n'estoit oudit pays nouvelle de nulle guerre. Toutefois l'évesque de Cambray envoia aucuns de ses gens, avec grand partie de la communaulté du Chastel, jusques audit lieu de La Male Maison, pour savoir qui c'estoit. Et eulx là venus parlèrent à aucuns de ceulx qui l'avoient prinse, lesquelz par malice firent leur cry de Bourgongne et de Luxembourg ! et pour tant, les dessusdiz envoyez s'en retournèrent en ladicte ville du Chastel en Cambrèsis. Et brief ensuivant ledit messire Jehan Blondel se pourvey de vivres et de gens en grande habondance. Et après, commencèrent à courir et à fourer le pays de Cambrèsis et plusieurs aultres, en faisant maulx inestimables. Avec lesquelz s'assamblèrent par plusieurs fois, à faire lesdictes courses, aucuns des gens du duc de Bourgongne et de messire Jehan de Luxembourg. Et entretant, ycelui évesque envoia devers le duc de Bourgongne sçavoir se c'estoit de son consentement que sa forteresce avoit esté prinse. Auquel fut respondu que non, ains seroit conforté et aidié par ledit duc, tant qu'il r'aroit sa forteresce.

Item, après la mort du duc de Brabant fut faite une grande assamblée en la ville de Valenciennes, à la quelle fut le duc de Bourgongne, les contes de Namur et de Pointhièvre[1] et de Conversen, le prince d'Orenge, messire Jehan de Luxembourg, les évesques de Tournay et d'Arras, et plusieurs autres nobles et gens d'église. Et fu pour la cause de sçavoir qui auroit le gouvernement du pays de Haynau. A quoy, par meure délibéracion de conseil, fut ordonné que ledit pays demorroit en la main et gouvernement du duc de Bourgongne. Lequel sur ce y pourvoy de gouverneur et officiers.

En cest an le conte de Warwich et plusieurs Anglois tinrent siège devant Pont-Ourson, et tant constraindirent les asségiez, qu'ilz se mirent en composicion et promirent de à certain jour rendre le fort en la main dudit conte de Warwich, en cas qu'ilz n'auroient souscours des François et des Bretons si fort et si puissant que pour combatre ycelui conte. Lequel souscours ne fut point envoié, et pour tant, comme promis l'avoient, rendirent la place aux Anglois.

## CHAPITRE XLIII.

### Comment messire Jehan Blondel rendy la forteresse de la Malemaison qu'il avoit prinse, à l'évesque de Cambray.

En après, le duc de Bourgongne ala à Mons en Haynau, avec luy grand nombre de ceulx de son conseil, et là, comme dit es', constitua plusieurs officiers natifz du pays, pour gouverner la seignorie d'ycelui.

---

1. Penthièvre.

Auquel lieu, par saufconduit, ala messire Jehan Blondel, qui de par ledit duc fut plusieurs fois sommé et requis de rendre à l'évesque de Cambray sa forteresce. Auxquelles requestes il ne volt en riens obéyr, mais en dissimulant se excusoit aucunement. Toutefois le duc de Bourgongne et son conseil se conclurent de bailler gens et ayde audit évesque, pour asségier et reconquérir sadicte forteresce. Et pour ce faire ledit évesque manda ses amis et se mist en armes à tout ce qu'il povoit avoir de gens. Pour lequel aydier et conforter, y furent commis de par le duc de Bourgongne, messire Guillaume de Lalain, bailli de Haynau, Le Begue de Lannoy, chevalier, gouverneur de Lille, avecques aucuns autres nobles hommes, et certain nombre de gens d'armes. Durant lequel temps ledit messire Jehan Blondel, oyant ces nouvelles, et sachant que le duc de Bourgongne avoit son fait mal agréable, condescendit à traitié, et conclud de rendre la forteresce moyennant que sa paix seroit faicte devers le duc de Bethfort et le duc de Bourgongne, et si lui seroient rendues ses forteresces et seignories, lesquelles estoient en la main du roy Henry de Lencastre comme confisquées, et avec ce emporteroient, lui et ses gens, tous leurs biens, et si auroit pour ses despens quatre mille escus. Lesquelles choses en conclusion lui furent accordées, et de ce baillé seurté. Et par ainsy délivra la Male Maison en la main de Baltazar, bastard du Quesnoy, qui de par le duc de Bourgongne y fut commis à le garder certain espace de temps. Et pour payer ladicte somme et autres frais, fut mis sus une grande taille par tout le pays de Cambrésis, tant sur gens d'églises comme autres, lesquelz à ce payer furent constrains très rigoreusement. Après lesquelles besongnes, par le consentement dudit évesque et d'aucuns autres du pays, fut ladicte forteresce de la Male Maison abatue et du tout démolie. Dont ce fut dommage, car c'estoit la nonpareille et la mieulx édifiée qui fust en tous les pays à l'environ, et ou plus fort lieu. Ainsy, messire Jehan Blondel par force de mal faire vint à son intencion, et fut, comme dit est, restitué et mis en la possession de tous ses héritaiges.

## CHAPITRE XLIV.

#### Comment le duc de Bourgongne retourna ou pays de Holande, où il fist assaillir la ville de Hermenfort. — Et aultres matières.

Item, après ce que le duc de Bourgongne eut, comme dit est, ordonné de ses besongnes en Haynau, il retourna à tout grand puissance de gens d'armes en Hollande, pour corriger aucuns qui autrefois lui avoient fait serement, lesquelz faisoient rebellion oudit pays. Et en ce voiage fist assaillir une ville fermée de fortes hayes et de fossés pleins d'eaue, nommée Hemenfort. Lequel assault dura assez longuement et fut aspre, cruel et terrible. Et mesmement ledit duc de sa personne passa l'eaue desdiz fossez, et ala combatre ses ennemis très vaillamment. Et pour vray il se mist adonc en très grand péril, car les défendans, en grand hardiesce se habandonnoient sans eulx espargner, pour eulx défendre et sauver leurs vies. Durant lequel assault fut mis à mort ung très vaillant chevalier, est assavoir le seigneur de Voz d'Anquin, et avec lui aucuns autres expers hommes de guerre. Et si y fut navré Le Bon de Saveuse, tant qu'il le convint porter hors des fossez comme en péril de mort, et plusieurs autres. Et adonc ledit duc et ceulx de sa partie, voiant la perte de leurs gens, eurent conseil de faire sonner la retraite et de eux retraire arrière, comme ilz firent, et se logèrent assez près de ladicte ville, où ilz furent celle nuit, assez povrement pourveus de ce que mestier leur estoit. Et lendemain, ledit duc prinst autre marche. Et alors s'estoient alyés avec la duchesse Jaqueline ceulx de la ville de Utrecht, et aussy les ducs de Gueldres et de Clèves estoient de la partie dudit duc. Par quoy la guerre et tribulacion croissoit et multiplioit oudit pays de jour en jour.

En ce temps s'assemblèrent ès marches de Picardie environ cinq cens combatans, tant hommes d'armes comme archers de plusieurs tires, lesquelz, soubz la conduite de messire Charles de Moyencourt, Mahieu de Humières, Jehan de Longueval et aucuns autres gentilz hommes, furent menez par l'ordonnance et commandement du duc de Bourgongne, à la requeste d'un chevalier nommé messire Philebert Andrieuet, en l'ayde et souscours de Amé, duc de Savoie[1], bel oncle d'ycelui duc de Bourgongne, qui avoit lors guerre et discencion au duc de Millan[2]. Lesquelz cinq cens combatans dessusdiz chevauchèrent par plusieurs journées, tant qu'ilz vinrent oudit pays de Savoie, où ilz furent joieusement receus dudit duc, et de là furent envoyez sur les marches en tirant vers Lombardie, où

---

1. Amédée VIII, qui fut pape en 1440, sous le nom de Félix V.
2. Philippe-Marie Visconti.

ilz firent maulx inestimables. Et tant que par la renommée d'yceulx, et par la crémeur que les deux princes dessusdiz eurent de leur povre peuple, ayant d'yceulx compacion, se concordèrent et firent bonne paix. Et ladicte paix conclute, le duc Amé de Savoie donna congié à yceulx Picars, et eulx grandement remerciant de leur travail, en donnant à aucuns des plus notables draps de Damas et autres joyaulx. Et par ainsy les dessusdiz Picars retournèrent en leurs propres lieux. La cause de la guerre si estoit pour ce que le duc de Millan avoit prins Novaire, la Cité et Berseil sur le duc de Savoie, lesquelles lui furent rendues.

Item, après ce que le duc de Bourgongne eut par plusieurs journées visité le pays de Hollande et mis ses garnisons sur les frontières de La Gaude, où lors se tenoit la duchesse Jaqueline, délaissant aucuns de ses capitaines pour la garde et seurté d'ycelui pays, telx comme le seigneur de l'Isle-Adam, messire Lyonnel de Bournonville et aucuns autres hommes d'armes, expers et renommez de guerre, puis s'en retourna en son pays de Flandres.

En l'an dessusdit furent ès pays d'Espaigne, de Castelogne et en Languedoc, grans mouvemens de terre, dont en aucuns divers lieux plusieurs villes et notables édifices cheurent. Dont les peuples d'yceulx pays furent pas très long temps moult troublés et en grand effroy.

## CHAPITRE XLV.

**Comment en ce temps le Soudan de Babilonne escripvi lettres aux princes chrestiens, et la teneur d'ycelles.**

En ce temps le Soudan de Babilonne envoia lettres à tous rois et princes Chrestiens. Desquelles la teneur s'ensuit :

« Baldadoc, filz Daire, connestable de Jhérico, prévost de Paradis terrestre, nepveu des Dieux, roy des roys, prince des princes, Soudan de Babilonne, de Perse, de Jhérusalem, de Caldée, de Barbarie, prince d'Afrique et d'Ircanie, seigneur de Siche, des Anites, des Payens et des Maritans, maistre Anthipotel, advoué d'Amazone, gardien des Isles, doyen des abbayes, commandeur des temples, froisseur des heaumes, fendeur des escus, perceur de haubers, rompeur de harnois de plates, lanceur [1] de glaives, effondreur de destriers, tresperceur de presses, destruiseur de chasteaulx, fleur de chevalerie, sangler de hardiesce, aygle de largesse, crémeur des ennemis, espérance d'amis, recouvreur des desconfis, converseur des Juifz, occieur des Chrestiens, gardien des Sarrazins, estandart de Mahomet, seigneur de tout le monde. Aux rois d'Allemaigne, de France et d'Angleterre, et à tous rois, ducz et contes, et généralement à tous ceulx esquelx nostre débonnaireté est à advenir, salut en nostre grace.

---

[1]. *Lanceur de glaives*, ces termes prouvent ce que nous avons déjà dit, que le mot *glaive* ne signifiait pas une épée, mais une arme du genre de la lance, comme, par exemple, le javelot.

Comme ainsy soit qu'il est bien loisible de relenquir erreur par sagesse qui volt, vous mande que vous ne laissiez nullement ne tardez à venir pardevers moy, et relevez vos fiefz et terres de ma seigneurie, en renyant vostre Dieu et la Foy chrestienne, délaissant vos erreurs ès quelles vous et voz devanciers avez esté envelopez trop longuement ; ou aultrement mon indignacion et la puissance de ma forte espée tournera sur vous assez briefment. Dont je auray voz testes en rançon, sans riens espargner. Ces lettres furent données la vigile des Ambassadiens, l'an X° de nostre couronnement, la seconde année après nostre noble victoire et destruccion du maleureux pays de Cyppre. »

## CHAPITRE XLVI.

### Comment les Anglois vinrent en la duché de Bretaigne, où ils firent moult de maulx et de grans dommages. — Et autres matières.

En cest an, le conte de Suffolc et messire Thomas de Rameston, à cause de certaine guerre qu'ilz avoient au duc de Bretaigne, à tout environ douze cens combatans, alèrent coure ou pays de Bretaigne jusques bien près de la ville de Rennes, où estoit le duc, et y firent de très grans dommages, et y levèrent de très grans proies, tant prisonniers comme autres biens, à tout lesquelz retournèrent en ung groz village du pays nommé Tintenach[1]. Et lendemain se mirent à chemin et rentrèrent ès marches de la basse Normendie, à tout ce qu'ilz avoient gaigné, sans avoir quelque em-

1. Tinténiac (Ille-et-Vilaine).

peschement. Et tost après ledit messire Thomas se logea en une petite ville nommée Saint-James de Buiveron[1], laquelle aultre fois avoit esté désolée, et le fist réparer et fortifier pour y demourer et y tenir garnison, adfin de faire aux Bretons guerre. Car elle estoit à demi lieue du pays. Et là demoura ycelui messire Thomas, lieutenant dudit conte de Suffort. Lequel conte estoit capitaine général de la basse Normendie. Et commencèrent les Anglois à mener forte guerre et faire plusieurs courses ou pays de Bretaigne. Pour aux quelles obvier et résister, le duc fist grand assamblée des nobles hommes de son pays, lesquelz il bailla en charge à son frère le conte de Richemont, qui nouvellement avoit esté fait connestable du royaume de France. Lequel, avec d'autres gens qu'il avoit, les mena devant ladicte ville de Saint-Jasme de Buiveron, et de fait l'asséga très puissamment. Et y eut de la première venue grande escarmuche; nientmains ledit connestable se loga, et fist ycelle environner tout entour. Si commença à faire jeter et traire plusieurs de ses engiens contre la muraille, qui moult fort la dommagièrent, et au bout des dix jours ou environ, eut conseil de la faire assallir. Et dura l'assault par longue espace, très dur et merveilleux. Si estoient les Bretons bretonnans à ung costé bas où il y avoit ung petit vivier, et convenoit qu'ilz passassent par une estroite voie pour aler jusques au mur, à grand dangier. Si avoit à ce costé ung petit belevvert, dont ung chevalier anglois, nommé messire Nicolle Bourdet, avoit la charge, à tout soixante ou quatre

---

1. Saint-James de Beuvron (Manche).

vings combatans. Et d'aultre part y avoit une porte assez bien fournie d'Anglois. Et lors yceulx Bretons, qui dévaloient ès fossés en très grand nombre pour aler assalir, oyrent des deux costez lesdiz Anglois jetter ung très grand cry en criant Salseberi! et Suffort! pour lequel cry les Bretons se commencèrent à retraire en très grand desroy. Et adonc ledit messire Nicolle sailly après eulx viguereusement, et sans y trouver grand deffence en furent mis à mort et noyés oudit estanc, de six à huit cens, et avec ce en demourèrent prisonniers environ cinquante, et si furent gagniés par lesdiz Anglois dix huit estandars et une bannière. Et tost après furent portées les nouvelles audit connestable de la perte de ses gens, lequel faisoit fort assaillir de l'autre costé; si fut de ces nouvelles moult esmerveillé, si fist sonner la retraicte, car tout le siège de devers ledit estanc estois jà levé. Si se mirent les Bretons ensamble et prinrent hastif couseil sur ce qu'ilz avoient à faire. Auquel conseil fu délibéré, que, entendu la grand perte que ycelui connestable avoit eu de ses gens, il estoit bon qu'il se départist. Et ainsy le fist-il. Mais il actendi jusques environ mienuit, et s'en retourna en la ville de Fougières, en très petite ordonnance, délaissant audit siège grand foison de bonbardes, vivres et aultres artilleries. Et ledit sire Thomas, à tout six cens combatans qu'il avoit, dont la plus grand partie estoient bléciez, demoura en celle ville, bien joyeux de sa bonne fortune, et fist bouter dedens tous les biens qui estoient demourez de ses adversaires. Et le second jour ensuivant, vint le conte de Suffort, à tout quinze cens combatans, lequel mena lendemain ledit messire

Thomas avec aucuns de ses gens devant ung fort moustier, qui tantost se rendi à luy, et de là se tira plus avant ou pays devers la cité de Dol; et avoit entencion de sousjourner là. Mais entretant, le duc de Bretaigne envoya devers le conte de Suffort ung sien poursuivant, à tout ses lettres, par lesquelles luy prioit d'avoir tréves sur une forme. Ce que ledit conte accorda. Et sur ce remanda ledit messire Thomas et ses gens, lequel retourna audit Sainte-Jasme de Buiveron, à tout grans proies. Sy fut tant parlementé entre lesdictes parties que les tréves furent données, qui durèrent trois mois ou environ, moyennant que pour les accorder le conte de Suffort eut quatre mille et cinq cens francz.

Si s'entretinrent très bien ycelles tréves jusques en la fin de juing qu'elles devoient faillir. Durant lequel temps ne se peurent lesdictes parties accorder, et pour tant de rechief retournèrent à la guerre, et furent faites plusieurs choses moult dommagables par feu et par espée, par les Anglois, oudit pays de Bretaigne. Pour aux quelles obvier, le duc et le connestable, son frère, firent réparer la ville de Pont-Ourson, qui départ Normendie et Bretaigne, à deux lieues du Mont Saint-Michel, et y fut mise grosse garnison pour faire frontière contre lesdiz Anglois. Et certain temps ensuivant ledit conte de Suffort fut déporté du gouvernement de la Basse-Normendie, et y fut commis le conte de Warwich. Lequel assambla grans gens, et asséga ladicte ville de Pont-Ourson. Et pour ce que durant le siège les Anglois asségans avoient vivres à grant dangier, tant pour la garnison du Mont Saint-Michel, comme pour autre, sy fut envoyé le seigneur d'Escalles, à tout cinq cens combatans, en la Basse Normendie, pour aconduire les vivres dessusdictes. Et ainsy qu'il s'en retournoit, à tout yceulx, les Bretons qui sçavoient son retour s'estoient mis en embusche, bien quinze cens combatans, auprès du Mont Saint-Michel, et lors, quand ilz veirent leur point, ilz saillirent sur lesdiz Anglois, lesquelz ilz trouvèrent en bonne ordonnance. Si se deffendirent très vaillamment, et tant, que finablement les Bretons furent tournez à desconfiture, et en y eut de mors en la place bien huit cens. Entre lesquelz y fut mort le seigneur de Chasteaugeron, le seigneur de Coesquan, le seigneur de Chambour, le baron de Cambouches, le seigneur de Humandrie, messire Pierre Le Porc, le capitaine des Escoçois et plusieurs autres nobles hommes. Et si fu prins le visconte de Rohem et plusieurs autres grans seigneurs. Après laquelle besongne les asségiez du Pont-Ourson, non ayans espérance de souscours, se rendirent sauf leurs vies, au conte de Warwich, et s'en alèrent le baston au poing, en délaissant tous leurs biens. Et y fu commis capitaine ledit seigneur d'Escalles. Après ceste besongne lesdiz Anglois firent emmener le baron de Soulenges, messire Pierre Le Porc et ung autre, tous mors à leur siège, et livrèrent leurs corps à ceulx dedens pour mettre en terre, et adfin qu'ilz fussent plus certains de ladicte destrousse et desconfiture, et qu'ilz se rendissent plus hastivement; comme ilz firent.

Environ la fin de cest an, convocqua messire Jehan de Luxembourg, ès pays de Picardie et à l'environ, environ mil combatans, tant hommes d'armes comme archiers, en intencion d'aler asségier et mettre en son obéyssance la ville de Beaumont en Argonne, que lors tenoit Guillaume de Flavi, tenant le parti du roy Charles. Lequel de Flavi et ceulx à luy obéyssans, continuelment faisoient moult de oppressions et griefz dommages aux pays à l'environ.

En ces jours le duc Phelippe de Bourgongne, comme il avoit plusieurs fois fait, assambla très grand nombre de gens d'armes en ses pays de Flandres et d'Artois et à l'environ, pour de rechief aler en Holande et asségier la duchesse Jaqueline dedens la ville de Gande [1]. Et pour ceste fois escripvoit aux nobles de ses pays que son intencion estoit de achever à ceste fois la guerre dudit pays de Hollande, de devant son retour, pour laquelle ilz avoient desjà esté fort travaillez et par plusieurs fois. Lesquelles assamblées, comme dit est, il mena à l'Excluse, et là montèrent en mer pour passer au dessusdit pays de Hollande.

Durans toutes ces tribulacions, menoient les Anglois très forte guerre sur les marches de Bretaigne. Et eurent lors yceulx Anglois et les Bretons que conduisoit le conte de Richemont, ung très grant .encontre, ouquel morurent grand quantité de combatans, tant d'un costé comme de l'autre. Mais en fin lesdiz Anglois obtindrent la journée. Et les conduisoit le conte de Warwich.

1. Gand.

## DE L'AN MCCCCXXVIII.

[Du 4 avril 1428 au 27 mars 1429.]

## CHAPITRE XLVII.

Comment messire Jehan de Luxembourg asséga Beaumont-en-Argonne.

Au commencement de cest an, fu le siège mis tout à l'environ de Beaumont en Argonne par messire Jehan de Luxembourg, accompaigné de plusieurs nobles hommes des marches de Picardie. Auquel siège mettre y eut plusieurs escarmuches entre lesdiz assségans et les asségiés. Es quelles, entre les autres, fut prins et mené dedens la ville ung nommé Enguerant de Gribauval, viguereux et subtil homme d'armes. Pour la prinse duquel ledit de Luxembourg fut moult fort troublé, doubtant que le dessusdit ne fust navré ou mort. Car par grand malice Guillaume de Flavy fist mettre ung linsel en terre, veullant par ce donner à entendre que ce fust ledit Enguerand qui estoit trespassé. Et lui fist faire ung service solempnel tendant, comme on povoit supposer, iceluy fourtraire secrètement hors de la ville et mener en lieu secret et seur, pour ce qu'il sçavoit ledit prisonnier estre riche homme pour payer bonne finance. Toutefois, non obstant que yceulx assségez se meissent très vigeureusement à deffence, si furent-ilz en brief de toutes pars environnés et tellement approchiés que bonnement ne povoient saillir hors de leurdicte ville, si non en grand péril de leur vie. Et pour tant, le dessusdit Guillaume de Flavi, voiant que au long aler le couvendroit estre mis en subjection, non espérant avoir souscours, fist traictié avec ledit messire Jehan de Luxembourg environ l'issue du mois de may, par sy que lui et les siens s'en yroient sauvement en emportant tous leurs biens. Et par ainsy ledit messire Jehan de Luxembourg eut l'obéyssance dudit Beaumont, dedens laquelle il mist garnison de ses gens et y constitua capitaine Waleran de Bournonville, et avec ce lui fut rendu sain et sauf en vie ledit Enguerand de Gribouval.

Durant lequel siège furent trêves données, tant d'un costé comme d'autre, entre messire Jehan de Luxembourg et ceulx de la ville de Mouson, jusques au jour de le Saint Remy ensuivant, en dedens duquel jour dessusdit ceulx de ladicte ville devoient aler vers le roy Charles sçavoir se de luy auroient souscours, ou se ils se renderoient audit messire Jehan de Luxembourg. Après lesquelz traictiez ainsy achevez, ledit messire Jehan congia ses gens, et s'en retourna en son chastel de Beau Revoir. Et Guillaume de Flavi pareillement donna congié à ceulx qui l'avoient servy, et s'en ala à privée mesnie, soubz bon sauf conduit, à Liencourt en Santers, en l'ostel de monseigneur son père. Car, en tant qu'il estoit asségié en Beaumont, le duc de Bar fist démolir et abatre une forteresse nommée Noefville sur Meuse, laquelle tenoient les gens dudit Guillaume de Flavi, et là avoit sa chevance et sa retraite.

## CHAPITRE XLVIII.

*Comment le traictié se fist entre le duc de Bourgongne et la duchesse Jaqueline de Bavière ; et le contenu en ycelui.*

Item, après ce que le duc de Bourgongne fust retourné, comme dit est dessus, ou pays de Hollande, et qu'il eust faites grandes préparacions tant de gens comme d'abillemens de guerre, pour combatre et subjuguer la ville de La Gande [1], où estoit la duchesse Jaqueline et ses aydans, ladicte duchesse et ceulx de son pays, considérans la puissance d'ycelui duc de Bourgongne, et que desjà la plus grand partie des nobles et des communaultez de ses pays s'estoient tournés contre elle avec sa partie adverse, doubtant non pouvoir résister audit duc, prist conseil avec ses plus privés et féaulx serviteurs, et se conclud de traicter de paix avec son beau cousin et adversaire, le duc Phelippe de Bourgongne. Lequel traictié, par le moyen d'aucuns ambassadeurs envoyez entre les deux parties, fut tel qu'il s'ensuit :

« Est assavoir que ladicte duchesse cosgnoistra et tenra son beau cousin le duc de Bourgongne estre son droit hoir et héritier de tous ses pays. Et dès lors le fist gouverneur et maimbour des dessusdiz pays, prometant ycelle mettre en ses mains toutes les villes et forteresces qu'elle tenoit, dedens lesquelles ycelui duc mettroit telx capitaines qu'il lui plairoit. Promist aussy ycelle dame de non ly jamais marier sans le consen-

---

1. Gand.

tement dudit duc. Et avec ce demouroit à ycelui duc la ville et forteresse de Zenenberghe. »

Et par ainsy, ledit traictié de paix conclud et finé entre les deux parties, convindrent ensamble certaines journées ensuivans en la ville de Delf. Ouquel lieu, après qu'ilz eurent conjoy l'un à l'autre révéramment, prinrent d'un commun assentement, eulx deux ensamble ou leurs commis, les seremens de plusieurs bonnes villes. Et par ainsy ledit pays de Hollande, qui par longue espace avoit esté travaillé d'icelle guerre, demoura en paix. Et retourna le dessusdit duc de Bourgongne, donnant congié à ses Picars, en son pays de Flandres et d'Artois.

## CHAPITRE XLIX.

**Comment le conte de Salseberi vint en France, à tout grand gent, en l'ayde du duc de Bethfort. Et comment le duc de Bourgongne ramena la duchesse Jaqueline de Bavière en Haynau.**

Ou mois de may ensuivant, le conte de Salsebéri, homme expert et très renommé en armes, par l'ordonnance du roy Henry et de son grand conseil en Angleterre, convocqua jusques à six cens combatans ou environ, gens d'eslite et esprouvez en armes pour la plus grand partie, pour amener en France en l'ayde du duc de Bethfort qui se disoit régent. Desquelx il envoia premièrement trois mille à Calais, et de là alèrent à Paris, pour tousjours maintenir la guerre contre les François. Et environ la Saint Jehan ensuivant, ledit conte de Salsebéri, à tout le surplus de ses gens, passa la mer et vint à Calais, et, par Saint Pol,

Dourlens et Amiens, s'en ala à Paris, où il fut joieusement [receu] dudit conte de Bethfort et de tout le conseil de France là estant, tenant le parti du roy Henry. Après la venue duquel conte furent par plusieurs jours de grans consaulx tenus pour le fait de la guerre. Entre lesquelx fut conclud que ycelui conte, après qu'il auroit mis en l'obéyssance du roy Henry aucunes meschantes places que tenoient ses adversaires, il yroit mettre le siège devant la cité d'Orléans, laquelle comme ils disoient leur estoit moult nuisable. Lequel conseil finé, furent de toutes pars évocquez et mandez de par lesdiz roy Henry et régent, les Normans et aultres tenans leur parti. Et fut lors faite si grand diligence que ledit de Salsebéry eut brief ensuivant jusques à dix mille combatans. Entre lesquelx estoient le conte de Suffolc, le seigneur d'Escailles, le seigneur de Thalebot, le seigneur de Lille, anglois, Classedach[1], et plusieurs autres vaillans et très expers hommes d'armes, qui tous ensamble, après qu'ilz eurent esté, comme dit est, grandement festoyez et honorez dedens Paris, se départirent de là et des marches environ, avec le conte dessusdit, et alèrent mettre le siège devant Nogent-le-Roy, que tenoient les François. Laquelle fut assez tost conquise, et en y eut grand partie de ceulx qui le tenoient exécutés à mort, et les aultres eschapèrent, parmy paiant grandes finances. Et de là ledit conte s'en ala vers Jargeau.

En ce temps le duc de Bourgongne retourna en Hollande, accompagné de aucuns de ses plus féables hommes, pour de rechief convenir avec la duchesse

---

1. Classidas.

Jaqueline, sa cousine, et prendre les seremens de fidélité d'aucuns nobles du pays et bonnes villes, qui point encore ne l'avoient fait. Après lesquelx receuz, grand espace de temps, vinrent ledit duc et la duchesse Jaqueline ou pays de Haynau, où ilz alèrent par les bonnes villes recepvoir les seremens pareillement comme ilz avoient fait en Hollande et en Zélande, tant des nobles, du clergié, comme des bourgois et communaultés. Desquelx en plusieurs lieux ilz furent révéramment et honorablement receuz, jà soit ce que aucuns des dessus diz pays feussent de ce petitement contens. Toutesfois ilz ne veoient mie, que ad ce poussent bonnement remédier.

## CHAPITRE L.

#### Comment ceulx de Tournay s'esmeurent de rechief l'un contre l'autre.

Ou mois de juillet de cest an, ceulx de Tournay se resmeurent les ungs contre les autres, et furent en armes par plusieurs fois, ainsy qu'ilz avoient autre fois esté. La cause si fut pour ce que les gouverneurs d'ycelle cité avoient mis aucun subside sur les cervoises, pour aider à payer la composicion qu'ilz devoient au duc de Bourgongne. Nientmains, par la diligence d'aucuns des plus sages, ilz se rapaisèrent. Et brief ensuivant fut prins ung de leurs capitaines nommé Jehan Ysacq, orfèvre, pour plusieurs criesmes par lui commis, et avoit esté celui par cuy Ernoul le Musy et Lottart de Villeries avoient esté décapités. Lequel Jehan Ysacq fut pendu publiquement au gibet de Tournay.

En ce temps, Renier, duc de Bar, fist asségier le chasteau de Passe-Avant[1], dedens lequel estoit ung nommé Eustache de Wernoncourt, qui par long temps avoit très inhumainement et sans miséricorde travaillé le pays à l'environ.

## CHAPITRE LI.

**Comment le conte de Salsebery conquist Jargeau et plusieurs aultres villes devers Orliens. Et comment le duc de Bethfort volt avoir les rentes des églises.**

Item, le conte de Salsebery, alant comme dit est devant Jargeau, à tout sa puissance, le fist de toutes pars environner et très fort conbatre et approcher de ses gens et habillemens de guerre. Et pour tant, ceulx qui dedens estoient de par le roy Charles, doublans la puissance d'ycelui conte, firent avec luy traictié en luy rendant la place, par si qu'ils s'en pourroient sauvement partir. Lequel conte, après qu'il eust ycelle garnie de ses gens, s'en ala devant Yenville[2] et le fist asségier de toutes pars très puissamment, et les François estans dedens à toute leur puissance, commencèrent à eulx deffendre. Mais en aucuns peu de jours après, trouvèrent manière d'avoir parlement avec ycelui conte, lequel ne se peut à eulx concorder. Et pour ce, après que les François se furent retrais dedens leur ville, s'esmut une escarmouche entre les asségans et les asségiés, pour laquelle la plus

---

[1]. Passavant (Marne).
[2]. Maintenant Janville (Eure-et-Loir).

grant partie des Anglois s'armèrent tout soudainement, et sans le commandement dudit conte, leur souverain, alèrent en grand hardiesse assaillir la ville, et tant continuèrent en ycelui assault, que assez brief ensuivant ilz prinrent et conquirent ladicte ville, dedens laquelle plusieurs François furent mors et prins. Et y furent fais d'autres maulx inestimables et innumérables, lesquelz seroient trop longz à déclarer.

Item, durant le temps dessusdit, le duc de Bethfort, régent, et ceulx du conseil du roy Henry estant à Paris, requirent très instamment à avoir pour le prouffit dudit roy tous les rentes et héritaiges qui au royaume de France avoient esté données depuis quarante ans par avant aux églises. Et pour ce mettre à exécucion, furent en ladicte cité de Paris tenus plusieurs parlemens et grans consaulx entre ledit duc de Bethfort et le conseil du roy d'une part, et ceulx de l'université de l'Eglise d'autre part. Toute fois ycelle requeste fut très fort débatue, et tant qu'en fin la besongne fut mise à nient, et demourèrent ceulx de l'église paisibles, quand ad ce.

Ouquel temps aussy, le roy de Portingal[1] mist sus une grosse armée, et avec luy le duc de Cambre[2] qui fesoit son avant garde. Et povoit avoir sur tout dix mille combatans, à tout lesquelz il ala en ung isle sur les mescréans, où estoit le roy d'Albastra, à tout bien vint mille Sarrasins, Turquois, Tartres et Barbarins. Desquelz la plus grand partie furent mors sur la place,

---

1. Jean I dit le Grand.
2. Le duc de Coïmbre.

et le dessusdit roy d'Albastra fut détenu prisonnier. Après laquelle victoire, le dessusdit roy de Portingal, à peu de perte, retourna en son pays.

## CHAPITRE LII.

###### Comment le conte de Salseberi asséga la cité d'Orliens, où il fut occis.

Item, après ce que le conte de Salsebery eust conquis et mis en l'obéyssance du roy Henry de Lancastre[1] Yenville, Meun et plusieurs autres villes et forteresces ou pays environ, il se disposa très diligamment pour aler asségier la noble cité d'Orliens. Et de fait, environ le mois d'octobre, à tout sa puissance, arriva devant ladicte cité. En laquelle, ceulx de dedens, long temps par avant, attendans sa venue, avoient préparé leurs besongnes, tant de fortificacions, habillemens de guerre, comme de vivres, et de gens esleuz exercités et excités en armes, pour résister contre ledit conte et sa puissance et eulx deffendre. Et meismement, adfin qu'il ne se peuyst loger autour d'ycelle lui et ses gens à leur aise, ne eulx fortifier, yceulx d'Orliens avoient fait abbatre et démolir à tous costés en leurs faulxbourgs bons et notables édifices. Entre lesquelz furent destruis et abatus jusques à douze églises et au dessus, esquelles estoient les quatre ordonnées des Mendians, et avec ce moult d'autres belles et sollempneles maisons de plaisance que avoient les bourgois d'ycelle ville. Et tant en ycelle oeuvre continuèrent, que ès faulxbourgs et tout à l'environ on povoit plai-

1. Henri VI.

nement veoir et jetter de canons et autres instrumens de guerre, tout à plain. Toutefois ne demoura mie que ledit conte de Salsebéry, à tout ses Anglois, ne se logast assez près de ladicte ville, jà soit ce que ceulx de dedens de tout leur povoir se meyssent viguereusement à deffense, en faisant plusieurs saillies, en traiant de canons, coulevrines et autres artilleries, occiant et metant à meschief plusieurs Anglois. Nient mains lesditz Anglois, très vaillamment et radement les reboutèrent, et approchèrent par plusieurs fois, tant que yceulx deffendans avoient merveilles de leurs hardies et courageuses entreprinses. Durant lesquelles, ledit conte de Salsebéry fist assaillir la tour du bout du pont qui passe par dessus l'yaue de Loire. Laquelle, en assez brief temps, fut prinse par les Anglois et conquise, avec un petit bolevert qui estoit assez près, non obstant la deffence des François. Et fist ycelui conte dedens ladicte tour loger plusieurs de ses gens, adfin que ceulx de la ville ne peussent par là saillir sur son ost. Et d'autre part se loga, lui et ses capitaines avec tous les siens, assez près de la ville en aucunes vièses masures là estans, ès quelles, comme ont acoustumé yceulx Anglois, firent plusieurs logis dedens terre, taudis, et autres habillemens de guerre, pour eschever le trait de ceulx de la ville, dont ils estoient très largement servis. Ouquel terme ledit conte de Salsebéry, le troisiesme jour qu'il estoit venu devant ladicte cité, entra en la dessusdicte tour du pont où estoient logez ses gens, et là dedens ycelle monta hault, ou second estage, et se mist à une fenestre vers la ville, regardant moult ententivement les marches autour d'ycelle, pour veoir et ymaginer comment et quelle manière il pourroit prendre et subjuguer ycelle cité. Et lors, luy estant à ladicte fenestre, vint soudainement de ladite cité, à volant, la pierre d'ung veuglaire, qui féri la fenestre où estoit ledit conte, lequel, desjà pour le bruit du cop se retiroit dedens, nient mains il fut aconsuy très griefment et mortellement de ladicte fenestre, et eut grant partie de son visage emporté tout jus, et ung gentil homme qui estoit d'alès luy fut d'ycelui cop tué tout mort. Pour laquelle bléceure dudit conte, tous ses gens généralment eurent au cuer grand tristesce, car d'eulx il estoit moult crému et amé, et le tenoit pour le plus subtil, expert et eureux en armes de tous les autres princes et capitaines du royaume d'Angleterre. Toutefois, il, ainsy blécié, vesqui l'espace de huit jours, et après ce qu'il eust mandé tous ses capitaines et à yceulx admonesté de par le roy d'Angleterre qu'ilz continuassent à mettre en obéyssance ycelle ville d'Orliens sans quelque dissimulacion, il se fist porter à Meun, et là morut au bout de huit jours de sadicte bléceure. On lieu duquel demoura général capitaine des Anglois asségans, le conte de Suffort, et au desoubz de luy les seigneurs d'Escailles et de Thalabot, Lanselot de Lille, Classedas et aulcuns autres. Lesquelx, non obstant la perte qu'ilz avoient faite du dessusdit conte de Salsebéry, qui, comme dit est, estoit leur chief et souverain connestable, reprinrent en eulx vigueur, et d'un commun accord, en toute diligence, se disposèrent par toutes voies et manières à eulx possibles de continuer leur siège, et ce qu'ilz avoient encommencé. Et de fait firent en plusieurs lieux bastilles et fortificacions, dedens lesquelles ilz se logèrent, adfin que de leurs ennemis ne peussent estre souspris ne envays.

Item, le roy Charles de France, sachant que les Anglois, ses anciens ennemis et adversaires, vouloient subjuguer et mettre en leur obéyssance la très noble cité d'Orliens, s'estoit conclud avec ceulx de son conseil, avant la venue d'yceulx, que de tout son povoir il deffenderoit ycelle ville, créant que se elle estoit mise entre les mains de ses ennemis, ce seroit la destruction totale de ses marches et pays, et de luy aussy. Et pour tant, il envoia grand partie de ses meilleurs et plus féables capitaines, est assavoir Boussac et le seigneur de . . . . . .[1] et avec eulx le bastard d'Orliens, chevalier, les seigneurs de Gaucourt et Granville, le seigneur de Wilan, Pothon de Sainte-Treille, La Hire, messire Theolde de Walerghe, messire Loys de Waucourt et plusieurs autres très vaillans hommes renommés en armes et de grande auctorité. Avec lesquelz estoient journèlement de douze à quatorze cens combatans, gens d'eslite bien esprouvés en armes. Si advenoit souvent qu'il en y avoit une fois plus, l'autre fois mains. Car le siège ne fut oncques fermé par quoy yceulx asségiés ne se peussent rafraischir de gens et de vivres et aler en leurs besongnes, quand bon leur sambloit et ilz avoient voulenté de ce faire. Durant lequel siège furent faites plusieurs escarmuches et saillies d'yceulx asségiés sur les asségans. Desquelles racompter chascune à par luy, qui y fist perte ou gaing, seroient trop longues et ennuyables à escripre.

1. Ici un mot en blanc dans le ms. 8346. Vérard met : le seigneur d'Eu.

Mais pour les rappors qui m'en ont esté fais d'aucuns notables des deux parties, n'ay point sceu que lesdiz asségiés en toutes ycelles saillies feyssent à leurs ennemis grand dommage, sinon par les canons et autres engiens getans de leur ville. Desquelx engiens, à une d'ycelles escarmuches, fut occis ung très vaillant chevalier anglois et renommé en armes, nommé messire Lanselot de Lille.

## CHAPITRE LIII.

**Comment ung praicheur nommé frère Thomas converti plusieurs personnes, et abaty les beubans[1] et les atours des femmes en plusieurs parties.**

En cest an, ès pays de Flandres, Tournésis, Artois, Cambrésis, Ternois[2], Amiénois, Pontieu, et ès marches environ, régna un prescheur de l'ordre des Carmes, natif de Bretaigne, nommé frère Thomas Couette. Auquel, par toutes les bonnes villes et autres lieux où il vouloit faire ses prédicacions, les nobles bourgois et autres notables personnes des villes où il estoit, lui faisoient faire ès plus beaux lieux et plentiveux d'ycelles, pour faire assamblée, ung grand eschafault de bois bien planchié, tendu et aourné des plus riches draps de tapisserie et aultres qu'on povoit finer. Sur lequel eschafault estoit préparé ung autel où il disoit sa messe, acompaigné d'aucuns de son ordre et plusieurs autres ses disciples, dont la plus grand

---

1. Vérard met : bobans.
2. Petit pays, dont Saint-Pol était la capitale.

partie le suivoient de pied par tout où il aloit; et il
chevauchoit ung petit mulet. Et là, sur celui eschafault,
après qu'il avoit dit sa messe, faisoit ses prédicacions,
moult longues, en blasmant les vices et péchiez de ung
chascun, et par espécial le clergié, est assavoir ceulx
qui publiquement tenoient femmes en leur compaignie
et enfraingnoient le veu de chasteté. Et pareillement
blasmoit et diffamoit très exellentement les femmes de
noble lignié et autres, de quelque estat qu'elles fussent, portans sur leurs testes haulx atours ou autres
habillemens de parrage, ainsy que ont acoustumé de
porter les nobles femmes ès marches et pays dessusdiz.
Desquelles nobles femmes, nulles, à tout yceulx atours,
de quelque estat qu'elle fust, ne se osoit trouver en sa
présence. Car il avoit acoustumé, quand il en voit aucunes, de esmouvoir après ycelles tous les petits enfans, et les admonestoit en donnant certains jours de
pardon à ceulx qui ce faisoient, desquelz donner,
comme il disoit, avoit puissance, et les faisoit cryer
après elles en hault : Au hennin, au hennin! Et mesmement, quand les dessusdictes femmes de noble lignié
se déportoient de devant luy, yceulx enfans en continuant leur cry couroient après, et de fait vouloient
tirer jus lesdiz hennins, tant qu'il convenoit que ycelles
se sauvassent et missent à seureté en aucun lieu. Pour
lesquelz cas et poursuites s'esmeurent, en plusieurs
lieux où ilz se faisoient, de grans rumeurs et maltalens
entre lesdiz crians au hennin! et les serviteurs de ycelles
dames et damoiselles. Nient mains, le frère Thomas
continua tant et fist continuer ès cris et blasphèmes
dessusdiz, que toutes les dames et damoiselles et autres
femmes portans haulx atours, n'aloient plus à ses pré-

dicacions, sinon en simple estat et descongneu, ainsy et pareillement que les portent femmes de labeur, de petit et povre estat. Et pour lors, la plus grand partie d'ycelles nobles femmes, retournées en leurs propres lieux, ayans grand vergogne des honteuses et injurieuses parolles qu'elles avoient oyes aux diz preschemens, se disposèrent à mettre jus leurs atours et prinrent aultres, tels et assez paraulx que portent femmes de béguinages. Et leur demoura cest estat aucune petite espace de temps. Mais à l'exemple du lymeçon[1], lequel quand on passe près de luy retrait ses cornes par dedens et quand il ne ot plus riens les reboute dehors, ainsy firent ycelles. Car en assez brief terme après que ledit prescheur se fust départy du pays, elles mesmes recommencèrent comme devant et oublièrent sa doctrine, et reprinrent petit à petit leur viel estat, tel ou plus grant qu'elles avoient acoustumé de porter. Pour lesquelz estas ainsy mis jus à l'instance et exortacion d'ycelui frère Thomas, et aussy pour les blasphèmes qu'il disoit communément, en espécial contre les nobles et gens d'église, il acquist grand amour et renommée de tout le peuple par tous les pays où il aloit, et estoit d'yceulx moult honnouré et exaulçié. Et d'autre part, par tous les lieux où il aloit, tant des bonnes villes comme d'ailleurs, les nobles, le clergié, les bourgois et généralement toutes gens, lui faisoient révérence et honneur à leur pooir, aussy grandement et révèremment comme on eust peu faire à ung des apostles de Nostre-Seigneur Jhésucrist, se il fust du ciel descendu sur terre; ycelui estant acompaigné de

---

1. Limaçon.

grant multitude de peuple, alans loing aux plains champs au-devant de luy. Et de là, par les plus notables, tant de chevaliers comme aultres, se ilz y estoient menés, eulx estant à pied tenans la bride de son mulet jusques à son hostel, qui estoit communément sur le plus riche bourgois de la ville. Et ses disciples, dont y en avoit pluiseurs, se logèrent en plusieurs lieux des plus honnestes maisons des villes. Si se tenoient pour bien eureux ceulx qui, luy ou les siens, povoient avoir à hostes. Et quand ledit frère Thomas estoit, comme dit est, à son logis, il se tenoit en une chambre moult solitairement, sans vouloir souffrir que nulle personne ens repaire avec luy, si non assez peu, fors tant seulement aulcuns de sa famille[1]. Et après qu'il avoit fait ses prédicacions, vers la fin il admonestoit moult instamment, tant sur dampnacion d'âme comme sur paine d'excommeniement, que toutes gens qui avoient en leurs maisons tabliers, eschequiers, cartes, quilles, dez et aultres instrumens dont on pouvoit jouer à quelque jeu de plaisance, les apportassent à luy. Et pareillement constraingnoient les femmes qu'elles y apportassent leurs hennins, et là, devant son eschafault, il faisoit allumer grans feus et bouter tout dedens les choses devant dictes. Sy régna en yceulx pays l'espace de cinq ou six mois, et fut en pluiseurs notables cités comme Cambray, Tournay, Aras, Amiens et Terrewane, où il fist, comme dit est, plusieurs prédicacions, à la louenge du menu peuple. Aux quelles se assambloient aulcune fois, seize ou vingt mille personnes, et faisoit mettre les hommes d'un

---

1. *De sa famille*, c'est-à-dire, de son entourage.

costé et les femmes de l'aultre et tendre une corde entre deux, pour ce qu'il disoit avoir veu entre eulx aucune fausseté, en faisant lesdictes prédicacions. Pour lesquelles faire il ne prenoit point d'argent, ne ne souffroit qu'on le pourchassast, ainsi qu'on suelt faire aultres prescheurs. Mais il estoit assez content qu'on luy donnast aulcuns riches aouruemens d'église, et qu'on revestit ses disciples et paiast ses despens. De laquelle chose faire on estoit tout joyeulx. Et pour parfaite affection et espérance que pluiseurs notables personnes avoient en ce qu'il fust homme prudent et de sainte vie, se mirent à le sievir partout où il aloit, et en laissèrent pluiseurs pour ce faire, père et mère, femmes et enfans, et leurs prouchains amis. Entre lesquelz le poursievit et acompaigna par grand espace, le seigneur d'Antoing, et aulcuns aultres nobles. Après lequel temps, sans avoir esté en nul de yceulx pays redargué, ne corrigié par aucuns clercz, se départy à la très louenge et amour du peuple, et au contraire à l'indignacion de plusieurs gens d'église. Et s'en ala monter sur mer au port de Saint Walery pour s'en aler en Bretaigne, dont il estoit nez.

## CHAPITRE LIV.

#### Comment grans tournoiemens se firent en la ville de Bruxelles.

En ces mesmes jours le duc de Bourgongne ala, très grandement acompaigné de pluiseurs seigneurs de ses pays, en la ville de Bruxelles, pour estre à ung tournoiement qui là devoit estre fait le jour des quaremiaulx[1]. Duquel tournoiement estoit le chef, le filz du damoisel de Gazebeque; est assavoir de donner le pris. Auquel lieu le duc de Bourgongne fut honnorablement receu et festoyé du duc Phelippe de Brabant, son cousin germain, et des aultres seigneurs du pays, et aussy de ceulx de ladicte ville de Bruxelles. Et quand ce vint au jour que ledit tournoiement se debvoit faire, les deux ducz dessusdiz furent partis l'un contre l'autre, et pareillement grand partie de leurs gens, par advis et délibéracion d'aucuns saiges de leurs consaulx et des officiers d'armes, adfin de eschever toutes rigueurs qui peussent advenir. Et furent ce jour, tant d'un costé comme d'autre, de sept à huit vingt heaumes sur la place, est assavoir sur le marché de Bruxelles. Et estoit grand noblesse de les veoir. Car ils estoient tous moult richement habillés et parés de leurs armes. Et quand ce vint que lesdiz officiers d'armes eurent fait les cris en ces cas acoustumés, ilz se férirent de grand voulenté l'un parmy l'autre, et y eut maint riche cop féru entre ycelles parties. Et en la fin fut le pris donné à ung gentil homme de Brabant nommé Jehan Linquart. Et lendemain et second jour, furent faites grans joustes. Entre lesquielx, pour le premier jour, emporta le pris le duc de Brabant, et pour le second, le seigneur de Mamines. Et quant aux dansses et banquès, il en y eut fait en très grand habondance. Et y avoit largement dames et damoiselles, moult richement parées selon l'estat du pays. Et au regard de mommeries, tant d'hommes comme de femmes, il en y avoit largement. Durant laquelle feste fut baillée

1. Le jour de la mi-carême.

l'espée au seigneur de Croy, chevalier dudit duc de Bourgogne. Lequel, par le conseil, fist de rechef crier ung autre tournoiement à ung certain jour ensuivant, pour estre assamblé et furny en la ville de Mons en Haynau. Lequel, pour certaines occupacions qui survindrent dedens ledit jour, ne se fist point. Et après que le dessusdit duc de Bourgongne eust sousjourné dedens ycelle ville de Bruxelles quatre ou cinq jours, il s'en retourna en son pays de Flandres, non obstant que durant le temps dessusdit il faisoit très divers temps, tant de nesges comme de gellées. Et les autres seigneurs se retrayrent ès lieux dont ilz estoient venus.

## CHAPITRE LV.

#### Comment le comte de Namur trespassa, et fut le duc de Bourgongne son héritier.

Item, en l'an dessusdit, rendi son esprit à Dieu le conte de Namur, qui avoit grand eage. Lequel par avant avoit vendu au duc de Bourgongne sa contée de Namur et les appartenances[1]. Après la mort duquel, ledit duc se trayst en ycelui pays pour avoir la possession des bonnes villes et forteresces d'ycelle contée, lesquelles, sans contredit, lui firent plaine obéyssance. Et furent lors par ledit duc, par tout, commis gouverneurs et capitaines, telx comme bon lui sambla. Pour lequel voisinage, les Liégois marchissans à ycelle sei-

---

1. La mort de Jean III, dit Thierri, comte de Namur, est du 1ᵉʳ mars 1429 (N. S.). La vente du comté avait été faite le 23 avril 1421.

gneurie de Namur, n'en furent gaires joyeux, ains leur vint à desplaisir, doubtans la puissance d'ycelui duc, duquel long temps paravant, ne lui, ne se devanciers, n'avoient point la signourie, pour ce que le feu duc Jehan, son père, et le duc Guillaume, son oncle, les avoient autre fois vaincus et subjuguez, comme en autre lieu par avant est plus à plain déclairé[1]. Si tenoient lors en leurs mains yceulx Liégois une forte tour située assez près de Bouvines, laquelle, comme on disoit, estoit de la seigneurie de Namur, et le désiroit ledit duc de Bourgongne à ravoir en ses mains. Mais lesdiz Liégeois estoient ad ce opposans et contraires. Pour quoy, dès lors se commencèrent entre ycelles parties aulcunes rumeurs et haynes couvertes. Dont, à l'occasion d'ycelles, ledit duc de Bourgongne retourna en son pays. Si fist secrètement assambler certain nombre de gens d'armes, lesquelz il envoia soubz la conduite de messire Jehan Blondel et Gérard, bastard de Brimeu, vers le dessusdit pays de Liège, pour prendre d'emblée la dessusdicte tour de Montorgueil. Et eulx venus assez près d'ycelle, en eulx préparant pour drécier leurs eschielles, furent perceus et descouvers de ceulx qui estoient dedens. Pour quoy, sans autre chose faire, s'en retournèrent en leur pays. Et lesdiz Liégois furent sur leur garde plus que par avant n'avoient esté, et conçurent de plus en plus grand hayne contre ledit duc de Bourgongne.

Item, durant le temps que les Anglois tenoient leur siége devant la noble cité d'Orliens, comme dit est dessus, estoit le roy Charles très fort au dessoubz. Et

1. Page 257.

l'avoient à peu près laissié et comme habandonné, la plus grand partie de ses princes et aultres des plus notables seigneurs, véans que de toutes pars ses besongnes lui venoient au contraire. Nientmains il avoit tousjours bonne affection et espérance en Dieu, désirant de tout son cuer à avoir traictié de paix avec le duc de Bourgongne, lequel par ses ambaxadeurs il avoit requis par plusieurs fois. Mais encore ne s'y estoit peut moyen trouver qui fust au gré des parties.

## CHAPITRE LVI.

Comment les Anglois alans au secours du siège d'Orliens rencontrèrent les François, qui les assaillirent.

En ces jours, le duc de Bethfort régent, estant à Paris, fist assambler, tant des marches de Normendie comme de l'Isle de France et à l'environ, de quatre à cinq cens, que chars que charrettes, lesquelz, avec la diligence de plusieurs marchans, furent chargiés de vivres, artilleries et autres marchandises, pour mener devers les dessusdiz Anglois. Et après que ledit charroy et autres besongnes furent prestes, tout fu baillié à conduire à messire Jehan Fastot[1], grand maistre d'ostel dudit duc de Bethfort. Avec lequel furent commis, le prévost de Paris, nommé messire Simon Mahieu[2], le bastard de Thian, chevalier, bailly de Senlis, le prévost de Melun et plusieurs aultres officiers des marches de l'Isle de France et d'environ, acom-

1. *Lis.* Falstoff.
2. *Lis.* Simon Morhier.

paigniés de seize cens combatans, et bien mil communes. A tout lesquelz se départi ledit Fastot de Paris, le jour des Cendres[1], et conduist par plusieurs journées ledit charroy et ses gens en bonne ordonnance jusques à ung village nommé Rouvroy en Beausse[2], séant entre Genville[3] et Orliens. Auquel lieu estoient assamblés, pour les combatre, pluiseurs capitaines François, qui long temps par avant sçavoient assez bien leur venue. C'est assavoir, Charles, duc de Bourbon, les deux mareschaulx de France, le connestable d'Escoce et son filz, le seigneur de La Tour, le seigneur de Chauvegni, le seigneur de Graville, messire Guillaume de Labreth, le visconte de Thouars, le bastard d'Orliens, Jacques de Chabannes, le seigneur de La Faiette, Pothon de Sainte-Treille, Estievene de Vignolles, autrement apellé La Hire, messire Theolde de Walleperghe et pluiseurs aultres nobles hommes, qui tous ensemble avoient de trois à quatre mille combatans. Desquelz les dessusdiz Anglois savoient bien l'assamblée par aulcuns de leurs gens des garnisons qu'ilz avoient oudit pays. Et pour tant, en grand diligence firent de leur charroy ung grand parc en plains champs, auquel ilz laissèrent deux yssues ouvertes, et se mirent tout ensamble dedens ycelui, c'est assavoir les archiers, gardant ycelles entrées, et les hommes d'armes, assez près ès lieux nécessaires. Et à l'un des costés, au plus fort lez, estoient les marchands, charretons, paiges et autres gens de petite deffence, avec tous les chevaux. Les-

---

1. Le 18 février 1429 (N. S.).
2. Rouvray Saint-Denis (Eure-et-Loir).
3. Janville, id.

quelz Anglois, en cest estat, attendirent bien deux heures leurs ennemis, lesquelz en grand bruit se vinrent mettre en bataille devant ledit parc, hors du trait. Et leur sambloit, entendu la noblesce et le grand nombre qu'ilz estoient, et qu'ilz n'avoient à faire qu'à gens de plusieurs tires, et n'y avoit que de cinq à six cens Anglois de la nacion d'Angleterre, qu'ilz ne povoient eschapper de leurs mains et seroient tantost vaincus. Nientmains, les aulcuns faisoient grand doubte que le contraire ne leur en advenist, pour ce que les capitaines d'iceulx François ne se concordoient point bien ensamble. Car les uns, et par espécial les Escossois, vouloient combatre à pied, et les aultres vouloient demeurer à cheval. Et adonc, Charles de Bourbon fut fait chevalier, du seigneur de La Faiette ; et aulcuns aultres. Et entretant, ledit connestable d'Escoce et son filz se mirent à pied et avec eulx toutes leurs gens. Sy alèrent en assez brief terme, les ungs à pied, les autres à cheval, envayr et combatre leurs ennemis, desquelz ilz furent receuz très courageusement. Et commencèrent les archers Anglois, qui estoient très bien targiés[1] de leur charroy, à tirer très raidement. Duquel trait, de plaine venue, firent redonder arrière d'eulx ceulx de cheval avec les hommes d'armes. Et lors, à l'une de leurs entrées, se combati le connestable d'Escoce et ses gens, qui, à brief comprendre, furent desconfis et mors en la place. Et fu mort messire Jehan Stouart[2], avec lequel furent mors son

---

1. *Targiés de leur charroy*, couverts, défendus ; de *targe*, bouclier.
2. Stuart.

filz, messire Guillaume de Labreth, seigneur d'Orval, le seigneur de Chasteaubrun, le seigneur de Monpipel, messire Jehan Larigot, le seigneur de Verduisant, le seigneur d'Yvery, le seigneur de La Grève, messire Anthoine de Prully, et bien six vins gentilz hommes et aultres, jusques au nombre de cinq à six cens combatans, desquelz la plus grande partie estoient Escossois. Et les autres capitaines dessusdiz, à tout leurs gens, se départirent et s'en ralèrent ès parties dont ils estoient venus. Et les dessusdiz Anglois se rafreschirent ceste nuit oudit Rouvroy, et lendemain s'en partirent et s'en alèrent, à tout leur charroy, par aulcuns peu de jours, jusques à Orliens, moult joieusement, tant pour la bonne fortune qu'ilz avoient eue, comme pour les vivres qui leur menoient. Si fu la journée dessudicte, depuis ce jour jusques en avant [dite], en langage commun, la Bataille des harens. Et la cause de ce nom, si fut pour ce que grand partie du charroy desdiz Anglois estoit chargés de harens et autres vivres de quaresme. Pour laquelle male aventure ainsy advenue, Charles, roy de France, eut au cuer grand tristesse, véant de toutes pars ses besongnes venir au contraire et persévérer de mal en pis.

La dessusdicte bataille de Rouvroy fu faite la nuit des Brandons, environ trois heures après midi [1]. Et n'y eut mort de la partie des Anglois, des gens de nom, que ung seul homme nommé Bresantiau, nepveu de messire Simon Morhier, prévost de Paris. Et y furent fais chevaliers, de la partie des Anglois, Le Galois d'Aunay, seigneur d'Orville, le Grand Raulin et Loys

---

1. Le 21 février 1429 (N. S.).

de Luru, savoyen. Et povoient estre lesdiz Anglois environ seize cens combatans de bonne estoffe, sans les communes. Et comme dit est dessus, les François estoient bien de trois à quatre mille. Et furent fais chevaliers avec ledit Charles de Bourbon, le seigneur de¹..... et le seigneur de Chasteaubrun. Et n'y eut ce jour prins que ung prisonnier, qui estoit escossois.

## CHAPITRE LVII.

#### Comment une pucelle nommée Jehenne vint devers le roy Charles à Chinon, où il se tenoit, et comment ledit roy le retint avec luy.

En l'an dessusdit, vint devant le Roy Charles à Chinon, où il se tenoit grand partie du temps, une pucelle josne fille, éagié de vint ans ou environ, nommée Jehenne, laquelle estoit vestue et habillié en guise d'homme. Et estoit née des parties d'entre Bourgongne et Lorraine, d'une ville nommée Domremy, assez près de Vaucouleur. Laquelle Jehenne fu grand espace de temps meschine² en une hostelerie, et estoit hardie de chevaulchier chevaulx et les mener boire, et aussy de faire appertises et aultres habiletez que josnes filles n'ont point acoustumé de faire³. Et fu mise à voie et

1. Ici un mot en blanc dans le ms. 8346. Vérard ne mentionne que Charles de Bourbon et le seigneur de Chasteaubrun.
2. Servante.
3. Dans le ms. 8346 que nous suivons, on trouve ici (fol 50 v°, en marge et d'une main plus moderne, qui pourrait être de la fin du quinzième siècle ou même du seizième, l'importante variante que voici : « Toute sa vye fut bergière, gardant les berbis, jusques à ce qu'elle fut menée devers le roy, ne jamès n'avoit veu cheval, au moins pour monter dessus. »

envoyée devers le Roy, par ung chevalier nommé messire Robert de Baudricourt, capitaine de par le Roy, de Vaucouleur[1], lequel ly bailla chevaulx, et quatre ou six compaignons. Si se disoit estre pucelle, inspirée de la grace divine, et qu'elle estoit envoyée devers yceluy Roy pour le remettre en la possession de son royaume, dont il estoit enchacié et débouté à tort. Et estoit en assez povre estat. Si fut environ deux mois en l'ostel du Roy dessusdit, lequel par pluiseurs fois elle admonestoit par ses parolles, qu'il ly baillast gens et ayde, et elle rebouteroit ses ennemis et exauceroit sa signourie. Durant lequel temps, le Roy, ne son conseil, ne adjoustoient point grand foy à elle, ne à chose qu'elle sceust dire, et le tenoit-on comme une folle, desvoiée de sa santé. Car à si grand princes et aultres nobles hommes, telles ou pareilles parolles sont moult doubtables et périlleuses à croire, tant pour l'yre Nostre Seigneur principalement, comme pour le blasphème qu'on en pourroit avoir des parlers du monde. Nientmains, après qu'elle eust esté en l'estat que dit est une espace, elle fut aidiée, et ly furent bailliés gens et habillemens de guerre. Et esleva ung estendart où elle fist paindre la représentacion de nostre Créateur. Si estoient toutes ses parolles du nom de Dieu, pour quoy grand partie de ceulx qui le veoient et oioient parler, avoient grande crédence et variacion qu'elle fust inspirée de Dieu, comme elle se disoit estre. Et fut par plusieurs fois examinée de notables clercz et

---

1. Ce nom, qui était resté en blanc dans notre manuscrit, y a été ajouté de la même main qui a écrit la note marginale reproduite plus haut.

autres saiges hommes de grande auctorité, adfin de sçavoir plus à plain son intencion. Mais toujours elle se tenoit en son propos, disant que si le Roy le vouloit croire, elle le remetteroit en sa signourie. Et depuis ce temps, fist aucunes besongnes, dont elle acquist grande renommée. Desquelles sera ci-après plus à plain déclairé. Et lors qu'elle vint devers le Roy, y estoit le duc d'Alençon, le mareschal du roy, et aultres pluiseurs capitaines. Car le Roy avoit tenu grand conseil pour le fait du siége d'Orliens. Et de là, ala à Poitiers, et ycelle pucelle avec luy. Et brief ensuivant fut ordonné que ledit mareschal meneroit vivres et autres besongnes nécessaires audit lieu d'Orliens, à puissance. Si volt Jehenne la pucelle aler avecques, et fist requeste qu'on ly baillast harnois pour ly armer et habillier; lequel ly fut baillié. Et tost après leva son estendart, et ala à Blois, où l'assamblée se faisoit, et de là à Orliens, avecques les autres. Si estoit tous jours armée de plain harnois. Et en ce mesme voiage se mirent pluiseurs gens de guerre soubz elle. Et quand elle fut venue en ycelle cité d'Orliens, on ly fist très grande chière, et furent moult de gens resjoys de sa venue, si comme vous orrez recorder plus à plain assez briefment.

## DE L'AN MCCCCXXIX.

[Du 27 mars 1429 au 16 avril 1430.]

## CHAPITRE LVIII.

Comment, de par le roy Charles et ceulx de la ville d'Orliens, vinrent ambassadeurs en la cité de Paris pour faire traictié au duc de Bethfort adfin que ladicte ville d'Orliens demourast paisible.

Au commencement de cest an, le duc de Bourgongne, acompaignié de six cens chevaulcheurs ou environ, ala à Paris devers le duc de Bethfort, duquel il fut assez joieusement reçeu, et aussi de sa seur, femme audit duc. Auquel lieu, en assez brief temps ensuivant, vinrent Pothon de Sainte-Treille, Pierre d'Orgni et aulcuns aultres ambassadeurs, envoyez par le roy Charles et ceulx de la ville d'Orliens, qui moult estoient molestés et constrains par le siège que les Anglois y tenoient, duquel est faict mencion, adfin de traictier avec le duc de Bethfort et le conseil du roy Henry d'Engleterre, que ycelle ville d'Orliens ainsi oppressée demourast paisible, et quelle feust mise et baillié ès mains du duc de Bourgongne pour y mettre gouverneur à son plaisir et le tenir comme neutre; considéré aussi que le duc d'Orliens et son frère le duc d'Angoulesme, qui en estoient droituriers seigneurs, de long temps par avant estoient prisonniers en Engleterre, et si n'estoient point de la guerre. Sur laquelle requeste, le dessusdit duc de Bethfort assembla par pluiseurs fois son conseil pour sur ce avoir advis et délibéracion. Et fut la cause pour ce que pluiseurs remoustrèrent audit duc de Bethfort les grans frais et despens que le roy Henry avoit soustenu à l'occasion dudit siège, et avec ce y avoit perdu de ses meilleurs hommes de guerre. Disant oultre qu'elle ne povoit longuement durer sans estre subjuguée, et qu'ilz estoient moult constrains et en grant dangier, et que c'estoit une des villes du royaume qui leur estoit plus proufitable à avoir, pour pluiseurs raisons qu'ilz y mettoient. D'aultre part, les aultres n'estoient point contens qu'elle feust mise entre les mains du duc de Bourgongne, et disoient qu'il n'estoit point raison que le roy Henry et ses vassaulx en eussent eu les paines et soustenu les mises, et ycelui duc de Bourgongne en auroit les honneurs et les proufis, sans cop férir. Et mesmement fut dit de ung nommé maistre Raoul le Saige, qu'il ne seroit jà en lieu où on le maschast, le duc de Bourgongne, et il l'avaleroit. Finablement, après que la besongne eut esté de pluiseurs fort débatue et examinée, il fut conclud que yceulx Orliennois ne seroient pas receuz, se ilz ne traictoient et rendoient leur ville aux Anglois. Et pour tant, lesdiz ambassadeurs, ceste piesme response oye, dirent que de ce ilz n'estoient point chargiez, et que lesdiz Orliennois soufferoient moult de griefz avant qu'ilz se meissent en l'obéyssance et subjection desdiz Anglois. Après lesquelles conclusions, les dessusdiz ambassadeurs se départirent de la ville de Paris, et retournèrent dedens la ville d'Orliens, auquel lieu ilz rendirent la responce de leur dicte ambassade. Toutefois, le duc de Bourgongne se tint assez content d'eulx touchant l'estat des besongnes dessusdictes, et estoit bien content, ou cas qu'il eust pleu au roy Henry et à son conseil, de prendre le gouvernement de ladicte cité d'Orliens, tant pour l'amour de son beau cousin ledit duc d'Orliens, comme pour eschever les adventures qui en povoient advenir. Mais alors, yceulx Anglois estoient en grande prosperité et n'avoient point consideracion que la roue de fortune eust puissance de tourner contre eulx. Et jà soit ce que en ycelui voiage le duc de Bourgongne feist à son beau frère le duc de Bethfort plusieurs requestes, tant pour lui comme pour ses gens, nientmains lui en furent assez peu accordées. Et après qu'il eust sousjourné en la ville de Paris environ trois sepmaines, il s'en retourna en son pays de Flandres, où il fut moult oppressé de maladie. Mais par la diligence de bons médecins il recouvra santé.

## CHAPITRE LIX.

*Comment la Pucelle Jehenne et plusieurs autres capitaines François rafreschirent la ville d'Orliens de vivres et de gens d'armes, et depuis levèrent le siège.*

Item, après que les capitaines anglois dessusdiz, avec leurs gens, eurent, par l'espace de sept mois ou environ, continué leur siège entour la ville d'Orliens et ycelle moult oppressée et travaillée, tant par leurs engiens comme par les fortificacions et bastilles qu'ilz y avoient faites en plusieurs lieux jusques au nombre de soixante, les asségiés, véans que par ycelle continuacion estoient en péril d'estre mis en la servitude et obéyssance de leurs ennemis, se conclurent et disposèrent de ad ce résister de tout leur pouvoir et de y remédier par toutes les manières que faire se pourroient. Si envoyèrent devers le roy Charles adfin d'avoir ayde de gens et de vivres. Si leur furent envoyés de quatre à cinq cens combatans, et depuis en vinrent bien sept mille [1], avecques aucuns vivres qui estoient en vaisseaulx, conduis parmy l'eaue de Loire d'yceulx gens d'armes. Et avec eulx vint Jehenne la Pucelle, dont dessus est faicte mencion; et jusques à ce jour avoit encore fait peu de choses dont il fust grand renommée. Et lors, ceulx de l'ost s'efforcèrent de conquerre les dessusdiz vivres. Mais ilz furent bien deffendus par ladicte Pucelle, et furent mis à sauveté. Dont ceulx de la ville firent bonne chière et furent moult joyeux, tant pour la venue d'ycelle Pucelle, comme pour les vivres dessusdiz. Et lendemain, qui fut par un jeudi, Jehenne la Pucelle se leva assez matin, et en parlant à plusieurs capitaines de la ville et aultres gens de guerre, les induist et admonesta moult fort par ses parolles, qu'ilz se armassent et le suivissent. Car elle vouloit aler, ce disoit-elle, assaillir et combatre les ennemis, disant en oultre, que bien sçavoit sans faille que ilz seroient vaincus. Lesquelz capitaines et autres gens de guerre estoient tous esmerveillés de ses parolles. Dont la plus grand partie se mirent en armes, et s'en alèrent avecques elle assaillir la bastille de Saint Leup [2], qui estoit moult forte. Et avoit dedens de trois à quatre cens Anglois, lesquelz

---

[1]. Ces nombres sont en chiffres dans le ms. 8346, et en toutes lettres dans Vérard.
[2]. La bastille de Saint Loup.

assez tost furent conquis, mors et pris, et mis à grand meschief. Et ladicte fortificacion fut toute démolie et mise en feu et en flambe. Si s'en retourna ladicte Pucelle, à tout ses gens d'armes, dedens la cité d'Orliens, où elle fut grandement de toutes gens honnourée. Et lendemain, qui fut le vendredi, yssy ladicte Pucelle de rechief hors de la ville, à tout certain nombre de combattans, et ala assaillir la seconde bastille, plaine d'Anglois. Laquelle pareillement comme la première, fut gaignée et vaincue, et ceulx de dedens mors et mis à l'espée. Et après que ladicte Pucelle eust fait ardoir et embraser ycelle seconde bastille, se retourna dedens la ville d'Orliens, où elle fut plus que devant exaucée et honnourée de tous les habitans d'ycelle. Et le samedi ensuivant, assailly par grand vaillance et de très forte voulenté, la très forte bastille du bout du pont, qui merveilleusement et puissamment estoit fortifiée. Et si estoit dedens la fleur des meilleurs gens d'Angleterre et droites gens d'armes d'eslite; lesquelz, moult longuement et prudentement se desfendirent. Mais ce ne leur valu gaires, car par vive force et proesce de combatre, furent prins et conquis, et la greigneur partie mis à l'espée. Entre lesquelz fut mort ung très renommé et vaillant capitaine anglois appellé Classedas [1], et avec lui le seigneur de Molins, le bailli d'Evreux, et pluiseurs aultres notables hommes de grand estat. Après laquelle conqueste retournèrent dedens la ville, Jehenne la Pucelle et les François, à petite perte de leurs gens. Et non obstant que de ces trois assaulx la dessusdicte Pucelle en portast la com-

1. Classidas.

mune renommée, nientmains si y estoient tous les capitaines, ou au mains la plus grand partie, qui durant ledit siège avoient esté dedens ladicte ville d'Orliens, desquelz par dessus est faite mencion, aux diz assaulx. Et se y gouvernèrent chascun en droit soy si vaillamment comme gens de guerre doibvent faire en tel cas. Tellement, que en ces trois bastilles furent, que mors que prins, de six à huit cens combatans, et les François ne perdirent que environ cent hommes de tous estas.

Le diemenche ensuivant, les capitaines anglois, est assavoir le conte de Suffort, Talbot, le seigneur d'Escalles et aulcuns aultres, voians la prinse de leurs bastilles et la destruccion de leurs gens, prinrent ensemble conclusion qu'ilz se assambleroient et metteroient tous ensemble en une bataille seule, en délaissant leurs logis et fortificacion, et en cas que les François les vouldroient combatre, ilz les attenderoient, ou se ce non, ils se départiroient en bonne ordonnance et retourneroient ès bonnes villes et forteresces de leur party. Laquelle conclusion, ainsy qu'ilz l'avoient avisée, ilz l'entretinrent. Car ce diemenche, très matin, ilz habandonnèrent toutes leurs autres bastilles, en boutant les feux en aulcunes. Puis se mirent en bataille, comme dit est, où ilz se tinrent assez bon espace, attendant que les François les alassent combatre. Lesquelz n'eurent talent de ce faire, par l'exortacion de la Pucelle. Et adonc, les Anglois qui voyoient leur puissance malement affoiblie et trop diminuée, et qu'il estoit impossible à eulx de là plus demourer se pis ne vouloient faire, se mirent à chemin et retournèrent en ordonnance ès villes et places tenans leur party.

Si firent lors par toute la ville d'Orliens grand joie et grand resbaudissement quand ainsy se virent délivrés de leurs ennemis, et le ramanent en aler à leur confusion; lesquelz par long temps les avoient grandement tenus en dangier. Si furent envoyés pluiseurs gens de guerre dedens ycelles bastilles, où ils trouvèrent aulcuns vivres et aultres biens très largement, qui tantost par eulx furent portés à sauveté. Si en firent bonne chière, car il ne leur avoit gaires cousté. Et lesdictes bastilles furent prestement arses et démolies jusques en terre, adfin que nulles gens de guerre ne se y peussent plus logier.

## CHAPITRE LX.

*Comment le roy de France, à la requeste de la Pucelle et des aultres capitaines estans à Orliens, leur envoya grans gens d'armes pour aler sur ses ennemis.*

En après, les Francois estans dedens Orliens, est assavoir les capitaines avec Jehenne la Pucelle, tout d'un commun accord, envoyèrent leurs messages devers le roy de France, à pluiseurs fois, lui racompter les victorieuses besongnes qu'ilz avoient faites et comment les Anglois ses ennemis s'estoient départis et retournés en leurs garnisons, ycelui roy admonestant, que sans délay leur envoiast le plus de gens de guerre qu'il pourroit finer, avec aulcuns grans seigneurs, adfin qu'ilz peussent poursuivir leurs ennemis, lesquelz estoient tous effraés pour la perte qu'ilz avoient faite; et aussy, que luy mesme en sa personne se tirast avant en la marche. Lesquelles nouvelles furent au roy et à son conseil très plaisantes. Ce fut bien raison. Si furent incontinent mandés à venir devers lui, le connestable, le duc d'Alençon, Charles, seigneur de Labreth, et pluiseurs aultres grans seigneurs. Desquelz la plus grand partie furent envoyés à Orliens. Et d'aultre part, certain espace de temps après, le Roy se traist à Gien, et avec lui très grand nombre de combatans.

Et yceulx capitaines, qui par avant estoient à Orliens, et les princes et grans seigneurs qui nouvellement y estoient venus, tinrent grans consaulx tous ensamble l'un avec l'autre, pour avoir advis se ilz poursuivroient les Anglois. Esquelz consaulx estoit première appellée Jehenne la Pucelle, qui pour ce temps estoit en grand règne. Finablement les François, environ la my-may, dont le siège avoit esté levé à l'entrée d'ycelui mois, se mirent sur les champs, jusques au nombre de cinq à six mille combatans, à tout charroy et habillemens de guerre, et prinrent leur chemin droit vers Gargeaux[1], où estoit le comte de Suffort et ses frères, qui des jà par avant avoient envoyé plusieurs messages à Paris devers le duc de Bethfort, pour lui noncier la perte et la male aventure qui leur estoit advenue devant Orliens, en lui requérant que brief leur voulsist envoyer souscours, ou autrement ilz estoient en péril d'estre reboutés et de perdre plusieurs villes et forteresces qu'ilz tenoient ou pays de Beausse et sur la rivière de Loire. Lequel duc de Bethfort, oyant ces males nouvelles, fut moult anoyeux et desplaisant. Nientmains, lui considérant qu'il convient

---

1. Jargeaux ou Gergeaux (Loiret).

pourveoir aux choses plus nécessaires, manda hastivement gens de tous pays estans en son obéyssance, et en fist assambler de quatre à cinq mille, lesquelz il fist mettre à chemin et tirer vers le pays d'Orliens, soubz la conduite de messire Thomas de Rampston, du bastard de Thian, et aulcuns autres. Auxquelz il promist, que brief ensuivant il yroit après eulx, à tout plus grand puissance, qu'il avoit mandé en Angleterre

## CHAPITRE LXI.

Comment la Pucelle, le connestable de France, et le duc d'Alençon et leurs routes conquirent la ville de Gargeaux. Et la bataille de Patay où les François desconfirent les Anglois.

Or est vérité que le connestable de France, le duc d'Alençon, Jehenne la Pucelle et les aultres capitaines François, estans tous ensamble sur les champs comme il est dit desus, chevaulchèrent tant par aulcunes journées, qu'ilz vindrent devant Gargeaux, où estoit le dessusdit conte de Suffort, et de trois à quatre cens de ses gens, avec les habitans de la ville, qui tantost, en toute diligence, se mirent en ordonnance de deffence. Mais en brief ilz furent assez tost avironnés de toutes pars desdiz François, et de fait les commencèrent en plusieurs lieux à assaillir moult radement. Lequel assault dura assez bon espace, moult terrible et merveilleux. Toutefois, yceulx François continuèrent si asprement oudit assault, que, malgré leurs adversaires, par force d'armes entrèrent dedens la ville, et par prouesce le conquirent. A laquelle entrée furent occis trois cens combatans Anglois. Desquelz fut l'un d'yceulx. l'un des frères du conte de Suffort. Lequel conte, avec lui son autre frère, le seigneur de La Poulle, furent fais prisonniers, et de leurs autres gens, jusques à soixante hommes ou au dessus.

Ainsy doncques, ceste ville et chasteau de Gargeaux conquise et subjuguée que dit est, lesdiz François se rafreschirent tout à leur aise en ycelle. Et après, eulx partans de là, alèrent à Meun, qui tantost leur fist obéyssance. Et d'autre part s'enfuyrent les Anglois qui tenoient la Frete Hubert[1], et se boutèrent tous ensamble à Bosengi[2], jusques auquel lieu ilz furent chassés et poursuivis des François, lesquelz se logèrent devant eulx en plusieurs lieux; et tous jours, Jehenne la Pucelle, ou front devant, à tout son estandart. Et lors, par toutes les marches de là environ n'estoit plus grand bruit, ne renommée, comme il estoit d'elle, de nul aultre homme de guerre. Et adonc, les principaulx capitaines, qui estoient dedens ladicte ville de Bosengi, voians par la renommée d'ycelle Pucelle fortune estre ainsy du tout tournée contre eulx, et que pluiseurs villes et forteresces estoient desjà mises en obéyssance de leurs ennemis, les unes par vaillance d'armes et force d'assault, les aultres par traictié, et aussi que leurs gens pour la plus grand partie estoient moult esbahis et espoentés, et ne les trouvoient pas de tel propos de prudence qu'ilz avoient acoustumé, ains estoient très désirans d'eulx retraire sur les marches de Normendie, si ne sçavoient que faire, ne quel conseil eslire. Car ilz ne sçavoient

---

1. La Ferté-Hubert (Loiret).
2. Baugency, id.

point estre adcertenés, ne asseurés d'avoir en brief souscours. Et pour tant, tout considéré les besongnes dessusdictes, ilz traictèrent avec les François, qu'ilz s'en yroient, à tout leurs biens, sauf leurs corps et leurs vies, par condicion qu'ilz renderoient la place en obéyssance du roy Charles ou de ses commis. Lequel traictié ainsi fait, lesdiz Anglois se départirent, prenant leur chemin parmy la Beausse, en tirant vers Paris. Et les François entrèrent joieusement dedens Bogensi ou Bosengi[1]. Et prinrent conclusion, par l'exortacion de Jehenne la Pucelle, qu'ilz yroient au devant des Anglois, qui des parties vers Paris venoient pour les combatre, comme on leur avoit donné à entendre. Laquelle chose estoit véritable. Si se mirent de rechef à plains champs. Et venoient à eulx chascun jour, gens nouveaulx de pluiseurs marches. Et furent adonc ordonnés, le connestable, le mareschal de Bousach, La Hire, Pothon et aulcuns aultres capitaines, de faire l'avant-garde. Et le sourplus, comme le duc d'Alençon, le bastard d'Orliens, le mareschal de Rois[2], estoient conducteurs de la bataille; qui suivoient d'assez près ladicte avant-garde. Et povoient estre environ de six à huit mille combatans. Si fut demandé à Jehenne la Pucelle par aulcuns des princes là estans, quel chose il estoit de faire, et que bon ly sembloit à ordonner. Laquelle respondy qu'elle sçavoit bien pour vray que leurs anciens adversaires les Anglois venoient pour eulx combatre; disant oultre, que, ou nom de Dieu, on alast hardiement contre eulx, et que

1. Baugency (Loiret).
2. Le maréchal de Retz.

sans faille ilz seroient vaincus. Et aulcuns ly demandèrent où on les trouveroit. Et elle respondy : « chevaulchez hardiement, on aura bon conduict. » Adonc, toutes gens d'armes se mirent en bataille, et en bonne ordonnance tirèrent leur chemin, ayans des plus expers hommes de guerre, montés sur fleur de coursiers, alans devant pour descouvrir leurs ennemis, jusques au nombre de soixante ou quatre vins hommes d'armes. Et ainsi, par certaine longue espace chevaulchant, vinrent par ung jour de samedi, à une grande demie lieue près d'un gros village nommé Patay [1]. En laquelle marche les dessusdiz coureurs françois virent de devant eulx partir un cerf, lequel adreça son chemin droit pour aler en la bataille des Anglois, qui jà s'estoient mis tous ensemble, est assavoir ceulx venans de Paris, dont dessus est faite mencion, et les autres qui estoient partis de Bogensi et des marches d'Orliens [2]. Pour la venue duquel cerf, qui se féry comme dit est parmy ycelle bataille, fut desdiz Anglois eslevé ung très grand cry. Et ne sçavoient pas encore que leurs ennemis fussent si près d'eulx. Pour lequel cry, les dessusdiz coureurs François furent adcertenés que c'estoient les Anglois. Car ilz les virent adonc tout à plain. Et pour ce, renvoyèrent aulcuns d'eulx vers leurs capitaines pour les advertir de ce qu'ilz avoient trouvé. Et leur firent sçavoir que par bonne ordonnance ilz chevaulchassent avant, et qu'il estoit heure de besongner. Lesquelz prestement se pré-

---

1. Patay, petite ville de la Beauce, à cinq lieues nord-ouest d'Orléans.

2. De Baugency et des environs d'Orléans.

parèrent de tout point et chevaulchèrent bien et hardiement si avant, qu'ilz perçeurent et virent tout à plain leurs ennemis. Lesquelz, sachans pareillement la venue des François, se préparèrent diligamment pour les combatre, et volrent descendre à pied d'emprès une haye qui estoit assez près d'eulx, adfin que par derrière ne peussent estre surprins desdiz François. Mais aulcuns des capitaines ne furent point de ce bien contens, et dirent qu'ilz trouveroient place plus advantageuse. Pour quoy ilz se mirent au chemin en tournant le dos à leurs ennemis, et chevaulchèrent jusques à ung autre lieu, environ à ung petit demy quart de lieue loing du premier; qui estoit assez fort de hayes et de buissons. Ou quel, pour ce que les François les quoitoient[1] de moult pres, mirent pied à terre et descendirent, la plus grand partie, de leurs chevaulx. Et alors, l'avant-garde des François, qui estoit désirant et ardant en courage pour assambler aux Anglois, par ce que depuis ung peu de temps ençà les avoient assaillis et trouves de assez meschant deffence, se férirent de plains eslans dedens yceulx Anglois, et d'un hardi courage et de grand voulenté les envayrent si viguereusement et tant soudainement avant qu'ilz peussent estre mis du tout en ordonnance, que mesmement messire Jehan Fastocq[2] et le batard de Thian, chevalier, avec grand nombre de leurs gens ne se mirent point à pied avec les aultres, ains se départirent, en fuyant à plain cours pour sauver leurs vies. Et entretant, les autres qui estoient descendus à

1. Les cotoyaient.
2. Jean Falstoff.

pied furent tantost de toutes pars environnés et combatus par yceulx François. Car ilz n'eurent point loisir d'eulx fortefier de penchons aguisés par la manière qu'ilz avoient acoustumé de faire. Et pour tant, sans ce qu'ilz feissent grand dommage aux François, ilz furent en assez brief terme et légierement rués jus, desconfis et du tout vaincus. Et y ont mort dessus la place, d'yceulx Anglois, environ dix huit cens, et en y eut de prisonniers, de cent à six vingts. Desquelz estoient les principaulx, les seigneurs d'Escalles, de Tallebot, de Hongrefort et messire Thomas de Rampston et pluiseurs aultres des plus notables, jusques au nombre dessusdit. Et de ceulx qui y furent mors furent les principaux est assavoir....[1] et les aultres estoient tous gens de petit estat et moyen, telz et si fais qu'ilz ont acoustumé de amener de leur pays mourir en France.

Après laquelle besongne, qui fut environ deux heures après midi, tous les capitaines François se rassamblèrent ensamble, en regraciant dévotement et humblement leur Créateur, menèrent grand leesce l'un avecques l'autre pour leur victoire et bonne fortune. Et se logèrent celle nuit en ycelle ville de Patay, qui siet à deux lieues près d'Yenville en Beausse. De laquelle ville ceste journée porte le nom pardurablement[2].

Et lendemain, lesdiz François retournèrent, à tout leurs prisonniers et les riches despoulles des Anglois qui mors estoient, et ainsy entrèrent en la cité d'Orliens, et les aultres de leurs gens ès marches d'entour

---

1. Le texte continue sans donner les noms annoncés.
2. La bataille de Patay se donna le 18 juin.

et à l'environ, où ilz furent grandement de tout le peuple conjoys. Et par espécial Jehenne la Pucelle acquist en ycelles besongnes si grand louenge, qu'il sembloit à toutes gens que les ennemis du Roy n'eussent plus puissance de résister contre elle, et que brief par son moyen le Roy deust estre remis et restabli du tout en son royaume. Si s'en ala avecques les aultres princes et capitaines devers le Roy, qui de leur retour fut moult resjoy, et fist à tous très honnourable récepcion. Après laquelle, brief ensuivant, fut prinse par ycelui Roy, avec ceulx de son conseil, conclusion de mander par tous les pays de son obéyssance le plus de gens de guerre qu'il pourroit finer, adfin qu'il se peust mettre plus avant en marche et poursuivir ses ennemis.

Item, à la journée de la bataille de Patay, avant que les Anglois seussent la venue de leurs ennemis, messire Jehan Fastocq, qui estoit ung des principaulx capitaines et qui s'en estoit fuy sans trop férir, assembla en conseil avec les autres, et fist plusieurs remonstrances. Est assavoir, comment ilz sçavoient la perte qu'ilz avoient faite de leurs gens devant Orliens, à Yenville et en aulcuns aultres lieux, pour laquelle ilz avoient du pire, et estoient leurs gens moult esbahis et effraés, et leurs ennemis au contraire estoient moult enorguellis et resvigurés. Pour quoy il conseilloit que ilz se retrayssent ès chateaulx et lieux tenans leur party là à l'environ, et qu'ilz ne combatissent point leurs ennemis si en haste, jusques ad ce que ilz fussent mieulx rasseurés, et aussi que leurs gens fussent venus d'Angleterre, que le Régent debvoit envoyer briefment. Lesquelles remonstrances ne furent point bien agréables à aulcuns des capitaines, et par espécial à messire Jehan de Tallebot, et dist que se ses ennemis venoient, qu'il les combateroit. Et par ce que, comme dit est, ledit Fastocq s'en fuy de la bataille sans cop férir, fut pour ceste cause grandement approuchié quand il vint devers le duc de Bethfort son seigneur, et par conclusion lui fut ostée l'ordre du blanc jartière, qu'il portoit entour la jambe. Mais depuis, tant en partie pour les dessusdictes remonstrances qu'il avoit faites, qui sembloient estre assez raisonnables, comme pour pluiseurs autres excusances qu'il mist avant, lui fut depuis, par sentence de proches, rendue ladicte ordre de la jartière. Jà soit qu'il en sourdist grand débat depuis entre ycelui Fastocq et sire Jehan de Thalebot, quand il fut retourné d'estre prisonnier de la bataille dessusdicte.

A ceste besongne furent fais chevaliers, de la partie des François, Jaque de Nully, Gille de Saint Symon, Loys de Marcongnet, Jehan de Le Haye et pluiseurs aultres vaillans hommes.

## CHAPITRE LXII.

Comment le duc de Bourgogne, à la requeste du duc de Bethfort, s'en vint à Paris, où de nouvel ilz reconfermèrent leurs alliances.

De rechief, en ces jours, furent apportées les nouvelles au duc de Bethfort et au grand conseil du roy Henry estans à Paris, de la perte et misérable destruccion de leurs gens. Laquelle leur fut tant anoyeuse et dure à oyr, que les aulcuns en plain conseil en commencèrent à plourer. Et d'aultre part furent advertis comment le roy Charles, à sa puissance, se préparoit et aprestoit pour venir conquerre pays sur eulx. Pour quoy, de par le duc de Bethfort et les Parisiens, fut ordonné de envoyer une sollempnelle ambassade devers le duc Phelippe de Bourgongne, adfin de lui remoustrer les estranges besongnes dessusdictes, et aussi lui requerre que briefment volsist venir à Paris, pour, avec le Régent et le conseil du Roy, avoir advis sur les affaires dessusdictes, qui leur estoient survenues. Lesquelz ambaxadeurs, est assavoir l'évesque de Noyon, deux notables docteurs en théologie de l'Université, et aulcuns aultres des plus puissans bourgois de Paris, vinrent à Hesdin, où ilz trouvèrent ledit duc de Bourgongne. Auquel ilz racomptèrent l'estat de leur ambaxade, en lui réquerrant très instammant, de par son beau frère le régent et les Parisiens, qu'il lui pleust aler à Paris le plus tost que faire se pourroit, pour, avecques eulx, avoir délibéracion et conseil à résister contre leurs adversaires. Laquelle requeste ycelui duc accorda, et leur promist que en dedens briefz jours il seroit en ladicte ville de Paris. Et adonc fist assambler de quatre à cinq cens combatans en ses pays d'Artois et à l'environ, à tout lesquelz il ala en ycelle ville de Paris. Pour la venue duquel fut faite grand joie, tant des Parisiens, comme du duc de Bethfort. Et par pluiseurs journées tindrent ensamble de grans consaulx sur les affaires dessusdictes. En la fin desquelz promirent l'un à l'autre, est assavoir les deux ducz de Bethfort et de Bourgongne, que chascun d'eulx, de toute sa puissance, s'emploieroit à résister contre l'intention de Charles de Valois, leur adversaire. Et reconfermèrent de rechief les alliances et promesses que long temps par avant ilz avoient faites l'un à l'autre.

Et après ces choses faites et accomplies, le duc de Bourgongne retourna en son pays d'Artois, et mena sa seur la duchesse de Bethfort avec lui, et le mist demourer et fist tenir son estat à Lens en Artois. Et ledit duc de Bethfort manda sans délay en Angleterre qu'on lui envoiast gens de guerre les plus expers qu'on pourroit finer. Et pareillement fist évocquer toutes les garnisons de Normendie et d'autres lieux de son obéyssance, avec tous les nobles et aultres qui avoient acoustumé de eulx armer. Duquel pays d'Angleterre jà pieçà mandés, furent envoyés en l'ayde du dessusdit duc de Bethfort quatre mille combatans ou environ. Desquelz estoit chief et conducteur le cardinal de Wincestre. Lequel passa la mer et s'en vint à Calaix et de là à Amiens. Duquel lieu d'Amiens ledit cardinal ala à Corbie, devers le duc de Bourgongne, et sa belle nièpce, la duchesse de Bethfort, lesquelz, comme dit est dessus, venoient de Paris. Ouquel lieu de Corbie ilz eurent l'un avecques l'autre aucunes brièves conclusions. Depuis lesquelles s'en retourna ledit cardinal à Amiens, et de là mena ses gens d'armes à Rouen, devers le duc de Bethfort, son nepveu, lequel eut grand joie de sa venue.

En ces jours fut envoyé Jehan, bastard de Saint-Pol, à tout certain nombre de combatans des marches de Picardie, de par le duc de Bourgongne, vers le duc de Bethfort. Lequel lui bailla en gouvernement la ville et forteresse de Meaulx en Brie et l'en fist souverain capitaine, pour le garder contre la puissance du roy Charles, qu'on attendoit chascun jour en ycelui pays.

## CHAPITRE LXIII.

Comment Charles roy de France se mist sur les champs, à tout grand foison de chevaliers et de gens d'armes, o quel voiage mist en son obéyssance plusieurs villes et citez.

Item, durant le temps dessusdit, Charles, roy de France, assambla à Bourges en Berry très grande multitude de gens d'armes et de trait. Entre lesquelz estoient le duc d'Alençon, Charles de Bourbon, conte de Clermont, et Artus, connestable, conte de Richemont, Charles d'Anjou, son beau frère et frère au roy Renier de Sezille[1], le bastard d'Orliens, le cadet d'Armignac, Charles, seigneur de Labreth, et pluiseurs autres haulx hommes et puissans barons des duchés et contées d'Acquitaine, de Gascongne, de Poitou, de Berry et pluiseurs autres bons pays. Avecques tous lesquelz se mist sur les champs, et de là vint à Gien sur Loire, tousjours Jehenne la Pucelle avec lui et en sa compaignie, et ung prescheur nommé frère Richard[2], de l'ordre de Saint Augustin, qui nagaires avoit esté débouté de la ville de Paris, où il avoit fait prédicacions en l'obéyssance des Anglois, pour ce que en ycelles se moustroit trop favourable et estre de la partie des François. Duquel lieu de Gien, le Roy, à tout sa puissance, prinst son chemin en venant vers Ausserre. Toutefois, le connestable, à tout certain nombre de gens d'armes, s'en ala en Normendie devers Evreux, pour empescher les garnisons du pays

---

1. René d'Anjou, roi de Sicile.
2. Vérard. Le ms. 8346 laisse le nom de l'ordre en blanc.

qu'ilz ne se peussent assambler avec le duc de Bethfort. Et d'aultre costé, le cadet d'Armignac fut renvoyé et commis à garder la duchée d'Acquitaine et de Bourdelois.

Ouquel chemin, ledit roy mist en son obéyssance deux petites bonnes villes qui tenoient le parti du roy Henri, est assavoir Saint Florentin et Jargeau[1], ycelles promettant de faire d'ore en avant au dessusdit roy et à ses commis, tout ce que bons et loyaulx subgietz doivent faire à leur souverain seigneur, en prenant aussi dudit roy seureté et promesse, qu'il les feroit gouverner et maintenir en bonne justice et selonc leurs anciennes coustumes. Et de là il vint audit lieu d'Ausserre. Si envoya sommer ceulx de la ville qu'ilz le volsissent recepvoir comme leur naturel et doiturier seigneur. Lesquelz de ce faire ne furent point contens de plaine venue. Nientmains, plusieurs ambaxadeurs furent envoyés d'un costé et d'autre. Si fut en la fin traictié fait entre les parties, et promirent ceulx de ladicte ville d'Ausserre, qu'ilz feroient au roy telle et pareille obéyssance que feroient ceulx des villes de Troyes, Châlons et Rains. Et par ainsy, en administrant aux gens du Roy, vivres et autres denrées pour leur argent, ilz demourèrent paisibles, et les tint le Roy excusés pour ceste fois.

Et de là vint, le Roy, à Troyes en Champaigne, et se loga tout à l'environ. Et y fut trois jours avant que ceulx de la ville le volsissent recepvoir à seigneur. En la fin desquelz, parmy certaines promesses qui leur furent faites, ilz lui firent plaine ouverture et mirent

---

1. Le ms. 8346 met Saint Jargeau.

lui et ses gens dedens leur ville; où il oy messe. Et après les seremens fais des unes parties aux autres, le dessusdit roy retourna en son logis aux champs, et fist publier par pluiseurs fois, tant en son ost que en la ville, sur le hart, que homme, de quelque estat qu'il fust, ne meffesist riens à ceulx de la ville de Troyes, ne aux aultres qui s'estoient mis en son obéyssance.

En ce mesme voiage, faisoient l'avant garde, les deux mareschaulx de France, est assavoir Boussac et le seigneur de Rays, avec lesquelz estoient La Hire, Poton de Sainte-Treille, et aulcuns aultres capitaines. Durant lequel voiage, se rendirent en l'obéyssance d'ycelui roy Charles, très grand nombre de bonnes villes et chasteaulx des marches où il passoit. Desquelles reddicions, d'éclairer chascune à par ly, je m'en passe pour cause de briefté.

## CHAPITRE LXIV.

*Comment le Roy Charles de France, à tout grande et noble chevalerie et à tout grand nombre de gens d'armes, s'en vint en la cité de Rains, où il fut sacré.*

Item, Charles, Roy de France, lui estant à Troyes en Champaigne, comme dit est dessus, vinrent devers lui aulcuns députés de Châlons en Champaigne, qui lui apportèrent les clefz de leur ville et cité, en lui promettant de par ycelle faire toute obéyssance. Après la venue desquelles, ledit roy vint audit lieu de Chaalons, où il fut des habitans bénignement et en grand humilité receu. Et là pareillement lui furent apportées les clefz de la ville de Rains, en lui promettant, comme dessus, faire toute obéyssance, et le recepvoir comme leur naturel seigneur. En laquelle cité de Rains nagaires avoit esté le seigneur de Saveuses, de par le duc de Bourgongne, avec certain nombre de gens d'armes, pour ycelle ville tenir en l'obéyssance du Roy Henry et du dessusdit duc de Bourgongne. Lequel seigneur de Saveuses venu à Rains, par le gouverneur et grand nombre des habitans lui fut promis de eulx entretenir du party et en la querelle du Roy Henry et d'ycelui duc, jusques à la mort. Mais non obstant ce, pour la crémeur qu'ilz avoient de la Pucelle, qui faisoit de grans merveilles, comme on leur donnoit à entendre, se rendirent en l'obéyssance du Roy Charles, jà soit ce que le seigneur de Chastillon et le seigneur de Saveuses, qui estoient leurs capitaines, leur remonstrassent et vouloient donner à entendre le contraire. Lesquelz deux seigneurs, voyant leur voulenté et affeccion, se départirent de ladicte ville de Rains. Car, en leurs remonstrances, ceulx de ladicte ville n'avoient en riens voulu entendre, ains leur avoit fait responces dures et assez estranges, lesquelles oyes, yceulx seigneurs de Saveuses et de Chastillon retournèrent au Chateau-Thierri. Si avoient des lors, yceulx de Rains, prins conclusion l'un avec l'autre de recepvoir le dessusdit Roy Charles. Laquelle chose ilz firent, comme dit est dessus, tant par le moyen de l'archevesque d'ycelle ville de Rains, lequel estoit chancelier du roy Charles, comme par aulcuns autres.

Si entra le Roy dedens ladicte ville et cité de Rains, le vendredi xvi$^e$ jour de juillet, avec grand nombre de sa chevalerie. Et le diemenche ensuivant, fut par ledit archevesque consacré et couronné à Roy, dedens l'église Nostre-Dame de Rains, présens ses princes et prélas et toute la baronnie et chevalerie qui là estoit. Là estoient le duc d'Alençon, le conte de Clermont, le seigneur de La Trémouille, qui estoit son principal gouverneur, le seigneur de Beaumanoir, breton, le seigneur de Mailly en Touraine[1], lesquelz estoient en habis royaulx, représentans les nobles pers de France, qui point n'estoient au faire le sacre et couronnement dessusdiz. Si avoient esté, lesdiz pers absens, évoqués et appelés devant le grand autel de ladicte église par le roy-d'armes de France, ainsi et par la manière qu'il est acoustumé de faire. Après lequel sacre fait et accompli, le Roy ala disner en l'ostel épiscopal de l'archevesque, les seigneurs et prélats en sa compaignie. Et sist à sa table ledit archevesque de Rains. Et servirent le Roy, à son disner, le duc d'Alençon et le conte de Clermont, avec pluiseurs aultres grans seigneurs. Et fist, le Roy, le jour de son sacre, trois chevaliers, desquelz le damoiseau de Commercis en fut l'un. Et à son département laissa en la cité de Rains pour capitaine Anthoine de Hollande, nepveu dudit archevesque. Et lendemain se départy de ladite ville, et ala en pélérinage à Corbeny[2] visiter Saint-Marceau. Auquel lieu lui vinrent faire obéyssance ceulx de la ville de Laon, si comme avoient fait les aultres bonnes villes dessusdictes. Duquel lieu de Corbeny le Roy ala à Soissons et à Prouvins, qui sans contredire lui firent plaine ouverture. Et constitua lors La Hire, nouvel bailly de Vermendois, ou lieu de messire Colard de Mailly, qui

1. *Lis*. Maillé.
2. Corbeny (Aisne), à dix-huit kilomètres de Laon.

par avant y estoit commis de par le roy Henri d'Angleterre. Et après s'en vint le Roy et ses gens devant Chasteauthierri, où estoit dedens le seigneur de Chastillon, Jehan de Croy, Jehan de Brimeu et aulcuns aultres nobles de la partie du duc de Bourgongne, à tout quatre mille combatants ou environ. Lesquelz, tant pour ce qu'ilz sentoient la communaulté de la ville incliner à faire obéyssance au roy Charles, comme pour ce qu'ilz n'attendoient mie brief souscours et n'estoient mie pourveus à leur plaisir, rendirent ycelle forte ville et chastel en l'obéyssance du roy Charles, et s'en partirent sauvement, à tout leurs biens. Si s'en alèrent à Paris devers le duc de Bethfort, qui lors faisoit grand assamblée de gens d'armes pour venir combatre le roy Charles et sa puissance.

## CHAPITRE LXV.

*Comment le duc de Bethfort assambla gens d'armes pour aller combatre le roy Charles, et comment il lui envoia unes lettres.*

En ce mesme temps, le duc de Bethfort régent, à tout dix mille combatans ou environ qu'il avoit assamblés d'Angleterre, de Normendie et d'aulcunes aultres marches de France, se tira de Rouen à Paris, et de là par pluiseurs journées, tendans à rencontrer le roy Charles pour à lui et à sa puissance livrer bataille, s'en ala par le pays de Brie à Monstereau ou Fault Yonne. Duquel lieu il envoia ses messages devers le dessusdit Roy, portant ses lettres seellées de son seel. Desquelles la teneur s'ensuit.

« Nous Jehan de Lancastre, régent de France et duc

de Bethfort. Scavoir faisons à vous, Charles de Valois, qui vous soliés nommer Daulphin de Viennois, et maintenant sans cause vous dites Roy, que pour ce que torcionnièrement avez de nouvel entrepris contre la couronne et la seigneurie de très hault et excellent prince et mon souverain seigneur, Henri, par la grace de Dieu, vray, naturel et droiturier roy de France et d'Angleterre, par donnant à entendre au simple peuple que venez pour lui donner paix et seureté, ce que n'est pas, ne ne puet estre par les moyens que avez tenus et tenez, qui faites séduire et abuser le peuple ignorant et vous aidiés plus de gens suppersticieus et reprouvés, comme d'une femme desordonnée et diffa-mée, estant en habit d'homme et de gouvernement dissolu, et aussi d'un frère mendiant, appostat et sé-dicieux, comme nous sommes informés ; tous deux, selonc la Saincte Escripture, abhominables à Dieu; qui par force et puissance d'armes avez occupé ou pays de Champaigne et aultre part, aulcunes cités, villes et chasteaulx apartenans à mondit seigneur le roy, et les subgiez demourans en ycelles constraint et induict à desloyaulté et parjurement, en leur faisant rompre et violer la paix finale des royaumes de France et d'Angleterre, sollempnellement jurée par les rois de France et d'Angleterre qui lors vivoient, et les grans seigneurs, pers, prélats, barons, et Trois Estas de ce royaume; nous, pour garder et deffendre le vray droit de mondit seigneur le roy, et vous et vostre puissance rebouter de ses pays et seigneuries, à l'ayde du Tout-Puissant nous sommes mis sus et tenons les champs en nostre personne, en la puissance que Dieu nous a donnée. Et comme bien avez sceu et sçavez, vous avons poursuivi et poursuivons de lieu en lieu pour vous cuidier trouver ou rencontrer, ce que n'avons encore peu faire, pour les advertissemens que avez fais et faites. Pour quoy, Nous, qui de tout nostre ceur désirons l'abrégement de la guerre, vous sommons et requerrons que, se vous estes tel prince qui quérés honneur et ayez pitié et compacion du povre peuple chrestien, qui tant longuement à vostre cause a esté très inhumainement traictié, foulé et opprimé, et que briefment soit hors de ces afflictions et douleurs, sans plus continuer la guerre, prenez au pays de Brie, où, vous et nous sommes, ou en l'Isle de France, qui est bien prouchaine de nous et de vous, aulcune place aux champs, convenable et raisonnable, avec jour brief et compétent et tel que la prouchaineté des lieux, ou nous et vous sommes, pour le présent le puet souffrir et demander. Auxquelz jour et place, se comparoir y voulez en vostre personne, avec le conduict de la difformée femme, et apostat dessusdicte, et tous les parjures et aultres puissance telle que vouldrez et pourrez avoir, Nous, au plaisir de nostre Seigneur, y comparerons au nom de mondit seigneur le roy, en nostre personne. Et lors, se vous voulez aulcune chose offrir ou mettre avant regardant le bien de paix, nous l'orrons, et ferons tout ce que bon prince catholique doibt et puet faire. Et tous jours sommes et serons enclins et volontaires à toutes bonnes voies de paix, non fainte, corrompue, dissimulée, violée ne parjurée, comme à Monstreau fault Yonne celle dont, par vostre coulpe et consentement, s'ensuivit le très horrible, détestable et cruel murdre commis contre loy et honneur de chevalerie, en la personne de feu nostre très chier et très amé père, le duc Jehan de Bourgongne, cuy Dieux pardoinst. Par le moyen de laquelle paix par vous enfrainte, violée et parjurée, sont demourés et demeurent à tous jours mais, tous nobles et aultres subgetz de ce royaume et d'ailleurs, quittes et exemptz de vous et de vostre seigneurie, à quelque estat que vous ayez peu ou povez venir, et tous seremens de féaulté et de subjection les avez absolz et acquittés, comme par vos lettres patentes, signées de vostre main et de vostre seel, puet clèrement apparoir. Toutes voies, se pour le iniquité et malice des hommes ne povons proufiter au bien de paix, chascun de nous pourra bien garder et deffendre à l'espée sa cause et sa querelle, ainsi que Dieu, qui est seul juge, et auquel, et non à autre, mondit seigneur a à respondre, lui en donra grace. Auquel nous supplions humblement, comme à cellui qui scel et connoist le vrai droit et légitime querelle de mondit seigneur, que disposer en vuelle en son plaisir. Et par ainsy, le peuple de ce royaulme, sans telz foulemens et oppressions, pourra demourer en longue paix et seur repos, que tous rois et princes chrestiens qui ont gouvernement doivent quérir et demander. Si nous faictes sçavoir hastivement et sans plus délayer, ne passer temps par escriptures ne argumens, ce que faire ne vouldrez. Car se par vostre deffault plus grans maulx, inconvéniens, continuacions de guerre, pilleries, rançonnemens, occisions de gens et dépopulacions de pays adviennent, nous prenons Dieu en tesmoing et protestons devant lui et les hommes, que n'en serons point en cause, et que nous avons fait et faisons nostre debvoir. Et nous nous mettons et voulons mettre en tous termes de raison et d'honneur, soit préalablement, par moyen de paix ou journée de bataille de droit prince, quand autrement entre puissans et grans parties ne se pueent faire. En tesmoing de ce, nous avons fait seeller ces présentes de nostre seel. Donné audit lieu de Monstreau où Fault Yonne, le vii° jour d'aoust, l'an de grace mil quatre cens vingt neuf. Ainsi signé. Par monseigneur le Régent du royaume de France duc de Bethfort. »

## CHAPITRE LXVI.

#### Comment le roy Charles de France et le duc de Bethfort et leurs puissances rencontrèrent l'un l'autre vers le Mont-Espilloy.

Item, après les besongnes dessusdictes, le duc de Bethfort véant qu'il ne povoit rencontrer le roy Charles et sa puissance à son advantage, et que pluiseurs villes et forteresces se rendoient à lui sans cop férir, ne faire quelque résistance, il se tira, à tout sa puissance, sur les marches de l'Isle-de-France, adfin de obvier que les principales villes ne se tournassent contre luy, comme avoient fait les aultres. Et d'aultre part, le roi Charles, qui jà estoit venu à Crespy, où il avoit esté receu et obéy comme souverain, se traist, à tout sa puissance, parmy le pays de Brie, en approuchant Senlis. Auquel lieu les deux puissances dessusdictes, est assavoir du roy Charles et du duc de Bethfort, trouvèrent l'un l'autre assez près du Mont-Espilloy[1], d'alès une ville nommée Le Bar. Si furent de chascune

---

1. Montepilloy (Oise), à quatre kilomètres de Senlis.

partie faictes grandes préparacions adfin de trouver advantaige pour combatre l'un l'autre. Et print le duc de Bethfort sa place en assez fort lieu. Et adossèrent aulcuns lieux, par derrière et de costé, de fortes hayes d'espines. Et au front devant estoient mis les archers en ordonnance, tous à pied, ayant chascun devant lui penchons aguisés, fichés devant eulx. Et ledit régent, à tout sa seigneurie et aultres nobles, estoient assez près desdiz archiers, en une seule bataille, où il y avoit entre aultres enseignes deux bannières, l'une de France et l'aultre d'Angleterre, et si estoit avec ycelles l'estendart de Saint George. Laquelle bannière de France portoit pour ce jour Jehan de Villiers, chevalier, seigneur de l'Isle-Adam. Et estoient lors avec ledit duc de Bethfort de six à huit cens combatans, des gens du duc de Bourgongne. Desquelz les principaulx estoient le seigneur de l'Isle-Adam, Jehan de Croy, Jehan de Créqui, Anthoine de Béthune, Jehan de Fosseux, le seigneur de Saveuses, messire Hue de Launoy, Jehan de Brimeu, messire Jehan de Lalain, Jehan, bastart de Saint-Pol, et pluiseurs aultres gens de guerre. Desquelz les aulcuns en ce mesme jour furent fais nouveaulx chevaliers. Et le fut fait le bastart de Saint-Pol, de la main du duc de Bethfort, et les aultres, comme Jehan de Croy, Jehan de Créqui, Anthoine de Béthune, Jehan de Fosseux, le Liegois de Humières, par la main de aulcuns aultres nobles chevaliers.

Après lesquelles besongnes ainsi mises en conduite, est assavoir les Anglois et ceulx de leur nacion tous ensamble du costé de ladicte bataille de la main senestre, et les Picars et aultres de la nacion de France estoient à l'autre costé. Et se tinrent ainsi en bataille, comme dit est, par très longue espace. Et estoient mis si advantageusement que leurs ennemis ne povoient les envayr par derrière, si non à trop grand dommage et danger. Et avec ce estoient pourveus de vivres et autres neccesitez, de la bonne ville de Senlis, dont ilz estoient assez près.

D'aultre costé, le roy Charles, avec ses princes et capitaines, fist ordonner ses batailles. Et furent en son avant-garde la plus grande partie des plus vaillans et expers hommes de guerre de sa compaignie, et les aultres demourèrent en sa bataille, excepté aulcuns qui furent commis sur le derrière au lez vers Paris, par manière de arrière-garde. Et avoit avec ledit roy très grand multitude de gens, trop plus sans comparaison qu'il n'y avoit en la compaignie des Anglois. Si y estoit Jehenne la Pucelle, tousjours ayant diverses oppinions; une fois vueillant combatre ses ennemis, et autrefois non. Nientmains, les deux parties, comme dit est, estant l'un devant l'autre prestz pour combatre, furent ainsi sans eulx désordonner par l'espace de deux jours et deux nuis, ou environ. Durant lequel temps y eut pluiseurs grandes escarmuches, lesquelles racompter chascune à par soy seroit trop longue chose. Mais entre les aultres y en eut une, dure et ensanglantée, au costé vers les Picars, laquelle dura bien l'espace d'heure et demie. Et y estoient du costé du roy Charles, grand partie d'Escoçois et aultres gens en grand nombre, qui très fort et asprement se combatirent. Et par espécial les archiers d'ycelles parties tirèrent de leur trait moult courageusement et en très grand nombre, l'un contre l'autre. Si cuidoient aulcuns des plus sachans desdictes parties, véans la besongne ainsi multipliée, que point ne se deussent partir l'un de l'autre que l'une des parties ne feust desconfite et vaincue. Toutefois, ils se traisent les ungs arrière des autres. Mais ce ne fut mie qu'il en demourast de chascune partie de mors et de bléciés largement. Pour laquelle escarmuche le dessusdit duc de Bethfort fut grandement content des Picars, pour ce que à ceste fois s'estoient portés vaillamment. Et après qu'ilz se furent retrais, vint ledit duc de Bethfort au long de leur bataille, les remercier en plusieurs lieux, moult humblement, disant : « Mes amis, vous estes très bonne gent, et avez soustenu grand fais pour nous, dont nous vous remercions; et vous prions que se, il vous vient aucun affaire, que vous persévérez en votre vaillandise et hardement. »

Esquels jours ycelles parties estoient en grand hayne les ungs contre les aultres, et n'estoit homme, de quelque estat qu'il fust, qui fust prins à finance, ains mettoient tout à mort sans pitié ne miséricorde, qu'ils povoient attaindre l'un de l'autre. Et comme je fus informé, en toutes ces escarmuches [eut de mort[1]] environ trois cens hommes, des deux parties. Mais je ne sçay de quel costé il y en eut le plus. En la fin desquelz deux jours dessusdiz ou environ, les deux parties se deslogèrent, les ungs de devant les aultres sans rien faire.

1. Le ms. 8346 omet ces mots, qui sont dans Vérard.

## CHAPITRE LXVII.

Comment le roy Charles de France envoia ses ambassadeurs à Arras vers le duc de Bourgongne.

En ce temps, les ambassadeurs du Roy Charles de France vindrent à Arras devers le duc de Bourgongne, pour traictier de paix entre ycelles parties. Desquelz ambassadeurs estoient les principaulx, l'archevesque de Rains, Christofle de Harcourt, les seigneurs de Dampierre et de Gaucourt, chevaliers, avec aulcuns aultres gens d'estat; qui trouvèrent audit lieu d'Arras ledit duc avec son conseil. Après la venue desquelz, et qu'ilz eurent requis d'avoir audience devers ledit duc, alèrent, lesdiz ambassadeurs, aulcuns jours après leur venue, en son hostel. Et là, par la bouche dudit archevesque de Rains fut audit duc de Bourgongne exposé moult sagement et autentiquement l'estat de leur dicte ambaxade, présent la chevalerie et ceulx de son conseil, avec pluiseurs aultres là estans; lui remoustrant entre les aultres choses, la parfaicte affection et vray désir que le Roy avoit de pacifier avec lui et avoir traictié. Disant oultre, que pour y venir, yceluy Roy estoit content de lui submettre et condescendre; en faisant offres de réparacion, plus qu'à sa majesté royalle ne appartenoit, excusant aulcunement pour sa jeunesse le dessusdit Roy, de l'homicide jadis perpétré en la personne de feu le duc Jehan de Bourgongne, son père; aléguant avec ce, que lors, avec sadicte jonesce, il estoit ou gouvernement de gens qui point n'avoient regard ne considéracion au bien du royaume ne de la chose publique, et ne les eust pour ce temps osé desdire, ne courroucier.

Lesquelles remonstrances et pluiseurs aultres assez notablement déclairées par le dessusdit archevesque, furent dudit duc et des siens assez bénignement oyes. Et en la fin desquelles fut dit à yceulx ambaxadeurs : « Monseigneur et son conseil ont bien oy ce que vous avez dit. Il aura sur ce advis, et vous fera responce dedans briefz jours. » Et adonc ledit archevesque retourna en son ostel, avecques lui ses compaignons, qui de toutes gens estoient honnourés.

Et pour lors, la plus grand partie de tous les estas du pays estoient très désirans que la paix se feist et concordast entre le Roy et le duc de Bourgongne. Et mesmement ceulx du moyen et bas estat y estoient si affectés, que dès lors, où il n'y avoit encore ne paix, ne tréves, aloient en ycelle ville d'Arras devers le dessusdit chancelier de France, impétrer en très grand nombre, rémissions, lettres de grâce, offices et aultres pluiseurs mandemens royaulx, comme se le Roy feust plainement en sa seigneurie, et que de ce feussent adcertenés. Lesquelz mandemens dessusdiz, ou en la plus grand partie, ilz obtenoient dudit chancelier.

Et après, le duc de Bourgongne, avec ceulx de son privé conseil, fut par pluiseurs journées en grande délibéracion, et furent les besongnes entre lesdictes parties moult approuchiées.

## CHAPITRE LXVIII.

#### Comment le seigneur de Longueval prinst le chastel d'Aumarle sur les Anglois.

En ce temps, le seigneur de Longueval, qui long temps avoit esté debouté de sa seigneurie et estoit retourné devers le Roy Charles, par le moyen d'un prestre demeurant à Aumarle, print la forteresce d'ycelle ville, chef lieu de toute la conté, laquelle tenoient adonc les Anglois. Si furent trouvés dedens quatre ou cinq desdiz Anglois, avec pluiseurs des habitans de la ville. Lesquelz Anglois furent tantost mis à mort, et lesdiz habitans, en faisant serement d'estre bons françois, furent receus à merci, en payant aulcune somme d'argent. Laquelle forteresce ainsi prinse, fut en assez brief temps après largement pourveue et garnie de vivres, et aussi de gens de guerre, qui en brief commencèrent à courre pays par toute la marche d'environ, et mener forte guerre aux Anglois, et à ceulx du pays tenans leur party. Dont grandement despleut au duc de Bethfort. Mais non obstant, pour aultres plus grans affaires qu'il avoit, n'y povoit pour lors remédier.

Et pareillement, en ces propres jours fut prinse d'emblée la forteresce d'Astrapagni[1], du seigneur de Rambures et de ses gens.

Et d'aultre costé, sur Saine, fut réduite en l'obéyssance du Roy Charles la forteresce de Chastiau Gaillard, qui est exelentement scituée en forte place. De-

---

1. Estrépagni (Eure), près Gisors.

dens laquelle estoit prisonnier, de long temps par avant, ce vaillant et notable chevalier, le seigneur de Barbazan. Lequel, comme dit est en autre lieu, avoit esté prins dedens Melun par la force et puissance du roy Henry d'Angleterre. Par le moyen duquel Barbazan ycelle forteresce fut mise en l'obéyssance d'yceluy Roy Charles, et lui desprisonné. Si y commist en brief aulcuns de son party, et s'en ala au plus tost qu'il pot devers le Roy Charles, duquel il fut moult conjoy et honnouré.

En oultre, fut prinse et mise en la main des François la forteresce de Torsy[1], par le moyen d'aulcuns du pays, qui avoient repairé dedens avec les Anglois, lesquelz ilz trahirent et mirent ès mains de leurs ennemis.

Ainsi doncques, en assez brief temps furent françoises les quatre forteresces dessusdictes, qui estoient les plus fortes, à l'eslite, dedens les pays où elles estoient assises. Pour la prinse desquelles le pays fut fort traveillé, tant par les garnisons des François, comme par celles des Anglois.

1. Il y a un Torcy le Grand et Torcy le Petit, dans la Seine-Inférieure.

## CHAPITRE LXIX.

**Comment la ville de Compiengne se rendy au roy Charles. Et du retour des ambaxadeurs de France qui estoient alés vers le duc de Bourgongne.**

Item, après que le roy Charles de France fut retourné de la journée de Senlis, où lui et le duc de Bethfort avoient esté à puissance l'un contre l'autre, comme dit est dessus, et il fut revenu à Crespi en Valois, illec lui furent apportées nouvelles que ceulx de la ville de Compiengne lui vouloient faire obéyssance. Et pour tant, sans nul délay, ala audit lieu de Compiengne, où il fut des habitans receu en grand léesce, et se loga en son hostel royal.

Auquel lieu retournèrent devers lui son chancelier et ses autres ambassadeurs, que par avant il avoit envoyés devers le duc de Bourgongne. Avec lequel et ceulx de son conseil, ilz avoient tenu pluiseurs et destrois parlemens. Nientmains ilz n'avoient riens concordé. Mais en conclusion avoient esté d'accord que ledit duc envoieroit sa légacion vers le roy Charles, pour au sourplus avoir advis et entretenement. Si fut alors informé que la plus grand partie des principaulx conseillers dudit duc de Bourgongne avoient grand désir et affection que ycelles deux parties fussent réconciliées l'une avecques l'autre. Toutefois, maistre Jehan de Thoisy, évesque de Tournay, et messire Hue de Lannoy, qui prestement venoient de devers le duc de Bethfort et avoient de par lui charge de faire aucunes remonstrances audit duc de Bourgongne, en lui admonestant de entretenir le sairement qu'il avoit fait au roy Henry, n'estoient point bien contens que ledit traictié se fist. Sur la parole desquelz fut le traictié atargié, et prins aultre journée d'envoyer devers le roy Charles légacion, comme dit est. Pour laquelle faire furent commis, messire Jehan de Luxembourg, l'évesque d'Arras, messire David de Brimeu et aulcuns aultres notables et discrètes personnes.

En ce mesme temps, messire Lionuel de Bournonville, qui avoit perdu la ville et forteresce de Creil, requist au duc de Bethfort qu'il lui baillast de ses gens pour reconquerre ung sien chastel, nommé le Bretèche, que les François avoient prins. Laquelle chose lui fut accordée. A tout lesquelz il s'en ala à sadicte forteresce. Si la print d'assault, et mist à mort ceulx qui dedens estoient. Mais en ce faisant il fut navré, dont il moru.

## CHAPITRE LXX.

#### Comment le roy de France fist assaillir la ville de Paris.

Item, le roy Charles de France estant à Compiengne, comme dit est, lui furent apportées certaines nouvelles que le duc Bethfort, régent, à tout sa puissance, s'en aloit en Normendie pour combatre le connestable, lequel vers Evreux traveilloit fort le pays. Et pour tant, ycelui roy Charles, après qu'il eust esté dedens la ville de Compiengne douze jours ou environ, il se partit de là, et laissa Guillaume de Flavy capitaine d'icelle, et à tout son ost s'en ala à Senlis. Laquelle cité se rendit au roy par traictié. Si se loga dedens avec grand partie de ses gens, et les aultres se logèrent ès villages environ.

Esquelz jours aussi, firent obéyssance au roy dessusdit pluiseurs bonnes villes et forteresces. Est assavoir Beauvais, Creil, le Pont-Sainte-Maxence, Choisi, Gournay-sur-Aronde, Remy, la Neufville-en-Heez; et à l'autre costé, Mognay, Chantilly, Saintines et pluiseurs aultres. Aussi lui firent sairement de fidélité les seigneurs de Montmorenci et de Moy. Et pour vérité, se il, à tout sa puissance, fust venu à Saint-Quentin, Corbie, Amiens, Abbeville et pluiseurs aultres fortes villes et fors chasteaulx, la plus grand partie des habitans d'ycelles estoient tous pretz de le recevoir à seigneur, et ne désiroient ou monde aultre chose que de luy faire obéyssance et plaine ouverture. Toutefois, il ne lui fut point conseillé de traire si avant sur les marches du duc de Bourgongne, tant pour ce qu'il le sentoit fort de gens de guerre, comme pour l'espérance qu'il avoit que aulcun bon traictié se feist entre eulx.

Et après que le roy Charles eust sousjourné dedens Senlis aulcuns peu de jours, il se party de là et s'en ala, à tout son ost, logier à Saint-Denis, qu'il trouva comme habandonnée, et s'en estoient, les gens d'ycelle, fuys à Paris, c'est assavoir grand partie des plus puissans bourgois et habitans d'ycelle ville. Et ses gens se logèrent à Aubert Villers, à Montmartre et ès villages environ, assez près de Paris. Si estoit lors avec ledit roy Jehenne la Pucelle, qui moult avoit grand renommée, laquelle chascun jour induisoit le Roy et ses princes ad ce qu'il feist assaillir la ville de Paris. Si fut conclud que le lundi, xiie jour de septembre, on livreroit ledit assault. Après laquelle conclusion prise, on fist apprester toutes gens de guerre. Et à ce propre lundi dessusdit, se mist le roy Charles en bataille, entre Paris et Montmartre, ses princes avec lui. Et ladicte Pucelle, avec ly ceulx de l'avant-garde en très grand nombre, s'en ala, à tout son estandart, à la porte Saint-Honnouré, faisant porter avec ly pluiseurs eschelles, fagos et aultres habillemens d'assault. Auquel lieu elle fist entrer dedens les fossés pluiseurs de ses gens, tous à pied. Et commença l'assault à dix heures ou environ, moult dur, aspre et cruel, lequel dura en continuant, de quatre à cinq heures, ou plus. Mais les Parisiens, qui estoient dedens leur ville accompaigniés de Loys de Luxembourg, évesque de Terrewane et chancelier de France pour le roy Henry, et d'aulcuns aultres notables chevaliers que le duc de Bourgongne leur avoit envoyé, comme le seigneur de Créqui, le seigneur de l'Isle-Adam, messire Simon de Lalaing, messire Walerant de Beauval et aulcuns aultres notables hommes, accompaigniés de quatre cens combatans, se défendirent viguereusement et de grand courage. Et avoient par avant ledit assault, ordonné par capitaineries, à chascun sa garde, ès lieux propices et convenables. Durant lequel assault furent renversés et abatus plusieurs desdiz François, et en y eut très grand nombre de mors et de navrés par les canons, culevrines et autre traict que leur gectoient lesdiz Parisiens. Entre lesquelz la Pucelle fut très fort navrée, et demoura tout le jour ès fossés derrière une dodenne, jusques au vespre, que Guichard de Chiembronne et aultres, l'alèrent querre. Et d'aultre part y eut navrés pluiseurs des défendans. Et finablement, les capitaines François, véans leurs gens en tel péril, considérans qu'il leur estoit chose impossible de conquerre la ville par force, entendu que yceulx Parisiens avoient une commune voulenté d'eulx défendre sans y avoir division, firent soudainement sonner la retraite, et en reportant les dessusdiz mors et navrés, retournèrent à leurs logis.

Et lendemain, le roy Charles, triste et dolent de la perte de ses gens, s'en ala à Senlis, pour garir et médéciner les navrés. Et les dessusdiz Parisiens, plus que par avant, se reconformèrent les ungs avec les autres, prometans que de tout leur puissance ils résisteroient jusques à la mort contre ycelui roy Charles, qui les vouloit, comme ilz disoient, du tout destruire. Et puet bien estre qu'ilz le clamoient, comme ceulx qui grandement se sentoient fourfais par devers lui, en le ayant débouté de ladicte ville. Et avoient mis à mort cruelle pluiseurs de ses féables serviteurs, comme en aultre lieu est plus à plain déclairé.

## CHAPITRE LXXI.

**Comment le duc de Bourgongne envoia ses ambassadeurs à Amiens pour entretenir les habitans d'ycelle de sa partie.**

En ces jours, envoia le duc de Bourgongne à Amiens ses ambaxadeurs, est assavoir les évesques de Noyon et d'Arras, le visdame d'Amiens et pluiseurs aultres, adfin de remoustrer au mayeur et aux habitans d'ycelle, la bonne amour et affection que lui et ses prédécesseurs avoient tous jours eu avec eulx; disant que s'ilz avoient à faire de chose que lui et ses pays peussent, il estoit à leur commandement; requérant en oultre qu'il leur pleust tous jours persévérer et eulx entretenir de son party, comme ses bons amis et voisins. Lesquelz citoyens d'Amiens, eulx véans ainsi honnourés par les messages de si hault et si puissant prince, ilz en eurent grand joie, et dirent entre eulx qu'il seroit bon de mettre la ville en sa garde, et qu'il mist à nient aydes et imposicions. Et firent responce ausdiz ambaxadeurs qu'ilz envoieroient briefment devers ledit duc aulcuns de leurs gens. Laquelle chose ilz firent. Et avec ce y envoièrent pareillement ceulx de la ville d'Abbeville, de Monstreuil, de Saint Riquier, Dourlens et aulcunes aultres, pour obtenir la mise jus desdictes gabelles et imposicions. Laquelle chose ne leur fut point par ycelui duc accordée. Mais il leur fut dit que au plus brief qu'il se pourroit, ilz auroient de lui ayde et assistence ad ce impétrer devers le roy Henry.

Item, en ce temps le duc de Bourgongne fist évoquer par toutes les marches de Picardie tous ceulx qui avoient acoustumé de eulx armer, et aussi ès pays à l'environ, pour estre prestz chascun jour pour aler avec lui où il les vouldroit conduire. Si furent en peu de temps en très grand nombre, et passèrent monstre à Biauquesne, en faisant sairement à messire Jaque de Brimeu ad ce commis, comme mareschal. Si se retrayrent vers Abbeville et Saint Riquier, où ilz furent maint espace, attendant que ledit duc fust prest. Dont le pays fut moult fort oppressé.

## CHAPITRE LXXII.

Si comme le roy de France s'en retourna en Touraine et en Berry.

Item, le roy Charles de France, voiant que la ville de Paris, qui estoit le chief de son royaume, ne se vouloit pas mettre en son obéyssance, se disposa et conclud avec ceulx de son conseil de laisser gouverneurs et capitaines de par lui par toutes les bonnes villes, cités et chasteaulx qui estoient de son obéyssance, et qu'il s'en retourneroit ès pays de Touraine et de Berry. Laquelle chose conclute, comme dit est, il constitua principal chief sur les parties de l'Isle de France et de Beauvoisis Charles de Bourbon, conte de Clermont, et avec lui le conte de Vendosme et le chancelier. Lesquelz conte de Clermont et chancelier se tenoient le plus en la ville de Beauvais, et le conte de Vendosme à Senlis, Guillaume de Flavy à Compiengne, messire Jaques de Chambennes à Creil. Et le Roy dessusdit, avec lui les grans seigneurs qui l'avoient accompaignié au venir, s'en ala de Senlis à Crespy. Et de là, par devers Sens en Bourgongne retourna ès pays dessus diz. Toutefois, les trièves estoient confermées entre les François et les Bourguignons jusques au jour de Pasques ensuivant. Et avec ce, fut remis le passage du Pont-Sainte-Maxence en la main de Renauld de Longueval pour le tenir comme . . . . . [1].

Si demoura la marche de France et de Biauvoisis

---

1. Il y a ici dans le ms. 8346 un blanc dont Vérard ne tient pas compte, en supprimant le mot *comme*.

en grande tribulacion, pour ce que ceulx qui estoient ès forteresces et ès garnisons, tant des François comme des Anglois, couroient chascun jour l'un contre l'autre. A l'occasion desquelles courses, les villages de là entour se commencèrent à despeupler, et les bonnes gens et habitans eulx retraire ès bonnes villes.

## CHAPITRE LXXIII.

#### Comment le duc de Bourgogne en grand appareil ramena sa sœur en la cité de Paris au duc de Bethfort, son mari.

Le xx$^e$ jour de septembre de cest an, se parti le duc de Bourgongne de la ville de Hesdin avec sa seur, femme du duc de Bethfort, grandement acompagnié de leurs gens. Et s'en alèrent au giste à Dourlens et lendemain à Corbie, où ilz furent aulcuns peu de jours, attendans les gens d'armes, qui là venoient de toutes pars. Duquel lieu de Corbie ilz alèrent à Mondidier et puis de là à Castenoy[1], et toutes les gens d'armes se logèrent à l'environ. Desquelz il y povoit avoir de trois à quatre mille combatans. Et eulx partans de Castenoy, s'en alèrent passer la rivière d'Oise au Pont Sainte-Maxence, et de là, par d'emprès de Senlis, alèrent au giste à Louvres en Parisis. Sy faisoit ledit duc chevaulcher ses gens en bonne ordonnance, et menoit messire Jehan de Luxembourg l'avant garde, et ledit duc conduisoit la bataille. Auprès duquel estoit tousjours sa dessusdicte seur, montée sur ung bon cheval trotier, et avec elle estoient huit ou dix de ses

---

1. *Lis.* Le Quesnoy (*Somme*, arrondissement de Roye).

femmes, montées sur haquenées. Et le seigneur de Saveuses et aulcuns aultres, avec certain nombre d'hommes d'armes, chevaulchoit tout derrière, par manière de arrière garde.

Si fut ledit duc moult regardé des François, qui estoient en grand nombre, de pied et de cheval, au dehors de la ville de Senlis. Et y venoient seurement armés comme bon leur sambloit, par le moyen des trèves qui estoient entre les parties. Car celui duc, armé de plain harnas[1], sinon de la teste, séoit sur ung très bon cheval, et estoit moult gentement habillié, sept ou huit de ses paiges après lui, chascun monté sur bons coursiers; Devers lequel duc et sadicte seur vint premiers l'archevesque de Rains, chancelier de France, à plains champs, au dehors de la dessusdicte ville de Senlis, faire révérence. Et assez brief ensuivant y vint Charles de Bourbon, conte de Clermont, accompaignié de soixante chevaulcheurs ou environ. Lequel venu jusques assez près dudit duc, ostèrent leurs chapperons et enclinèrent de leurs chiefs l'un l'autre, en disant aulcunes parolles de salutacions, non mie en embrassant l'un l'autre par manière de grand amour et joieuseté, ainsi que ont accoustumé de faire si prouchains de sang qu'ilz estoient l'un à l'autre. Après laquelle salutacion, ledit de Bourbon ala baiser sa belle seur de Bethfort, qui estoit assez près au dextre lez de son frère le duc de Bourgongne. Si firent aucune briève recongnoissance. Et tantost retourna devers son beau frère le duc de Bourgongne, duquel, quand alors, on ne vit point d'apparence qu'il y eust

---

[1]. Harnois.

grand amour ne désir d'avoir grand parlement avec ycelui conte de Clermont, son beau frère. Ains, sans chevaulchier l'un avec l'autre, ne faire long convoy, se départirent en prenant congié l'un à l'autre en propre lieu où ilz estoient. Et retournèrent lesdiz Charles de Bourbon et chancelier dedens la cité de Senlis, à tout leurs gens. Et ledit duc de Bourgongne, comme dit est, et sa seur, s'en alèrent au giste à Louvres. Duquel lieu lendemain ilz se partirent en alant vers Paris, où desjà estoit retourné de Normendie le duc de Bethfort. A la venue duquel furent faites grandes accolés et joieuses récepcions de l'un à l'autre. Si furent, assez près de Paris, toutes les gens du duc de Bourgongne mis en bataille par bonne ordonnance, où ilz furent grand espace, tant que les fouriers eussent esté dedens ladicte ville pour ordonner les logis. Et après, yceulx princes et la duchesse entrèrent dedens ladicte ville, et généralment toutes les gens d'armes. A la venue duquel duc de Bourgongne fut faite grand joie des Parisiens. Si y crioit-on Noël par tous les quarefours où il passoit. Et convoia ledit régent et sa femme jusques à l'ostel des Tournelles, et puis s'en ala logier en son hostel d'Artois[1].

Et aulcuns jours ensuivans, furent entre yceulx princes et ceulx de leur conseil tenus pluiseurs grans concilles sur les affaires de la guerre, qui estoient moult pesans. Et entre les aultres choses fut par les Parisiens requis au duc de Bourgongne qu'il lui pleust à entreprendre le gouvernement de la ville de Paris, qui moult avoit à lui grande affection, et estoient de présent tous

---

1. Cet hôtel était situé rue Mauconseil.

prestz de maintenir sa querelle et de feu son père ; disant oultre, qu'il estoit nécessité qu'il accordast leur requeste, considéré les affaires que avoit le régent, tant en Normendie comme ailleurs. Laquelle chose ledit duc de Bourgongne fist et leur octroia de entreprendre la charge jusques après Pasques ensuivant. Mais ce fut très envis.

Si conclurent les dessusdiz ducz de Bethfort et de Bourgongne, que vers Pasques, à la saison nouvelle, se monteroient sus, chascun à tout grand puissance, pour reconquerre les villes qui s'estoient tournées contre eulx en la marche de France et sur la rivière d'Oise.

Après lesquelles conclusions, le duc de Bethfort, avec sa femme et ses Anglois, se départit de ladite ville de Paris. Et ledit duc de Bourgongne commist capitaine de Paris le seigneur de l'Isle Adam, à tout petit nombre de gens. Et à Saint-Denis, au bois de Vissaines [1], au pont de Charenton, et ès autres lieux nécessaires auprès de ladicte ville, ordonna capitaine de ses gens. Et après qu'il eust sousjourné dedens ycelle ville de Paris l'espace de trois sepmaines, prenant congié premiers à la royne de France, mère du roy Charles, s'en retourna par les chemins dont il estoit venu, en son pays d'Artois, et de là en Flandres. Avec lequel se départirent pluiseurs bourgois de Paris de leur dicte ville, et aultres gens marchans.

1. Vincennes.

## CHAPITRE LXXIV.

**Comment les François et Bourguignons couroient l'un sur l'autre nonobstant les trièves qui y estoient.**

Item, durant le temps dessusdit que les trèves estoient accordées entre le roy Charles et le duc de Bourgongne jusques aux Pasques ensuivant, nientmains ycelles parties couroient très souvent l'une sur l'autre, et mesmement pour embellir leur querelle, aulcuns, tenans le parti du duc de Bourgongne, se boutoient avec les Anglois, qui point n'avoient trèves aux François, et menoient avecques eulx plaine guerre aux François. Et les François pareillement couroient et faisoient plaine guerre aux Bourguignons, faignans que les dessusdiz Bourguignons estoient Anglois. Si y avoit, pour lesdictes trèves, peu ou nient de seureté.

Si en fut, entre les autres courses, faite une d'un vaillant homme d'armes d'Engleterre, nommé Foucques. Avec lequel s'estoient mis aulcuns hommes d'armes de ladicte partie de Bourgongne, qui se tenoient à la Noefville le Roy [1], en ung bel chastel qu'ilz avoient réparé. Et tous ensamble alèrent acueillir la proie, de la ville de Creil. Et avoient laissié une embusche adfin que se leurs ennemis sailloient contre eulx, qu'ilz les peussent surprendre. Laquelle chose advint ainsi qu'ilz l'avoient ymaginé. Car messire Jaques de Chabonnes, qui estoit principal capitaine

---

1. Villeneuve-le-Roy (Oise).

de la ville de Creil, tantost qu'il oyst l'effroy, s'arma incontinent sans délay, monta à cheval, et de grand voulenté ala férir de plains eslais en ses ennemis. Desquelx, de première venue, fut prins prisonnier ung nommé George de Croix, et aulcuns aultres rués par terre. Et eut entre ycelles parties très grande escarmuche. Mais en conclusion, par la vaillandise et recouvrer dudit Fauques, fut le dessusdit Jaques de Chambonnes détenu prisonnier, et avec lui deux chevaliers et aulcuns autres des meilleurs gens. Toutefois, en ce faisant, ycelui Faucques fut féru à descouvert en la gorge, de la pointe d'une espée, ung bien petit cop, duquel il moru tout prestement. Pour la mort duquel, tous ceulx de son parti là estans, qui de lui avoient congnoissance, eurent au cuer moult grand tristesce. Car ilz le tenoient pour le plus vaillant et expert en armes de tout le pays d'Angleterre. Si se rassamblèrent les Anglois, desquelz pour lors estoient les principaulx, Bohort de Bazentin et Robinet Eguethin; si emmenèrent leurs prisonniers en leurs forteresces. Et en dedens assez briefz jours firent traictié avec messire Jaque de Chabennes, par sy qu'en paiant certaine somme il fut délivré, moyennant aussi qu'il rendi ledit Jorge de Croix.

Item, en ces jours le duc de Bethfort, considérant que la forteresce du Chasteau Gaillard estoit sciluée en moult fort lieu et advantageus pour grandement grever et guerroyer le pays de Normendie, se conclud que avant que ses ennemis qui dedens estoient fussent pourveus de vivres, ne fortifiés de gens, de les faire asségier par les Anglois. Laquelle chose il fist, et y fut le siège de six à sept mois, en la fin desquelz lesdiz asségiés rendirent ladicte forteresce, par faulte de vivres, et s'en alèrent, à tout partie de leurs biens.

## CHAPITRE LXXV.

*Comment le seigneur de Saveuses et le bastard de Saint Pol furent prins devant Paris par les François, et comment d'autres François la ville de Saint-Denis fut prinse et eschiellée.*

En ce mesme temps, le duc de Bourgongne envoia le seigneur de Saveuses et Jehan de Brimeu, à tout cinq cens combatans ou environ, pour conforter et aidier les Parisiens contre les François, qui chascun jour couroient devant ladicte ville à tous lez, et leur faisoient moult d'oppressions. Lesquelz se logèrent dedens Saint-Denis, et firent par pluiseurs fois des envayes contre leurs ennemis. Nientmains, ung certain jour, yceulx François, de pluiseurs garnisons vers le costé de Mont-le-Héry, vindrent courre auprès dudit lieu de Paris. Et avoient laissé une grosse embusche en ung village là environ. Si estoient alors dedens ladicte ville le seigneur de Saveuse et messire Jehan, le bastard de Saint Pol, lesquelz, oyans l'effroy, montèrent hastivement à cheval, à petite compaignie, et sans attendre leurs gens, alèrent incontinent aux champs et poursuivirent viguereusement lesdiz François. Lesquelz, en fuyant, les atrayrent jusques bien près de leurdicte embusche. Et là tantost, non pouvans ad ce résister, furent en assez brief terme tous deux prins prisonniers et emmenés des dessusdiz François en leur forteresce, avec aulcuns de leurs gens, non point en grand nombre. Sy fut le bastard de Saint Pol très fort blécié, au prendre, d'une lance au col, dont il fut en grand péril de perdre la vie. Nientmains les deux chevaliers dessusdiz retournèrent en assez briefz jours en la ville de Paris, parmi grand finance qu'ilz payèrent à ceulx qui les avoient prins. Dont leurs gens furent moult resjoys, quand ilz les virent.

D'aultre costé, en ce temps, les gens qui estoient soubz Alain Geron, Gauchier de Bruissart et aulcuns aultres capitaines, vinrent à un point du jour en la ville de Saint-Denis, dedens laquelle estoit venu nouvellement Jehan de Brimeu, à tout certain nombre de compaignons qu'il avoit amenés du pays d'Artois, et avec lui estoient les gens du seigneur de Saveuses. Si entrèrent dedens par eschielles une partie d'yceulx François, et ouvrirent une des portes par où les autres en très grand nombre se boutèrent dedens. Et commençèrent en pluiseurs lieux à crier, ville gaignée! en abatant huis et fenestres, et envayssant pluiseurs maisons où estoient leurs ennemis. Lesquelz, oyans ainsi soubdainement si grans cris parmi la ville, furent tous effraiés. Si se traisent tantost en aulcuns fors lieux d'ycelle, est assavoir Jehan de Brimeu et pluiseurs avec lui, en l'abbaye, le bastard de Saveuse en la porte de Paris, et les aultres se mirent en aulcunes portes et tours, à sauveté. Et d'aultre part en y eut grand partie qui en yssant de leurs logis, contendans à aler devers leurs capitaines ou à eulx assambler, furent prins prisonniers, et les aulcuns occis. Entre lesquelz furent prins Florimont de...... [1], Anthoine de Wistoc, Thieri

---

1. Un mot en blanc. Vérard passe ce premier nom.

de Malinghehem, et douze à seize autres, desquelz il en y avoit une partie gentilz hommes. Et y furent mors Estevenin de Thenequettes, Jehan de Haute Cloche, et aulcuns aultres en petit nombre. Durant lesquelles besongnes les gens des dessusdiz seigneurs et Jehan de Brimen reprinrent vigueur en eulx, et commencèrent à eulx assambler en aulcuns lieux, au cry et par introduction de ung vaillant homme d'armes, nommé Guillaume de Beauval, lequel en grand hardiesse rassambla aucuns de ceulx de leur parti, et envay ses ennemis, qui en pluiseurs parties, sans tenir grande ordonnance, entendoient au pillier. Finablement ilz furent reboutés dehors, et mesmement y perdirent aulcuns de leurs gens jusques au nombre de huit ou dix. Et alors, le seigneur de Saveuses, qui estoit dedens Paris, oyant ces nouvelles, assambla hastivement ce qu'il put avoir de gens, et sans délay chevaulcha viguereusement devers ladicte ville de Saint-Denis, en intencion de bailler souscours à ses gens. Mais avant qu'il y peust venir, yceulx François s'estoient retrais devers Senlis et les aultres garnisons, et avoient emmené grand nombre de chevaulx de ceulx de la ville.

Item, en ce temps furent asségiés des Anglois le seigneur de Rambures dedens la forteresce d'Esterpaigni[1], appartenant héritablement au conte de Tancarville. Devant laquelle, yceulx Anglois tant continuèrent de combatre par leurs engiens et aultrement, que en conclusion ledit seigneur de Rambures, non ayant espérance d'avoir souscours, fist traictié avec

1. Estrepagny, près Gisors.

yceulx Anglois en eulx rendant ladicte forteresce, par condicion que lui et ses gens, à tout leurs biens, se départiroient sauvement.

## CHAPITRE LXXVI.

### De plusieurs conquestes que firent les Anglois.

Item, en l'an dessusdit le duc de Bethfort fist asségier par ses Anglois le fort chastel de Thorsy, qui estoit le plus exellent et le mieux édifié de la marche environ. Si fut constitué capitaine desdiz Anglois le bastard de Clarence. Lequel fist drécier entour d'ycelle forteresce plusieurs engiens continuellement jettans, lesquelz dommagèrent moult fort la muraille. Et finablement, au bout de six mois ou environ, les asségiés, voians que point n'estoient souscourus et que leurs vivres commençoient à défaillir, traictèrent avec le dessusdict bastard de Clarence, par condicion que aulcuns des plus notables s'en yroient où bon leur sambleroit en emportant partie de leurs biens, et les aultres, jusques au nombre de douze ou environ, qui aultre fois avoient tenu le parti d'yceulx Anglois et mesmement aydié aux François à prendre ladicte forteresce, demourroient à voulenté. Lesquelz furent cruelment justiciés. Et après, fut ladicte forteresce du tout démolie et arasée.

Item, ou mois de janvier oudit an, messire Thomas Kiriel, anglois, à tout quatre cens combatans ou environ, dont la plus grand partie estoient anglois, se départirent de Gournay en Normandie, où alors se tenoit en garnison, et par devers Beauvais s'en ala en

Beauvoisis vers la contée de Clermont. Ouquel pays il fist grand dommage en prenant bestail et autres baghes, et par espécial chevaulx. Si chevaulcha jusques ès faulxbourgs de Clermont, et lendemain print son chemin à retourner vers sa garnison. Et adonc, le conte de Clermont, qui estoit à Beauvais, sachant l'entreprinse dudit messire Thomas, assambla promptement de toutes les garnisons de la marche environ tenans le party du roy Charles, jusques à huit cens combatans et plus, avec lesquelz se mirent grand nombre de paysans, tant de la ville de Beauvais comme des villages d'entour, et tous ensamble s'en alèrent pour rencontrer et combatre ledit messire Thomas et ses gens. Lesquelz ils trouvèrent à une grande lieue ou environ dudit lieu de Beauvais, où ils s'estoient mis en bataille pour recepvoir leurs ennemis, dont ilz sçavoient assez la venue par leurs coureurs qui leur en avoient fait rapport. Et estoient lesdiz Anglois tous à pied, adossés d'un bois, et par devant eulx avoient fiché penchons, par quoy on ne les povoit rompre de cheval, sinon à grand dangier. Nientmains ilz furent desdiz François très fort envays et approchés, et y eut entre ycelles parties très dure et aspre escarmuche. Et assez brief, les François, qui estoient à cheval, furent reboutés par le trait des archiers anglois. A cause duquel trait, lesdiz François se commencèrent à desroyer, et yceulx Anglois, ce voians, saillirent vistement après eulx et s'efforcèrent de plus en plus les envayr et combatre, tant que en conclusion ilz demourèrent victorieux sur la place, et occirent de leurs ennemis, et en prinrent environ cent, est assavoir desdiz paysans. Et ceulx de cheval s'en retournèrent tous confus et anoyeux à Beauvais. Et ycelui messire Thomas, ayant grand joye de sa victoire, à tout son gaignage, s'en retourna sauvement à Gournay en Normendie.

En ce temps, fut le siège mis par le conte de Suffort, anglois, de le chastel de Daumarle [1], ouquel estoit capitaine le seigneur de Rambures, avec lui de cent à six vingts combatans. Si fut ledit chastel de toutes pars advironné, et tellement furent constrains, que après que ledit siège y eust esté vingt quatre jours, ledit seigneur de Rambures et toutes ses gens se rendirent, sauf leurs vies, réservé trente ou environ, qui furent pendus, pour ce que autre fois avoient fait sairement auxdiz Anglois et tenu leur party. Et brief ensuivant, ledit seigneur de Rambures fut mené prisonnier en Angleterre, où il demoura prisonnier de cinq à six ans, avant qu'il peust trouver sa délivrance. Si fut ladicte forteresce regarnie de vivres et de gens.

Et par ainsi yceulx Anglois reconquirent en cest an pluiseurs fortes places que les François avoient gaignées sur eulx, à peu de perte de leurs gens.

## CHAPITRE LXXVII.

#### Comment le duc de Bourgongne se remaria la tierce fois à madame Ysabel, fille au roy de Portingal.

Le x⁵ jour de janvier de cest an, fut tenu la feste de Phelippe, duc de Bourgongne, et de dame Ysabel, fille au roy de Portingal [2], en la ville de Bruges, en

1. Le château d'Aumale.
2. Jean I⁵.

une maison faite toute propice nouvellement pour lesdictes nopces. Si fut ycelle feste moult riche et sollempnelle, et estoient les rues de la ville encourtinées en plusieurs lieux de tapis et plusieurs draps de haultelice. Auxquelles nopces furent deux des seurs d'icellui duc, est assavoir, Anne, duchesse de Bethfort, et la duchesse de Clèves, la contesse de Namur, le conte de Braine et de Conversen, messire Jehan de Luxembourg, son frère, et la dame de Beaurevoir, et l'évesque de Liège, et moult d'aultres grans seigneurs, dames et damoiselles. Entre lesquelz y furent de grand estat de paremens, et d'exquis et divers vestemens de gens et de chevaulx, chascun jour en diverses parures, le dit évesque de Liège, messire Jehan, bastard de Saint Pol, messire Jehan de Hornes et aulcuns aultres. Et quand, ladicte duchesse, laquelle avoient amené par mer ung de ses frères et les ambaxadeurs que y avoit envoyé le duc de Bourgongne, desquelz estoient principaulx le seigneur de Roubaix et maistre Gille d'Estornay, prévost de Harlebecque, vindrent auprès de la ville de Bruges, et les bourgois en grand nombre et en grand estat yssirent à l'encontre d'elle. Et avoit avec eulx cent et soixante quatre trompettes, lesquelles sonnoient moult mélodieusement. Quand est à parler des grans estas qui y furent fais sans nombre en divers mès de boires et de mengiers très plantiveusement, par l'espace de huit jours ou environ, ilz seroient trop longz à déclairer. Et y avoit figures de unicornes et autres bestes sauvages, qui par engin jettoient clère yaue roze, vins en aulcuns lieux, en habondant de ceulx qui estoient de ladicte feste. Si n'avoit ledit duc à nulles de ses aultres femmes espouser tenu si riche feste comme il fist à ycelle, qui estoit la tierce. Et y furent fais par pluiseurs jours grans joustes et autres esbatemens de pluiseurs notables chevaliers et escuyers. Et cousta celle feste audit duc très grand finance.

## CHAPITRE LXXVIII.

### Comment Estievene de Vignoles, dit La Hire, eschiella et prinst la ville de Louviers en Normendie.

En ces propres jours, Estievene de Vignolles, qu'on appelloit La Hire, prinst d'emblée par eschielle la ville de Louviers en Normendie. Et avoit avec lui de cinq à six cens combatans, lesquelz trouvèrent en ycelle ville très grand habondance de tous biens, dont ilz furent moult enrichis. Et y furent mors à l'entrée ens, tant d'Anglois comme de ceulx de ladicte ville, trente. Après laquelle prinse pluiseurs des habitans, pour la plus grande partie, firent sairement audit La Hire, auxquelz habitans fut rendu aulcune partie de leurs biens avec leurs maisons, et les aultres se départirent, eulx mettans à sauveté où ilz povoient le mieulx, délaissans tous leurs biens.

Si commencèrent dedens briefz jours La Hire et ses compaignons à dommager le pays à l'environ en plusieurs lieux, et couroient souvent jusques bien près de Rouen. Et en estoit le povre peuple malement grevé et oppressé. Dont grandement desplaisoit aux Anglois. Mais pour le présent ne le povoient amender, considérés leurs aultres grans affaires.

## CHAPITRE LXXIX.

*Comment en cest an le duc de Bourgongne mist sus un ordre qui fut nommé l'ordre de la Thoison.*

Item, en cest an, le duc Phelippe de Bourgongne mist sus en l'onneur de Dieu et de monseigneur saint-Andrieu, duquel en armes il portoit l'ensaigne, une ordre et fraternité de vingt quatre chevaliers sans reproche, gentilz hommes de quatre costés. Auxquelz il donna à chascun d'eulx ung colier d'or moult gentement ouvré de sa devise, est assavoir du fusil [1]. Auxquelz coliers, pendoit à chascun sur le devant, à manière que portent les dames et damoiselles, ymages, frémailles et aultres joyaux, une toison d'or en samblance et remembrance de la toison que jadis conquist anciennement Jazon en l'isle de Colcos, comme on le treuve par escript en l'Istoire de Troyes. De laquelle n'est point trouvé en nulle hystoire, quonques nul prince chrestien, on luy [2], eust revelée ne mise sus. Si fut la dessusdicte ordre, à l'ymaginacion de celle que dit est, nommée par ledit duc, l'Ordre de la Thoison d'Or. Et furent, par lui et aulcuns de son conseil, esleus et nommés pour porter ladicte ordre vingt quatre chevaliers, desquelz les noms s'ensuivent.

Premiers, y estoit ledit duc, chief et fondateur

---

1. Ce fusil, ou briquet, qui se trouve sur les monnaies et sur d'autres monuments, avait à peu près la figure d'un B couché sur sa haste et dont les panses ne se toucheraient pas au milieu.

2. Avant lui.

d'ycelle, en après y estoit Guillaume de Viane [1], seigneur de Saint-George, messire Renier Pot, seigneur de La Roche, le seigneur de Roubaix, le seigneur de Montagu, messire Roland de Hutquerque, messire Anthoine du Vergi, conte de Dampmartin, messire David de Brimeu, seigneur de Ligni, messire Hue de Lannoy, seigneur de Santes, messire Jehan, seigneur de Commines, messire Anthoine de Toulongon, mareschal de Bourgongne, messire Pierre de Luxembourg, conte de Conversen, messire Jehan de La Tremoulle, seigneur de Jonvelles, messire Jehan de Luxembourg, seigneur de Beaurevoir, messire Guillebert de Lannoy, seigneur de Willerval, messire Jehan de Vilers, seigneur de l'Isle-Adam, messire Anthoine, seigneur de Croy et de Renty, messire Florimont de Brimeu, seigneur de Massicourt, messire Robert, seigneur de Mamimes, messire Jaque de Brimeu, seigneur de Grigni, messire Baudouin de Lannoy, seigneur de Moulenbais, messire Pierre de Bauffremont, seigneur de Chargni, messire Phelippe, seigneur de Teurnant, messire Jehan, seigneur de Créqui, messire Jehan de Croy, seigneur de Tours sur Marne.

Lesquelz chevaliers, comme dit est, au recepvoir ladicte ordre, firent, et debvoient faire leurs successeurs, pluiseurs sollempnelles promesses et notables ordonnances pour l'entretenement d'ycelle, desquelles cy après en ce présent livre sera faite mencion plus à plain, après que ladicte ordre sera du tout parfurnie en son droit nombre. Car depuis que les dessus nommés y furent mis, certain espace de temps après en y

---

1. Guillaume de Vianne.

eut adjoustés aulcuns aultres. Si debvoient les hoirs d'yceulz chevaliers renvoyer après leur trespas audit duc de Bourgongne ledit colier, pour le bailler à ung autre chevalier.

## CHAPITRE LXXX.

Comment le seigneur de Crevecuer et Robert de Saveuse furent rencontrés des François en alant à Clermont en Beauvoisis.

Ou mois de février l'an dessusdit, le seigneur de Crevecuer, capitaine et gouverneur de Clermont en Beauvoisis, se parti d'Amiens pour aller audit lieu de Clermont, accompaignié de Robert de Saveuse et de huit vingts combatans ou environ, avec aulcuns chars et charrettes, menans vivres de quaresme et aultres leurs besongnes. Lesquelz, en passant emprès Saint-Just vers Saint-Remy en Laire [1], furent agaités des François, qui bien sçavoient leur venue, et incontinent envays. Desquelz François estoient capitaines Théolde de Waleperghe, messire Renauld de Fontaines, messire Loys de Waucourt et aulcuns aultres, qui bien avoient plus grand nombre de gens que leur adverse partie. Nientmains, les dessusdiz seigneurs de Crevecuer et de Saveuse se mirent à pied avec leurs gens, dont la plus grand partie estoient archiers, et se deffendirent bien et radement, par l'espace de quatre heures ou environ. Durant lequel temps y eut, tant d'une partie comme d'aultre, pluiseurs hommes et chevaulx bléciés. Mais en conclusion yceulx François se dé-

---

1. Saint-Remy-en-l'Eau (Oise).

partirent, véans que sans grand perte des leurs ne povoient riens faire, ne conquerre sur leurs ennemis. Si retournèrent en leurs garnisons. Et lesdiz seigneur de Crievecuer et Robert de Saveuse s'en alèrent à Clermont, où ilz furent jusques à la saison nouvelle, attendans la venue du duc de Bourgongne.

## CHAPITRE LXXXI.

#### Comment cinq François firent armes à Arras contre cinq Bourguignons. Et autres menues matières.

Le xx<sup>e</sup> jour de février oudit an, firent armes dedens la ville d'Arras, sur le grand marchié, en la présence du duc de Bourgongne juge en ceste partie, cinq des gens du roy Charles de France, à l'encontre de cinq gens du duc de Bourgongne. Lesquelles armes estoient de rompre l'un sur l'autre certain nombre de lances. Et y estoient, de ceulx de la partie du roy, messire Théolde de Waleperghe, Pothon de Sainte-Treille, messire Philebert d'Abressy, messire Guillaume de Vez et Lestandart de Milly; et de par ledit duc, messire Symon de Lalaing, le seigneur de Chargni, Jehan de Wauldre, messire Nicolle de Menton, et Philebert de Mouton. Si furent ycelles armes faites par cinq jours. Et estoit préparé ung grand parc couvert de sablon, ou milieu duquel avoit une lisce, garnie d'assielles adfin que les chevaulx ne peussent rencontrer l'un l'autre. Et coururent, pour le premier jour, messire Symon de Lalaing et messire Théolde, plusieurs biaux cops l'un contre l'autre. Mais vers la fin messire Théolde fut porté jus, lui et son cheval. Et pareillement par les aultres ensuivans, pour les second, tiers, quart et cinquiesme jour, furent fais de moult biaux cops d'armes et de lances, desquelles de chascune partie en y eut plusieurs rompues. Toutefois le seigneur de Charny, au treiziesme cop qu'il courut contre ledit messire Philebert, lui leva la visière de son elmet[1] du fer de sa lance et lui mist tout dedens son visage, pour quoy il convint que on le remenast en son hostel comme en péril de mort. Et au derrain jour et en telle manière, fut aussi féru Lestandart de Milly, du dessusdit Philebert de Mouton. Si fut comme l'autre remené en son ostel, et fut si griefment blécié qu'à grand peine se povoit tenir sur son cheval, jà soit ce que par avant qu'il eust ce cop, il s'estoit porté ce jour moult radement, en rompant sur son adversaire aulcunes lances. Desquelles lances servy tous yceulx François ung viste et appert homme d'armes, nommé Alardin de Monsay. Et les aultres, du costé du duc de Bourgongne, en la plus grand partie, furent servis de par messire Jehan de Luxembourg. Si venoit chascun jour ledit duc à son eschaffault, grandement accompaignié de sa chevalerie et en noble appareil. Après lesquelz jours passés, les dessusdiz François, qui avoient esté moult honnourés par ledit duc et de lui receu aucuns dons, se départirent de ladicte ville d'Arras, tristes et ennuyés des dures aventures qui estoient tournées contre leurs gens, et laissièrent leurs deux bléciés dessusdiz dedens Arras pour eulx médeciner, par la licence dudit duc de Bourgongne.

---

1. Heaume, casque.

Lesquelz finablement tournèrent à garison. Et les dessusdiz François s'en retournèrent à Compiengne.

En ce temps, les François, tenans les frontières de la rivière d'Oise et du pays de Beauvoisis, couroient chascun jour sur ceulx tenans le parti de Bourgongne. Et pareillement ceulx de la partie de Bourgongne couroient sur les mettes d'yceulx François, non obstant les trêves par avant seellées entre les dictes parties jusques aux Pasques ensuivans. A l'occasion desquelles courses, tous les villages, ou en la plus grand partie d'yceulx pays, se commencèrent à despeupler.

En après, le duc Phelippe de Bourgongne convoqua de pluiseurs ses pays très grand nombre de gens d'armes, lesquelz il assambla vers Péronne. Et lui mesme et sa femme, la duchesse, sollempnisèrent la feste de Pasques dedens ladicte ville de Péronne. Après laquelle passée il se tira, à tout ses gens d'armes, à Mondidier, où il fut par aulcuns jours.

Durant ces tribulacions se rendirent en l'obéissance du roy Charles la ville et chasteau de Melun, laquelle par avant avoit esté baillée en garde au seigneur de Humières, qui pour l'entretement d'ycelle y avoit constitué aulcuns de ses frères, à certain nombre de gens d'armes. Lesquelz, par les habitans de ladicte ville, en furent déboutés et mis dehors. Dont le roy Charles et ceulx de son parti furent moult joyeux, pour tant que par le moyen d'ycelle ilz povoient par là passer à leur plaisir par la rivière de Saine. Et avec ce, estoit située et assise ou plus fort lieu de tout le pays environ.

## DE L'AN MCCCXXX.

[Du 16 avril 1430 au 1ᵉʳ avril 1431.]

## CHAPITRE LXXXII.

**Comment le duc de Bourgongne, à tout sa puissance, ala logier devant Gournay sur Aronde.**

Au commencement de cest an, le duc de Bourgongne, lui partant de Mondidier, s'en ala loger à Gournay sur Aronde, devant la forteresce d'ycelle, appartenans à Charles de Bourbon, conte de Clermont, son beaufrère. Auquel lieu il fist sommer Tristran de Maigneders, qui en estoit capitaine, qu'il lui rendist ladicte forteresce, ou se ce non, il le feroit assaillir. Lequel Tristran, véant que bonnement ne pourroit résister contre la puissance d'ycelui duc de Bourgongne, fist traictié avec ses commis, par condicion qu'il lui renderoit ladicte forteresce le premier jour d'aoust prochainement venant, se audit jour il n'estoit combatu du roy Charles ou de ceulx de son party. Et avec ce promist que durant le temps dessusdit, que lui, ne les siens, ne feroient quelque guerre à ceulx tenans le parti dudit duc. Et par ainsi il demoura paisible jusques audit jour.

Si fut celle composicion faicte ainsy hastivement, pour ce que audit duc de Bourgongne et à messire Jehan de Luxembourg, vindrent certaines nouvelles que le damoiseau de Commercis, Yvon du Puis, et aultres capitaines, à tout grand nombre de combatans, avoient asségié la forteresse de Montagu. Laquelle chose estoit véritable. Car le dessusdit de Commercis, à cuy ladicte forteresce appartenoit, y avoit secrètement amené grand nombre de combatans, à tout bombardes, veuglaires et autres habillemens de guerre, tendans ycelle par soubdain assault ou aultrement, par force réduire en son obéyssance. Nientmains elle fut viguereusement deffendue par ceulx que messire Jehan de Luxembourg y avoit commis, ou gouvernement duquel elle estoit. Entre lesquelz y estoit commis de par lui en la garde d'ycelle comme principaulx capitaines, deux hommes d'armes dont l'un estoit d'Angleterre, nommé ....... [1] et l'autre George de Le Croix. Si furent par plusieurs fois sommés et requis de rendre la forteresce, dont point n'eurent voulenté de ce faire. Car ilz n'estoient en nul doubte que dedens briefz jours ne feussent souscourus. Finablement lesdiz asségans, doubtans la venue dudit duc de Bourgongne, dont ilz estoient jà advertis, et qu'ilz seroient combatus, se départirent dudit lieu de Montagu, tous espoventés, en laissant bombardes, canons et aultres habillemens de guerre. Et se partirent à mienuit ou environ, et se retrayrent en leurs garnisons. Laquelle départie ainsi faite, les dessusdiz asségiés firent sçavoir hastivement aux dessusdiz le duc de Bourgongne et messire Jehan de Luxembourg, qui en grand diligence se préparoient pour aler combatre les asségans dessusdiz. Après lequel département venu à leur congnoissance, le dit duc de Bourgongne s'en ala à Noyon, à tout son exercice.

---

[1]. Ici, dans le ms. 8346, un blanc dont Vér. ne tient pas compte.

En ces propres jours, messire Jehan de Luxembourg s'en ala coure devant Beauvais, sur les marches de ses ennemis. A l'instance et pour la doubte duquel, se départirent du Franc[1] messire Loys de Waucourt et ses gens, qui là par longue espace avoient esté l'iver, et boutèrent le feu en ung bel chastel qu'ilz avoient réparé. Si se retrayrent à Beauvais. Et ledit duc de Luxembourg se loga devant le chastel de Prouvanlieu, que aulcuns François avoient réédifié. Et par leurs courses traveillèrent moult fort la ville de Mondidier et aultres marches à l'environ, appartenans au duc de Bourgongne. Si furent en brief constrains d'eulx rendre en la voulenté du dessusdit messire Jehan de Luxembourg, lequel en fist grand partie exécuter, et les aultres furent mis en divers lieux prisonniers. Et de là il se retourna à Noyon devers le duc de Bourgongne.

## CHAPITRE LXXXIII.

### Comment le duc de Bourgongne ala metre le siége devant le chastel de Choisy, lequel il conquist.

Item, après que le duc de Bourgongne eust sousjourné en la cité de Noyon huit jours ou environ, il s'en ala mettre le siége devant le chastel de Choisi sur Ayne[2]. Dedens laquelle forteresce estoit Loys de Flavi, qui la tenoit de par messire Guillaume de Flavi. Et y fist le-

---

1. Il faut sans doute entendre ici, de France, c'est-à-dire de l'Ile-de-France. Dans Vérard ce passage est inintelligible.
2. Choisy-au-Bac (Oise), à une lieue de Compiègne.

dit duc drécier plusieurs de ses engiens pour ycelui chastel confondre et abatre. Si fut moult traveillé par lesdiz engiens, tant que en conclusion lesdiz asségiés firent traictié avec les commis du dessusdit duc de Bourgongne, tel qu'ilz se départirent sauf leurs corps et leurs biens, en rendant ladicte forteresce. Laquelle, sans délay, après qu'ilz s'en furent partis, fut tantost démolie et arasée.

Si fist ycelui duc faire ung pont par desus l'eaue d'Oise pour lui et ses gens passer vers Compiengne au lez devers Mondidier. Durant lequel temps, avoient esté commis le seigneur de Saveuse et Jehan de Brimeu à garder les faulzbourgs de Noyon, à tout leurs gens, avec le seigneur de Mongommery et aultres capitaines anglois, qui estoient logiés au Pont-Lévesque[1], adfin que ceulx de Compiengne n'empeschassent les vivres qui aloient à l'ost dudit duc. Si advint ung certain jour que les dessusdiz de Compiengne, est assavoir Jehenne la Pucelle, messire Jaques de Chabannes, messire Théol de Waleperghe, messire Rigault de Fontaines, Pothon de Sainte-Treille et aulcuns aultres capitaines françois, acompaignés de deux mille combatans ou environ, vinrent audit lieu du Pont-Lévesque, entre le point du jour et le soleil levé, où estoient logiés les dessusdiz Anglois, lesquelz ilz envayrent de grand couraige. Et y eut très dure et aspre escarmuche, à laquelle vindrent hastivement au souscours d'yceulx Anglois les seigneurs de Saveuse et Jehan de Brimeu, à tout leurs gens. Duquel souscours les dessusdiz Anglois prinrent en eulx grand courage tous en-

---

1. Pont-l'Évêque (Oise).

samble. Si reboutèrent par force leurs ennemis, qui desjà estoient entrés bien avant oudit logis. Finablement, d'yceulx Anglois furent, que mors que navrés, environ trente, et pareillement des François. Lesquelx après ceste besongne se retrayrent à Compiengne, dont ilz estoient venus. Et les Anglois dessusdiz, depuis ce jour en avant, fortifièrent en grand diligence leurs logis à l'environ. Et briefz jours ensuivans, Jehan de Brimeu, alant, à tout cent combatans ou environ, devers le duc de Bourgongne, en passant parmy le bois au lez vers Crespy en Valois, fut soubdainement envay d'aucuns François, qui à ceste cause estoient venus de devers Acheri[1] en celle marche, pour trouver adventure. Et en brief, sans grand deffence, fut prins et emmené prisonnier. Si fut la cause de sadite prinse, pour ce que lui et ses gens chevaulchoient en trayn et ne se peurent assambler, tant qu'ilz oyrent l'effroy. De laquelle prinse ledit Jehan de Brimeu fut depuis mis ès mains de Pothon de Sainte-Treille, lequel enfin le délivra en payant grand finance.

Item, après que le duc de Bourgongne fist du tout démolir la forteresce de Choisy, comme dit est, il s'en ala logier en la forteresce de Coudin[2] à une lieue de Compiengne. Et messire Jehan de Luxembourg se loga à Claroy[3]. Si fut ordonné messire Baude de Noyelle, à tout certain nombre de gens, à logier à Margni sur la Cauchie[4], et le seigneur de Mongommery et ses gens estoient logiés à Venette, au long de

1. Achery (Aisne), à une lieue de La Fère.
2. Coudun (Oise), à cinq kilomètres de Compiègne.
3 A une demi-lieue de Compiègne.
4. Margny, à une demi-lieue de Compiègne.

la prée. Si venoient lors audit duc de pluiseurs parties de ses pays. Et avoit intencion de asségier ladicte ville de Compiengne et ycelle réduire en l'obéissance du roy Henry d'Angleterre.

## CHAPITRE LXXXIV.

### Comment Jehenne la Pucelle rua jus Franquet d'Arras et lui fist tranchier la teste.

A l'entrée du mois de may, fut rué jus et prins ung vaillant homme d'armes, nommé Franquet d'Arras, tenant le parti du duc de Bourgongne. Lequel estoit alé courre sur les marches de ses ennemis vers Laigni sur Marne, à tout trois cens combatans ou environ. Mais à son retour fut rencontré de Jehenne la Pucelle, qui avec elle avoit quatre cens François. Si assailly moult corageusement et viguereusement ledit Franquet et ses gens, par pluiseurs fois. Et par le moyen de ses archiers, c'est assavoir dudit Franquet, qu'il avoit, lesquelz par très bonne ordonnance s'estoient mis à pied et se deffendirent tous ensemble, si vaillamment que pour le premier et second assault ycelle Pucelle et ses gens ne gaignièrent riens sur eulx. Mais en conclusion elle gaigna toutes les garnisons de Laigni et autres forteresces de l'obéissance du roy Charles, lesquelz y vindrent en grand nombre, à tous coulevrines, arbalestres et autres habillemens de guerre. Et finablement, les dessusdiz tenans le party de Bourgongne, après qu'ilz eurent moult adommagié leurs ennemis de gens et chevaulx, ilz furent tous vaincus et desconfis, et ladicte Pucelle fist trencher la teste à ycelui Franquet, qui grandement fut plaint de ceulx de son party, pour tant qu'en armes il estoit homme de vaillant conduicte.

## CHAPITRE LXXXV.

#### Comment Renier, duc de Bar, mist le siége devant Chappes emprès Troyes en Champaigne.

En ce temps, le duc de Bar, nommé Renier de Sezille[1], convoqua de ses duchez de Bar et de Lorraine et des marches d'Alemaigne à l'environ très grand nombre de gens d'armes, avec lesquelz aussi se mist ce prudent et vaillant chevalier le seigneur de Barbazan, lequel, comme dit est dessus, avoit esté très long temps prisonnier aux Anglois. Et povoit avoir, ycelui duc, de deux à trois cens combatans, à tout lesquelz il ala asségier Chappes, à trois lieues de Troyes. Dedens laquelle estoit le seigneur d'Auvione, son frère, et avec eulx pluiseurs gens de guerre, qui très vaillamment se mirent à deffence. Et avec ce envoyèrent devers les seigneurs de Bourgongne eux prier qu'ilz les voulsissent secourre à ce besoing. Lesquelz seigneurs, est assavoir, messire Anthoine de Thoulongon, mareschal de Bourgongne, le conte de Joigny, messire Anthoine et messire Jehan de Vergy, le seigneur de Jonvelle, le seigneur de Castellus, le Veau de Bar, et génèralment la greigneur partie de la gentilesce de Bourgongne, jusques au nombre de quatre mille combatans, assamblèrent, et vindrent

---

1. Réné II d'Anjou, roi de Sicile.

assez près du logis du duc de Bar, pour le combatre. Lequel duc, sachant leur venue, se mist en bonne ordonnance de bataille. Mais en brief, yceulx Bourguignons se mirent en desroy et retournèrent en leur pays. Si en furent, que mors que pris, environ soixante. Entre lesquelz fut prins le seigneur de Plansy, Charles de Rochefort, et pareillement le seigneur d'Aumont, en saillant hors de sa place pour aydier à combatre ses ennemis avec aulcuns de ses gens, fut prins prisonnier. Si convint qu'il livrast sa forteresce au duc de Bar, laquelle fut du tout démolie. Et son frère fut prins comme lui.

## CHAPITRE LXXXVI.

### Comment Jehenne la Pucelle fut prinse des Bourguignons devant la ville de Compiengne.

Item, durant le temps que le duc de Bourgongne estoit logié à Coudin[1], comme dit est, et ses gens d'armes ès villages auprès de Coudin et de Compiengne, advint, la nuit de l'Ascencion, à cinq heures après miedy[2], que Jehenne la Pucelle, Pothon et autres capitaines françois, avec eulx de quatre à cinq cens combatans, saillirent hors, tous armés de pied et de cheval, de ladicte ville de Compiengne, par la porte du pont vers Mondidier. Et avoient intencion de combatre et ruer jus le logis de messire Baudo de Noyelle,

---

1. Coudun.
2. Ce passage prouve que Monstrelet commençait le jour à midi.

qui estoit à Margni au bout de la chaussée, comme dit est en aultre lieu[1]. Si estoit à ceste heure, messire Jehan de Luxembourg, avec lui le seigneur de Créqui et huit ou dix gentilz hommes, tous venus à cheval, non ayans si non assez petit de son logis devers le logis messire Baudo. Et regardoit par quelle manière on pourroit asségier ycelle ville de Compiengne. Et adonc yceulx François, comme dit est, commencèrent très fort à approcher ycelui logis de Marigni[2], ou quel estoient pour la plus grant partie tous désarmés. Toutefois, en assez brief terme se assamblèrent, et commença l'escarmuche très grande. Durant laquelle fut crié alarme en pluiseurs lieux, tant de la partie de Bourgongne, comme des Anglois. Et se mirent en bataille les dessusdiz Anglois contre les François, sur la prée au dehors de Venette, où ilz estoient logiés. Et estoient environ de cinq mille combatans. Et d'aultre costé les gens de messire Jehan de Luxembourg, qui estoient logiés à Claroy[3], sachans cest effroy, vindrent les aulcuns hastivement pour secourir leur seigneur et capitaine qui entretenoit ladicte escarmuche, et auquel, pour la plus grand partie, les autres se ralioient. En laquelle fut très durement navré ou visaige ledit seigneur de Créqui. Finablement, après ce que ladicte escarmuche eust duré assez longue espace, yceulx François véans leurs ennemis multiplier en grand nombre, se retrayrent devers leur ville, tous jours la Pucelle avec eulx sur le derrière, faisant grand

---

1. Page
2. Margny (Oise) à une demi-lieue de Compiègne.
3. A demi-lieue de Compiègne, comme on l'a vu plus haut.

manière de entretenir ses gens et les ramener sans perte. Mais ceulx de la partie de Bourgongne, considérans que de toutes parts auroient brief souscours, les approuchèrent vigeureusement et se férirent en eulx de plains eslans. Si fut, en conclusion, comme je fus informé, la dessusdicte Pucelle tirée jus de son cheval par ung archier, auprès duquel estoit le bastard de Wandonne, à qui elle se rendy et donna sa foy, et cil, sans délay l'emmena prisonnière à Maigni, où elle fut mise en bonne garde. Avec laquelle fut prins Pothon le Bourguignon, et aulcuns aultres, non mie en grand nombre. Et lesdiz François rentrèrent en Compiengne, dolans et courroucés de leur perte. Et par espécial eurent moult grant desplaisance pour la prinse d'ycelle Pucelle. Et à l'opposite, ceulx de la partie de Bourgongne et les Anglois en furent moult fort joyeux, plus que d'avoir prins cinq cens combatans. Car ilz ne cremoient ne redoubtoient nul capitaine ne autre chief de guerre, tant comme ilz avoient tous jours fait jusques à ce présent jour ycelle Pucelle.

Si vint assez tost après, le duc de Bourgongne, à tout sa puissance, de son logis de Coudin où il estoit logié, en la prée devant Compiengne. Et là s'assamblèrent les Anglois, ledit duc et ceulx des autres logis, en très grand nombre, faisans l'un avec l'autre grans cris et resbaudissemens pour la prinse de ladicte Pucelle. Laquelle ycelui duc ala veoir ou logis où elle estoit, et parla avec elle aulcunes paroles, dont je ne suis mie bien record, jà soit chose que je y estoie présent[1]. Après lesquelles se retraist ledit duc et toutes

---

[1]. Puisque Monstrelet parle ici en témoin oculaire, il s'ensuit

aultres gens chascun en leurs logis, pour ceste nuit. Et la Pucelle demoura en la garde et gouvernement de messire Jehan de Luxembourg. Lequel, dedens briefz jours ensuivans, l'envoia soubz bon conduit ou chasteau de Biaulieu, et de là à Biaurevoir[1], où elle fut par long temps, comme cy-après sera déclairé plus avant.

## CHAPITRE LXXXVII.

**Comment le josne roy Henri vint en France et descendi à Calais.**

En cest an, le josne roy Henry, eagié de huit ans, vint d'Angleterre à Calais, et descendit de sa nef environ à x heures au matin, le jour monseigneur Saint-George. Si fut monté sur ung cheval et ala oyr messe en l'église Saint-Nicolas. Si estoient avec lui le cardinal de Wincestre, le duc de Noortvolt, le conte de Hostiton, le conte de Warwich, le conte de Staffort, le conte d'Arondel, le conte de Staffort, le conte de Bonneterre, le conte de Hen, les seigneurs de Roes, de Beaumont, d'Escaillon, de Grès et pluiseurs aultres. Si y estoit messire Pierre Cauchon, évesque de Biauvais, qui avoit esté envoyé pour le quérir. Et depuis vindrent ses gens. Si fut mené, à tout sa puissance, en la ville de Rons[2], où il fut long temps.

qu'il devait faire partie de la suite du duc de Bourgogne à cette fameuse entrevue.

1. Beaulieu (Oise) et Beaurevoir (Aisne).
2. *Sic* et aussi dans Vérard. Il faut lire Rouen.

## CHAPITRE LXXXVIII.

Comment, après la prinse de la Pucelle, le duc de Bourgongne et ses gens se logèrent devant Compiengne.

Lendemain du jour de l'Assencion [1], le duc de Bourgogne s'en ala loger de la ville de Coudin à Venette dedens l'abbaye [2], et ses gens se logèrent en la ville. D'aultre part, messire Jehan de Luxembourg se loga à Marigni [3]. Si fut assez brief ensuivant commencée une bastille de terre, à une traite d'arc ou environ près du bolevert de la ville. Et depuis furent fais aulcuns taudis de quesnes plains de terre et autre bois fichié en terre, au plus près du dessusdit bolevert. Auxquelz taudis se faisoit, nuit et jour, continuelement guet de gens d'armes. Avec lesquelz furent fais, depuis ladicte bastille jusques auxdiz taudis, grans fossés par où les gens de guerre aloient seurement à leur dit guet, pour la doubte des engiens de ladicte ville, dont on estoit servi très largement. Si fist ycellui duc asseoir aucuns grans engiens devant la porte, laquelle, par la continuacion des grosses pierres qu'ilz y gectèrent, dérompirent, et cravantèrent en pluiseurs lieux les portes, pons, moulins et bolevers de ladicte ville, et tant qu'en fin y eut aulcune partie des moulins mis en tel point que plus ne porent mouldre. Laquelle chose despleut grandement aux habitans d'ycelle. Et avec ce, oultre

---

1. Le 26 mai.
2. L'abbaye de la Victoire.
3. *Lis.* Margny.

les aultres maulx que firent les dessusdiz engiens, occirent ung gentilhomme, rade et habille, eagié de vint deux ans ou environ, nommé Loys de Flavy, lequel estoit frère de Guillaume de Flavy, général capitaine d'ycelle ville de Compiengne et de tous ceulx là estans. Pour la mort duquel, ledit Guillaume fut moult troublé et anoyeux, mais non obstant il n'en moustra nul samblant, ains pour resbaudir ses gens, brief ensuivant fist devant lui sonner ses menestrelx, ainsi qu'il avoit acoustumé de faire. Et avec ce fist diligamment garder le bolevert dessusdit, nonobstant que par les diz engiens il fust moult empiré et travaillié. Et avoit fait faire, ou fons des fossés d'ycel bolevert, petites maisoncelles de bois, où ses gens se tenoient pour faire leur guet moult subtillement. Si furent par l'introduction de messire Jehan de Luxembourg commencées aulcunes mines, lesquelles furent chaciés bien avant et parfont et à grant coust, sans porter effet en valeur. Ouquel temps aussi, en faisant lesdictes mines et approches, en y eut pluiseurs des asségans mors et navrés. Desquelz mors furent les principaulx, messire Jehan de Belles, chevalier, Alard d'Escassines, Thiebault de Caitignies et pluiseurs autres, tant de la partie de Bourgongne, comme des Anglois.

## CHAPITRE LXXXIX.

Comment les Anglois se mirent sus à grand puissance de communes et vinrent en la contée de Namur.

En ce temps les Liégois, tant par l'introduction d'aucuns haulsaires tenans le parti du roy Charles, est assavoir Jehan de Biaurain, Jehan de Soumain, Evrard de La Marche et aulcuns aultres, comme par la bayne et malveillance que long temps ilz avoient eu au duc de Bourgongne pour les discors que ses prédécesseurs et lui avoient eu par avant, dont plus à plain est faicte mencion en ce présent livre, se disposèrent et conclurent de venir à grand puissance sur les pays dudit duc, et par espécial en sa contée de Namur, tout destruire. Non obstant que de ce faire les desenhorta, par pluiseurs fois, Jehan de Heinsbergue leur évesque, à eulx remoustrant par pluiseurs raisons les grans maulx et inconvéniens qui povoient venir ou pays de Liège, se ilz mettoient leur entreprinse à exécucion. Lesquelles remoustrances yceulx Liégois prenoient très mal en gré, et ne volrent nullement attargier de mener à fin leur dicte entreprise. Et pour tant ledit évesque, considérant que bonnement il ne se povoit escondire ne excuser qu'il ne feist assistence et ayde à ceulx de son pays, qu'il ne se meist en péril d'estre enchacié de sa seigneurie, prinst conclusion avec aulcuns de son conseil que pour son honneur garder, avant qu'il feist guerre ouverte ou duc de Bourgongne ne à ses pays, il lui envoieroit ses lettres de deffiance. Desquelles lettres la teneur s'ensuit.

« Très hault, très noble et très puissant prince, Phelippe, duc de Bourgongne, conte de Flandres, d'Artois et de Bourgongne palatin, de Namur, etc. Jà soit ce que je Jehan de Heinsberghe, évesque de Liège et conte de Loz, suis par vertu de certain seur estat par vous et moy, pour nous et les nostres, pieçà donné l'un à l'autre, dont lettres appèrent, vous aye pluiseurs fois par lettres, de bouche ou autrement, fait supplicacion, prière et requeste et sommacion d'avoir restitucion et réparacion selonc le contenu dudit seur estat, qui a esté assez petitement tenu de pluiseurs grans et horribles dommages commis et perpétrés de vos gens, capitaines et serviteurs, sur mes pays et subjectz, ainsy que vostre très noble et pourveue discrécion puet bien avoir mémoire que mes complaintes et requestes le contenoient plus plainement; nientmains, très noble, très hault et très puissant prince, jusques à ore, obstant voz gracieuses responces sur ce, contenans que vostre intencion et plaisir estoit dudit seur estat estre entretenu, et qui encore n'ont sorti nul effet, se sont si avant entremellées ycelles choses d'un costé et d'autre que griefve chose m'est à porter, dont il me desplait tant que plus ne puet. Et toutefois, très hault, très noble et très puissant prince, votre très noble et pourveue discrécion puet assez sentir et congnoistre, que par raison et serement suis tenu de demourer d'alès mon église et pays, que sans les eslongier, considérées les choses ainsi advenues, les me convient assister et deffendre en tous drois et contre tous, de toute ma force et puissance. Pour quoy, très hault, très noble et très puissant prince, moy premièrement excusant à vostre très exèlente personne et haulte dominacion, de rechief vous advertis d'ycelles choses, en signifiant que se plus avant advenoit, ou en estoit par moy ou les miens fait, par nécessité ou aultrement, qui de tant vouldroie avoir mon honneur pour bien gardée. Donné soubz mon seel pendu à ces présentes, le x jour de juillet, l'an mil quatre cens et trente. Ainsy signé du commandement monseigneur propre.

« J. BERRARD. »

Et pareillement le deffièrent plusieurs autres seigneurs alyés d'ycelui évesque, est assavoir le conte de Beaurienne, Picart de la Gance, seigneur de Quinquenpoit, Raise de Rabel, Gérard de Edewant, Jehan de Wale, Henry le Gayel, Jehan Boileur, Jehan de La Barre, Jehan de Genblaix, Corbeau de Bellegoule, Thery Ponthey et pluiseurs aultres.


## CHAPITRE LXXXX.

#### Comment le duc de Bourgongne envoia le seigneur de Croy en la contée de Namur contre les Liégois.

Item, après ce qu'il fut venu à la congnoissance du duc de Bourgongne que l'évesque de Liège et ses Liégeois se préparoient pour entrer en sa contée de Namur, se conclud avec ceulx du conseil de y envoyer le seigneur de Croy, à tout six cens combatans, pour garder la ville de Namur et forteresce du pays. Lequel seigneur de Croy, après ladicte conclusion, se départi de devant Compiengne, avec lui huit cens combatans qu'il avoit en sa charge, et s'en vint à Namur, où les Liégeois avoit jà commencié la guerre, et prins Beaufort et bouté le feu. Et ledit Croy, venu audit lieu de Namur, fut dix jours sans faire guerre. Et depuis prist Fosse d'assault, laquelle fut arse, réservé le moustier. Et lendemain, furent mis à fin et mors, à Florines[1], bien soixante ou quatre vins Liégeois, et y eut prins quarante prisonniers. Avec lequel seigneur de Croy estoit son frère messire Jehan de Croy. Si y estoient les seigneurs de Maumisnes, de Reubenpré, de Fauquenberghe et de Durselle, le Galois de Renty, le seigneur de Fremesent, Robert de Noefville et pluiseurs aultres nobles. Ledit seigneur de Reubenpré fut envoyé à Poluache, où il fut à une saillie navré à mort et pris prisonnier. Et depuis y fut mis le seigneur de Senlis, lequel rendi la place aux Liégeois, et puis y boutèrent le feu et l'ardirent. Lesquelz Liégeois, avec leur évesque, estoient bien L$^M$ hommes. Et estoient avec eulx Jehan de Biaurain, Jehan de Soumain, Jehan de Floyon et aultres gentilz hommes. Et depuis qu'ilz eurent prins Poleuache, mirent le siége devant Bouvines. Et si prinrent Golesine et l'ardirent. Durant lequel temps firent les gens dudit seigneur de Croy pluiseurs envayes sur eulx, auxquelles par pluiseurs fois en prinrent et occirent sept ou huit cens.

1. Florennes.

## CHAPITRE LXXXXI.

### Comment le conte de Hontiton vint devant Compiengne en l'ayde du duc de Bourgongne.

En ces jours, vint en l'ayde du duc de Bourgongne le conte de Hontidon et le seigneur de Robersart, anglois, à tout mille archiers d'Angleterre ou environ, lesquelz se logèrent en la ville de Venette, où par avant s'estoit logié ledit duc de Bourgongne. Lequel de sa personne se ala logier en la bastide devant dicte, entre Marigni[1] et Compiengne, et ses gens se logièrent audit lieu de Marigni, dont s'estoit deslogié messire Jehan de Luxembourg et ses gens, et s'en estoit alé en la ville de Soissons. Laquelle, par certains moyens qu'il avoit dedens, lui fut rendue avec aulcunes aultres places ou pays à l'environ. Si se départi de devant ladicte ville de Compiengne, le seigneur de Montgommery et ses Anglois, et s'en retourna en Normendie, après la venue du dessusdit conte de Hontidon. Et après, ycelui duc de Bourgongne fist faire jour et nuit grant diligence de abatre et démolir par ses engiens le bolevert de devant le pont de la ville, lequel, comme en autre lieu est déclaré, grevoit moult fort ses gens. Nientmains il dura bien par l'espace de deux mois ou environ, et, en fin, par soubdain assault qui y fut fait par nuit de la partie dudit duc, fut prins, et huit ou dix hommes dedens, avec aulcuns habillemens de guerre là estans. Et se deffendirent assez petit. Après

---

1. *Lis.* Margny.

laquelle prinse furent les fossés remplis, et fut ycelui bolevert fortifié contre ceulx de la ville et gardé soigneusement chascun jour, à force de gens d'armes. A laquelle prinse furent aussi noyés aulcuns de dedens, par ce qu'en eux retraiant en haste, ilz cheyrent en la rivière d'Oise. Et d'aultre part, le dessusdit duc de Bourgongne fist faire ung pont par dessus l'eaue, à l'encontre de Venette, lequel estoit gardé jour et nuit, et passèrent les Anglois et Bourguignons très souvent, de pied et de cheval, pour aler escarmucher aux François, au lès vers Pierrefons. Si passa ung certain jour, le dessusdit conte de Hontiton, à tout ses Anglois, et s'en ala courre devers Crespy en Valois. Là, vint à Saintines[1], qui se rendit en son obéyssance. Et après s'en ala logier à Verbrie[2], où il fist très fort assaillir l'église de la ville, que tenoient les paysans, lesquelz, en conclusion, furent contrains d'eulx rendre en sa voulenté. Et fist pendre ung homme nommé Jehan de Dours, qui estoit comme leur capitaine, pour ce qu'à sa première requeste n'avoit voulu obéir. Si furent tous lesdiz paysans prins et rançonnés, et tous leurs biens ravis. Et après s'en retourna ledit conte, à tout aulcunes proyes, en son logis devant Compiengne.

Durant lequel temps se tenoit à Clermont en Biauvoisis le seigneur de Crievecuer et Robert de Saveuses, à tout leurs gens, pour garder la frontière contre les François, qui se tenoient à Creilg et à Beauvais, et avec ce, pour faire aconduire en l'ost les vins et toutes autres vivres nécessaires.

---

1. En Valois.
2. Verberie, en Valois.

Si se tenoit adonc la duchesse de Bourgongne à Noyon, à tout son estat. Laquelle, de fois à aultre, aloit visiter le dessusdit duc de Bourgongne son seigneur.

Esquelz jours aussi, ala ledit duc de Bourgongne, à tout sa puissance, tenir la journée devant Gournay sur Aronde, laquelle on lui avoit promis de rendre et remettre en son obéissance. Et fut avec lui et pour lui assister et faire compaignie, le duc de Nortfolc, anglois, à tout mil combatans ou environ, et le conte de Hontidon. A laquelle journée ne vint homme de par le roy Charles. Et pour tant, Tristran de Maignelers, véant que point ne seroit souscouru, rendit la forteresce en la main dudit duc de Bourgongne, lequel la bailla en garde au seigneur de Crievecuer, et après s'en retourna avec lui le conte de Hontidon à son siège devant Compiengne. Auquel lieu, à son département, il avoit laissié certain nombre de gens d'armes pour garder son logis. Et le dessusdit duc de Nortfolc s'en ala vers Paris.

## CHAPITRE LXXXXII.

### Comment ung homme nommé Tommelaire et ceulx de Rains, mirent le siège devant Champigneus.

En ces jours, ung sacqueman nommé Thomelaire, qui estoit prévost de Laon de par le roy Charles, conduisit de cinq à six cens communes de la ville de Rains et des marches à l'environ, et les mena asségier la forteresce de Champigneux[1], dedens laquelle es-

---

1. Champigneul (Ardennes).

toient aulcuns Anglois et Bourguignons, qui moult fort oppressoient le pays de Champaigne. Si commencèrent, yceulx asségans, à approuchier de la forteresce de toutes pars, espérans ycelle subjuguer et mettre en leur obéyssance, ce que point n'avint. Car dedens briefz jours ensuivans, Guillaume Coram, anglois, et George de Croix, qui se tenoient à Montagu, assemblèrent ce qu'ils porent avoir de gens, et sans faire long délay alèrent combatre les dessusdictes communes. Lesquelz, sans faire bien grand deffence, furent tantost vaincus, et la plus grand partie furent mors et prins. Toutefois, ledit Thomelaire, avec aulcuns aultres, se sauva. Si en demoura sur la place de six à sept vingts mors, parmy une partie qui furent ars en une maison où ilz s'estoient retrais. Et délaissièrent plusieurs canons, arbalestres et aulcuns aultres habillemens de guerre qu'ilz y avoient apportés. Après laquelle besongne et qu'ilz eurent la forteresce refournie, les dessusdiz Guillaume Coram et George de Croix s'en retournèrent à Montagu, très joyeux de leur victoire.

## CHAPITRE LXXXXIII.

### Comment le duc de Brabant trespassa, et comment le duc de Bourgongne prist la possession d'ycelle duchée.

En ce temps, moru en la ville de Louvaing, le duc Phelippe de Brabant, qui par long temps devant sa mort avoit esté moult grevé de maladie langoureuse. Si furent aulcuns de ses princes serviteurs[1] souspe-

---

1. *Sic*, de ses premiers, de ses principaux serviteurs.

çonnés d'estre coulpables de sa mort, et mesmement en y eut aulcuns pris et très durement questionnés par diverses manières de jéhaines. Nientmains, la besongne ne vint plus avant en clarté. Et fut dit par aulcuns maistres en médecine, dont il fut visité, qu'il estoit mort de sa mort naturelle par les excès qu'il avoit fais en sa jonesce, tant en joustes, comme en autres choses. Si fut enterré avec ses prédécesseurs.

Si fut la mort dudit duc tantost mandée au duc de Bourgongne, qui estoit à son siège devant Compiengne, pour ce que la plus grand partie de la duchée de Brabant et des appertenances, et par espécial les nobles, en disoient ycellui duc de Bourgongne en estre vray héritier, pour tant que le devant dit duc de Brabant n'avoit nul enfant. Car il n'avoit point esté marié. Et les aultres disoient que la contesse de Haynau douagière, ante d'yceulx deux ducz, estoit plus prouchaine et qu'à elle appartenoit ladicte succession. Toutefois, ycelui duc de Bourgongne, sachant la mort dessusdicte, constitua à son siège de Compiengne aulcuns de ses plus féables capitaines et chevaliers, est assavoir messire Jaque de Brimeu, mareschal de son ost, messire Hue de Lannoy, le seigneur de Saveuses et aulcuns aultres, pour d'ycelui avoir le gouvernement et le entretenir, avec le conte de Hontiton et ses Anglois. Et avec ce remanda hastivement messire Jehan de Luxembourg, qui estoit ou pays de Soissonnois, en lui requérant instamment par ses lettres et mesaiges, que sans délay, à tout ses gens, il retournast devers Compiengne, pour du tout avoir la charge de son ost, en lui signifiant les affaires qui lui estoient seurvenues, et comment il estoit nécessaire qu'il s'en alast oudit pays de Brabant.

Après lesquelles besongnes ainsi faites, et que le duc de Bourgongne eust mis provision, comme dit est, en son ost, par la manière ci-devant déclarée, et qu'il eust devant la porte du pont fait fortifier et garnir de gens d'armes et d'habillemens de guerre une grande et forte bastille, de laquelle fut capitaine messire Baude de Noyelle, prenant premier congié au conte de Houtiton, il se départit et ala à Noyon. Et de là, par aulcuns jours s'en ala à Lille, où il eut conseil avec ses principaulx conseillers, avec lesquelz il conclud de s'en aler oudit pays de Brabant prendre la possession et saisine d'ycelui et de toutes les appartenances. Au partement duquel, s'en retourna la duchesse, sa femme, ou pays d'Artois.

Et brief ensuivant, fut ledit duc receu comme seigneur et duc de toutes les villes et appartenances des duchés et aultres pays que nagaires tenoit le dessusdit Phelippe de Brabant, défunct. Toutefois, la dessusdicte contesse de Haynau doagère, sa tante, y entendoit avoir aucun droit, comme dit est dessus. Mais, non obstant ce, elle, considérant la grand puissance de son biau nepveu contre lequel ne povoit résister, véant aussi la plus grand partie des nobles et bonnes villes estre desjà contre elle, se déporta de plus avant en faire poursuite. Et pour tant, ycelui duc de Bourgongne en fut par tous les pays plus libéralment obéy.

En ce mesme temps, la demoiselle de Luxembourg, seur au conte Waleran, moult ancienne, laquelle estoit ou chasteau de Biaurevoir, ou gouvernement de messire Jehan de Luxembourg, son nepveu, appréhenda et fist relever pour ly toutes les seigneuries jadis appartenans au dessusdit conte Waleran, son frère, lesquelles de nouvel ly estoient escheus comme la plus prouchaine héritière de son beau nepveu Phelippe de Brabant, nagaires trespassé. Si furent, de par elle, par tout renouvellés les seremens des officiers, et se nomma depuis ce jour en avant contesse de Ligney[1] et de Saint Pol, sa vie durant. Et pour tant qu'elle amoit moult cordialment sondit nepveu, messire Jehan de Luxembourg, ly ordonna à prendre et avoir grand partie d'ycelles seigneuries après son trespas, dont point ne fut bien content le conte de Converson, seigneur d'Enghien, son frère aisné. Et depuis eurent aucunes rédarguacions ensamble, mais en fin se concordèrent l'un avec l'autre.

## CHAPITRE LXXXXIV.

**Comment messire Jehan de Luxembourg entreprist le gouvernement du siège de Compiengne, et des ordonnances qu'il y fist. — Et aultres matières.**

Item, après ce que le duc de Bourgongne fut parti, comme dit est, de devant la ville de Compiengne, assez brief ensuivant vint messire Jehan de Luxembourg, à tout ses gens, devant ycelle ville, et emprist la charge et gouvernement de tout le siège, ainsi que par ledit duc lui avoit esté requis et ordonné. Si fist sans délay pourveoir de besongnes nécessaires à la

---

1. Ligny.

grande bastille de devant le pont et en commencier
deux aultres mendres sur la rivière, au lez vers Noyon.
Dont Guy de Roye eut la charge de l'une, acompaignié de Aubelot de Folleville et autres de sa compaignie et de ses gens, et la seconde fut baillié à ung
routier de Boulenois, nommé Kanart, avec lequel
furent ordonnés aucuns arbalestriers Génevois, Portingalois, et autres d'estrange pays. Et après, ledit de
Luxembourg se prépara pour passer l'eaue, et par
desus le neuf pont contre Venette, ala logier en l'abbaye de Royaulieu [1], avec lui messire Jaque de Brimeu,
mareschal de l'ost, messire Hue de Lannoy, le seigneur de Créqui, le seigneur de Saveuses, le seigneur
de Humières, messire Daviot de Poix, Ferry de Mailly,
messire Florimont de Brimeu et pluiseurs aultres nobles hommes se logèrent, tant en l'abbeye, comme ou
vilage, qui moult estoit dézolé, et ès vignes et jardins
à l'environ. Et demoura le conte de Hontiton à son
logis de Venette, avec ses gens. Durant lequel temps,
firent les asségiés plusieurs saillies de pied et de cheval, esquelles, tant d'une partie comme d'aultre, furent aucuns prins et navrés, non mie en grand nombre. Si fut par lesdiz asségans encommencié une
grande bastille à ung traict et demi d'arc près de ladicte ville, en tirant vers la porte de Pierrefons. Dedens laquelle, pour la garder, furent commis le dessusdit mareschal de l'ost, le seigneur de Créqui,
messire Florimont de Brimeu, avec eulx trois cens
combatans ou environ, qui tous ensamble se logièrent
dedens ladicte bastille avant qu'elle fust du tout par-

1. L'abbaye de Royal-Lieu.

faite ne fortifiée, et y furent par longue espace de temps logiés. Ouquel temps, les asségiés souffrirent moult grand destresce de famine, et ne povoient pour nulle finance recouvrer de vivres dedens leur ville. Car, en l'espace de quatre mois entiers, n'en fut dedens ycelle ville vendu en publique. Si furent adonc envoyez pluiseurs messages au mareschal de Boussac, au conte de Vendosme et aux aultres capitaines du roy Charles, pour eulx requerre instamment qu'ilz volsissent secourir ycelle ville de Compiengne, laquelle estoit moult oppressée par lesdiz asségans.

Item, entretant que les tribulacions dessusdictes duroient, se assamblèrent le mareschal de Boussac, Pothon de Sainte-Treille, messire Theolde de Walperghe et pluiseurs aultres capitaines françois. Si alèrent asségier la ville de Pressy sur Oise[1], dedens laquelle estoit le bastard de Chevreuse, à tout quarante combatans ou environ, qui assez brief furent constrains d'eulx rendre à voulenté. Et en y eut la plus grand partie mis à mort par les guisarmiers dudit mareschal, et depuis qu'ilz se furent ainsi rendus. Et aussi fut la forteresce démolie.

Et pareillement furent prinses par les dessusdiz, Catheu[2], le Fort Moustier, le Chastel, et aulcunes aultres places, esquelles furent exécutés à mort la grigneur partie des compaignons qui là estoient. Toutefois ledit mareschal de Boussac ne les aultres de la partie du roy Charles ne firent sur les asségans de Compiengne aulcune entreprinse, comme il est acoustumé de faire en

---

1. Précy-sur-Oise (Oise).
2. Catheux, près Crèvecœur.

tel cas, jusques au desrain que le siège fut levé, comme cy-après sera plus à plain déclairé.

En ce temps, le duc de Noortfolc, anglois, se tenoit à très grand puissance sur les marches de l'Isle de France, et y mist pluiseurs forteresces en l'obéyssance du roy Henry, est assavoir Dampmartin en la Gohelle, La Chasse, Montgay[1], et aulcunes aultres. Et pareillement, d'autre costé le comte de Stafort prinst d'assault la ville de Brie-Conte-Robert, par le moyen de laquelle se rendit la forteresce dudit lieu, qui estoit moult forte. Et delà ledit conte s'en ala passer l'eaue de Saine et fourer tout le pays jusques assez près de Sens en Bourgongne. Et après s'en retourna, à tout grand proie, au lieu dont il estoit parti sans ce qu'il trouvast nul de ses ennemis qui lui feissent nul destourbier. Et brief ensuivant prinst Le Quesne en Brie[2], Grand Puis, Rapillon[3]. Et en fist bien pendre quatre vingts de ceulx qui estoient dedens Le Quesne. Et pareillement prinst la forte tour de Bus, laquelle avec les aultres places dessusdictes fut toute désolée. Et estoient dedens Brie-Conte-Robert, quand elle fut prinse, messire Jaque de Milly et messire Jehan de La Haye, lesquelz furent prisonniers aux Anglois, et depuis eschappèrent de leurs mains, parmy paians grans finances.

1. Montjay.
2. *Lis.* La Queue en Brie.
3. Rampillon (Seine-et-Marne).

## CHAPITRE LXXXXV.

#### Comment le prince d'Orenge fut rué jus par les François.

En l'an dessusdit, le jour de la Trinité[1], se mist sus le prince d'Orenge, à tout douze cens combatans ou environ, lesquelz il mena ou pays de Languedoc, et y mist en son obéyssance pluiseurs chasteaulx tenans le parti du roy Charles, et pareillement fist en la Daulphiné. Dont grandement despleut audit roy et à ceulx de sa partie. Si fut par lui conclut avec ceulx de son conseil, pour y résister, que le seigneur de Gaucourt, gouverneur de la Daulphiné, messire Imbert de Groulei, seneschal de Lyon sur le Rosne, et Rodighe de Villandras, feroient leur assamblée des nobles hommes du pays et ce qu'ilz pourroient recouvrer de gens de guerre et fleur de droittes gens d'armes d'eslitte, pour ycelui pays deffendre et recouvrer. Lesquelz, quand ilz furent mis tous ensamble, se trouvèrent de quinze à seize cens combatans. Si s'en alèrent mettre le siège devant une forteresce nommée Coulembier, laquelle en assez brief terme se rendy aux dessusdiz capitaines. Et entretant, le prince d'Orenge dessusdit, qui s'estoit retrait en sa marche, sachant ses ennemis à puissance estre sur les champs, et que desjà avoient asségié ycelle forteresce que ses gens tenoient, envoia hastivement et sans délay ses lettres et mesages devers les seigneurs nobles et gens de guerre du pays de Bourgongne, et aussi d'autres lieux où il avoit

1. Le 4 juin.

ses amis, aliés et bienveuillans. Si fist si bonne diligence, qu'en assez briefz jours ensuivans, il assambla très grand nombre de nobles hommes, lesquelz il conduisit et mena vers le pays où estoient ses ennemis, espérant souscourir à ladicte forteresce, qui par avant, comme dit est, s'estoit rendue en la main des François. Lesquelz François, par leurs espies, sçavoient la venue des Bourguignons, et pour ce s'estoient préparés en grand diligence pour les recepvoir et combatre. Et de fait, tous ensamble, par très bonne ordonnance, se mirent à chemin pour aller au devant d'eulx, et les rencontrèrent entre Colombier et Hauton[1]. Mais les dessusdiz Bourguignons venoient parmi un bois et ne se porrent bonnement du tout rassambler, ne mettre en plaine ordonnance de bataille, par ce que yceulx François les envayrent soubdainement et viguereusement. Toutesvoyes, de prime venue y eut très dur et merveilleux rencontre. Entre lesquelz, de la partie des Bourguignons, se mist à pied ung moult vaillant chevalier, nommé messire Loys de La Chapelle, et avec lui aucuns de ses gens. Mais il fut tantost mis à mort. Finablement et pour briefve conclusion, les François obtinrent et gagnièrent le champ et demourèrent maistres. Si y furent mors sur la place environ de deux à trois cens Bourguignons largement, et si en y eut de prins sept vins ou plus. Desquelz prisonniers furent les principaulx, le seigneur de Bussy, filz au seigneur de Saint-George, le seigneur de Warenbon, lequel eut le nez abatu d'une taillarde, messire Jehan Loys, filz au seigneur

1. Colombier et Anthon (Isère).

de Conches, seigneur de la Frète, Thiebault de Rougemont, le seigneur de Ruppez, le seigneur d'Esquabonne, messire Jehan de Vienne, le seigneur de Rais, Jehan du Baudre, messire Duc de Sicon, Gérard de Beauvoir et pluiseurs autres, jusques au nombre dessusdit. En laquelle journée se départirent pluiseurs Bourguignons en grand desroy, lesquelz povoient estre environ de seize à dix huit cens combatans. Desquelz furent les principaulx, le dessusdit prince d'Orenge, et fut chacié jusques à Anthon, où il se sauva à grand paine, le conte de Fribourg, le seigneur de Montagu, est assavoir messire Jehan de Nuefchastel, qui portoit l'ordre de la Toison, qui lui fut ostée, le seigneur de Pasmes, et moult d'aultres notables gentilz hommes, qui s'en alèrent en fuiant par pluiseurs parties et en divers lieux. Et fut ceste besongne environ l'eure de tierce[1]. En laquelle se porta très vaillamment le dessusdit Rodighe de Villandras, qui menoit l'avant garde des François. Lesquelz François, après ceste besongne, se rassamblèrent et eurent moult grand joie de leur bonne victoire, en remerciant et loant Dieu leur créateur. Et depuis, par le moyen de ceste destrousse, conquirent sur la partie de Bourgongne plusieurs villes et forteresces, dont l'une d'icelles fut Aubrune, qui estoit audict prince d'Orenge. Laquelle, après qu'elle fut prinse, fut par yceulx François démolie.

1. Neuf heures du matin.

## CHAPITRE LXXXXVI.

#### Comment les François vinrent devant la ville de Compiengne, où ilz levèrent le siège des Bourguignons.

Item, après que le conte de Hontiton et messire Jehan de Luxembourg eurent par grand espace de temps et à grand labeur continué leur siège devant la ville de Compiengne, et moult abstraint de famine les asségiés, par le moyen des bastilles et approches qu'ilz avoient faites autour d'icelle ville, et qu'ilz espéroient en assez brief terme avoir la fin et conclusion de leur entreprinse et ladicte ville réduire en leur obéyssance, le mardi devant le jour de la Toussains[1], les Francois, en nombre de quatre mille combatans ou environ, desquelz estoient les principaulx le mareschal de Boussac, le conte de Vendosme, messire Jaques de Chabennes, Pothon de Sainte-Treille, messire Rigault de Fontaines, messire Loys de Waucourt, Alain Giron et pluiseurs autres vaillans capitaines, qui par pluiseurs fois auoient esté moult instamment requis de Guillaume de Flavy et des aultres asségiés en ladicte ville de Compiengne de leur baillier souscours, vindrent logier tous ensamble, ou au moins la plus grand partie, en la ville de Verbrie, à tout foison de vivres, et grand nombre de paysans, qui avoient pluiseurs instrumens, est assavoir cuignières, soioires, louches, sarpes, hauwiaux et autres pareulx ostieux, pour refaire et réparer les chemins parmy forestz et autres lieux que

---

1. Le 31 octobre.

les asségans avoient empeschez en pluiseurs parties, tant de gros bois qu'ilz avoient fait abatre et traverser èsdiz chemins, comme de fossés qu'ilz avoient fait faire, et autres empeschemens. Laquelle assamblée et logis sceurent assez brief yceulx asségans. Et pour tant, grand partie des chiefz de guerre et des plus notables se mirent ensamble à conseil pour avoir advis l'un avec l'autre, sçavoir se il seroit bon qu'ilz alassent au devant de leurs ennemis pour les combatre, ou se ilz les attenderoient à leur siège. Laquelle besongne mise en conseil, fut de pluiseurs combatue, et vouloient les aulcuns qu'on les alast combatre devant qu'ilz venissent plus avant, et les aultres pour pluiseurs raisons, disoient qu'il valoit mieulx les atendre, et luy fortifier et aprester pour les recepvoir; disant oultre, que, se ilz laissoient leur siège pour aler vers les François, et leurs bastilles mal garnies, et lors les assegiés qui estoient à grand destresce, désirans d'estre délivrés du grand dangier où ils estoient, pouroient moult grever lesdictes bastilles, ou à tout le mains, s'en pouroient aler et eulx mettre à sauveté là où ilz pourroient le mieulx. Et pour tant, retourna ce conseil, de la plus grand partie[1]. Si conclurent tous ensamble d'un commun accord, d'atendre toutes adventures, et de y résister de tout leur povoir. Si firent leurs ordonnances telles qu'il s'ensuit.

Il est assavoir que lendemain très matin, qu'il estoit le mercredi, le conte de Hontiton, à tout ses Anglois, passeroit l'eaue vers le nuef pont et venroit vers Royaulieu pour lui mettre en bataille, avec messire

---

1. C'est-à-dire : la plupart furent d'avis contraire.

Jehan de Luxembourg, et lairoit en l'abbaye de Venette[1], qui estoit forte, la plus grand partie de leurs gens, chevaulx et bagages, avec aulcuns de leurs gens qui seroient commis pour le garder et aussi pour garder le pont.

Item, fut ordonné que tous les chars, charrettes, chevaulx, macaux, vivres et autres telles besongnes, seroient mis et retrais en ladicte abbaye de Royaulieu. A laquelle garde fut commis messire Phelippe de Fosseux et le seigneur de Cohem.

Item, fut ordonné que messire Jaque de Brimeu, à tout trois cens combatans ou environ, demoureroient en leur bastille, et leur fut promis par les seigneurs, que se on les aloit assaillir et ilz avoient à faire, on les iroit secourir sans point de faulte, à certain signe qui fut dénommé, lequel ilz debvoient faire s'il leur sourdoit nécessité.

Item, fut ordonné que la grande bastille qui estoit da lez le pont vers Marigni[2], se entretenroit, et pareillement feroient les deux aultres qui estoient sur l'eaue, au lès vers Claroy.

Après lesquelles ordonnances, tous les seigneurs se retrayrent chascun en son logis, et admonestèrent et induirent, chascun endroit soy, leurs gens, de eulx préparer pour lendemain attendre leurs ennemis. Et avec ce, fut ordonné à faire bon guet en plusieurs lieux où il appartenoit, tant de pied comme de cheval.

Et lendemain, selon les ordonnances dessusdictes, le dessusdit conte de Hontiton passa l'eaue, à tout sa

---

1. C'est-à-dire l'abbaye de la Victoire.
2. *Lis*. Margny.

puissance, qui povoit estre d'environ six cens combatans, et se ala mettre en bataille, avec messire Jehan de Luxembourg, entre Royaulieu et la forest, au lez où ilz pensoient que leurs ennemis deussent venir. Et les aultres, tant desdites bastilles comme de ceulx qui debvoient garder les dessusdiz logis, se mirent chascun en bonne ordonnance pour deffendre ce à quoy ilz estoient commis.

En après, à ce mesme mercredi, les François qui estoient logiés à Verbrie comme dit est, se mirent dès le point du jour à plains champs, et fut ordonné par le mareschal de Boussac et les aultres capitaines, qu'ilz yroient, environ cent combatans, vers le lez de Choisy, à tout aulcuns vivres devant eulx, pour mettre dedens Compiengne et pour resjoyr lesdiz asségiés, et eulx faire hastivement saillir à l'encontre d'eulx et assaillir la grand bastille. Et d'aultre part fut commis Pothon de Sainte-Treille, à tout de deux à trois cens combatans ou environ, à aler, par le grand chemin de Pierrefons, devers ladicte bastille. Et ledit mareschal, le conte de Vendosme et les aultres capitaines, à tout leurs gens, s'en alèrent passer entre la rivière d'Oise et la forest, et se mirent en bataille dans ladicte forest à l'encontre de leurs ennemis, environ à ung trait et demi d'arc près l'un l'autre. Si se tenoient lesdiz François à cheval pour la plus grande partie, réservé aucuns guisarmiers et autres menus gens. Et les Anglois et Bourguignons estoient tous à pied, se non aucuns en petit nombre qui avoient esté ordonnés à estre à cheval. Et alors, de la partie dudit de Luxembourg furent fais aucuns nouveaux chevaliers, est assavoir Drieu, seigneur de Humières, Ferry de Mailly, Laigle de Saint Gille, de Saucourt, et aulcuns aultres. Avec lequel de Luxembourg estoit messire Hue de Lannoy, seigneur de Santes, le seigneur de Saveuses, messire Daviot de Poix, messire Jehan de Fosseux et pluiseurs autres nobles hommes, dont la plus grand partie avoient grand désir d'assambler à bataille contre leurs ennemis, ce que bonnement ne povoient faire pour ce que, comme dit est, ilz estoient de pied et leurs ennemis de cheval, et si leur convenoit avoir regard de souscourir leurs logis et la grand bastille, se besoing en estoit. Nientmains, il y eut pluiseurs escarmuches le jour. A l'une desquelles fut rebouté le conte de Vendosme. Toutefois, d'un costé ne d'aultre n'y eut point grand dommage. Mais entre les aultres ung vaillant homme d'armes nommé . . . . .[1], qui estoit au mareschal de Boussac, ala férir dedens les archiers Picars, pensant que ses compaignons le deussent souscourir et suivir; ce que point ne firent, et pour ce, fut tantost, d'yceulx archiers tiré jus de son cheval et mis à mort cruelle. Et entretant, les dessusdiz François qui avoient esté ordonnés à aler devers Choisy, noncièrent aux asségiés tout l'estat et ordonnance dessusdicte. Lesquelx, sans délay, en ferveur de hardiesce et de grand voulenté, désirant sur toute riens eulx venger de leurs ennemis qui tant de paine et de mésaise leur avoient fait souffrir, saillirent en grand nombre hors de leur ville, à tout eschielles et habillemens de guerre, et de grand courage alèrent assaillir la grand bastille où estoit messire Jaque de Brimeu,

---

[1]. Il y a ici dans le ms. 8346 un blanc, dont Vérard ne tient pas compte.

mareschal, le seigneur de Créqui et les aultres, qui très viguereusement se deffendirent, et de fait les reboutèrent bien arrière de leurdicte bastille. Mais assez brief, revindrent nouvelles gens d'ycelle ville de Compiengne, qui de rechief alèrent avec les aultres recommencer nouvel assault, lequel dura assez longuement. Mais, comme ilz avoient esté devant, furent pour la seconde fois reboutés hors des fossés, qui estoient moult petit et peu advantageus, et avec ce estoit ladicte bastille très petitement emparée et mise à deffence. Et adonc, Pothon de Sainte-Treille, à tout les gens qu'il conduisoit, vint yssir de la forest, et par emprès le grand chemin de Pierrefons, s'en ala joindre avec les aultres François de la ville, et là tantost, ensamble, alèrent assaillir moult durement ycelle bastille. Auquel assault estoit Guillaume de Flavy, qui en grand diligence et fier hardement conduisoit et induisoit ses gens de faire tout debvoir. Avec lequel aussi estoient hommes et femmes, qui sans eulx espargnier, grandement et vaillamment en tous périlz se adventuroient à eulx grever leurs adversaires. Lesquelz, comme dit est dessus, se deffendirent très vaillamment et par longue espace. Mais finablement yceulx François firent si bon debvoir, que ladicte grande bastille fut prinse par vive force d'armes malgré les deffendans, et sans remède furent mis à mort dedens ycelle huit vingts hommes d'armes. Desquelz estoient les principaulx, le seigneur de Lignières, chevalier, Archembaut de Brimeu, Guillaume de Poily, Druot de Souys, Lyonel de Conteville, et pluiseurs autres gentilz hommes, et les aultres furent tous prins, et prestement menés devant Compiengne, est assavoir le dessusdit Jaque de Brimeu, mareschal de l'ost, le seigneur de Créqui, messire Florimont de Brimeu, messire Waleran de Beauval, Ernoul de Créqui, Colart de Béthencourt, seigneur de Rolepot, Renauld de Sains, Théri de Mazinghien, Laygle de Rotheflay, le bastard de Renty, et aulcuns aultres nobles hommes, lesquelz depuis, parmy paiant grans finances, furent délivrés.

Durant lequel assault, messire Jehan de Luxembourg, qui aux dessusdiz avoit promis de les souscourir, oyant et véant ycelui assault multiplier, eut voulenté de y aler à tout sa puissance. Mais pour les empeschemens que lui bailloient et povoient faire ses ennemis, il eut conseil de lui entretenir en ordonnance de bataille pour eschever toutes malvaises adventures qui y povoient survenir. Si se commença entretant le jour à passer. Et adonc ledit mareschal de Boussac, le conte de Vendosme et les aultres capitaines François se boutèrent dedens la ville de Compiengne, à tout leurs gens, où ils furent receus à grand joye, jà soit chose que en ycelle ville fussent moult constrains de famine, et que pour ceste nuit convenist à la plus grand partie souffrir grand disette de vivres. Nientmains, pour la bonne aventure qu'ilz avoient eue contre lesdiz asségans, prinrent tout en gré, et eulx resbaudissant menèrent grand leesce les ungs avec les autres, au surplus espérans de rebouter leurs ennemis arière d'ycelle ville. Et mesmement firent hastivement ung pont de batiaux et d'aultres habillemens, par lequel ilz passèrent, et de fait alèrent assaillir une petite bastille sur la rivière, dedens laquelle povoit avoir de quarante à cinquante combatans, tant d'arbalestriers Génevois, Portingalois et d'aultres brigans d'estranges marches, comme de Boulenois et d'autres lieux. Laquelle bastille fut assez briefment subjugée et conquise, et tous ceulx de dedens mis à mort, réservé ung routier de Boulenois, raide et appert homme d'arme, nommé Kanart, qui estoit leur capitaine. Si fut prins et mené prisonnier dedens Compiengne, avec les aultres.

Durant lequel temps, Aubelet de Folleville et ses gens, qui tenoient la tierce bastille sur la rivière, doubtant estre prins d'assault comme les aultres, boutèrent le feu dedens, et se retraisent ès logis des Anglois.

Si fut par lesdiz François livrée grande escarmuche à la quarte bastille du bout du pont, laquelle estoit grande et puissant durement. Si la tenoit messire Baudo de Noyelle. Mais pour la force d'ycelle et pour la grande deffence de ceulx de dedens, qui estoient une grosse compaignie de combatans et bien pourveus d'artillerie, ils n'y porent rien faire, et se retraisent pour ceste nuit dedens leur ville.

Après ce que tous les François furent entrés en ladicte ville de Compiengne, comme dit est, et qu'il estoit desjà bien tard sur le vespre, le conte de Hontiton, anglois, et messire Jehan de Luxembourg, véant clèrement que pour ce jour ne seroient point combatus de leurs adversaires, se mirent ensamble, avec eulx grand partie de leurs capitaines, pour avoir advis sur ce qui estoit à faire et pour sçavoir comment ilz se pourroient conduire. Si fut conclud entre eulx, que pour ycelle nuit ils se retrairoient en leurs logis et coucheroient tous armées, et à lendemain se metteroient sus en bataille devant ladicte ville, pour sçavoir se leurs dessusdiz adversaires se vouldroient combatre, espérans que bonnement ne se pourroient tenir si grand nombre dedens la dessusdicte ville, sans yssir, attendu que tous vivres, comme dit est, y estoient exilliés. Après laquelle question, s'en retourna ledit conte de Hantidon et ses Anglois en son logis de Venette, et promist de bien faire garder le pont, adfin que nuls de leurs gens s'en peust aler sans congié. Et messire Jehan de Luxembourg se retraist aussi, à tout ses gens, en son logis à Royaulieu, et commist à faire bon guet. Mais en celle propre nuit y eut grand partie de ses gens qui s'emblèrent de sa compaignie secrètement, et se prindrent à eulx desloger sans trompette et eulx en aler où ilz porent le mieulx. Et par espécial en repassa grand partie au pont dessusdit, pour eulx en raler en leur pays. Lequel pont, comme il avoit esté promis, ne fut point bien gardé. Et pareillement s'emblèrent aucuns des gens du conte de Hontiton. Et pour tant, ce venu à la congnoissance des capitaines, muèrent ce qu'ilz avoient conclud, est assavoir eulx mettre en bataille devant la ville, et se disposa, ledit messire Jehan de Luxembourg, de lui et toutes ses gens repasser l'yaue, et aler avec ledit conte de Hontiton. Laquelle chose il fist le jeudi, bien matin. Lequel jour, les François yssirent à grand puissance hors de la ville et envoyèrent leurs coureurs en plusieurs lieux pour sçavoir nouvelles de leurs ennemis. Lesquels coureurs perçurent tantost qu'ilz estoient partis et repassés l'eaue. Si le firent sçavoir à leurs gens, qui de ceste chose eurent grand joie. Si s'en alèrent prestement en grand nombre à l'abbeye de Royaulieu, où ils trouvèrent foison de bons vivres et vins, dont ils furent remplis à grand largesse. Si en firent tous joieuse chière, car il ne leur avoit rien cousté. Et après se assamblèrent la plus grand partie des plus nobles et des mieulx habilliés, et s'en alèrent devers le pont contre Venette, et, sans ce qu'ilz y trouvassent grand deffence, rompirent ledit pont bien avant et le ruèrent en la rivière en plaine vue des Anglois et des Bourguignons, en disant à eulx plusieurs injures et vilaines parolles. Si ne furent plus yceulx François en nulle doubte que Bourguignons, ne Anglois, les peussent grever pour cette fois, puis que ledit pont estoit rompu. En d'aultre part, en ce propre jour, asseyrent tous les gros engiens de ladicte ville contre la bastille de messire Baudo de Noyelle, desquelz la traveillèrent moult fort.

Finablement, pour briève conclusion, le dessusdit conte de Hontiton et messire Jehan de Luxembourg, avec les plus notables de leur compaignie, voians que par nulle manière ne povoient surmonter leurs adversaires quand à présent, considérans qu'il estoit chose impossible de longuement entretenir leurs gens, se délibérèrent tous d'un commun accord de eulx en aler à Noyon, et de là en leurs propres lieux. Laquelle chose ils firent. Et mandèrent à messire Baudo de Noyelle qu'il boutast le feu en sa bastille, et s'en partesist. Et ainsi le fist il. Si se deslogèrent au vespre et s'en alèrent par nuit, en assez meschant aroy et petite ordonnance, jusques au Pont-l'Evesque, laissant honteusement en leurs logis, en la grosse bastille, très grand nombre de grosses bombardes, canons, veuglaires, serpentines, culevrines et autres artilleries, qui demourèrent en la main des François, leurs adversaires. Lesquelles artilleries estoient au duc de Bourgongne.

Pour lequel département messire Jehan de Luxembourg eut au ceur grand desplaisance. Toutefois il n'en peut avoir autre chose. Si se départirent, le samedi ensuivant[1], lui et le conte de Hontiton, anglois, du logis de Pont-l'Evesque et s'en alèrent à Roye. Et de là, sans entretenement, se retraisent, eulx et leurs gens, chascun en leurs propres lieux et garnisons, dont ilz s'estoient partis. Et pour tant, ceulx qui estoient en la ville de Compiengne, sachans ycelle départie, firent incontinent réédifier le pont dessus l'eaue d'Oise et yssirent à grand puissance de ladicte ville, chevaulchans à estandart déployé, par plusieurs compaignies, courans en divers lieux sur les marches que avoient tenues leurs ennemis, et tout le remanant des fuians qu'ilz trouvoient, mirent à l'espée. Si ardèrent et embrasèrent en ycelle fureur plusieurs vilages, maisons et édifices, faisans en peu d'espace très grandes cruaultés. Pour lesquelz leurs ennemis eurent grand paour, si qu'à paine les osoient atendre, si non moult doubtablement, en quelque forteresce qu'ilz se tenissent. Et mesmement, pour la crémeur des dessusdiz, se rendirent à eulx, sans cop férir ne attendre nul assault, les forteresces cy après dénommées. C'est assavoir : Ressons sur le Mas, Gournay sur Aronde, le Pont de Remy, le Pont-Sainte-Maxence, Longueil, Sainte-Marie-la-Ville et le fort chastel de Bretheuil, le chastel de Guermesnil, La Boissière, le chastel d'Ireligni, les Chastigniers, la tour de Verdueil et aulcunes aultres places.

---

1. Le 4 novembre.

Dedens lesquelles ilz trouvèrent très grande habondance de biens, et mirent par tout garnison de leurs gens. Dont le pays fut en brief terme moult oppressé et traveillié, et par espécial ceulx qui tenoient le parti des Anglois et des Bourguignons.

## CHAPITRE LXXXXVII.

### Comment le mareschal de Boussac ala asségier le chastel de Clermont en Biauvoisis.

Item, durant les tribulacions dessusdictes, le mareschal de Boussac assambla la plus grand partie des François qui avoient esté à lever le siége de Compiengue. Si fist chargier plusieurs engiens et habillemens de guerre. Si s'en ala mettre le siége autour du chastel de Clermont en Biauvoisis, par introduction et pourchas d'aucuns bourgois de la ville. Dedens laquelle ville lui et ses gens se logèrent. Ouquel chastel estoient le seigneur de Crièvecuer, son frère Jehan de Bazentin, le bastard de Lanion, avec environ cinquante combatans, qui très viguereusement se mirent à deffence contre yceulx asségans, qui par pluiseurs fois les assaillirent, mais ce fut sans riens gaignier, et y eut plusieurs de leurs gens occis et bléciés. Nientmains, ils continuèrent leur siège environ dix jours. Au bout duquel terme entra par nuit dedens ledit chastel, par la posterne vers les vignes, Boort de Bazentin, avec lui dix combatans et une trompette, lequel adcertifia audit seigneur de Crièvecuer qu'il aurait brief secours; comme c'estoit vérité. Car le conte de Hontiton, qui puis nagaires s'estoit retrait à Gournay en Normendie, s'estoit de nouvel remis sur les champs, avec lui Jehan, bastard de Saint-Pol, et mil combatans ou environ, en intencion d'aler lever ledit siège et souscourir les asségiés. Duquel secours yceulx asségans furent advertis, et pour tant se départirent ung matin moult hastivement, et y laissèrent plusieurs gros engiens qu'ilz avoient gaignié devant Compiengne. Si retournèrent en leurs garnisons, et avec eulx plusieurs Bourguignons de Clermont qui s'estoient tournés de leur party. Pour lequel département ledit seigneur de Crièvecuer fut moult joyeux.

## CHAPITRE LXXXXVIII.

**Comment aulcuns Anglois et Bourguignons, voellant au commandement du duc de Bourgongne aler asségier Garmigny, furent rencontrés et vaincus des François.**

Item, le duc Phelippe de Bourgongne, qui estoit encore en la duchée de Brabant, oy là certaines nouvelles comment ses gens avoient esté levés par les François de devant la ville de Compiengne. Dont il fut moult esmerveillé et troublé, tant pour la perte de ses gens qui y avoient esté mors et prins, comme pour les grans frais et dommages qu'il avait soustenus à l'occasion dudit siège, et pour tant, se prépara, à tout ce qu'il peut avoir de gens, pour retourner en son pays d'Artois, où il convoqua tous les nobles du pays et de la marche environ, qu'ilz venissent sans délay devers lui, à tout ce qu'ilz pourroient avoir de gens de guerre. Si se traist ledit duc de Péronne, et là fist partir aucuns de ses capitaines pour aler logier à manière d'avant garde à Lions en Santers, est assavoir messire Thomas Kiriel, anglois, Jaques de Helly, messire Daviot de Poix, Antoine de Vienne et aulcuns aultres, accompaigniés de cinq à six cens combatans. Et entretant, le dessusdit duc de Bourgongne, en attendant ses gens, se préparoit pour les suivir, en intencion d'aler logier à Garmigni[1], où estoient dedens la forteresce les François, comme dit est dessus, qui moult travailloient le pays.

Si advint que lesdiz capitaines, envoyés comme dit est de par le duc de Bourgongne, se deslogèrent au matin après qu'ilz eurent couché ès dessusdiz vilages vers Lions en Santers, et prinrent leurs chemin à aler à Garmigni en plusieurs tropeaulz, sans eulx mettre en ordonnance de bataille, ne envoyer leurs coureurs devant eulx, ainsi que le font et ont acoustumé de faire droites gens d'armes, expers en fait de guerre, et mesmement quant ilz furent près de leurs ennemis. Et adonc, vint devers eulx de la ville de Roie, dont il estoit capitaine, Gérard, bastard de Brimeu, à tout environ quarante combatans. Et chevaulchèrent les dessusdiz, l'un assez près de l'autre, jusques à une ville nommée Bouchoire[2]. Si trouvèrent en leur chemin plusieurs lièvres, après lesquelz fut fait grand desroy de coure et de huer, et n'avoient adonc point, lesdiz capitaines, de regard d'entretenir, ne rassambler leurs

---

1. Il semble qu'il faudrait lire ici Germigny, mais aucun des huit Germigny que donnent les dictionnaires géographiques, ne répond à l'emplacement du lieu dont parle ici Monstrelet. Il n'y a que Guerbigny (Somme) qui se trouve dans la position indiquée, c'est-à-dire entre Roye et Bouchoire.

2. Près Roye.

gens ainsi qu'ilz debvoient, et aussi toute la plus grand partie d'yceulx n'avoient point tout leur harnois sur eulx. Pour laquelle négligence il leur mésavint malement. Car, ce propre jour, Pothon de Sainte-Treille estoit venu du matin audit lieu de Garmigni, et là, à tant de ses gens qu'il trouva audit chastel, comme à tous ceulx qu'il avoit amenez, tira aux champs. Et povoit avoir environ de douze vingts à trois cens combatans, dont la plus grand partie estoient droites gens de guerre, expers et esprouvés en armes, à tout lesquelz il prinst son chemin droit devers Lions en Santers. Et si fist sagement chevaulcher aucuns de ses coureurs devant, pour descouvrir et enquérir nouvelles de ses ennemis. Lesquelz, venus emprès ladicte ville de Bouchoire, oyrent la criée, et apperceurent l'estat et ordonnance de leursdiz adversaires. Et pour tant, sans délay et en grand diligence retournèrent devers leurs capitaines, auxquelz ils noncièrent ce qu'ils avoient oy et veu. Sur lequel rapport, Pothon dessusdit fist incontinent habillier ses gens de tous poins, et moult soubdainement les mena et conduisy devers ses ennemis dessusdiz, en leur admonestant que chascun se acquistast endroit soy et feist bon debvoir de combatre leurs ennemis. Lesquelz ses ennemis estoient très petitement préparés pour batailler. Et pour ce ycelui Pothon et ses gens, venans sur eulx d'un vouloir soubdain, en grand bruit et radeur, avant qu'ilz se peussent mettre en ordonnance, les eust tantost esparpilliés et mis en grand desroy. Et furent la plus grand partie portés jus, de fer de lances, de leurs chevaulx. Toutefois les capitaines avec aulcuns de leurs gens se rassamblèrent à l'estandart de messire Thomas Kiriel, et commencèrent à eulx mettre à deffence vigueureusement. Mais ce riens ne leur valu. Car, comme dit est, la greingneur partie de leurs gens estoient jà tournés à graud meschief et mis en desroy, fuiant en plusieurs et divers lieux pour eulx sauver. Pour quoy, en assez brief terme, ceulx qui estoient demourés sur les champs furent tournés à desconfiture, mors et prins sans nul remède. Desquelz mors furent les principaulx, Jaques de Heilly, Anthoine de Vienne, et avec eulx de cinquante à soixante, tant Bourguignons que Anglois, et avec ce en furent prins de quatre vins à cent. Desquelz estoient les principaulx, messire Thomas Kiriel dessusdit, et avec lui de ceulx de sa famille[1], deux vaillans hommes d'armes, est assavoir ung nommé Robin Hairon, et l'autre Guillaume Courouan. Et de la partie des Bourguignons furent aussi prins, messire Daviot de Poix Laigle, de Sains, chevalier, Lermite de Boval, et aulcuns aultres avec eulx, jusques au nombre dessusdit. A laquelle destrousse se cuida retraire à Roye, dont il s'estoit parti, Gérard, le bastard de Brimeu. Mais, pour ce qu'il avoit vestu une houche d'orfaverie[2] et de grand monstre, il fut radement poursuivi de ses ennemis, et enfin prins des François et ramené avec les aultres. Après laquelle desconfiture, ledit Pothon remist ses gens ensamble, et de là, à tout ses prisonniers, [ala] à Garmigni, premiers despouilliés ceulx qui mors gisoient sur les champs. Entre lesquelz furent trouvés occis tant seulement trois ou quatre des gens dudit Pothon. Auquel lieu de Garmi-

---

1. *De sa famille*, c'est-à-dire, de sa maison, de sa suite.
2. Une housse, brodée d'or.

gni, lui et les siens se rafreschirent, le jour et la nuit ensuivant. Et lendemain, emmena toutes ses gens et laissa la forteresce en la main des habitans de la ville. Et pareillement fist dégarnir La Boissière[1] que ses gens tenoient, et ycelle mettre en feu et en flambe. Si s'en ala de Resson sur le Mas[2] et de là à Compiengne, à tout ses prisonniers, où il fut receu joieusement pour la victoire qu'il avoit eue sur ses ennemis. Ouquel temps, ledit Jaques de Heilly là fut enterré en l'église, et les aultres, pour la plus grand partie, furent enterrés en l'église et cimetiere de Bouchoire, assez près de la place où ils avoient esté occis.

## CHAPITRE LXXXXIX.

Comment les François demandèrent à avoir bataille contre le duc de Bourgongne et à sa puissance, laquelle chose ledit duc par son conseil ne volt accorder. — Et aultres matières.

En ce mesme jour que la bataille eust esté des François et des Bourguignons emprès Bouchoire, furent portées des nouvelles au duc de Bourgongne de la perte et desconfiture de ses gens dessusdiz. Lequel duc estoit encore à Péronne. Pour lesquelles nouvelles il fut grandement troublé, et par espécial pour la mort de Jaques de Helly et Anthoine de Vienne. Si furent mandés de venir devers lui les capitaines là estans, est assavoir messire Jehan de Luxembourg, le visdame d'Amiens, le seigneur d'Antoing, le seigneur de Sa-

1. La Boissière (Somme).
2. Ressons-sur-le-Mats (Oise).

veuses et pluiseurs aultres, avec ceulx de son hostel. Avec lesquelz il conclud de aler logier à Lions en Santers. Laquelle chose il fist ce propre jour, et lendemain il se tira à Roye en Vermendois, et là séjourna environ huit jours, attendant le conte de Staffort, le conte d'Arondel et aulcuns aultres Anglois, que paravant il avoit mandés à venir vers lui. Durant lequel temps se assamblèrent plusieurs capitaines tenans le parti du roy Charles, et avec eulx seize cens combatans ou environ : est assavoir, le mareschal de Boussac, le conte de Vendosme, messire Jaques de Chabennes, Guillaume de Flavy, Pothon de Sainte-Treille, le seigneur de Longueval, messire Rigault de Fontaines, messire Loys de Waucourt, Alain Guion, Boussart, Blanchefort et aulcuns aultres, qui tous ensamble passèrent en belle ordonnance auprès de Mondidier, et de là se alèrent logier à deux lieues près de Roye, en deux vilages. Et lendemain, très matin, se mirent tous ensamble, et conclurent tous d'un commun accord et affermèrent à combatre le duc de Bourgongne et sa puissance, se il se vouloit contre eulx mettre à plains champs, et adfin que ledit duc fust de ce adverti, ilz envoyèrent vers lui ung hérault lui signifier ladicte conclusion. Lequel duc, sachant les nouvelles dessusdictes, fist responce qu'ilz seroient combatus. Toutefois, la besongne fut atargié par ceulx de son conseil, lesquelz lui démoustrèrent plusieurs raisons, disans qu'il n'estoit mie à lui propice de mettre son corps et son honneur en adventure contre telles manières de gens assamblés de plusieurs compaignies sans y avoir prince ne seigneur de grande auctorité, et aussi qu'il avoit peu de gens, et aussi que ses gens estoient abaubis et effraés, tant pour la perte qu'ilz avoient faite au siège de Compiengne, comme pour la destrousse de Jaques de Heilly. Et pour tant, ledit duc, très griefment au cuer courroucié de ce qu'il ne povoit faire sa voulenté, crey son conseil. Lequel fist faire responce absolute auxdiz François, que se ilz vouloient attendre jusques au lendemain, on les lairroit logier paisiblement, et si leur délivreroit certaine quantité de vivres, et avec ce les combateroit messire Jehan de Luxembourg et de ce leur feroit bonne seureté. Lesquelz François ceste responce oye, dirent qu'ilz n'en feroient riens, mais se ledit duc, comme dit est, se vouloit mettre aux champ, ilz estoient prest de le combatre. Durant lequel temps, yssy le duc de Bourgongne dessusdit, à tout puissance, et se mist en bataille au dehors de la ville de Roye, et les François estoient pareillement en bataille, mais à grand paine povoient ilz passer l'un à l'autre, pour aucunes yaues de marescaiges qui estoient entre les deux batailles. Nientmains furent faites entre ycelles deux parties plusieurs escarmuches, durant lesquelles la nuit approucha très fort. Et pour ce, les François se retirèrent vers Compiengne, moult indignés, faisant grans moqueries dudit duc de Bourgongne et de ses capitaines, disant qu'il ne les avoient ozé combatre. Et ainsi s'en retournèrent chascun en leurs garnisons, et ledit duc, avec les siens, retourna dedens la ville de Roye. Auquel lieu, brief ensuivant, vint devers lui le conte de Staffort, à tout six cens combatans ou environ. Et adonc, ledit duc, lui partant de Roye ala logier à Laigni les Chastigniers, où avoit une petite foteresce dedens laquelle estoit l'abbé de Saint-Pharon de Meaux, frère au seigneur de Gamaches, et avec lui environ quarante combatans françois. Lesquelz furent signifiés de eulx rendre en la voulenté du duc, ce que faire ne volrent. Pour quoy on les assailly prestement. Si fut, en brief, leur basse court prise de force. Si perceurent tantost qu'ilz ne pourroient tenir leur fort, ne le deffendre, et pour ce, se rendirent en la voulenté dudit duc. Lequel les livra à messire Jehan de Luxembourg pour en faire à sa voulenté. Et ladicte forteresce fut arse et démolie.

Si firent ceulx de Noyon, audit duc, prière et requeste qu'il les volsist délivrer de la forteresce d'Yne qui moult les oppressoit. Mais pour ce qu'il estoit yver et que ledit duc n'avoit point lors gens à son plaisir, il s'en retourna à Mondidier et y mist garnison, et par Corbie vint à Arras, et par Arras en son pays de Flandre. Et le conte de Staffort, à tout ses Anglois, retourna en Normendie.

En cest an fut prinse la ville de Colombiers en Brie[1], par eschielles, au point du jour, par ceulx de la garnison de Meaulx en Brie qui tenoient le parti du roy Henry d'Angleterre. Dedens laquelle ville de Coulombiers estoit de par le roy Charles comme capitaine messire Denis de Chally. Lequel, oyant cest effroy, se sauva par dessus les murs et avec lui pluiseurs aultres, en habandonnant tous leurs biens. Si estoit ladicte ville pourveue de tous biens, et, de toute ceste guerre, n'avoit esté prinse de nulles des parties. Toutefois elle fut pillée et les habitans mis à grand finance, si non ceulx qui se sauvèrent par fuite.

En cest an, Pierre de Luxembourg, conte de Con-

---

1. *Lis.* Coulommiers.

versen et de Braine, successeur de la contée de Saint Pol et des appertenances, fist certain traictié avec ses deux frères, est assavoir Loys, évesque de Terowane[1], et messire Jehan de Luxembourg, des terres dessusdictes, par condicion que ledit évesque deust avoir le chastel de Huches en Boulenois, la chasteleine de Tingri avec toutes les appertenances. Et ledit messire Jehan de Luxembourg eust pour sa part à lui et à ses hoirs, la contée de Lignei en Barois[2] et les terres de Cambrésis jadis appertenans à Waleran conte de Saint-Pol, est assavoir Bohain, Serain, Hellincourt, Marcoing, Cantaing et aulcunes aultres notables signouries. Et pour tant, de ce jour en avant on nomma ledit messire Jehan de Luxembourg en tous ses tiltres, conte de Ligney, seigneur de Beaurevoir et de Bohaing. Et tout le sourplus desdictes seigneuries demourèrent au dessusdit Pierre de Luxembourg, lequel se nomma, en cas pareil, conte de Saint Pol, de Conversen et de Braine et seigneur d'Enghien.

Item, le xxxe et darrain jour de septembre de cest an, fut nez en la ville de Bruxelles le premier filz du duc Phelippe de Bourgongne et de la duchesse Ysabel, fille du roy de Portingal, son espeuse, lequel filz en son baptesme fut nommé Anthoine. Et à sa venue, par toute la ville de Bruxelles, fut faite grand joye et grand leesce. Et estoit lors en ycelle ville le conte de Miche, nepveu à l'empereur d'Alemaigne, lequel tenoit grand et noble estat, et aloient, lui et aulcuns de ses gens, les testes nues chascun ung chapel vert sur son

---

1. Térouane.
2. Ligny.

chief, en signifiant qu'il estoit chaste, jà soit ce qu'il faisoit moult froit et dur temps. Et tinrent ycelui enfant sur les fons, ledit conte et l'évesque de Cambray; et les marines[1] furent la duchesse de Clèves et la contesse de Namur. Et y avoit bien trois cens torches, tant de l'ostel dudit duc, comme de ceulx de la ville. Lequel enfant ala de vie à trespas, l'an ensuivant. Et quand les nouvelles en furent portées au duc de Bourgongne, il en fut moult desplaisant, et dist à ceulx qui ce lui noncièrent : « Pleust à Dieu que je fusse mort aussi josne, je me tenroie bien heurés! »

En l'an dessusdit, fut prins dedens son chastel à Authel[2] messire Antoine de Béthune, seigneur de Mareul, qui avoit environ trente combatans. Et l'avoit asségié le conte de Vendosme et Thomelaire, prévost de Laon, dont j'ay parlé cy dessus, avec grand nombre de communes. Lequel messire Anthoine, voiant que bonnement ne povoit tenir sa forteresce, se rendy audit conte, par condicion qu'il s'en yroit lui et ses gens sauvement. Mais non obstant lesdictes promesses à lui faictes, quand ce vint au partir, il fut mis à mort par ycelles communes, et avec lui ung gentil homme nommé Franquet de Béguines. Pour la mort desquelz ycelui conte de Vendosme fut très dolant. Mais il n'en polt avoir autre chose. Et avec ce, fut ladicte forteresce tout arse et démolie. Dont messire Jehan de Luxembourg fut fort troublé quand il vint à sa con-

---

1. Marraines.
2. Autheuil, en Thiérarche, à quelque distance de Moncornet.

gnoissance, à cause de ce que ledit Anthoine estoit cousin germain de ma dame Jehenne de Béthune, sa femme, fille du visconte de Meaulx. Et en print grant indignacion contre ceulx de Laon.

## DE L'AN MCCCCXXXI.

[Du 1ᵉʳ avril 1431 au 20 avril 1432.]

## CHAPITRE C.

*Comment les gens de messire Jehan de Luxembourg prinrent le fort de Saint-Vincent, ouquel ilz furent tous mors et prins.*

En l'an dessusdit, c'est assavoir au commencement de cest an mil quatre cens trente et un, se assemblèrent aulcuns capitaines de messire Jehan de Luxembourg, conte de Ligney, est assavoir messire Simon de Lalaing, Bertran de Maincam, Enguerand de Créqui, Enguerand de Gribauval et aulcuns autres, acompaigniés de quatre cens combatans ou environ, des frontières de la marche de Laonnois. Si s'en alèrent tout ensamble jusques au fort de l'abbaye de Saint-Vincent d'alès Laon, où alors se tenoient aulcuns François, et entrèrent dedens par subtilité avant qu'ilz fussent appercus. Et là commencèrent à faire ung grand cry, auquel cry s'esveillèrent ceulx qui layens estoient en une forte porte, et viguereusement se mirent à deffence. Durant lequel temps, yceluy effroy fut sceu dedens la cité de Laon par le seigneur de Pennesat, qui estoit dedens. Lequel s'avala pour aler quérir secours dedens Laon; lequel secours il amena. Pour quoy, sans délay, les gens d'armes avec le commun, tout yrié de savoir telz voisins près d'eulx, se habillièrent en grand nombre et yssirent incontinent hors de leur cité pour aidier et souscourir leurs gens, qui, comme dit est, estoient dedens la forte porte, où ilz se deffendoient contre leurs ennemis. Desquelz une partie entendoient à pillier les biens de ladite abbeye en aulcuns lieux, et n'avoient point regard à poursuivir premiers, ne mettre à fin leur emprinse, ne aussi aux périls qui leur en povoient advenir. Si furent tous soubdainement envays des dessusdiz gens d'armes d'un commun accord, et très asprement combatus, et en conclusion, furent mis à grand meschief et à desconfiture, et en y moru sur la place soixante des plus notables. Entre lesquelz y furent mors, Bertran de Maincam et Enguerranet de Gribauval. Lequel Enguerranet, offrant grand finance pour sa rançon, ne peut estre ad ce receu, pour ce que lesdictes communes avoient sur lui grand hayne pour la diverse et désordonnée guerre qu'il leur avoit fait long temps par avant. Et messire Simon de Lalaing fut prins prisonnier. Et eut la vie sauvée par le moyen d'un gentil galant de la garnison, nommé Archenciel, qui estoit bien amé desdictes communes. Avec lequel messire Simon fut prins Enguerrand de Créqui et aulcuns aultres, en petit nombre. Et le surplus, sachans ceste male adventure, se retrayrent ès lieux dont ilz estoient venus. Pour laquelle besongne ainsi advenue le dessusdit messire Jehan de Luxembourg eut au cueur très grant tristresce, non pas sans cause, car il perdy en ceste destrousse grand partie de ses plus vaillans hommes de guerre. Et y fut aussi mort le frère dudit seigneur de Pennesach, nommé Jamet.

En ce temps, fut reconquis le fort chastel de Rambures[1] par les François. Et le prinst par eschielle d'emblée ung nommé Charlot des Mares, qui estoit au seigneur de Rambures prisonnier en Angleterre, auquel ledit chastel appartenoit, lequel avoit en sa garde, pour la partie du roi Henry, messire Ferri de Mailly. Et fut, par le moyen de ceste prinse, grand entrée pour les François ou pays de Vimeu et en la marche à l'environ, comme cy après sera déclairé.

## CHAPITRE CI.

#### Comment Pothon de Sainte-Treille et messire Loys de Waucourt furent prins des Anglois.

Item, en l'an dessusdit, le mareschal de Boussac, Pothon de Sainte-Treille et messire Loys de Waucourt, et aulcuns aultres capitaines tenans le parti du roi Charles, accompaigniés de huit cens combatans ou environ, se partirent de la ville de Beauvais pour aler quérir leur aventure et fourer le pays envers Gournay en Normendie. Avec lesquelz y estoit ung, que les François nommoient Pastourel, et le vouloient exaulcier en renommée, comme et par telle manière que paravant avoit esté Jehenne la Pucelle. Si fut sceue leur entreprinse et reportée au conte de Warwich, le-

---

1. Rambures, à quatre lieues d'Abbeville.

quel, en grand diligence, assambla jusques à six cens combatans ou environ, et chevaulcha en tirant de Gournay à Beauvais, et rencontra ses ennemis, qui point ne se doubtoient de sa venue, auprès d'une ville nommée .... [1]. Lesquelz, de luy et de ses Anglois furent asprement assaillis, et en fin, sans ce que par eulx feust faite grand deffence, furent desconfis et mis en desroy. Et furent prins de première venue Pothon de Sainte-Treille, messire Loys de Waucourt, et avec eulx soixante combatans ou environ, et les aultres, reservés huit ou dix qui furent mors, se sauverent avec ledit mareschal, en retournant à Beauvais. Auprès duquel lieu furent par yceulx Anglois poursuivis et rechaciés moult vivement. Et après, ledit conte de Warwick rassambla ses gens et retourna à Gournay, moult joyeux de sa bonne aventure, et depuis, à Rouen, vers le duc de Bethfort, duquel ilz furent joyeusement receus.

## CHAPITRE CII.

#### Comment Maillotin de Bours et messire Hector de Flavi se combatirent l'un contre l'autre en la ville d'Arras.

Le xx<sup>e</sup> jour du mois de juing en cest an, fut fait à Arras, en la présence du duc de Bourgongne, ung champ d'armes entreprins paravant, de Maillotin de Bours appellant contre messire Hector de Flavi deffendant. Et estoit la querelle pour ce que ledit Maillotin avoit accusé ledit messire Hector devers ledit

---

[1]. Le M<sub>s</sub>. 8346 laisse le nom en blanc. Vérard donne la leçon absurde de *Gournay*.

duc de Bourgongne, en disant qu'il avoit voulenté de
se rendre son ennemi et se tourner du parti du roy
Charles, et luy avoit requis qu'il s'en voulsist aler
avec lui, et que d'un commun accord ilz prinssent
Gui Guillebaut, lequel estoit gouverneur des finances
d'ycelui duc, ou quelque aultre bon prisonnier, pour
payer leurs despens. Sur lequel rapport avoit esté
chargé, de par le dessusdit duc audit Maillotin, que
lui mesmes prist ledit Hector et l'amenast prisonnier à
Arras. Ce qu'il fist. Car lui, receu le commandement
dessusdit, fut acompaignié de gens en nombre compétent, et s'en ala à ung village emprès Corbie, nommé
Bouray. Sy le manda, et ledit messire Hector vint devers lui, comme non sachant que ledit rapport eust
esté fait de lui. Si y vint à privée maisnie. Car ledit
Maillotin faignoit qu'il vouloit parler audit messire
Hector. Et quant ledit Hector fut venu devers lui, tantost le prinst et le fist prisonnier, et le mena audit lieu
d'Arras, où il fut longue espace. Nientmains, par le
pourchas de ses amis, fut mené à Hesdin, en la présence du duc. Et aussy ledit Hector se excusa moult
fort de ce qu'on lui mettoit sus, disant entre aultres
choses que ledit Maillotin mesmes l'avoit requis de
pareil cas dont il l'accusoit. Toutefois, la besongne fut
tant pourparlée entre les parties, que Maillotin jetta
son gaige, et messire Hector le leva par le congié du
prince. Si leur fut jour assigné au xx$^e$ jour de juing,
comme dit est. Et y pouvoit avoir environ quarante
jours de jour[1]. Si baillèrent chascun bon respondant
de comparoitre en personne audit jour. Laquelle chose

---

1. C'est-à-dire quarante jours de délai pour répondre à l'appel.

ilz firent. Et pour tant, en ce mesme jour, environ dix heures, vint le duc de Bourgongne de son hostel d'Arras, grandement acompaignié de sa chevalerie et aultres nobles, à son eschafault, qui estoit fait pour lui, tout propice, sur le grand marchié, contre le milieu des lices qui par avant avoient esté faites ou lieu acoustumé. Dedens lequel eschafault entrèrent avec ledit duc les contes de Saint Pol, de Ligney et pluiseurs aultres notables chevaliers et escuyers. Si avoit dedens ledit parc deux pavillons tendus, et au dehors d'yceulx deux grandes chayères de bois pour les deux champions. Et estoit celui de Maillotin au dextre lez du duc, pour ce qu'il estoit appellant, et le messire Hector au senestre. Lequel pavillon du dessusdit messire Hector estoit armoyé moult richement de seize manières de blasons, c'est assavoir des costez dont lui et ses ancestres estoient yssus, et dedens ycelui estoit figuré ung sépulcre, pour ce que ycelui messire Hector avoit esté fait chevalier ou sépulcre de Jhérusalem. Si fut assez brief ensuivant le dessusdit Maillotin appellé par le roy d'armes à venir comparoir en personne au jour qui lui estoit assigné. Lequel Maillotin, environ onze heures, yssi de son hostel, acompaignié du seigneur de Chargni, du seigneur de Humières et de messire Pierre Quiéret, seigneur de Ramencourt, avec pluiseurs aultres gentilz hommes, ses parens et amis, et séoit sur ung cheval couvert de ses armes, et si estoit armé de plain harnas, le bacinet ou chief, la visière abatue, tenant en l'une de ses mains sa lance, et en l'aultre tenoit l'une de ses espées, desquelles il en avoit deux. Et si avoit une grosse daghe pendue à son costé au harnas. Et menoient, deux des chevaliers dessusdiz, estant tout à pied, son cheval par le frain. Et ainsi vint jusques à la barrière des lices, au dehors desquelles il fist le serement acoustumé en tel cas, en la main de messire Jaque de Brimeu, qui à ce estoit commis. Après lequel serement lui fut la barrière ouverte. Si entra dedens, lui et ses gens, qui estoient tout à pied, à tout lesquelz il se ala présenter au duc de Bourgongne devant son eschaffault, et puis retourna à sa chayère, où il descendi jus de son cheval, et entra en son pavillon pour lui reposer et attendre son adversaire. Et avec lui entra aussi le seigneur de Chargni, qui le introduisoit de ce qu'il avoit à faire, et aulcuns aultres de ses plus privés. Et assez brief ensuivant, le roy-d'armes d'Artois dessusdit appella messire Hector de Flavy, ains qu'il avoit fait l'aultre. Lequel messire Hector, environ le quart d'une heure après, yssi hors de son hostel et vint tout à cheval, armé et embastonné comme avoit fait son adversaire, jusques à la barrière des lices, grandement acompaignié de pluiseurs gentilz hommes, entre lesquelz estoient les deux enfans du conte de Saint Pol, est assavoir Loys et Thiébault. Et menoient tout à pied son cheval par le frain, et les aultres seigneurs suivoient derrière, tout à pied, est assavoir le seigneur d'Antoing, le visdame d'Amiens, Jehan de Flavy, frère dudit messire Hector, Hue de Lannoy, le seigneur de Chauny, le seigneur de Saveuses, messire Jehan de Fosseus, le seigneur de Crievecuer et très grand nombre d'aultres notables chevaliers et escuyers. Lesquelz venus à ycelle barrière, fut par ledit messire Hector fait le sairement, et puis entra dedens, et se ala présenter au dessusdit duc de Bourgongne, et après retourna à sa chayère, où il descendi de son cheval, et puis entra en son pavillon. Si alèrent assez tost après, tous deux, devant l'eschaffault d'ycelui duc, et tout à pied, où ilz firent le sairement dessus le livre, chascun de combatre sur bonne querelle, et après retournèrent en leurs lieux. Et adonc fut cryé par le roy-d'armes dessusdit, que sur le hart tout homme vuidast les lices, si non ceulx qui estoient commis à les garder. Et lors, on osta les chayères et pavillons, et fut cryé de rechief qu'on laissast aler les champions et qu'ilz feissent leur debvoir. Sy avoit esté ordonné de par le prince, que de chascune partie demourassent dedens les lices huit hommes, de leurs plus prochains, non armés, avec les huit qui estoient commis pour les prendre et lever quand ilz en auroient le commandement du juge. Et leurs chevaulx, qui estoient couvers de leurs armes, furent laissiés aler. Après lequel cry dessusdit, Maillotin de Bours, qui estoit appellant, commença à marcher tout premier, et après messire Hector vint contre lui, chascun d'eux paumoiant leurs lances gentement. Lesquelz, à l'approuchier, les jetterent l'un contre l'autre, et point ne s'entre attaindirent. Et incontinent, moustrant signe de moult hardiesce, approuchèrent l'un l'aultre. Toutefois, en ce faisant, messire Hector leva audit Maillotin la visière de son bacinet, de cop, d'espée par plusieurs fois, tant qu'on véoit son visaige plainement, pour quoy, le plus d'yceulx là estant, tenoient messire Hector estre au desus de sa querelle. Nientmains ledit Maillotin, sans lui pour ce esbahir, à toutes les fois la referma vistement, en frapant de son espée par dessus, et en desmarchant ung pas. Durant lequel temps que les deux champions dessusditz moustroient signe de grand hardiesse et vaillance l'un contre l'autre, fut dit par le duc de Bourgongne, qu'on les prenist en ce point. Laquelle chose fut faite sans délay par ceux commis à ce faire. Et n'avoient point tiré de sang l'un de l'aultre. Si fut tantost ordonné que chascun retournast en son hostel. Laquelle chose ilz firent, et yssirent hors des lices, aussi tost l'un comme l'autre, chascun par son lez. Et le lendemain, chascun d'eux disnèrent à la table du duc; et estoit messire Hector au dextre lez. Après lequel disner leur fut ordonné de par ycelui duc, sur paine capital, que jamais ne portassent dommage ne deshonneur l'un à l'aultre, ne à leurs amies aliés et bien vueillans, et avec ce leur fist pardonner la malveillance qu'ilz avoient l'un à l'aultre, et les fist couchier ensamble.

## CHAPITRE CIII.

**Comment les gens du roy Charles volrent prendre la ville de Corbie.**

En ce mesme temps, se assamblèrent plusieurs des capitaines du roy Charles, est assavoir le seigneur de Longueval, Anthoine de Chabennes, Blanchefort, Alain Géron et plusieurs aultres. Si chevauchèrent tous ensamble avec leurs gens vers la ville de Corbie, laquelle ilz cuidèrent prendre par soubdain assault, mais par la diligence de l'abbé dudit lieu la dicte ville fut moult bien deffendue, et ceulx qui estoient dedens. Et aussi ilz furent fort confortés de Jehan de Humières, Angeux de Gribauval, et aulcuns aultres gentilz hommes qui estoient avec eux. Et tant, que en conclusion ilz furent reboutez, et y perdirent de leurs gens. Et mesmement, ledit Alain Géron fut navré moult durement et mis comme en péril de mort. Si furent ars, à l'occasion d'eulx, ung tres biaulx faulx bours au lès vers Feulloy[1]. Et après se départirent et alèrent fourer le pays sur l'eaue de Somme. Et prinrent le chastel de Morcourt[2] et le Lion[3], qui estoit au seigneur de Longueval, et firent du grand dommage au pays. Mais en assés brief terme, ilz laissièrent ladicte forteresce, et s'en retournèrent ès lieux dont ilz estoient yssus, pour doubte qu'ils ne fussent asségiés dedens. Lesquelles forteresces furent démolies et abatues, par l'ordonnance du duc de Bourgongne.

## CHAPITRE CIV.

Comment le seigneur de Barbazan mist le siège devant le chastel d'Anglure que tenoient les gens du duc de Bourgongne.

En cest an, le seigneur de Barbazan, qui le plus du temps se tenoit avec le duc de Bar ès marches de Champaigne, mist le siège devant le chastel d'Anglure[4], que tenoient les gens du duc de Bourgongne. Et en estoit capitaine ung nommé ......[5] qui diligamment le deffendi. Mais par continuacion furent fort approuchiés et combatus, tant de canons comme d'aultre artillerie. Et entretant que ce se faisoit, en furent les

---

1. Fouilloy, à un kilomètre de Corbie.
2. Morcourt (Somme), à dix kilomètres de Corbie.
3. Libons, en Santerre?
4. Anglure (Marne).
5. Le nom en blanc dans le ms. 8346. Vérard passe toute la phrase.

nouvelles portées au duc de Bethfort, lequel, pour lever ledit siège, y envoia le conte d'Arondel, l'enfant de Warwich, le seigneur de l'Isle-Adam, le seigneur de Chastillon, le seigneur de Bonneul et aultres capitaines, à tout seize cens combatans ou environ. Lesquelz, par aulcuns jours, chevaulchèrent tant, qu'ilz vinrent assez près dudit lieu d'Anglure, où ilz trouvèrent ledit seigneur de Barbazan. Lequel, sachant leur venue, s'estoit desjà retrait en ung lieu qu'il avoit fortifié assés à son advantaige. Si y eut entre les parties aulcunes escarmuches, èsquelles furent mors de seize à vingt hommes d'entre eulx, et ledit seigneur de l'Isle-Adam y fut blécié. Et pour ce que les Anglois et Bourguignons veirent que bonnement sans trop grand dangier ne povoient combattre leurs ennemis, ilz tirèrent leurs gens hors de la forteresce, avec la dame du lieu, et cachèrent le feu dedens [1]. Et après ce, se retrayrent vers Paris et ès lieux dont ilz s'estoient partis.

Ledit seigneur de Barbazan avoit esté commis de par le roy Charles de France gouverneur et capitaine des pays de Brie, de Laonnois et de Champaigne, et avant qu'il asségeast Anglure, avoit conquis Norinville en Laonnois, Voisines et aultres pluiseurs places. Et fut audit siège d'Anglure environ ung mois. Si estoient avec lui le seigneur de Conflans, messire Jehan, bastard de Dampierre, et grand nombre de communes. Et quand ce vint que les Anglois et Bourguignons dessus nommés vindrent pour lever ledit siège, à une escarmuche que firent les asségiés, gaignièrent les

1. « Et mirent le feu dedans. » (*Vér.*)

François ycelle forteresce. Mais prestement fut reconquise par les desusdiz Anglois, et pour ce fut elle mise en feu et en flambe et du tout démolie, comme dit est desus.

## CHAPITRE CV.

### Comment Jehenne la Pucelle fu condampnée à estre arsse et mise à mort dedens la cité de Rouen.

S'ensuit la condempnacion qui fu faite en la cité de Rouen contre Jehenne la Pucelle, comme il puet apparoir par lettres envoyées de par le roy Henri d'Angleterre au duc de Bourgongne. Desquelles la copie s'ensuit.

« Très chier et très amé oncle. La fervente dévocion que sçavons vous avoir comme vray prince catholique à nostre mère sainte Eglise et l'exaltacion de nostre sainte foy, raisonnablement nous exorte et admoneste de vous signifier et escripre ce qu'à l'onneur de nostre dicte mère sainte Eglise, fortificacion de nostre foy et extirpacions d'erreurs pestilencieuses, a esté en ceste nostre ville de Rouen fait jà nagaires sollempnellement. Il est assez commune renommée, jà comme par tout divulguée, comment celle femme, qui se faisoit nommer Jehenne la Pucelle, erronnée, s'estoit, deux ans et plus, contre la loy divine et l'estat de son sexe féminin vestue en habit d'homme, chose à Dieu abhominable, et en tel estat transportée devers nostre ennemi capital et le vostre. Auquel et à ceulx de son parti, gens d'église, nobles et populaires, donna souvent à entendre qu'elle estoit envoiée de par Dieu, en se présumptueusement vantant qu'elle avoit souvent communicacion personnelle et visible avec saint Michel et grande multitude d'angles et de saintes de Paradis, comme sainte Katherine et sainte Marguerite. Par lesquelz faulx donné à entendre, et l'espérance qu'elle promettoit de victoires futures, divertit plusieurs cueurs d'hommes et de femmes de la vérité et les convertit à fables et mençonges. Se vesti aussi d'armes appliquées pour chevaliers et escuyers, leva estendart, et, en trop grand oultrage, orgueil et présumpcion, demanda avoir et porter les très nobles et excellentes armes de France, ce que en partie elle obtint. Et les porta en plusieurs courses et assaulx, et ses frères, comme on dist, c'est assavoir, ung escu à deux fleur de lis d'or à champ d'azur et une espée la pointe en hault férue en une couronne. En cest estat s'est mise aux champs, a conduict gens d'armes et de trait en exercite et grans compaignies, pour faire et exercer cruaultés inhumaines, en expandant le sang humain, en faisant sédicions et commocions de peuple, le induisant à parjuremens, rebellions, suppersticions et faulses créances, en perturbant toute vraie paix et renouvelant guerre mortelle, en se souffrant honnourer et réverer de pluiseurs comme femme sanctifiée, et aultrement dampnablement ouvrant, en divers cas longs à exprimer, qui toutes voies ont esté en plusieurs lieux assez congneus. Dont presque toute la chrestienté a esté toute scandalisée. Mais la divine puissance, ayant pitié de son peuple, qui ne l'a longuement voulu laisser en péril, ne souffert demourer ès vaines, périlleuses et nouvelles crudelités où jà legièrement se mettoit, a voulu permettre, sa grande miséricorde et clémence, que ladicte femme ait esté prinse en vostre ost et siège, que teniez lors de par nous devant Compiengne, et mise par vostre bon moyen en nostre obéyssance et dominacion. Et pour ce que dès lors fusmes requis par l'évesque, ou diocèse duquel elle avoit esté prinse, que ycelle Jehenne, notée et diffamée de criesmes de lèze majesté divine, lui feissions délivrer comme à son juge ordinaire ecclésiastique, nous, tant pour la révérence de nostre mère sainte Église, de laquelle voulons les ordonnances préférer à nos propres faiz et et voulentés comme raison est, comme aussi pour honneur et exaltacion de nostre dicte saincte foy, luy feismes baillier ladicte Jehenne, adfin de ly faire son procès, sans ent vouloir estre prinse par les gens et officiers de nostre justice seculière aulcune vengance ou pugnicion, ainsi que faire nous estoit raisonnablement licite, attendu les grans dommages et inconvéniens, les horribles homicides et détestables cruaultés et aultres maulx innumérables qu'elle avoit commis à l'encontre de nostre signourie et loyal peuple obéyssant. Lequel évesque, adjoint avec lui le vicaire de l'inquisiteur des erreurs et hérésies, et appellé avec eulx grand et notable nombre de solempnelz maistres et docteurs en théologie et droit canon, commença, par grande sollempnité et deue gravité, le procès d'ycelle Jehenne. Et après ce que lui et ledit inquisiteur, juges en ceste partie, eurent par pluiseurs journées interrogé ladicte Jehenne, firent les confessions et assercions d'icelle meurement examiner par lesdiz maistres docteurs, et généralment par toutes les facultés de nostre très chière et très amée fille l'Université de Paris, devers laquelle lesdictes confessions et assercions ont esté envoyées. Par l'oppinion et délibéracion desquelz, trouvèrent lesdiz juges ycelle Jehenne supersticieuse, devineresse de déables, blasphemeresse en Dieu et en ses sains et saintes, scismatique et errant par moult de fois en la foy de Jhésucrist. Et pour la réduire et ramener à la unité et communion de nostre dicte mère sainte Eglise, le purgier de ses horribles et pernicieux criesmes et péchiés, et garir et préserver son ame de perpétuelle paine et dampnacion, fut, souvent et par bien long temps, très charitablement et doulcement admonestée à ce que toutes erreurs feussent par elle regettées et mises arière, voulsist humblement retourner à la voie et droit sentier de vérité, ou aultrement elle se metoit en grand péril de âme et de corps. Mais le très périlleux et divisé esperit d'orgueuil et d'oultrageuse présumpcion, qui tousjours s'esforce de vouloir empescher le unité et sceurté des loyaulx chrestiens, occupa et détint tellement en ses liens le courage d'ycelle Jehenne, que pour quelconque saincte doctrine ou conseil, ne autre doulce exortacion, qu'onques on l'y eust administrée, son cuer endurci et obstiné se ne veut humilier, ne amolier. Mais se vantoit souvent que toutes choses qu'elle avoit faites estoient bien faites, et les avoit faites du commandement de Dieu et desdictes sainctes vierges, qui visiblement s'estoient à elle aparues, et, que pis est, ne recognoissoit, ne ne vouloit recongnoistre en terre, fors Dieu seulement et les sains de Paradis, en refusant et déboutant le jugement de nostre saint père le pappe, du concille général et la universelle Eglise militant. Et véans, les juges ecclésiastiques, sondit courage par tant et si longue espace de temps endurci et obstiné, la firent mener devant le clergié et le peuple ylec assamblé en très grande multitude ; en la présence desquelz furent preschés, exposés, et déclarés sollempnellement et publiquement par ung notable maistre en théologie, à l'exaction de nostre foy, extirpacion des erreurs et édificacion et amendement du peuple chrestien. Et de rechief fut charitablement admonestée de retourner à l'union de saincte Eglise, et de corriger ses faultes et erreurs en quoy pertinace et obstinée [restoit][1]. Et en ce considéré, les juges dessusdiz procédèrent à prononcer la sentence contre elle, en tel cas de droit introduicte et ordonnée. Mais avant ce que la sentence fust parlutte, elle commença, par samblant, à muer son courage, disant qu'elle vouloit retourner à saincte Eglise. Ce que voulentiers et joyeusement oyrent les juges et le clergié dessusdiz, qui à ce la receurent bénignement, espérans par ce moyen son ame et son corps estre rachetés de perdicion et tourment. Adoncques se submist à l'ordonnance de saincte Eglise, et ses erreurs et détestables criesmes révocqua de la bouche et abjura publiquement, signant de sa propre main la cédule de ladicte révocacion et abjuracion. Et par ainsi, nostre piteuse mère saincte Eglise, soy esjoyssant sur la pécheresse faisant pénitence, voullant la brebis retourner et recouvrer, qui par le désert s'estoit esgarée et fourvoiée, ramener avec les aultres, ycelle Jehenne, pour faire pénitence, condempna en chartre. Mais

---

1. Vérard met *en quoy elle estoit obstinée*.

gaire de temps ne fust ylec, que le feu de son orgueil, qui sambloit estre estaint en ycelle, rembrasa en flambes pestilencieuses par les soufflemens de l'ennemy. Et tantost, ladicte femme maleurée rechey ès erreurs et faulses esrageries, que par avant avoit proférées et depuis révocquées et objurées, comme dit est. Pour lesquelles causes, seloncq ce que les jugemens et institucions de saincte Eglise l'ordonnèrent, adfin que dore en avant elle ne contaminast les aultres membres de Jhésucrist, elle fut de rechief praichée publiquement. Et comme elle fust rescheue ès criesmes et faultes vilaines par elle acoustumées, fut délaissié à la justice séculière, laquelle incontinant la commanda à estre brulée. Et véant son finement approuchier, elle congnut plainement et confessa que les esperis qu'elle disoit estre apparans à elle souvente fois, estoient malvaix et mençongiers, et que les promesses que yceulx esperis ly avoient plusieurs fois faites de la délivrer, estoient faulses, et ainsi se confessa par lesdiz esperis avoir esté deceue et démoquié. Si fut menée par ladicte justice laye en vieil marchié dedens Rouen, et là publiquement fut arsse, à la veue de tout le peuple. »

Laquelle chose ainsi faite, le dessusdit roy d'Angleterre signifia par ses lettres au dessusdit duc de Bourgongne, adfin que ycelle exécucion de justice, tant par lui comme les aultres princes, fut publiée en pluiseurs lieux, et que leurs gens et subjectz dore en avant feussent plus seurs et mieulx advertis de non avoir créance en telles ou semblables erreurs, qui avoient regné pour et à l'occasion de ladite Pucelle.

## CHAPITRE CVI.

Comment le concille fu remis et ordonné à Basle par l'ennort et induction de l'empereur d'Alemaigne.

En cest an, fut par notre saint père le pape et par l'église universelle constitué à tenir un concille général en la ville de Basle, lequel avoit esté promu à estre assamblé durant le pape Martin[1]. Laquelle ville de Basle est une cité assez puissant et plantureuse de biens, située et assise sur la rivière du Rin. Auquel lieu se commencèrent à assambler les députés de pluiseurs estudes et nacions. Entre lesquelz y vindrent, en notable et sollempnelle compaignie, ceulx de l'Université de Paris, les ambassadeurs de l'empereur d'Alemaigne, de pluiseurs rois, princes, prélatz et colléges en grand nombre. Si advint que le pape Eugène volt délayer de remettre ycelui concille jusques à an et demi ensuivant, et le translater à Boulongne la Crasse, que les Grigois[2] y peussent venir. Mais pour ce que l'empereur ly escripvi moult instamment ses lettres, touchant en ycelle l'entretenement dudit concille, demoura ycelui en son estat. Desquelles lettres ou en substance la teneur s'ensuit.

Premièrement, contenoient les lettres de l'empereur,

1. Le pape Martin V mourut d'un coup d'apoplexie dans la nuit du 20 au 21 février de l'an 1431. Il avait indiqué, d'abord à Pavie, puis à Sienne, enfin à Basle, le fameux concile qui se tint dans cette dernière ville, et dont l'ouverture se fit le 23 juillet. Il eut pour successeur Eugène IV.
2. Les Grecs.

qu'il désiroit moult que le concille de Basle ne fust dissipé, ne retardé pour l'espérance de Grieux. Car on avoit moult de fois labouré sans effect pour les atraire à l'union de nostre mère saincte Eglise, mais consilloit mieulx de arrachier et extirper les hérésies régnans. Item, car ceulx du concille avoient escript à ceulx de Praghe[1] appellés Housses, qu'ilz venissent au présent concille, et l'empereur leur en avoit escript pareillement, et pour y venir, donné saufconduit. Et sambloit qu'ilz avoient intencion de y venir, car ilz avoient eu grand perte entre les Hongres, et si avoient esté repoussés par deux fois du duc d'Osterice[2]. Item, pour ce que les Pragois sçavoient que le saint concille estoit principalment tenu pour détruire et abolir leurs hérésies, povoit-on espérer que par informacion, sans disputacion, on les convertiroit à bonne créance. Item, s'il advenist qu'ilz ne se volsissent consentir, ni condescendre à raison, ceulx du concille, estans de tous pays, admonesteroient ceulx de leurs contrées à venir destruire ces Pragois. Item, pour ce qu'ilz veulent approuver leur secte par sainte escripture, se on délaissoit le concille, ilz diroient qu'on ne sçauroit que respondre à leurs raisons et que riens n'estoit du concille, et parainsi se enhardiroient en leurs faulses créances et pervers erreurs. Item, par ce que renommée couroit que le saint concille estoit assemblé présentement pour réformer les meurs du peuple chrestien et aussi l'estat de l'Église, si estoit à doubter que les gens lais, qui moult par-

---

1. Prague. Elle était alors au pouvoir des Hussites.
2. Albert, duc d'Autriche.

loient sur leur estat, diroient que s'en assambloit et puis qu'on départesist le concille ainsi qu'on avoit jà fait à Pise et à Constance, que c'estoit sans utilité et prouffit, et que ce n'estoit que une moquerie et confusion. Item, estoit le concille commencé pour appaisier les discencions qui par espécial estoient en la foy entre clercs et laiz, pour quoy ceulx du concille avoient jà escript et mandé aulcunes villes de venir au concille, et par espécial aulcunes villes en Saxongne, dont l'une ville est assavoir Mayerborc[1], avoit bouté hors son évesque avec le clergié, et aultres s'estoient rebellés à leurs évesques. Et pour ce qu'ilz estoient enclins aux Pragois, estoit à doubter, ou cas que le concille se départesist, que ceulx ci et aultres se metteroient avec yceulx Pragois, tant qu'à grand peine on y porroit remédier. Item, jà soit que pluiseurs princes et villes situées et assises entour les Pragois avoient fait trièves avec yceulx, toutefois la grigneur partie se tenoient encore fermemment à yceulx, espérant sur la provision du concille, mais se ilz sçavoient le département d'ycelui, si feroient aussi trièves comme les aultres, dont il s'ensuiveroit qu'ilz se ahorderoient avec les Pragois. Item, avoit on eu advis sur le concille de pacifier plusieurs rois, princes et aultres, et en ce commencé à trouver moyens de paix. Mais se le concille estoit séparé, yceulx princes estoient bien taillés d'eulx employer à guerroyer et continuer en guerre et ne remandroit[2] nulle espérance de assambler le concille, pour les sédicions et cruaultés qui advendroient. Et

---

1. Vérard écrit Mayocborg. C'est Magdebourg.
2. *Remandroit*, remaneroit, pour resterait.

aussi seroient atargiés plusieurs provisions et moyens servans au prouffit commun de la chrestienté. Si advendroient grans esclandres et destructions, qui plus évidamment apparroient qu'on ne les porroit escripre.

Lesquelles considéracions déclarées en l'espitre de l'empereur, si estoit la conclusion en ycelle comme il s'ensuit. « Pour quoy, nous requérons à votre saincteté que incontinent escripvés au président et à ceulx du saint concille, que en nulle manière ne se départent, mais béneuréement accomplissent ce qu'ilz ont commencié et ce pour quoy ilz sont au nom de Nostre Seigneur assamblés, en rappellant et adnichillant, se aulcunes choses avez escriptes au contraire. Et vueillez considérer que les hérésies armées acroissent, se vous le faites, et déchera l'église en très piesme estat, si qu'on n'y pourra remédier par nulle puissance, par nul conseil, ne par nul engien. Et certainement, ceulx qui vous ont conseillé le département du concille n'entendoient mie les griefs maulx qui en pourroient naistre. Pleust à Dieu qu'ilz assavourassent et entendissent la fin, comme l'attente et retargement en cest cas soit moult périlleux et nullement à souffrir. Et se on doubtoit que par aventure, par les lais, peust estre usurpée aulcune chose contre l'estat de l'Eglise, pour ce qu'ilz ne doibvent jetter leur fauch en aultrui champs ou fruis. Mais pour vray, ces subtilités de retarder le saint concille feront foursener les lais contre l'Eglise et clergié, laquelle chose on pourroit par bonne manière destourner, c'est assavoir par entretenir le concille, en quoy les lais seroient refrenés, quand ilz verroient que les clergies entenderoient au commun prouffit. Item, devez considérer qu'il est à supposer que le saint concille à ce département ne se vouldra nullement consentir, et les suivront la plus grande partie des rois, princes, prélatz et communes. Et vostre Saincteté, laquelle jusques à présent a esté bonne en sainte Eglise, sans tache, cherra par telles euvres en suspection, souspeçon et rouyl[1], et par ce département, sans royalle cause, corromperez vostre innocence. Car on pourra dire que vous nourrissiez les hérésies et occasions en terre entre les chrestiens, et persévérance de malvaix meurs et de péchiés ou peuple. Pour quoy est à doubter grandement inobédience, esclandre et discencion en l'Eglise de Dieu. Car aulcuns vous imposeront que vous avez donné matère et occasion de ces choses, et est à présumer que on trouvera assez de ceulx qui se accorderont à ce. Item, se vostre sainteté vouloit en propre personne estre présent au saint concille, ce seroit bon et utile. Mais s'il ne pouvoit estre, si commandez hastivement qu'il soit entretenu ainsi qu'il est encommencié. Car ces choses, qui touchent saug et ne pueent estre sans bleceure de chrestienté, ne quièrent et ne demandent nul retardement. Item, se vostre saincteté désire au temps advenir à entendre au fait des Grigois ou autres choses, lesquelles ne quièrent mie si grand haste, si pourra bien estre célébré un autre concille, qui sera chose plus advenant et plus acceptable, que ne seroit pour le présent le ralongement de cestui concille. Car il est bien à doubter, se ce concille se départ, qu'on ne pourra faire nulle assamblée dedans ung an et demi, pour les inconvéniens qui adven-

---

1. Ruine.

roient. Item, toutes lesquelles choses vuelle vostre saincteté diligamment considérer, si que ledit concille soit tantost restorré, et voelliez nostre admonicion retenir paternellement et débonnairement. Car ad ce nous constraint nostre conscience, et noz derraines nécessitez, en quoy nous véons estre mise l'Eglise de Dieu. Et aussi vostre magnificence ne vouldroit point voulentiers que de ce naquist souspeçon contre vostre saincteté, si comme plus clèrement vous donrons à congnoistre quand nous serons par devers vous. Ce que nous espérons qui sera briefment. »

Lesquelles considéracions desus touchées, par nostredit saint père, il restora et restablit le saint concille dessusdit. Où se rassamblèrent pluiseurs seigneurs ecclésiastiques et séculiers, ambassadeurs d'estudes, prélatz et princes, en grand nombre et en grand multitude.

## CHAPITRE CVII.

#### Comment le duc de Bar vint en la contée de Vaudémont pour le conquerre à force.

Or est vérité que, ou temps et à l'occasion de la guerre jà pieçà esmeue, et dont en aultre lieu est faite mencion, entre Renier, duc de Bar, et Antoine de Lohorainne, conte de Vaudémont, ycelui duc pour combatre et subjuguer ycelui conte de Vaudémont son ennemy, fist très grand assamblée de gens d'armes, tant des duchés de Bar et de Lohorainne, comme des pays d'Alemaigne et de pluiseurs aultres lieux, jusques au nombre de six mille combatans ou environ.

Desquelz estoient les principaulx, les contes de Salmes, de Salmines et de Linage, l'évesque de Mechz[1], messire Thiébault de Barbey et aulcuns aultres nobles hommes et de grand estat. Et si estoit avec eulx ce gentil et renommé chevalier, le seigneur de Barbasan, au plaisir et induction duquel, ou au mains en la plus grand partie, le dessusdit duc de Bar conduisoit son armée et exercite, pour ce qu'il estoit expert, subtil et renommé en fait de guerre. Lesquelz, grandement aournés et pourveus de grand nombre de charroy, vivres, artilleries et autres habillemens de guerre, furent par ledit duc et ses capitaines, conduis et menés devant la ville de Vaudémont[2], chef lieu et clef de ladite contée. Laquelle fu en assés fort lieu, et avec ce estoit très bien réparée et pourveue pour attendre guerre, tant de vivres, d'artilleries, comme de gens et aultres choses nécessaires, pour ce que par avant, le conte estoit assez adverti de la venue de ses ennemis. Et y avoit eu son lieu constitué capitaine de ladicte ville, ung nommé Gérard de Passenchault, bailly d'icelle contée, et Henri de Fouquancourt. Lesquelz deux firent bonne diligence de deffendre et résister contre leurs adversaires. Nientmains ilz furent en assez brief terme asségiés et avironnés de toutes pars, par ce que leursdiz adversaires estoient en trop grand nombre au regard d'eux, et ne les povoient de ce destourber. Et d'aultre part, lesdiz asségans coururent, ravirent et degastèrent par feu et par espée la plus grand partie de la contée de Vaudémont, dont grandement des-

---

1. L'évêque de Metz.
2. Vaudémont, en Lorraine (Meurthe).

pleut audit conte. Mais à présent lui convenoit souffrir et endurer, pour ce qu'il n'estoit mie assez puissant pour y remédier. Si garny les forteresces qui estoient de son obéyssance de ce qu'il avoit de gens, et se conclud qu'il se retrairoit devers le duc Phelippe de Bourgongne, duquel il avoit tousjours tenu le parti, pour lui requerre humblement qu'il lui volsist bailler ayde de ses gens, adfin qu'il peust délivrer sadicte ville de ses ennemis. Laquelle estoit asségié, comme dit est. Lequel duc il trouva en son pays de Flandres. Et après qu'il lui eust racompté ses affaires et la grande nécessité en laquelle estoit ladicte ville de Vaudémont, ledit duc de Bourgongne lui fist responce que de sa requeste il parleroit voulentiers à son conseil, et lui feroit briefment responce, et la meilleur ayde que bonnement pourroit. Et alors estoit venu des parties de Bourgongne par devers ledit duc, n'avoit point encore granmant[1], messire Anthoine de Toulonjon, mareschal de Bourgongne, et aulcunes aultres notables personnes, envoyés d'ycelui pays pour remonstrer audit duc les grans affaires qui estoient en sondit pays de Bourgongne, par le moyen des François et Bourbonnois ses ennemis, qui chascun jour incessamment faisoient èsdictes parties très grandes occisions et dommages, par feu et par espée. Et avoient desjà conquis plusieurs bonnes villes et forteresces, au grand dommage et préjudice dudit pays, et estoient bien en voulenté de plus avant conquerre, se par luy n'y estoit pourveu. Requérant à ycelui très humblement, qu'il lui pleust, pour la salvacion de ses pays,

1. Depuis peu.

à eulx faire ayde de ses capitaines de Picardie, acompaigniés de ce certain nombre de gens d'armes, et par espécial de gens de trait, lesquelz, comme ils disoient, leur estoient moult nécessaires. Sur lesquelles deux requestes dessusdictes, ledit duc assambla pluiseurs fois avec lui ceulx de son conseil pour avoir advis comment il pourroit besougnier sur les affaires dessusdictes. Si furent lesdictes besongnes moult débatues, et lui remoustroit-on comment les François, ses ennemis, estoient d'aultre partie tout à l'environ des marches de Picardie, pretz et désirans d'entrer en son pays d'Artois; disant que se il se deffurnissoit de ses Picars, et sesdiz ennemis le sçauroient, ilz lui pourroient porter très grand préjudice. Nonobstant toutefois tous les périlz qui s'ensuivoient ou pouvoient s'ensuivir, fut en fin conclud pour le mieulx faire que laissier, qu'on bailleroit audit mareschal certain nombre de combatans, jusques à mil ou douze cens, lesquelz seroient conduis et menez par aucuns chiefs de la marche de Picardie, au desoubz dudit mareschal, lequel mareschal, à tout les dessusdiz et ceulx qu'il pourroit avoir en Bourgongne, feroit au conte de Vaudémont le plus grand ayde et secours qu'il pourroit. Après laquelle conclusion, fut advisé quelles gens on pourroit prendre pour conduire cette entreprinse. Mais il y eut peu de gens d'estat qui en volsissent entreprendre la charge, pour ce que c'estoit loing, et en pays où leurs ennemis estoient fors, et se attendoient à estre petitement payés de leurs gaiges, ainsi que passé long temps on avoit acoustumé de faire. Nientmains, le dessusdit mareschal de Bourgongne, le conte de Vaudémont et aulcuns autres de leurs marches, qui avoient lesdictes besongnes plus à cuer que les besongnes de Picardie, conclurent ensemble qu'ilz prenderoient telz gens qu'ilz pourroient avoir. Et adonc firent parler à Mahieu de Humières, à ung nommé Robinet de Heugochin, le bastard de Fosseux, le bastard de Noefville, Garin, bastard de Brimeu, et aulcuns aultres gentilz hommes et hommes d'armes de moyen estat, lesquelz en leur pays n'avoient point grand revenue, ne telz estat qu'ilz désiroient à avoir, sçavoir se ilz vouldroient assambler gens de guerre, pour aler avec eulx là où ilz les menroient pour quérir leur adventure. Lesquelz, tantost, tant par les dons et promesses qui leur furent faites par lesdiz seigneurs, comme par les moyens d'aultres nobles du pays, firent responce qu'ilz yroient très voulentiers. Si assamblèrent à l'entrée de may, en pluiseurs lieux, ce qu'ilz porent avoir de gens, jusques au nombre de mil ou douze cens combatans. Et eurent congié et mandement patent de par le duc de Bourgongne, de assambler et entretenir par certaine espace de temps les dessusdiz. Lesquelz, la plus grand partie, estoient povres compaignons, qui de long temps avoient acoustumé à vivre d'avantaige[1] et à tenir les champs, tant en leurs marches comme ailleurs. Et pour ce, on ne faisoit point grand force se ilz s'en aloient dehors, et aussi se ilz ne retournoient en long temps. Toutes voies, il y en avoit la plus grand partie de rades, viguereux et bien existés en fait de guerre. Et après qu'ilz furent assamblés en plusieurs compaignies, ils se tirèrent vers le pays de Cambrésis, et passèrent à monstre en ung grand vil-

---

1. En d'autres termes, à vivre sur le pays.

lage nommé Solaines¹, appartenant à l'abbaye de Saint-Denis en France. Et de là chevaulchèrent, ledit mareschal et aulcuns aultres seigneurs de Bourgongne, jusques à Rethers², où ilz receuprent aucun payement pour leurs gaiges, et par Sainte Minehault³ s'en retournèrent en Bourgongne, où ilz furent aulcun petit de temps, en attendant que l'armée des Bourguignons fust preste.

Et entretant que toutes ses assamblées se faisoient, le dessusdit duc de Bar, à tout très grand puissance de gens, estoit, comme desus est dict, à siège devant la ville de Vaudémont, et ycelle par l'espace de trois mois continuelz, par plusieurs et diverses manières avoit très fort combatue et adomagié de ses engiens, et tant que les asségiés avoient très grand nécessité de griefz affaires. Mais par ce qu'ilz espéroient avoir aulcuns briefz secours par le moyen du conte, leur seigneur, duquel ilz oyoient souvent nouvelles par messages secrès, ilz en portoient plus paciamment leurs adversités. Et par le moyen et conduicte des deux chiefs desus nommés, firent si très bonne diligence d'eulx deffendre, que durant ledit siège ne peurent, ne deubrent, de leurdit seigneur estre reprouchié d'aulcune négligence.

1. Solesmes, à cinq lieues de Cambray.
2. Rethel.
3. Sainte-Menehoult.

## CHAPITRE CVIII.

Comment le duc de Bar, qui avoit asségié la ville de Vaudémont, fut combatu du conte de Vaudémont, et desconfi par lui et ses aidans.

Item, après que le mareschal de Bourgongne eust fait son amas et assamblée ès pays de Bourgongne et à l'environ, il se tira à tout yceulx vers Lengres. Et de là, à tout les Bourguignons et Picars, print son chemin devers le pays de Barois, où se assambla avec lui ledit conte de Vaudemont, avec tout ce qu'il polt avoir de gens. Et quand ilz furent tous mis en ung seul ost, où ils povoient estre environ quatre mille combatans, desquels estoient les principaulx, le dessusdit Anthoine de Thoulongon, mareschal de Bourgongne, le conte de Vaudémont, messire Anthoine de Vergy, Gérard de Maigni, le conte de Fribourg, messire Jehan de Vergi, le seigneur d'Ault[1]? le seigneur de Merebeau, le seigneur de Sez, le seigneur de Roland, messire Ybert, mareschal savoyen, le bastard de Vergi, Mahieu de Humières, nepveu du seigneur d'Antoing, messire Jehan de Cardonne, seigneur de Richaucourt, Boort de Bazentin, et ung gentil chevalier anglois, messire Jehan Ladan, et messire Thomas Gergerain. Et estoit, ledit sire Jehan Ladam, capitaine de Montigny le Roy[2], et avoit avec lui six vings combatans ou environ, avec pluiseurs notables gentilz hommes

---

1. Le seigneur d'Ault. *Sic* avec un signe abbréviatif. Vérard met le seigneur d'Auter.
2. Montigni-le-Roi (Yonne).

et hommes d'armes, expers et renommés en fait de guerre. Si commencèrent tous ensamble et par bonne ordonnance à chevaulchier parmy le pays de Barrois. Et avoient avec eulx de seize à vingt chars que charrettes, chargiés de vivres, canons et artilleries et autres besongnes nécessaires à guerre. Ouquel pays de Barrois ilz firent bouter les feux en pluiseurs lieux. Et ainsi, en dégastant pays, vindrent logier à ung gros vilage nommé Sandacourt[1], à deux lieues près de leurs ennemis. Et y arrivèrent ung samedi au soir. Et lendemain, qui fut le dimanche, pour tant qu'ilz entendirent à estre combatus de leurs ennemis, se mirent en ordonnance de bataille et y furent la plus grand partie du jour. Et avoient leurs archiers chascun ung penchon aguisié fichié devant eulx. Et pour ce que leursdiz ennemis ne vinrent point ce jour, ilz se retrayrent vers le vespre au vilage dessusdit pour eulx rafreschir, et là tous les capitaines se mirent ensamble pour avoir advis quelle chose leur estoit bonne à faire. Si fut conclud, pour ce que bonnement ne povoient aler jusques à leurs ennemis, pour le dangier des chemins qui estoient trop estrois, et hayes en plusieurs lieux, et avec ce qu'ilz n'estoient point en nombre compétent au regard de leursdiz adversaires, et n'avoient point provision de vivres pour ilec sousjourner, s'en retourneroient, en dégastant ledit pays de Barrois, en Bourgongne, et de là, de rechief, feroient plus grand assamblée de gens et d'aultres choses ad ce convenables, pour en brief combatre leurs ennemis. Laquelle conclusion despleut moult à ycelui conte de

---

1. Sandaucourt (Vosges).

Vaudémont. Mais il lui convint souffrir, car il n'en povoit avoir autre chose. Si fut, de par les capitaines, ordonné à tout trousser, le lundi au matin, qui estoit le jour Saint Martin d'Esté[1]. Et ainsi qu'ilz s'estoient mis à chemin pour eulx retourner, comme dict est, le duc de Bar et toute sa puissance, qui bien sçavoit leur venue, se partit de son siège pour venir trouver et combatre ses ennemis devant qu'ilz venissent jusques à lui, et laissa à sondit siège aulcuns de ses gens pour garder que les asségiés ne se départissent. Si chevaulchèrent en très bonne ordonnance grand espace. Et povoit bien avoir six mille combatans, gens de grand parage, des mettes de Barrois, de Lohorainne et des Alemaignes. Ouquel chemin faisant, les coureurs que ledit mareschal et sesdiz capitaines avoient mis vers leurs ennemis, ruèrent jus et prindrent aulcuns de la partie dudit duc. Par quoy ilz furent advertis de la poursuite d'ycelui. Si le noncèrent en brief à yceulx capitaines, lesquelz en grand diligence se préparèrent et mirent en grande ordonnance de bataille, la plus grand partie par le conseil d'ycelui chevalier anglois. Si furent mis les archiers ou front devant, et une partie sur les hèles, et fichièrent leurs penchons devant eulx. Si vouloient, les hommes d'armes de Bourgongne, demeurer à cheval, mais les Picars et Anglois ne le vouloient point souffrir. Et en fin, d'un commun accord, fut ordonné que tout homme, de quelque estat qu'il fust, descenderoit à pied, et qui aultrement le feroit, il seroit mis à mort. Et furent les chevaux, avec les chars et charrettes, mis en

1. Le 4 juillet.

très bon arroy derrière la bataille, adfin que de leursdiz ennemis ne peussent estre rompus ou envays par derrière. Et en tant que ce se faisoit, le duc de Bar et les siens approuchèrent très fort, tant qu'ilz furent à ung petit demi quart de lieu près des dessusdiz. Si leur envoia par aulcun de ses héraulx ou trompettes, noncier qu'ilz l'attendissent, et qu'il les combateroit. Auxquelx fut faite responce par les capitaines devantdiz, qu'ilz estoient pretz et qu'ilz ne desiroient que sa venue. Si s'en retournèrent devers ledit duc dire leur responce. Lequel s'approucha de ses ennemis, à ung trait d'arbalestre près ou environ, jà soit ce que le seigneur de Barbazan lui consillast par plusieurs fois, qu'il ne combatesist mie sesdiz ennemis à jour nommé, mais les affamast et contraindist de partir de ses pays par autres manières. Et lui mettoit au devant plusieurs besongnes et raisons; lesquelles il ne volt point croire. Mais se fioit ou grand nombre de gens qu'il avoit avec lui, desquelz la plus grant partie n'estoient point acoustumés, ne existés ou fait de guerre, ainsi que estoient les Bourguignons, Picars et Anglois, leurs adversaires. Nientmains, ycelui duc fist noblement ordonner ses batailles, en partie par le conseil dudit seigneur de Barbazan. Et avoit moult grand désir de assambler avec ses ennemis. Si estoient en sa compaignie très peu de gens de trait. Après lesquelles ordonnances furent fais plusieurs nouveaux chevaliers d'ycelle partie. Et d'aultre part, le mareschal de Bourgongne, le conte de Vaudémont et ceulx qui estoient avec eulx firent, par devant leur bataille, drécier sur le fons deux queues de vin qu'ilz avoient amené, et mirent avant pain et autres vivres, qui furent délivrés et habandonnés à leurs gens. Si burent et mangèrent chascun endroit soy de ce qu'ils porent avoir. Et firent paix et union entre aulcuns qui avoient hayne l'un à l'autre. Et après, firent asseoir aulcuns canons et coulevrines sur les deux bous et ou milieu de leurs batailles. Et en ceste manière furent l'un devant l'aultre environ deux heures. Ouquel temps, comme je fus informé, vint devant leursdictes batailles assez près ung cerf, lequel en arrestant tout coy, frappant par trois fois du pied devant contre terre, avisa tout au long ycelle bataille, et puis se retourna et s'en ala férir tout à travers la bataille des Barrois. Si fut lors, après ledit cerf, faite une très grande huée. Et adonc, de la partie des Bourguignons et des Picars furent fais nouveaux chevaliers, Mahieu de Humières, Gérard de Maigni et son filz, avec aulcuns aultres. Durant lequel temps, ledit conte de Vaudémont chevaulcha sur ung petit cheval tout au long de la bataille, en remoustrant amiablement à tous ceulx là estans qu'ilz se combatissent seurement et de bon courage, disant qu'il prenoit sur sa dampnacion que sa querelle estoit bonne et juste, et que le duc de Bar le vouloit sans cause deshériter, et si avoit tousjours tenu le parti des ducs Jehan et Phelippe de Bourgongne. Pour laquelle remoustrance généralement tous les Bourguignons et Picars eurent au cuer très grande léesce. Si fut conclud de ceste partie, qu'ilz attenderoient leurs ennemis où lieu où ils estoient, et ne les yroient point assaillir. Et d'aultre part, le dessusdit duc de Bar et ses capitaines, qui desja avoient ordonné leurs batailles, la plus grand partie à pied, voians que leurs ennemis ne se bougeoient de leur place, conclurent qu'ilz les yroient assaillir, et commencèrent à marcher avant. Et leurs adversaires se tenoient tous quois, sans mot dire. Et quand ce vint que les Barrois furent bien près d'eulx, comme à douze à seize drestres, ilz boutèrent le feu tout à une fois dedens leurs canons et coulevrines desusdites, et avec ce eslevèrent ung très grand cry. Pour la doubte desquelz canons, grand partie d'yceulz Barrois se plongèrent contre terre et furent fort effraés. Et adonc, en assez brief terme se commencèrent à assambler en bataille de toutes pars. Et povoit estre onze heures du jour. Si tiroient les archiers Picars par fière et merveilleuse vigueur contre leurs ennemis. Duquel trait ilz en occirent et navrèrent grand nombre. Si dura ceste meslée très cruelle environ ung quart d'heure, que les deux parties combattirent l'une contre l'aultre en pluiseurs et divers lieux. Mais tantost après, ceulx de la partie du duc de Bar se commencèrent à eulx desroyer et enfuir en plusieurs lieux vers leurs marches, et leurs ennemis, ce véans, se férirent en eulx de grand courage, et par espécial les archiers Picars. Si les séparèrent, occirent et navrèrent terriblement, et en briève conclusion les tournèrent à grand desconfiture et les mirent à grand meschief.

Ouquel desroy fut prins ycelui duc de Bar par ung nommé Martin Fruiart, qui estoit au conte de Conversen, seigneur d'Enghien, et en eut l'honneur et prouffit, jà soit ce que aulcuns dirent qu'il ne le prist pas de sa main. Avec lequel duc fut pris l'évesque de Miés[1], Jehan de Rodemaque, messire Evrard de Sal-

---

1. Metz.

seberi, le visconte d'Arsy, le seigneur de Rodemaque, messire Colard de Sanssy, messire Willem de Latour et pluiseurs aultres jusques au nombre de deux cens ou environ. Et si en demoura mors sur la place et en la chasse, qui dura bien deux lieues, de vingt cinq cens à trois mille. Desquelz furent les principaulx, les contes de Salmes et Salemine, de Linage, allemans, le seigneur de Barbazan, messire Thiébault de Barbay, les deux frères de l'évesque de Miès, George de Banastre et ses deux frères, Jehan de Héraumont et les aultres, jusques au nombre dessusdit; dont la plus grand partie estoient gentilz hommes.

Après laquelle desconfiture, qui dura bien de deux à trois heures qu'ilz retournassent de ladite chasse, les seigneurs de la partie de Bourgongne, avec le dessusdit conte de Vaudémont, se rassamblèrent ensamble et regracièrent humblement leur créateur de leur bonne victoire. Et n'avoient perdu, mors sur la place, que environ quarante hommes, dont messire Gérard de Maigni fut le principal. Et demourèrent ceste nuit sur le champ. Et fut ledit mareschal de Bourgongne ung peu navré ou visaige, et aussi estoit le duc de Bar desus le nez. Et lendemain, se départirent et prinrent leur chemin pour aler en Bourgongne, menant avec eulx leurs prisonniers.

**FIN DU TOME QUATRIÈME.**

# TABLE.

### CHAPITRE CCXXIX.

1420. — Comment plusieurs fortresses séans à Paris et ès environs furent mises en la main du roy d'Angleterre, et les mandements royaux qui furent envoiez à sa requeste en plusieurs bonnes villes............................................... Pages 1

### CHAPITRE CCXXX.

Comment Phelippe, conte de Saint-Pol, fist prendre à Bruxelles les gens de son frère le duc de Brabant. — Et autres besongnes... 6

### CHAPITRE CCXXXI.

Comment le seigneur de l'Isle-Adam, mareschal de France, fut envoié à Joigny. Et la reddicion de la ville et chastel de Meleun par les asségez. Et quels termes on leur tint.................. 9

### CHAPITRE CCXXXII.

Comment les deux roys de France et d'Angleterre et les deux roynes, après la reddicion de Meleun retournèrent à Paris, et la proposicion faite contre le Daulphin et les coulpables de la mort du duc Jehan de Bourgogne............................... 15

### CHAPITRE CCXXXIII.

Comment les Anglois furent destroussez vers Montepiloy. Et le mariage du marquis du Pont; et autres matières.................. 20

### CHAPITRE CCXXXIV.

Comment plusieurs ambaxadeurs des trois estats du royaume de France vindrent à Paris. Et des estats des deux roys........... 21

### CHAPITRE CCXXXV.

Comment le roy Henry d'Angleterre s'en ala de Rouen à Calais et de là en Angleterre, et de la chère que on lui fist.............. 24

## CHAPITRE CCXXXVI.

Comment grant dissencion se meut entre le duc de Brabant et la duchesse sa femme, laquelle se départit de lui et s'en alla par Calais en Angleterre pour avoir mary nouvel.......... Pages 26

## CHAPITRE CCXXXVII.

Comment le duc de Bretaigne fut prins du conte de Penthièvre, et la guerre qui s'ensuit à ceste cause........................ 28

## CHAPITRE CCXXXVIII.

Comment la ville et fortresse de Chasteauthierry fut rendue aux gens du duc de Bourgongne................................... 35

## CHAPITRE CCXXXIX.

Comment le seul fils du roy de France, Charles, daulphin de Vienne, fut appellé à la table de marbre. Et la prinse du seigneur de l'Isle-Adam en la ville de Paris par le duc d'Excestre, anglois................................................. 36

## CHAPITRE CCXL.

Comment le duc Thomas de Clarence fut desconfit et occis par les Daulphinois emprès Baugy, où il y eut perte et dommage des deux parties........................................... 37

## CHAPITRE CCXLI.

1421. — Comment les Daulphinois alèrent devant Alençon. Et du mariage du duc d'Alençon à la fille du duc Charles d'Orléans prisonnier ............................................. 40

## CHAPITRE CCXLII.

Comment messire Jacques de Harecourt commença à faire guerre aux gens et pays du duc de Bourgongne, et des grans inconvéniens qui à ceste cause en sourdirent..................... 41

## CHAPITRE CCXLIII.

Comment le roy Henry d'Angleterre retourna en France à grant puissance pour aller contre le Daulphin..................... 43

## CHAPITRE CCXLIV.

Comment le roy d'Angleterre se tira de Calais par Abbeville à Beauvais, et depuis à Mantes, où ala devers luy le duc de Bourgongne. 45

## CHAPITRE CCXLV.

Comment le seigneur d'Offemont entra dedans Saint-Riquier. L'aventure du seigneur de Cohem, capitaine d'Abbeville: et autres besongnes qui furent faictes en cellui temps............ Pages  48

## CHAPITRE CCXLVI.

Comment le duc Phelippe de Bourgongne ala devant le Pont-de-Remy, lequel il conquist. Et autres matières servans..........  51

## CHAPITRE CCXLVII.

Comment le duc Phelippe de Bourgongne se logea devant Saint-Riquier et depuis s'en parti pour aller combatre les Daulphinois qui venoient à l'encontre de lui ..........................  54

## CHAPITRE CCXLVIII.

Comment les deux princes, c'est assavoir le duc de Bourgongne et les Daulphinois assemblèrent en bataille..................  59

## CHAPITRE CCXLIX.

Comment le dessusdit seigneur de Bourgongne estoit acompaigné de plusieurs nobles hommes qui demourèrent avec luy, et pareillement estoient les Daulphinois..........................  66

## CHAPITRE CCL.

Comment les besongnes s'espandirent de ceste matière en divers lieux: la prinse de Douvrier, et le parlement que feit le duc de Bourgongne de la ville de Hesdin. ......................  68

## CHAPITRE CCLI.

Comment le roy Henry d'Angleterre conquist Dreux et poursuivy le Daulphin, et asséga Meaulx en Brie........................  69

## CHAPITRE CCLII.

Comment le duc Phelippe de Bourgongne fist traictié avec ses prisonniers pour la reddicion de Saint-Riquier ................  72

## CHAPITRE CCLIII.

Comment le duc de Bourgongne fist grant assemblée de gens d'armes; et autres matières advenues en ce temps..............  74

## CHAPITRE CCLIV.

Comment messire Jaques de Harecourt fut rencontré des Anglois. Et la taille des marcs d'argent...................... Pages  76

## CHAPITRE CCLV.

Comment le dessusdit duc de Bourgongne se partit d'Arras, le conte de Saint-Pol en sa compaignie, et ala devers les roys de France et d'Angleterre. Et autres matières ..........................  77

## CHAPITRE CCLVI.

Comment messire Jehan de Luxembourg ala devers le roy d'Angleterre pour la délivrance du conte de Conversen son frère; et autres matières............................................  79

## CHAPITRE CCLVII.

Comment le seigneur d'Offemont cuidant entrer en la ville de Meaulx fu prins. Et de la prinse de ladicte ville de Meaulx............  81

## CHAPITRE CCLVIII.

Comment messire Jehan de Luxembourg conquist ceste saison plusieurs fortresses. Et autres matières........................  83

## CHAPITRE CCLIX.

Comment l'empereur d'Alemaigne fist une armée contre les Pragoys. Et autres matières ..............................................  86

## CHAPITRE CCLX.

1422. — Comment les fortresses d'Araines que les Daulphinois tenoient, furent rendues à messire Jehan de Luxembourg, par faulte de secours .........................................  88

## CHAPITRE CCLXI.

Comment Henry roy d'Angleterre eut l'obéissance du marché de Meaulx et des exécucions qui furent faictes à ceux de dedans de par ledit roy ..........................................  91

## CHAPITRE CCLXII.

Comment après la reddicion de Meaulx plusieurs villes et fortresses se rendirent au roy d'Angleterre. ........................  96

## TABLE.

### CHAPITRE CCLXIII.

Comment la royne d'Angleterre retourna en France. — Des estats qui furent tenus dedens Paris. Et autres matières......... Pages 98

### CHAPITRE CCLXIV.

Comment la ville de Gamaches fut rendue en la main des Anglois. Le siége de Saint-Walery, et la reddicion de Compiengne aux Anglois ; et autres incidents.................................. 101

### CHAPITRE CCLXV.

Comment le roy d'Angleterre ala de Senlis à Compiengne : la prinse de Saint-Dizier, et la rencontre des Daulphinois et Bourguignons. 104

### CHAPITRE CCLXVI.

Comment le duc de Touraine, Daulphin, fist asséger Cosne-sur-Loire, ce qu'il s'en ensuivy.................................. 106

### CHAPITRE CCLXVII.

Comment le roy d'Angleterre trespassa de ce siècle, et les grans estas et honneurs qu'on fist à son enterrement................ 109

### CHAPITRE CCLXVIII.

Comment la duchesse de Bourgongne, Michele, ala de vie à trespas. Du duc de Bethfort qui fut fait régent de France. Et de plusieurs fortresses qui furent abatues.................................. 118

### CHAPITRE CCLXIX.

Comment le roy Charles, sixième de ce nom, ala de vie à trespas, et de son obsèque et enterrement.............................. 120

*Cy fine le premier volume de la Cronique de Enguerrand de Monstrelet.* 124

## LIVRE SECOND.
### 1422-1424.

Prologue.................................................. 125

### CHAPITRE I.

Comment les nouvelles de la mort du roy Charles le Bien-Amé furent portées au duc de Touraine, Daulfin, son seul fils ; et aultres plusieurs matières.................................. 129

## CHAPITRE II.

Comment Charles, duc de Touraine, daulphin, fut couronné après la mort du roy Charles, son père.................... Pages 131

## CHAPITRE III.

Comment les Parisiens envoyèrent leur ambaxade en Angleterre devers le jeune roy et son conseil. Et autres matières.......... 133

## CHAPITRE IV.

Comment les capitaines du roy Charles s'assemblèrent en grant nombre pour lever le siège de Meulan, et comment le duc de Bethfort traicta à ceulx dudit pont........................ 137

## CHAPITRE V (Pas de n° VI).

Comment les François eschelèrent et prindrent la forteresse de Dommart en Ponthieu — Et plusieurs autres matières......... 142

## CHAPITRE VII.

1423. — Comment les ducs de Bethfort, de Bourgongne et de Bretaigne vindrent à Amiens, et firent aliances entre eulx........... 147

## CHAPITRE VIII.

Comment Pothon de Saincte-Treille et Lyonel de Wandonne firent armes à Arras en la présence du duc de Bourgongne..... 151

## CHAPITRE IX.

Comment le conte de Salsebéry assiéga la forteresce de Montaguillon, laquelle se rendit à lui. — Et autres matières............. 154

## CHAPITRE X.

Comment le roy Charles de France fist assiéger la ville de Crevant par le connestable d'Escosse et le conte de Ventadour, auvergnois....... ........................................ 157

## CHAPITRE XI.

Cy parle de plusieurs matières en brief...................... 163

## CHAPITRE XII.

Comment messire Jaques de Harcourt tint parlement avec messire Raoul le Boutillier pour la reddicion du Crotoy............. 166

## CHAPITRE XIII.

Cy parle de plusieurs autres matières en brief............ Pages 171

## CHAPITRE XIV.

Comment la ville de Compiengne fut remise en la main des Anglois. Et comment la ville et le chastel furent rendus au duc de Bethfort. 176

## CHAPITRE XV.

Comment deux maistres en ars furent envoyez en la cité de Tournay pour admonester et entretenir le peuple en l'amour du roy Charles. — Et aultres matières......................... 178

## CHAPITRE XVI.

Comment messire Jehan de Luxembourg asséga le chastel de Wieghe, et comment il fist une embusche, où Pothon de Sainte-Treille et ses compaignons furent desconfis................. 181

## CHAPITRE XVII.

1424. — Comment, en ce temps, grant quantité d'Anglois arrivèrent à Calais, et autres matières en brief. Et comment messire Jehan de Luxembourg asséga la ville de Guise. — Et plusieurs aultres matières................................................. 183

## CHAPITRE XVIII.

Comment le seigneur de Longueval et plusieurs autres seigneurs se tournèrent de la partie du roy Charles...................... 187

## CHAPITRE XIX.

Comment le duc de Bethfort ala à grand puissance tenir la journée devant Yveri, laquelle ville et forteresse lui furent rendues..... 189

## CHAPITRE XX.

Comment le duc de Bethfort poursuivit les François et les combati devant Vernueil................................................ 192

## CHAPITRE XXI.

Comment ceulx de la ville de Tournay se resmeurent l'un contre l'autre......................................................... 198

## CHAPITRE XXII.

Comment ceux de Guise traictèrent avec messire Jehan de Luxembourg et messire Thomas de Rampston..................... 199

### CHAPITRE XXIII.

Comment les ducz de Bethfort et de Bourgongne rendirent grand peine à appaisier les ducz de Glocestre et de Braibant.... Pages 207

### CHAPITRE XXIV.

Comment le duc de Glocestre et la duchesse sa femme alèrent de Calais en Haynau prendre l'obéyssance des bonnes villes. Et comment le duc de Bourgongne se prépara pour aler en l'ayde du duc de Brabant son cousin.......................... 210

### CHAPITRE XXV.

Comment le duc de Glocestre envoia unes lettres au duc de Bourgongne, et la copie d'ycelles............................ 213

### CHAPITRE XXVI.

Copie des premières lectres du duc de Bourgongne envoiés au duc de Glocestre............................................ 216

### CHAPITRE XXVII.

Coppie des secondes lettres envoyées par le duc de Glocestre au duc de Bourgongne.................................... 220

### CHAPITRE XXVIII.

Comment le duc de Bourgongne retourna en Flandres, et comment il renvoya ses secondes lettres au duc de Glocestre, et la copie d'ycelles.............................................. 222

### CHAPITRE XXIX.

Comment la ville de Brainne en Haynau fu destruite et désolée par les communes de Brabant — Et aultres matières............. 225

### CHAPITRE XXX.

1425. — Comment le pape Martin envoya unes bulles au duc Jehan de Brabant, et la teneur d'ycelles.................... 232

### CHAPITRE XXXI.

Comment après le département du duc de Glocestre la guerre s'esmeut en Haynau, et comment la duchesse Jaqueline de Bavière escripvi au duc de Glocestre pour avoir souscours; et le contenu des lettres............................................ 234

### CHAPITRE XXXII.

Comment le duc de Bethford et le duc de Bourgongne se trouvèrent ensamble en la ville de Dourlens. Et autres matières servans... 240

## CHAPITRE XXXIII.

Comment le Soudant et les Sarrasins déliberèrent d'aler conquerre tout le royaume de Cyppre.................. Pages 242

## CHAPITRE XXXIV.

Comment le duc de Bourgongne fist grandes préparacions pour combatre le duc de Glocestre. Et autres matières en brief.......... 244

## CHAPITRE XXXV.

Comment la duchesse Jaqueline de Bavière se parti et embla de la ville de Gand, et s'en ala au pays de Holande................ 248

## CHAPITRE XXXVI.

Comment le duc de Bethfort mist jus le champ des ducz de Bourgongne et de Glocestre. Et autres matières................... 249

## CHAPITRE XXXVII.

Comment le seigneur de Filwatier vint au pays de Hollande en l'ayde de la duchesse Jaqueline de Bavière.................. 252

## CHAPITRE XXXVIII.

1426. — Comment le duc de Bourgongne retourna en Hollande et asséga la ville de Zenenberghe, laquelle se rendi à lui. — Et autres matières.................................................. 257

## CHAPITRE XXXIX.

Comment les Sarrasins retournèrent en Chipre et eurent bataille aux Chipriens, en laquelle bataille le roy fu prins et mené au Soudant. 259

## CHAPITRE XL.

Comment la forteresse de Moynies en Champagne fu reprinse des François. — Et comment sentence fu rendue par le duc Jehan de Brabant. — Et de la forteresse de Oripette en Prouvence ...... 270

## CHAPITRE XLI.

Comment le duc de Bethfort fist asségier Montargis et comment le siège fu levé par les François. Et autres matières en brief........ 271

## CHAPITRE XLII.

1427. — Comment la forteresce de la Malemaison, qui estoit à l'évesque de Cambray, fut prinse par messire Jehan Blondel. — Et autres matières................................... 276

## CHAPITRE XLIII.

Comment messire Jehan Blondel rendy la forteresse de la Malemaison qu'il avoit prinse, à l'évesque de Cambray....... Pages 278

## CHAPITRE XLIV.

Comment le duc de Bourgongne retourna ou pays de Holande, où il fist assaillir la ville de Hermenfort. — Et aultres matières.... 280

## CHAPITRE XLV.

Comment en ce temps le Soudan de Babilonne escripvi lettres aux princes chrestiens, et la teneur d'ycelles..................... 283

## CHAPITRE XLVI.

Comment les Anglois vinrent en la duché de Bretaigne, où ils firent moult de maulx et de grans dommages. — Et autres matières... 284

## CHAPITRE XLVII.

1428. — Comment messire Jehan de Luxembourg asséga Beaumont-en-Argonne........................................ 290

## CHAPITRE XLVIII.

Comment le traictié se fist entre le duc de Bourgongne et la duchesse Jaqueline de Bavière; et le contenu en ycelui................ 292

## CHAPITRE XLIX.

Comment le conte de Salseberi vint en France, à tout grand gent, en l'ayde du duc de Bethfort. Et comment le duc de Bourgongne ramena la duchesse Jaqueline de Bavière en Haynau.......... 293

## CHAPITRE L.

Comment ceulx de Tournay s'esmeurent de rechief l'un contre l'autre.................................................. 295

## CHAPITRE LI.

Comment le conte de Salsebery conquist Jargeau et plusieurs aultres villes devers Orliens. Et comment le duc de Bethfort volt avoir les rentes des églises........................................ 296

## CHAPITRE LII.

Comment le conte de Salseberi asséga la cité d'Orliens, où il fut occis................................................... 298

## CHAPITRE LIII.

Comment ung praicheur nommé frère Tomas converti plusieurs personnes, et abaty les beubans et les atours des femmes en plusieurs parties.................................... Pages 302

## CHAPITRE LIV.

Comment grans tournoiemens se firent en la ville de Bruxelles.... 306

## CHAPITRE LV.

Comment le conte de Namur trespassa, et fut le duc de Bourgongne son héritier ................................................ 308

## CHAPITRE LVI.

Comment les Anglois alans au secours du siège d'Orliens rencontrèrent les François qui les assaillirent ....................... 310

## CHAPITRE LVII.

Comment une pucelle nommée Jehenne vint devant le roy Charles à Chinon, où il se tenoit, et comment ledit roy le retint avec luy .................................................... 314

## CHAPITRE LVIII.

1429. — Comment de par le roy Charles et ceulx de la ville d'Orliens, vinrent ambassadeurs en la cité de Paris pour faire traictié au duc de Bethfort adfin que ladicte ville d'Orliens demourast paisible.. 317

## CHAPITRE LIX.

Comment la pucelle Jehenne et plusieurs autres capitaines françois rafreschirent la ville d'Orliens de vivres et de gens d'armes, et depuis levèrent le siège......................................... 319

## CHAPITRE LX.

Comment le roy de France, à la prière de la Pucelle et des autres capitaines estans à Orléans, leur envoya grans gens d'armes pour aler sur ses ennemis............................................. 323

## CHAPITRE LXI.

Comment la Pucelle, le connestable de France, et le duc d'Alençon et leurs routes, conquirent la ville de Gargeaux. Et la bataille de Patay où les François desconfirent les Anglois.... ............ 325

### CHAPITRE LXII.

Comment le duc de Bourgongne, à la requête du duc de Bethfort, s'en vint à Paris, où de nouvel ils reconfermèrent leurs alliances.................................................. Pages 332

### CHAPITRE LXIII.

Comment Charles roy de France se mist sur les champs, à tout grand foison de chevaliers et de gens d'armes, ouquel voiage mist en son obéyssance plusieurs villes et citez............... 335

### CHAPITRE LXIV.

Comment le Roy Charles de France, à tout grande et noble chevalerie et à tout grand nombre de gens d'armes, s'en vint en la cité de Rains ou il fut sacré ................................. 337

### CHAPITRE LXV.

Comment le duc de Bethfort assambla gens d'armes pour aller combatre le roy Charles, et comment il lui envoia unes lettres..... 340

### CHAPITRE LXVI.

Comment le roy Charles de France et le duc de Bethfort et leurs puissances rencontrèrent l'un l'autre vers le Mont-Espilloy..... 344

### CHAPITRE LXVII.

Comment le roy Charles de France envoia ses ambassadeurs à Arras vers le duc de Bourgongne......................... 348

### CHAPITRE LXVIII.

Comment le seigneur de Longueval prinst le chastel d'Aumarle sur les Anglois ............................................. 350

### CHAPITRE LXIX.

Comment la ville de Compiengne se rendy au roy Charles. Et du retour des ambaxadeurs de France qui estoient alés vers le duc de Bourgongne .............................................. 352

### CHAPITRE LXX.

Comment le roy de France fist assaillir la ville de Paris.......... 353

### CHAPITRE LXXI.

Comment le duc de Bourgongne envoia ses ambassadeurs à Amiens pour entretenir les habitans d'ycelle de sa partie.............. 356

## CHAPITRE LXXII.

Si comme le roy de France s'en retourna en Touraine et en Berry.................................... Pages 358

## CHAPITRE LXXIII.

Comment le duc de Bourgongne en grand appareil ramena sa sœur en la cité de Paris au duc de Bethfort, son mari............. 359

## CHAPITRE LXXIV.

Comment les François et les Bourguignons couroient l'un sur l'autre nonobstant les trièves qui y estoient....................... 363

## CHAPITRE LXXV.

Comment le seigneur de Saveuses et le bastard de Saint-Pol furent prins devant Paris par les François. Et comment, d'autres François, la ville de Saint-Denis fut prinse et eschiellée............ 365

## CHAPITRE LXXVI.

De plusieurs conquestes que firent les Anglois.................. 368

## CHAPITRE LXXVII.

Comment le duc de Bourgongne se remaria la tierce fois à madame Ysabel, fille au roi de Portingal............................. 370

## CHAPITRE LXXVIII.

Comment Estievene de Vignoles dit la Hire, eschiella et prinst la ville de Louviers en Normendie................................ 372

## CHAPITRE LXXIX.

Comment en cest an le duc de Bourgongne mist sus un ordre qui fut nommé l'Ordre de la Thoison............................. 373

## CHAPITRE LXXX.

Comment le seigneur de Crevecuer et Robert de Saveuse furent rencontrés des François en alant à Clermont en Beauvoisis..... 375

## CHAPITRE LXXXI.

Comment cinq François firent armes à Arras contre cinq Bourguignons. Et autres menues matières............................. 376

## CHAPITRE LXXXII.

1430. — Comment le duc de Bourgongne, à toute sa puissance, ala logier devant Gournay sur Aronde............................. 379

## CHAPITRE LXXXIII.

Comment le duc de Bourgongne ala metre le siége devant le chastel de Choisy, lequel il conquist........................ Pages 381

## CHAPITRE LXXXIV.

Comment Jehenne la Pucelle rua jus Franquet d'Arras et lui fist nchier la teste ............................................ 384

## CHAPITRE LXXXV.

Comment Renier, duc de Bar, mist le siége devant Chappes emprès Troyes en Champaigne................................... 385

## CHAPITRE LXXXVI.

Comment Jehenne la Pucelle fut prinse des Bourguignons devant la ville de Compiengne...................................... 386

## CHAPITRE LXXXVII.

Comment le josne roy Henri vint en France et descendi à Calais.. 389

## CHAPITRE LXXXVIII.

Comment après la prinse de la Pucelle, le duc de Bourgongne et ses gens se logèrent devant Compiengne ....................... 390

## CHAPITRE LXXXIX.

Comment les Anglois se mirent sus à grand puissance de communes et vinrent en la contée de Namur........................... 392

## CHAPITRE LXXXX.

Comment le duc de Bourgongne envoia le seigneur de Croy en la contée de Namur contre les Liégeois....................... 394

## CHAPITRE LXXXXI.

Comment le conte de Hontiton vint devant Compiengne en l'ayde du duc de Bourgongne..................................... 396

## CHAPITRE LXXXXII.

Comment ung homme nommé Tommelaire et ceulx de Rains, mirent le siége devant Champigneus............................ 398

## CHAPITRE LXXXXIII.

Comment le duc de Brabant trespassa, et comment le duc de Bourgongne prist la possession d'yoelle duchée................... 399

## CHAPITRE LXXXXIV.

Comment messire Jehan de Luxembourg entreprist le gouvernement du siège de Compiengne et des ordonnances qu'il y fist. — Et aultres matières.................................... Pages. 402

## CHAPITRE LXXXXV.

Comment le prince d'Orenge fut rué jus par les François......... 406

## CHAPITRE LXXXXVI.

Comment les François vinrent devant la ville de Compiengne où ils levèrent le siège des Bourguignons ....................... 409

## CHAPITRE LXXXXVII.

Comment le mareschal de Boussac ala assiéger le chastel de Clermont en Biauvoisis ................................... 420

## CHAPITRE LXXXXVIII.

Comment aucuns Anglois et Bourguignons voellant au commandement du duc de Bourgongne aler assiéger Garmigny, furent rencontrés et vaincus des François........................ 421

## CHAPITRE LXXXXIX.

Comment les François demandèrent à avoir bataille contre le duc de Bourgongne et à sa puissance, laquelle chose ledit duc par son conseil ne volt accorder. — Et autres matières........... 425

## CHAPITRE C.

1431.— Comment les gens de messire Jehan de Luxembourg prinrent le fort de Saint-Vincent, ouquel ils furent tous morts et prins.. 431

## CHAPITRE CI.

Comment Pothon de Sainte Treille et messire Loys de Waucourt furent prins des Anglois ............................. 433

## CHAPITRE CII.

Comment Maillotin de Bours et messire Hector de Flavi se combatirent l'un contre l'autre en la ville d'Arras.................. 434

## CHAPITRE CIII.

Comment les gens du roy Charles volrent prendre la ville de Corbie ................................................... 439

### CHAPITRE CIV.

Comment le seigneur de Barbazan mist le siège devant le chastel d'Anglure que tenoient les gens du duc de Bourgongne... Pages 440

### CHAPITRE CV.

Comment Jehenne la Pucelle fu condampnée à estre arsse et mise à mort dedens la cité de Rouen............................ 442

### CHAPITRE CVI.

Comment le concille fu remis et ordonné à Basle par l'ennort et induction de l'empereur d'Alemaigne........................ 448

### CHAPITRE CVII.

Comment le duc de Bar vint en la contée de Vaudémont pour le conquerre à force............................................ 453

### CHAPITRE CVIII.

Comment le duc de Bar qui avoit asségié la ville de Vaudémont, fut combatu du conte de Vaudémont et desconfi par lui et ses aidans................................................... 459

FIN DE LA TABLE.

PARIS. — IMPRIMERIE DE CH. LAHURE ET C<sup>ie</sup>
Rues de Fleurus, 9, et de l'Ouest, 21